Karl Jansen-Winkeln

Inschriften der Spätzeit

Teil V: Die 27.–30. Dynastie und die Argeadenzeit

Karl Jansen-Winkeln

Inschriften der Spätzeit

Teil V:
Die 27.–30. Dynastie und die Argeadenzeit

Band 2
Nektanebos II. – 4. Jahrhundert insgesamt

2023
Harrassowitz Verlag · Wiesbaden

Gedruckt mit freundlicher Unterstützung der Fritz Thyssen Stiftung für Wissenschaftsförderung.

Fritz Thyssen Stiftung
für Wissenschaftsförderung

Bibliografische Information der Deutschen Nationalbibliothek
Die Deutsche Nationalbibliothek verzeichnet diese Publikation in der Deutschen Nationalbibliografie; detaillierte bibliografische Daten sind im Internet über http://dnb.dnb.de abrufbar.

Bibliographic information published by the Deutsche Nationalbibliothek
The Deutsche Nationalbibliothek lists this publication in the Deutsche Nationalbibliografie; detailed bibliographic data are available in the internet at http://dnb.dnb.de.

Informationen zum Verlagsprogramm finden Sie unter
http://www.harrassowitz-verlag.de

Gedruckt auf alterungsbeständigem Papier.
Druck und Verarbeitung: Memminger MedienCentrum AG
Printed in Germany

ISBN 978-3-447-11982-5

INHALT

77. Nektanebos II. 339

Königliche Denkmäler 339
Behbeit el-Hagar 339
1. Architekturfragmente Nektanebos' II., nahezu alle zum *Ḥwt-Ḥm3g* gehörig 339
2. Fragment einer Sphinx aus Quarzit (1985 gefunden) 344
3. Falkenstatue aus Granit, in Al-Mahalla al-kubra gefunden 345
4. Schwalbenschwanz, 1806 in Behbeit angekauft 345
5. Zwei Schwalbenschwänze Toronto 909.80.303-304, vermutlich aus Behbeit 345
6. Sarkophag BM 10 Nektanebos' II., in Alexandria gefunden (aus Behbeit?) 345
7. Oberteil einer Schenkungsstele, 1992 im Handel 346
Sebennytos 346
8. Fragmente einer Gauprozession aus „Soubassement“ des Tempels des Onuris-Schu 346
9. Naos Kairo CG 70012 für Onuris-Schu 348
10. Oberteil eines Naos Kairo CG 70015 für Schu (?) 349
11. Granitfragment, in Moschee in Mahalla el-Kubra verbaut 349
Baqliya (Hermopolis parva) 349
12. Zwei Paviane in Rom, Palazzo dei Conservatori, Nr.26 und 32 349
Athribis 350
13. Relief Brüssel E.4877 350
14. Block mit Köngsnamen, 1985 gefunden 350
15. Runde Opfertafel Turin 1751 (aus Athribis?) 350
Tanis 353
16. Fragment einer Statuette aus Kalkstein 353
17. Falkenstatue 353
18. Fragmente eines Naos aus Basalt 353
Ostdelta 353
19. Statuensockel aus Pharbaitos im Magazin von Zagazig 353
20. Drei riesige Granitblöcke aus der Decke des Tempels (des Hor-merty) 354
21. Obelisk Kairo CG 17031 + Brooklyn 36.614 aus Pharbaitos (?) 354
22. Relieffragmente aus Qantir in München ÄS 2346; 2347 355
23. In El-Tawila (nördl. Tell el-Kebir) verbautes Fragment eines Pfeilers (o.ä.) 355
Tell Basta (Bubastis) 355
24. Teile der Wände aus der Halle des Tempels 355
25. Fragmente des zentralen Naos, Kairo CG 70016; London BM 1005; 1078-1080. 362
26. Naos für Bastet "Herrin des Schreins"; in situ und in London BM 1106 365
27. Rechte Seite eines Naos, mit "Monographie" über Pfeil der Bastet 367
28. Naos Kairo CG 70013 für Bastet und Herischef 368
29. Granitfragmente von Oberteil eines Naos („Schrein A“) 368
30. Granitfragmente von Oberteil eines Naos („Schrein B“) 368
31. Fragment (rechter Fuß) einer Königsstatue Kairo CG 1086 369
32. Fragmente einer Sitzfigur des Königs „with a smaller figure standing near him“. 369
33. Fragment einer Statue der Bastet 369
34. In Bilbeis gefundene Blöcke und Architekturteile aus Bubastis 369
35. An weiteren Orten gefundene Blöcke aus Bubastis 373
Saft el-Henna 374
36. Verbaut gefundener doppelseitig dekorierter Block aus Tempel 374

Tell el-Maschuta (Pithom) 374
37. Architekturfragmente aus dem Tempel 374
38. In Awlad Musa sekundär verbaute Kalksteinblöcke 375
Bilbeis (Verweis) 379
Heliopolis 379
39. Fragment vom Rückenpfeiler einer Königsstatue Glasgow Hunterian Art Gallery 379
40. Statuensockel Berlin 11577 aus dem Tempel der Hathor-Nebethetepet 379
41. König vor Falken MMA 34.2.1 379
42. ‚Metternichstele' New York MMA 50.85, in Alexandria gefunden 380
Memphis und Umgebung 381
43. Block aus Krokodilfriedhof in Abu Roasch 381
44. Fragment eines eingelegten Holzschreins Brooklyn 37.258 E aus Abusir 381
45. Fayencevase Kairo JE 53866 aus Giza 381
46. Blöcke aus Ptahtempel, in Bottich oder Tank verbaut 382
47. Relieffragmente aus Tempel in Tiernekropole von Sakkara-Nord 382
48. Sistrumgriff aus Fayence aus Sakkara-Nord 383
49. Fayenceplatte Kairo JE 59119 (Gründungsbeigabe) in Form einer Kartusche 383
50. Blöcke (vermutlich) aus Ost-Tempel bei Serapeum 383
51. Große Stele Kairo JE 40002 (TN 2/12/24/3) aus Ost-Tempel (?) mit Bautext 385
52. Basis Louvre N.424, von einer von zwei Sphingen aus Osttempel 387
53. König vor Falken München 7142 (ehemals in Sammlung Varille) aus Sakkara ... 387
54. Türpfosten, in Kairo verbaut, vermutlich aus Memphis 387
55. Felsstele aus Masara 388
56. Unleserliche Felsstele aus Masara 388
Fayyum 388
57. Schenkungsstele Kairo TN 13/1/25/6 aus Medinet el-Fayyum 388
Herakleopolis und Umgebung 389
58. Relieffragmente aus Tempel des Ptah-Sokar-Osiris aus Abusir el-Meleq 389
59. König vor Falken Kairo JE 89076 aus *Nbwj* 389
60. Fragment eines Naos Nektanebos' II. aus Herakleopolis 389
Hermopolis 390
61. Zwei Obelisken London BM 523 und 524 + Kairo CG 17030 390
62. Fragmente aus Thottempel 391
63. In Basilika verbauter Block aus rotem Granit 391
64. Fragmente einer Statuenbasis aus Kalkstein 391
65. Fragment (Granit) einer Statue(?) 391
Tuna el-Gebel 392
66. Naos Kairo CG 70014 für Thot 392
Abydos 392
67. Fragmente von Kartuschen Nektanebos' II. im Osiristempel von Kom es-Sultan 392
68. Fragment eines Naos aus Granit Kairo CG 70017 392
69. Fragmente eines Naos aus Granit Kairo CG 70018 393
70. Aus Fels(stele) gesägte Platte Berlin 14399 mit königlichem Schutzdekret 394
71. Sockel Kairo TN 11/1/25/15 einer Gruppenfigur 395
72. Block mit Kartusche, von Naos oder Tempelwand, in Privathaus gefunden 395
Koptos 395
73. Tor von Kapelle *nṯrj šmʿ* südlich des Mintempels 395
74. Statuensockel aus Alabaster Louvre E.11220 395

Theben und Umgebung 396
75. Türpfosten aus ptolemäischem Tempel (M) in Karnak-Nord 396
76. Tor vor Tempel der Maat im Monthbezirk 397
77. Fragmente aus Amun-Tempel D in Karnak-Nord 399
78. Opferszenen und Restaurationstexte im Chonstempel von Karnak 399
79. Votivelle Kairo TN 31/12/22/1 aus Karnak 402
80. Kapelle B im Mutbezirk 402
81. Inschriften Nektanebos' II. im Mutbezirk von Karnak 403
82. Inschrift von zwei Kolumnen am Contratempel an der Rückseite des Muttempels 403
83. Block aus Luxortempel 403
84. Relieffragmente einer Szene, 2013 im Luxortempel ausgestellt 404
85. Tor mit Türpfosten bei Brunnen ("Nilometer") von Medinet Habu 404
86. In Privathäusern südl. des Monthtempel von Tod verbaute Relieffragmente 404
87. Reste von Säulen (heute zerstört) aus Kapelle(?) Nektanebos' II. in Armant 405
88. Buchis-Stele BM 1693 aus Armant 405
89. Fragmente einer verschollenen Opfertafel (Miniatur) 406
90. Block London BM 1710 (Türsturz?) aus Bucheum 406
91. Nemset-Vase in Kairo 406
Elkab 407
92. Tempel der Nechbet 407
Edfu 407
93. Großer Naos im Tempel 407
Elephantine / Assuan 409
94. Chnumtempel von Elephantine 409
95. Naos des Chnumtempels (unfertig, nur Vorzeichnung mit Quadratnetz) 412
96. Oberteil einer 1907 im Chnumtempel gefundenen Sandsteinstele Louvre AF 6942 413
97. Blöcke Nektanebos' II. aus Assuan 413
Wadi Hammamat 413
98. Felsinschrift Nr.29 413
Oase Charga 414
99. Portikus des Hibistempel 414
Oase Siwa 428
100. Reste von Kartuschen (ehemals erkennbar) im Tempel von Umm Ubayda 428
Herkunft unbekannt 430
101. Mittelteil einer Stehfigur Kairo JE 54470 430
102. Relieffragment Figeac E 2 431
103. Relief (im Handel) 431
104. Fragment aus Sandstein London UC 14517 431
105. "Plaque murale portant une série de cartouches incomplets" Museum Alexandria 431
106. Gruppenstatue (thronender Gott mit König vor sich) London BM EA 1421 431
107. Kopf einer Königsstatue Moskau I.1.a.5738 431
108. Kopf von Königsstatue im Handel 432
109. Oberteil einer Bronzefigur (König vor Falken) Kairo JE 91435 432
110. Siegelabdruck London BM 15692 432
111. Zwei Fayenceplaketten (BM 17159 und 24741) im Britischen Museum London 432
112. Plakette (Kartusche mit Federkrone) in Sammlung Basel 432
113. Plakette (Kartusche mit Federkrone) Kairo CG 12099 432
114. Königliche Uschebtis in mehreren Sammlungen 432
Königsfamilie 433

Memphis ... 433
115. Kopflose Stehfigur New York MMA 08.205.1 des *Ṯ3j-Ḥpj-jm.w* ... 433
Herkunft unbekannt ... 434
116. Bronzesiegel eines Königssohnes *Ṯ3j-Ḥpj-jm.w* ... 434
Nichtkönigliche Personen ... 434
Tell Basta (Bubastis) ... 434
117. Naophortorso Kairo JE 41677 des *ʿnḫ-Ḥpj* mit magischen Texten ... 434
Memphis ... 435
118. Opfertafel Kairo CG 23115 des *ʿn-m-ḥr* aus Abu Roasch ... 435
119. Stehfigurfragment Brooklyn 86.226.24 des *sntj Ṯ3j-Ḥr-p3-t3* aus Sakkara ... 436
120. Sarkophag Kairo CG 29306 des *Ṯ3j-Ḥr-p3-t3* aus Sakkara ... 436
121. Uschebtis des *Ṯ3j-Ḥr-p3-t3* aus Sakkara ... 438
122. Sarkophag Kairo CG 29307 des *Ḏd-ḥr* aus Sakkara ... 438
123. Grab des *Wnn-nfr* in Sakkara ... 439
124. Sarkophag des *Wnn-nfr* New York MMA 11.154.1 ... 441
125. Unpublizierte Uschebtis des(selben?) *Wnn-nfr* in Amiens und im Louvre ... 444
126. Sarg des *Ἰi-m-ḥtp* aus Grab F17 in Sakkara ... 444
127. Demotische Stele Louvre IM 3372 aus dem Serapeum aus Jahr 2 ... 444
128. Kalksteinstele H5-2625 (4902) mit Liste von Steinmetzen aus Jahr 3 ... 444
129. Fragment einer demotischen Stele Louvre SN 25 aus dem Serapeum aus Jahr 3 444
130. Demotische Stele Louvre SN 7 aus dem Serapeum aus Jahr 2 ... 445
131. Fragment einer demotischen Stele Louvre IM 67 aus Jahr 3 ... 445
132. Demotische Stele Louvre IM 4199 aus Jahr 3 ... 445
133. Demotische Serapeumstele Louvre SN 14 aus Jahr 8 ... 445
134. Hieratische Kalksteinstele H5-2594 (4871) aus Grab der Apismütter ... 445
135. Demotische Kalksteinstele H5-2603 (4880) aus Grab der Apismütter ... 447
136. Demotische Kalksteinstele H5-147a (799a) aus Grab der Apismütter ... 447
137. Demotische Papyri Kairo CG 30871 und 30872 mit Rechnungen aus Jahr 16 ... 447
138. Papyri Zagreb 597-2 (+ Wien 3873) mit Balsamierungsritual für den Apis ... 447
139. Demotische Graffiti des *Ṯ3j-Ḥr-p3-t3* im Steinbruch von Tura ... 448
Herakleopolis ... 448
140. Stehfigur Louvre A.88 des Generals *Ḥr* ... 448
Hermopolis ... 449
141. Sarkophag Kairo CG 29315 des *sntj Ḏḥwtj-jrj-dj-s* aus Tuna el-Gebel ... 449
142. Uschebtis des *sntj Ḏḥwtj-jrj-dj-s* aus Tuna el-Gebel in mehreren Sammlungen . 451
Deir Abu Hennis (bei El-Berscheh) ... 451
143. Demotisches Felsgraffito aus einem Jahr 1 ... 451
Qusae ... 451
144. Kalksteinblock, vermutlich Sockel einer Statue des *sntj Ḏḥwtj-jrj-dj-s* ... 451
Abydos ... 452
145. Sarkophagdeckel aus Kalkstein Cambridge FW 48.1901 ... 452
Koptos ... 452
146. Obeliskenfragment London UC 14522 + Lyon, Musée des Beaux-Arts 1969-199 452
147. Begräbnis des *Ns-Mnw*, Sohn des *Jrtj-r-ṯ3j* ... 453
Theben ... 454
148. Theophor Kairo JE 36715 des *P3-dj-Jmn-nb-nswt-t3wj* aus der Cachette ... 454
149. Stehender Theophor Kairo JE 37140 aus der Cachette (s. Nachtrag, p.738) ... 454
149a. Stehfigur des *Ns-Mnw* aus der Cachette von Karnak (s. Nachtrag, p.739) ... 454
150. Stehfigur mit Rückenplatte Kairo JE 37075 des *Jʿḥ-msjw* aus der Cachette ... 454
151. Graffito Medinet Habu Nr.310 aus Jahr 2(?) ... 457

Elkab 457
152. Torso einer Stehfigur des Generals *Psmṯk* in Privatsammlung Paris 457
Edfu 458
153. Demotischer Papyrus IFAO 901 mit Vertrag über Verkauf einer Kuh 458
154. Demotischer Papyrus IFAO 902 mit Vertrag über Verkauf einer Kuh 458
Elephantine 458
155. Demotischer Papyrus Moskau 135 mit Urkunde aus Jahr 12 458
156. Demotischer Papyrus Berlin 13633 mit Brief aus Jahr 18 458
157. Demotische Papyri Kairo JE 98501-98520 eines „Familienarchivs“ 458
Wadi Hammamat 458
158. Demotisches Graffito des *Ṯ3j-Ḥr-p3-t3* 458
Herkunft unbekannt 458
159. Sphinx Wien 76 des Generals *W3ḥ-jb-Rʿ* 458
160. Uschebtis desselben Generals *W3ḥ-jb-Rʿ* in vielen Sammlungen 459
161. Stehfigur des [*Psmṯk*], Vater des Generals *Ḥr* (?) im Museum Alexandria 459
162. Situla London BM EA 38212 des *Ḥr* 460
163. Stehfigurtorso Lausanne 7 des *Ḥr-nfr* 462
164. Naophorfragment Aberdeen, Marischal College 1421 463
165. Demotischer Papyrus Berlin 23805 mit Urkunde über Darlehen aus Jahr 18 463
166. Demotische Papyri Berlin 13609, 13610, 13611 aus Jahr 14 463

78. Zweite Perserherrschaft (‚31. Dynastie') 464

Königliche Denkmäler 464
Memphis 464
1. Münzen mit demotisch geschriebenem Königsnamen des Artaxerxes 464
2. Apissarg aus dem Serapeum aus Jahr 2 des Chababasch 464
3. Schleuderprojektil aus Blei mit Namen (demotisch) des Chababasch 464
4. Amulett des Chababasch aus Fayence in Form eines Lotusblattes 464
Herkunft unbekannt 464
5. Amulett Louvre E.8066 mit Namen des Chababasch 464
6. Skarabäus, ehemals in Sammlung Stier 464
Nichtkönigliche Personen 465
Memphis 465
7. Fragment einer postum errichteten Stehfigur des *Wḏ3-Ḥr-rsnt* aus Mitrahina 464
Theben 465
8. Papyrus Libbey in Toledo mit Ehevertrag aus Jahr 1 des Chababasch 465
9. Papyrus Louvre N.2430 mit Urkunde über Hausteilung aus Jahr 2 Darius' III. 465

79. Alexander der Große 466

Königliche Denkmäler 466
Mendes 466
1. Unterteil einer Kniefigur Liverpool M 13933 (Kriegsverlust) 466
Tell el-Yahudiya 466
2. Fragmente einer Wasseruhr 466
Memphis 467
3. Felsstele in den Steinbrüchen von Tura / Masara 467
Hermopolis magna 468
4. Portikus des Tempels des Thot, mit Königstitulatur Alexanders 468
5. Fragment eines beidseitig dekorierten Architravs 469

6. Fragment eines Reliefs, ohne genauen Fundort 469
7. Block aus einer Mauer 469
8. Fragment von Relief in Fondation Gandur pour l'Art, Genf 470
Theben 470
9. Restaurierungsinschrift an den Türpfosten des 4. Pylons von Karnak 470
10. Sanktuar Thutmosis' III. in Karnak (Achmenu, Raum XXIX) 470
11. Opferszenen mit König vor Gott am Eingang des Pylons des Chonstempels 479
12. Zwei Blöcke, südlich des Opettempels von Karnak gefunden 483
13. Architekturfragmente im Magazin von Karnak oder dort frei gelagert 483
14. Holzpalette mit hieratischem Inventar von Kultobjekten, in Luxor gekauft 483
15. Barkensanktuar im Luxortempel 484
Armant 511
16. Buchisstele London BM 1697 aus Jahr 4 511
Oase Bahriya 511
17. Tempel für Amun und Horus bei Qasr el-Megysbeh 511
Herkunft unbekannt 512
18. Wasseruhr St. Petersburg 2507a + Neapel 2327 512
19. Fragment einer Wasseruhr Brooklyn 57.21.1 513
20. Kartusche aus unbekanntem Zusammenhang 513
Nichtkönigliche Personen 513
Memphis 513
21. Demotische Stele H5-2609 aus Katakombe der Apismütter aus Jahr 3 513
22. Demotische Stele H5-2648 aus Katakombe der Apismütter 513
23. Demotische Stele H5-2602 aus Katakombe der Apismütter aus Jahr 3 513
24. Demotische Stele H5-2864 aus der Katakombe der Apismütter aus Jahr 5 514
25. Demotische Stele H5-2617 aus der Katakombe der Apismütter aus Jahr 5 514
26. Demotische Stele H5-2597 aus der Katakombe der Apismütter aus Jahr 5 514
27. Demotische Stele H5-2601 aus der Katakombe der Apismütter aus Jahr 5 514
28. Demotische Stele H5-2650 aus der Katakombe der Apismütter aus Jahr 5 514
29. Demotische Stele MoA 70/49 aus der Katakombe der Apismütter 514
30. Fragment einer demotischen Stele H5-2606 aus der Katakombe der Apismütter . 514
31. Graffito in den Steinbrüchen von Tura / Masara aus Jahr 4 514
Hawara 514
32. Demotischer Papyrus Chicago OIM 25257 mit Heiratsurkunde aus Jahr 1 514
Theben 515
33. Demotischer Papyrus Louvre N.2439 über die Bezahlung eines Hauses 515
34. Demotischer Papyrus Brüssel E.8252 über den Verkauf eines Hauses 515
35. Demotischer Papyrus Straßburg BN 1 über den Verkauf eines Hauses 515

80. Philipp Arrhidaios 516

Königliche Denkmäler 516
Sebennytos 516
1. Zwei Blöcke aus Hohlkehle mit Kartuschen 516
Athribis 516
2. Block mit dem Namen des Philipp 516
3. Kalksteinblock mit Resten einer Kartusche 516
Tell el-Yahudiya 516
4. Fragment einer Wasseruhr London BM 938 516

Nub Taha 517
5. Türsturz aus Kalkstein 517
Tuch el-Qaramus 517
6. Plakette (Gründungsbeigabe) 517
Hermopolis magna 517
7. Portikus des Tempels des Thot (+ Kairo 31/5/25/9) 517
Theben 525
8. Barkenschrein in Karnak (+ JE 36712 und MFA 75.11) 525
9. Restaurationsvermerk und Opferszenen beim 6. Pylon (s. Nachtrag, p.739) 544
10. Raum Va beim 6. Pylon 544
11. Block im Magazin von Karnak 544
12. Fragment einer Kalksteinstele im Luxortempel 544
13. Türpfosten links am Eingang zur Kolonnade Amenophis' III. im Luxortempel 544
Nichtkönigliche Personen 545
Athribis 545
14. Würfelhocker mit Horusstele Kairo JE 46341 des *Ḏd-ḥr* („le sauveur") 545
15. Oberteil eines stehenden Naophors Kairo TN 4/6/19/1 desselben *Ḏd-ḥr* 553
16. Statuensockel Chicago OIM 10589 desselben *Ḏd-ḥr* 553
Hermopolis magna 556
17. Papyrus Mallawi 605 mit Urkunde aus Jahr 8 556
Theben 556
18. Inschrift an der Außenwand des Vorhofs Amenophis' III. im Luxortempel 556
19. Würfelhocker Kairo JE 37989 des *Jrt-Ḥr-r.w*, gestiftet von Sohn *ʿnḫ-pꜣ-ḫrd* 558
20. Würfelhocker Kairo JE 37429 des *Pꜣ-dj-Nfr-ḥtp* (Bruder des *ʿnḫ-pꜣ-ḫrd*) 559
21. Papyrus Philadelphia I = Kairo JE 89361 (Hausabtretungsurkunde) aus Jahr 7 559
22. Papyrus Paris BN 219a mit Dotationsschrift aus Jahr 8 559

81. Alexander IV. 560

Königliche Dokumente 560
Sebennytos 560
1. Fragment aus rotem Granit 560
2. Fragment aus schwarzem Granit mit Opferszene 560
3. Fragmente aus rotem Granit mit Resten von zwei Szenen 560
4. Relieffragment mit drei Kolumnen 561
5. Fragment aus Granit mit Resten einer Szene 561
6. Block aus grauem Granit mit Rest einer (Opfer?)Szene mit König 561
7. Relieffragment Louvre E.10970 mit opferndem König 561
8. Relieffragment Kopenhagen Glyptothek AEIN 1061 mit König vor Sachmet 561
Memphis 562
9. Fragment aus Granit Kairo JE 43978 von Naos oder Tor, in Kairo verbaut 562
Mittelägypten 562
10. Türsturz aus Katzennekropole von Batn el-Baqara beim Speos Artemidos 562
11. Fragment aus Tuna 562
Elephantine 563
12. Zusatz(?) auf Außenseite des Tors des mittleren Sanktuars des Chnumtempels 563
13. Granittor des Chnumtempels 563
Herkunft unbekannt 567
14. Relieffragment Besançon A.995-7-1 567
Nichtkönigliche Personen 568

Sais ... 568
15. Stele Kairo CG 22182 (‚Satrapenstele'), in Kairo gefunden ... 568
Memphis ... 570
16. Demotische Stele H5-2636 aus der Katakombe der Apismütter aus Jahr 9 ... 570
17. Demotische Stele H5-2639 aus der Katakombe der Apismütter ... 571
18. Demotische Stele H5-2624a aus der Katakombe der Apismütter aus Jahr 9 ... 571
19. Demotische Stele H5-2605 aus der Katakombe der Apismütter aus Jahr 9 ... 571
20. Papyrus Louvre 2412 + Paris BN 226a mit Urkunde über Pfründe aus Jahr 13 ... 571
Hawara ... 571
21. Demotischer Papyrus Chicago OIM 25259 mit Ehevertrag aus Jahr 7 ... 571
Hermopolis ... 571
22. Demotischer Papyrus Loeb 3 mit Urkunde über Darlehen aus Jahr 12 ... 571
23. Demotische Papyri Loeb 4-32; 35; 57-58; 73 ... 571
Theben ... 571
24. Papyrus London BM 10252, Kol.19, 23-34 mit Kolophon aus Jahr 11. ... 571
25. Kolophon des hieratischen Papyrus Bremner-Rhind, aus Jahr 12 ... 572
26. Demotischer Papyrus Rylands X mit Ehevertrag aus Jahr 2 ... 573
27. Demotischer Papyrus Brüssel E.8256b mit Steuerquittung aus Jahr 2 ... 573
28. Demotischer Papyrus Brüssel E.8256e über Steuerbefreiung aus Jahr 2 ... 573
29. Demotischer Papyrus Kairo JE 89362 = Philadelphia 2 mit Kaufurkunde ... 574
30. Demotischer Papyrus Brüssel E.8253 mit Urkunde über den Verkauf eines Hauses 574
31. Demotischer Papyrus Brüssel E.8256d mit Schreiben über Steuerbefreiung(?) ... 574
32. Graffito Medinet Habu Nr.86 mit Segenswunsch aus Jahr 5 ... 574
33. Demotischer Papyrus London BM 10027 mit Besitzübertragungsurkunde ... 574
34. Demotischer Papyrus Brüssel E.8254 mit Urkunde über den Verkauf eines Hauses 574
35. Demotischer Papyrus Brüssel E.8255b mit Steuerquittung aus Jahr 6 ... 574
36. Demotischer Papyrus Brüssel E.8255a mit Steuerquittung aus Jahr 6 ... 574
37. Demotischer Papyrus Brüssel E.8255c mit Steuerquittung aus Jahr 7(?) ... 574
38. Demotischer Papyrus Brüssel E.8256a mit Steuerquittung aus Jahr 7 ... 574
39. Demotischer Papyrus Kairo JE 89363 = Philadelphia 3 mit Kaufurkunde ... 574
40. Demotischer Papyrus Philadelphia 4 mit Abtretungsurkunde für ein Haus ... 575
41. Demotischer Papyrus Brüssel E.8255d mit Privatbrief aus Jahr 11 ... 575
42. Demotischer Papyrus Brüssel E.8256c mit Verzichtserklärung aus Jahr 11 ... 575
43. Graffito Medinet Habu Nr.235 mit Segenswunsch aus Jahr 12 ... 575
44. Demotischer Papyrus Louvre 2440 mit Abtretungsurkunde für ein Haus ... 575
45. Demotischer Papyrus Louvre 2427 mit Abtretungsurkunde für ein Haus ... 575
46. Holztafel Paris BN 1892 mit Steuerquittung aus Jahr 3 ... 575
Edfu ... 575
47. Modell des Gottes Ihi Kairo JE 45895 mit demotischer Aufschrift ... 575
Ain Manawir (Oase Charga) ... 575
48. Ostrakon OMan 4991 mit Scheidungsurkunde aus Jahr 11, 2. *prt* ... 575
49. Ostrakon OMan 6997 mit Urkunde über Verkauf von Wasserrechten aus Jahr 2 . 575

82. 4. Jahrhundert insgesamt ... 576

Königliche Dokumente ... 576
Athribis ... 576
1. Drei Fragmente von Kapelle oder Kiosk namens ‚Kammer der 70' ... 576
Saft el-Henna ... 578
2. Naos Ismailiya 2248, in El-Arisch gefunden ... 578

Königsfamilie 585
Behbeit el-Hagar 585
3. Torso einer Schreitfigur eines Sohnes Nektanebos' II. 585
Belqas 586
4. Sarkophag Kairo CG 29317 der Königsmutter *Wḏ3-Šw* aus Masara bei Belqas...... 586
5. Uschebtifragmente der Königsmutter *Wḏ3-Šw* aus Masara bei Belqas 587
Herkunft unbekannt 587
6. Sarkophag Berlin 7 des Generalissimus *Nḫt-nb.f* 587
7. Statuette eines Löwen mit Opferplatte der Königsschwester *Mrjt-Ḥp* 588
8. Granitfragment (von Grab oder Sarkophag?) derselben *Mrjt-Ḥp* 588
Nichtkönigliche Personen 588
Unterägypten allgemein 588
9. Naophor Kairo CG 722 des *P3-dj-Ḥr* (aus Aphroditopolis?) 588
10. Sarkophag Berlin 29 des Generalissimus *P3-dj-3st*, Sohn des *P3-šrj-n-t3-jḥt* 589
11. Uschebtis des Generalissimus *P3-dj-3st*, u.a. in Alexandria gefunden 596
12. Sarkophag BM 33 (967) der *ʿnḫ(t)*, Tochter des *P3-dj-3st* 596
Naukratis 597
13. Untersatz (für Altar?) Kairo TN 1/6/24/6 des *Nḫt-nb.f* 597
Terenuthis / Kom Abu Billu 598
14. Theophor Vatikan 159 des *Ḥr-rʿ*, einen Pavian mit Mondscheibe tragend 598
Buto 598
15. Uschebtis des Gouverneurs und Generals *Ḏd-ḥr* 598
Sais 599
16. Naophor Wien 62 des *Gmj-n.f-Ḥr-b3k* 599
17. Fragment vom Unterteil einer Stehfigur Zagreb 672 des *P3-jrj-k3p* 600
18. Fragmente eines Sarkophags desselben *P3-jrj-k3p* in Kairo, Neapel und London. 601
Behbeit el-Hagar 602
19. Fragment eines Sarkophag, vermutlich aus Behbeit, in Moschee in Kairo verbaut 602
Sebennytos 602
20. Sarkophage Kairo JE 48446 des *ʿnḫ-Ḥr* und JE 48447 des *Šb-mn* 602
Tell Tibilla 603
21. Fragment einer Stehfigur Kopenhagen AEIN 86 603
Mendes 603
22. Statuensockel Stockholm NME 77 des *Ns-Wsrt* 603
23. Statuensockel Stockholm NME 74 der *Smst* 604
24. Uschebtis des *mr wʿbw Sḫmt Ns-b3-nb-Ḏdt* in mehreren Sammlungen 605
Tell Moqdam (Leontopolis) 605
25. Kniefigur mit Altar Leiden AST 71 des Generals *P3-dj-m3j-ḥs3* 605
26. Sarkophag Philadelphia 16134 des Generals *P3-dj-m3j-ḥs3* 606
27. Sarkophag Kairo CG 29321 des *Ns-m3j-ḥs3* 606
Athribis 607
28. Zwei Fragmente eines Sockels mit Vertiefung für eine Statue 607
29. Oberteil (Kopf) Statue Bologna KS 1835 des *Mrj-Ḥr-jtj.f* 609
30. Magische Statue Florenz 1011 (E.1788) 609
31. Torso eines stehenden Naophors Wien 5806a des *Ṯ3j-ʿn-m-ḥr-jm.w* 609
32. Sockel einer Statue Kairo TN 22/10/48/18 des *P3j.f-ṯ3w-Jmn* aus Benha 610
33. Grab und Sarkophag desselben *P3j.f-ṯ3w-jmn rn.f nfr Ṯ3j-ʿn-m-ḥr-jm.w* 610
33a. Statue desselben Mannes aus Tyros (s. Nachtrag, p.740) 610
34. Torso Moskau I.1.a.7702 (4067) 610
35. Torso einer Stehfigur BM 121 des *Psmṯk-snb* 611

36. Fragment aus Basalt (ehemals) in russischer Sammlung (desselben Mannes?)..... 611
37. Ring des *Psmṯk-snb* 611
38. Kopfloser kniender Naophor des *Nfr-jb-Rꜥ* in Sammlung Chatsworth Bakewell .. 611
39. Granitsarkophag des Generals *Jrj-Ḥr-wḏꜣ-nfw* aus der Nekropole von Athribis... 612
40. Fragment eines Naophors Alexandria 403 617
Imet (Nebescheh) 617
41. Stehfigurtorso Kairo JE 38545 + Fragment des Astronomen *Ḥr-ꜣḫbjt* 617
42. Torso eines stehenden Naophors des *Ns-Mnw* Kairo CG 617..... 618
Pharbaitos 619
43. Uschebtis des *Ḥr-nḫt* in mehreren Sammlungen..... 619
44. Fragment einer Schreitfigur des Generals *Pꜣ-dj-Wsjr* 619
Tell Basta (Bubastis) 619
45. Kopflose Kniefigur Rennes 98.5.1 des *Pꜣ-jrj-kꜣp* 619
46. Fragment eines Naophors des Wezirs *Psmṯk-snb* (ehemals) im Handel 620
Letopolis 620
47. Fragment einer Stehfigur des Wezirs *Psmṯk-snb* in Privatsammlung. 620
Heliopolis 620
48. Stehender Naophor Louvre E.17379 des Wezirs *Psmṯk-snb* 620
49. Magische Statue Turin Suppl. 9 + Florenz 8708 des Wezirs *Psmṯk-snb* 621
50. Stehfigur Berlin 7737 des *Ḥrjj*, Sohn des Wezirs *Jꜥḥ-msjw-mn-ḥwt-ꜥꜣt* 622
51. Naophortorso Vatikan 177 des *Psmṯk* 622
52. Zwei Reliefs aus Grab des *Ṯꜣ-nfr*, Alexandria 308 und Kairo JE 29211 623
53. Relief Kairo JE 41432 aus Grab des *Nj-ꜥnḫ-Rꜥ* 623
54. Reliefs Baltimore WAG 22.97 + 22.375 aus Grab des *Pꜣ-dj-Wsjr* mit Trinkszene 624
Memphis 624
55. Torso eines Naophors Kairo CG 682 des Wezirs *Psmṯk-snb* aus Mitrahina 624
56. Stehfigur Vatikan 22692 (163/164) des *Pꜣ-šrj-n-tꜣ-jḥt* 625
57. Kopfloser Naophor Kairo CG 1085 des *Pꜣ-ḫꜣꜥ.s* 626
58. Naophor des *Ns-Ḥr* in Privatsammlung Mexico City 627
59. Gruppenfigur mit drei Frauen Louvre E.32648 627
60. Sarkophagdeckel des Generalissimus *Ḥr* im Magazin in Giza (Nr.358) 627
61. Uschebtis eines Generals (*ḥrj mšꜥ*) *Pꜣ-ḫꜣꜥ-s* in mehreren Sammlungen..... 628
62. Fragment eines Naos im Museo Archeologico Verona 30297 628
63. Sitzfigur des (Gottes) Imhotep Louvre N.4541, gestiftet von *Wꜣḥ-jb-Rꜥ* 628
64. Stele Marseille 46 des *Pꜣ-qꜣ-ꜥꜣ* aus Sakkara 629
65. Siegelabdruck Kairo JE 41862 des *Ns-mꜣj-ḥsꜣ* aus dem „Palast des Apries“ 629
66. Fragment eines knienden Naophors desselben *Ns-mꜣj-ḥsꜣ* Neapel 1063 629
67. Block aus Grab des Generals *Pꜣ-dj-mꜣj-ḥsꜣ*, Sohn der *Tꜣ-dj-Wsjr* in Sakkara 630
68. Fragment einer Stehfigur Neapel 1064 desselben Generals *Pꜣ-dj-mꜣj-ḥsꜣ* 630
69. Zwei Architekturfragmente aus Sakkara 630
70. Naophor Berlin 14765 des *Jꜥḥ-msjw* 631
71. Kopfloser Naophor desselben *Jꜥḥ-msj*, in Pozzuoli (Puteoli) bei Neapel gefunden 632
72. Naophor Kairo CG 726 des *Psmṯk-zꜣ-Njtt* aus Mitrahina..... 633
73. Fragment eines Naophors London BM 2341 des(selben?) *Psmṯk-zꜣ-Njtt* 633
74. Sargboden Uppsala 156 des Generals *Ṯꜣj-Ḥr-pꜣ-tꜣ* 634
75. Bestattung des *Ḥr-jrj-ꜥꜣ* (II) im Grab des Bokchoris in Sakkara 634
76. Reste der Bestattungen der Familie des *Ḥr-jrj-ꜥꜣ* (II) im Grab des Bokchoris..... 636
77. Sarkophag London BM EA 23 des *sntj Ḥp-mn rn.f nfr Ḫnzw-tꜣj.f-nḫt* 636
78. Reliefs Kairo JE 10976 und 10978 aus dem Grab des *Psmṯk-nfr-sšm* 643
79. Uschebtis Kairo CG 48210-48224 des *Jrt-ḥr-r.w ḏd n.f Zꜣ-sbk* 644

80. Torso einer Stehfigur desselben *Jrt-ḥr-r.w*, ehemals in Sammung Béhague 644
81. Sarkophagdeckel Kairo TN 21/11/14/7 des *Ṯ3j-Ḥp-jm.w* (s. Nachtrag, p.740)...... 644
82. Uschebtis desselben *Ṯ3j-Ḥp-jm.w* in verschiedenen Sammlungen........................ 644
83. Sarkophag Kairo CG 29302 des *Ḏd-ḥr* aus Sakkara 644
84. Uschebti desselben *Ḏd-ḥr* 1997 im Handel Paris.. 645
85. Sarkophag Louvre D.8 des *Ḏd-ḥr* aus Sakkara 645
86. Sarkophag Wien ÄS 1 des *Ns-Šw-Tfnt* aus Sakkara... 647
87. Uschebtis des *Ns-Šw-Tfnt*.. 650
88. Sarkophag London BM EA 30 des *mr rwt Ns-jzwt* aus Grab LG 84 650
89. Sarkophagfragment London BM 525 des *mr rwt Ns-jzwt* aus Grab LG 84 651
90. Sarkophag Kairo CG 29301 des Generals (*mr mšʿ*) *ʿnḫ-Ḥp* aus Sakkara 652
91. Sarkophag BM EA 1504 des *Gmj-Ḥpj* aus Grab LS 7 in Sakkara......................... 654
92. Sarkophag Kairo CG 29304 des Generals *Ḏd-ḥr* aus Sakkara............................. 654
93. Sarkophag Kairo CG 29305 desselben Generals *Ḏd-ḥr* aus Sakkara.................... 655
94. Sarkophag Kairo TN 20/1/21/1-2 der *B3jtj*, Mutter des Generals *Ḏd-ḥr* 655
95. Begräbnis und Sarkophag MMA 14.7.1a-b des *Wrš-nfr* in Sakkara....................... 656
96. Sarkophag Louvre D.9 des Rechnungsschreibers *Ḏd-ḥr* aus Sakkara 657
97. Deckel und Fragmente der Wanne des Sarkophags des *Wsr-m3ʿt-Rʿ* aus Sakkara 663
98. Grab des *P3-šrj-n-t3-jḥt* in Sakkara... 664
Fayyum.. 666
99. Intaktes Begräbnis des *Ḥr-wḏ3* in Hawara.. 666
Herakleopolis 667
100. Stele Neapel 1035 (‚Stele von Neapel'), in Pompei gefunden............................ 667
101. Torso eines Naophors Kairo JE 47109 des *Zm3-t3wj-t3j.f-nḫt*.............................. 668
102. Begräbnis des *P3-ḫ3ʿ-s* in der Nekropole von Abusir el-Meleq 669
103. Gegenstände aus dem Begräbnis des *ʿnḫ-m-m3ʿt* in einer Privatsammlung......... 669
Hermopolis.. 670
104. Uschebtis des *Psmṯk* im RMO Leiden und in Sammlung G. Janes....................... 670
105. Unterteil eines stehenden Theophors (mit Pavian) BM EA 69486 des *Wn-nfr*.... 670
Achmim... 671
106. Stele Louvre C.112 des *Ḥr* 671
107. Naophortorso Neapel 241834 eines *Jrt-Ḥr-r.w*, bei Cumae (Italien) gefunden... 672
108. Stele Louvre E.20341 (ehemals Guimet 2842) des *Ḏd-ḥr* 672
109. Steinstele Bologna KS 1940 des *Wnn-nfr* 674
110. Oberteil einer Kalksteinstele Florenz 7638 des *Ḏd-ḥr* 674
Abydos 675
111. Pyramidion Avignon A.30 des *Ns-Mnw*.. 675
112. Pyramidion St. Petersburg 2260 des *Rr* und seiner Frau *Njtt-jqrt*........................ 676
113. Kalksteinstele Kairo CG 22054 des *Ṯ3j-nḫt* 676
Theben... 679
114. Osirophor Kairo JE 37442 + Richmond L-27-41-6 aus der Cachette von Karnak 679
115. Würfelhocker Kairo TN 15/12/24/1 des *Jrt-Ḥr-r.w* aus der Cachette................... 680
116. Würfelhocker Kairo JE 37196 des *Ḏd-Ḫnzw-jw.f-ʿnḫ* aus der Cachette............... 681
117. Stehfigur New York MMA 08.202.1 des *ʿnḫ-p3-ḫrd* 682
118. Würfelhocker Kairo JE 37853 desselben *ʿnḫ-p3-ḫrd* aus der Cachette................ 682
119. Würfelhocker Kairo TN 8/12/24/3 des *Ḥr-z3-3st*, Bruders des *ʿnḫ-p3-ḫrd* 683
120. Würfelhocker Glasgow Burrell Collection 13.233 des *Ns-mnw* aus der Cachette 683
121. Würfelhocker Pierpont Morgan Library 10 des *Ṯ3-nfr* aus der Cachette 684
122. Kniefigur desselben *Ṯ3-nfr* aus der ehemaligen Sammlung Omar Pacha............ 684
123. Würfelhocker Kairo JE 37861 des *Ḏd-ḥr* (Bruder des *Ṯ3-nfr*) aus der Cachette . 684

124. Stehfigur Kairo TN 8/12/24/5 desselben *Ḏd-ḥr* aus der Cachette 685
125. Ptah-Sokar-Osiris-Figur der *3st-wrt* Leiden AH 9 686
126. Totenbuch-Papyrus Leiden AMS 41 (T 16) derselben *3st-wrt* 686
127. Ptah-Sokar-Osiris Leiden AH 10 der *T3-(nt-)j3t* Leiden AH 10 686
128. Hypocephalus Leiden AMS 62 derselben *T3-(nt-)j3t* 687
129. Würfelhocker Kairo JE 37354 des *Ḏd-ḥr* aus der Cachette von Karnak 687
130. Würfelhocker Kairo JE 37514 des *P3-dj-Jmn-nb-nswt-t3wj* aus der Cachette 690
131. Würfelhocker Kairo JE 37864 des *P3-ḫ3rw-Ḫnzw rn.f nfr Ḥ3ḥ3t* aus der Cachette 691
132. Sitzfigur Kairo JE 37881 des *Ššnq* aus der Cachette von Karnak 692
133. Würfelhocker Kairo JE 37993 des *ʿnḫ-p3-ḫrd* aus der Cachette von Karnak 694
134. Stehender Theophor Boston 35.1484 des *ʿnḫ-p3-ḫrd* aus dem Muttempel 695
135. Fragment einer Stehfigur des *K3p.f-ḥ3-Ḫnzw* Tübingen 1648 696
136. Stehender Naophor Kairo JE 38064 + Kopf Brooklyn 55.175 des *Wsjr-wr* 696
137. Würfelhocker Wien 9639 des *Ḥr-n-t3-b3t* 697
138. Schreiberfigur JE 37327 des *Wsr-Ḫnzw* aus der Cachette von Karnak 698
139. Würfelhocker Kairo JE 37432 des *W3ḥ-jb-Rʿ-ḫwj* aus der Cachette von Karnak 699
140. Würfelhocker London BM 48039 desselben *W3ḥ-jb-Rʿ-ḫwj* aus der Cachette 699
141. Würfelhocker Kairo JE 36905b des *Mnṯw-m-ḥ3t* aus der Cachette von Karnak .. 700
142. Würfelhocker Kairo JE 37342 des *R-ḥ3t* (Sohn oder Vater des *Mnṯw-m-ḥ3t*) 701
143. Würfelhocker Kairo TN 9/6/24/3 des *K3p.f-ḥ3-Mnṯw* aus der Cachette 702
144. Würfelhocker Kairo JE 37128 des *Ns-Ḫmnjw* aus der Cachette von Karnak 703
145. Würfelhocker Kairo JE 37170 des *Jmn-m-jpt* aus der Cachette von Karnak 704
146. Würfelhocker Kairo JE 36945 des *J.jry* aus der Cachette von Karnak 704
147. Würfelhocker Kairo JE 37843 des *Wsjr-wr* aus der Cachette von Karnak 705
148. Kniender Theophor Kairo JE 38019 desselben *Wsjr-wr* aus der Cachette 706
149. Würfelhocker Kairo JE 36985 aus der Cachette von Karnak 707
150. Würfelhocker Kairo JE 37146 des *Ns-p3wtj-t3wj* aus der Cachette von Karnak .. 707
151. Osirophore Stehfigur Kairo JE 37343 des *Ḥr.s-n.f* (Sohn des *Ns-p3wtj-t3wj*) 707
152. Würfelhocker Kairo JE 37134 des *Wsjr-wr* (Sohn des *Ḥr.s-n.f*) aus der Cachette 708
153. Stele Louvre E.15565 der *Ns-Ḫnzw* 709
154. Würfelhocker Kairo JE 37129 des *ʿnḫ-p3-ḫrd* aus der Cachette von Karnak 709
155. Würfelhocker Kairo JE 37143 desselben *ʿnḫ-p3-ḫrd* aus der Cachette 711
156. Situla Kairo CG 3450 desselben *ʿnḫ-p3-ḫrd* 711
157. Stehfigur Kairo JE 37330 des *Nḫt-Mnṯw* aus der Cachette von Karnak 712
158. Würfelhockerfragment Kairo TN 18/12/28/15 des *ʿnḫ-p3-ḫrd* aus der Cachette . 712
159. Würfelhocker der 18. Dynastie Kairo TN 4/6/24/3 aus der Cachette von Karnak 713
160. Sockel aus Holz London BM 14340 des 2. Amunpropheten *ʿnḫ.f-n-Ḫnzw* 713
161. Würfelhocker Beni Suef 1645 = Kairo JE 37322 des *Ns-p3wtj-t3wj* 714
162. Würfelhocker desselben *Ns-p3wtj-t3wj* 1982 im Handel 715
163. Stele Toronto 907.18.841 desselben *Ns-p3wtj-t3wj* aus Theben (West) 715
164. Horusstele Karnak-Nord 1491 desselben *Ns-p3wtj-t3wj* 716
165. Fragment eines Osirophors Kairo TN 18/12/28/10 des *Ns-Mnw* 716
166. Fragment eines Holzsargs des 3. Amunpropheten *Ns-p3wtj-t3wj* aus TT 196 717
167. Naophor Karnak CS X 349/13 des *Ns-Mnw* aus dem Hof des 10. Pylons 717
168. Würfelhocker Kairo JE 38046 des *Sr-Ḏḥwtj* aus der Cachette von Karnak 717
169. Stehender Theophor Kairo JE 37979 des *Ḥr* aus der Cachette von Karnak 718
170. Gruppenfigur Kairo JE 36576 des *P3-šrj-t3-jsw* aus der Cachette von Karnak 718
171. Theophore Stehfigur Kairo JE 37353 > Alexandria Nationalmuseum 121 722
172. Stehfigur Kairo JE 37860 des *P3-ḫ3rw-Ḫnzw* aus der Cachette von Karnak 723
173. Würfelhocker Kairo JE 38020 des *Ns-Mnw* aus der Cachette von Karnak 724

174. Bronzesitula Louvre E.12658 aus Dra Abu'l-Naga 724
175. Naophor Kairo JE 38016 des *P3-ḫ3rw-Ḫnzw* aus der Cachette von Karnak 725
176. Situla Louvre N.908,C (AF 404) desselben *P3-ḫ3rw-Ḫnzw* 726
177. Theophor Nationalmuseum Alexandria 119 (Kairo JE 36990) des *P3-dj-ʿ.s* 726
178. Würfelhocker Kairo JE 37173 des *P3-ḫ3rw-Ḫnzw* aus der Cachette von Karnak 727
179. Kanopenkasten Turin 2426 der *3st-m-3ḫbjt*, wohl aus Grab des Anch-Hor 727
180. Holzstele London BM 8456 des *P3-dj-ʿs*, Bruder der *3st-m-3ḫbjt* 728
181. Kniender Naophor Kairo JE 38041 des *Jrt-Ḥr-r.w*, Bruder der *3st-m-3ḫbjt*......... 728
182. Stehender Naophor Kairo JE 37993bis des *P3-ḫ3rw-Ḫnzw* 729
183. Würfelhocker Kairo JE 36989 des *P3-dj-Jmn-nb-nswt-t3wj* aus der Cachette 729
184. Stele Turin 1573 des *P3-dj-Jmn-nb-nst-t3wj*, vermutlich aus Grab des Anch-Hor 730
185. Situla aus Bronze Wien ÄS 491 des *Ptḥ-ḥtp* 731
186. Würfelhocker Kairo JE 38013 des *Ḥr* aus der Theben Cachette Karnak 732
187. Würfelhocker Kairo JE 36977 des *Jrj-jrj*, Sohn des *Ḥr* 733
188. Demotische Stele IFAO Nr.1 aus Jahr 10 Nektanebos' I. oder II. 733
Elkab 733
189. Naophortorso des *Wsjr-wr* Kairo JE 89121 733
Ausland 735
190. Statuenfragment des *P3j.f-Jmn* aus Tyros 735
Herkunft unbekannt 735
191. Stehfigur Brooklyn 52.89 (aus dem Delta?) 735
192. Statuenoberteil Boston 1972.397 des *ʿnḫ-Ššnq* 736
193. Drei Uschebtis des Generals *P3-šrj-n-t3-jḥt*, u.a. in Rouen und Amiens 736
194. Sarkophag Berlin 49 des *Ṯ3j-Ḥp-jm.w* 736

Nachträge 737

71.9. Kalksteinblock („Schenkungsstele") Kairo JE 35883 aus dem Serapeum 737
75.41a. Im Nilometer von Roda verbauter Block (Nr.782) 737
75.54a. Auf drei Seiten beschriftetes Fragment eines Türpfostens 737
77.149. Theophor Kairo JE 37140 des *P3-dj-Jmn-nb-nst-t3wj* 738
77.149a. Stehfigur Kairo JE 36714 des *Ns-Mnw* aus der Cachette von Karnak 739
80.9. Opferszenen am Vestibül beim 6. Pylon 739
82.33a. Sockel einer Kniefigur Beirut DGA 92 372 aus Tyros 740
82.81. Sarkophagdeckel Kairo TN 21/11/14/7 des *Ṯ3j-Ḥp-jm.w* aus Sakkara 740

Indizes 741

1. Denkmäler in Museen 741
2. Könige und Mitglieder der Königsfamilie 751
3. Nichtkönigliche Personen 755
4. Regierungsjahre 777

77. Nektanebos II.

KÖNIGLICHE DENKMÄLER

Behbeit el-Hagar

1. Architekturfragmente Nektanebos' II., nahezu alle zum *Ḥwt-Ḥm3g* gehörig.
PM IV, 40; 42; Edgar / Roeder, RecTrav 35, 1913, 89-116; E. Naville, Details relevés dans les ruines de quelques temples égyptiens, Paris 1930, 40-55; Lézine, Kêmi 10, 1949, 49-57; Ch. Favard-Meeks, Le temple de Behbeit el-Hagara. Beihefte SAK 6, 1991 (im folgenden: Favard-Meeks, Behbeit), 227-50 (vgl. 116-7; 332; 347; 367-8; 391); ead., in: Fs Altenmüller, 97-108; M. Zecchi, A Study of the Egyptian God Osiris Hemag, ASCE 1, 1996, 27-30 (17-20); Arnold, Temples of the Last Pharaohs, 125-7; Jenni, Dekoration des Chnumtempels, 88 (8.2.1).

Zur Bibliographie und Numerierung der Blöcke Nektanebos' II. aus Behbeit s. Favard-Meeks, in: Fs Altenmüller, 107-8.

A) Fragmente, die (vermutlich) plaziert werden können:
A.1: Register I (von unten):
– Nordwand, Szene I; Naville, Détails, pl.6,A; 7,A; RecTrav 35, 91(3); vgl. LD III, 287.b; Favard-Meeks, Behbeit, 229-30; ead., in: Fs Altenmüller, 100-101; Fig.2; Taf.25,a;

König (links) präsentiert vier Vasen vor Osiris, über ihm Falke mit *ꜥnḫ*-Zeichen;

unter Falken: → über König: ↓→

gegenüber Königsnamen Schlange auf Wappenpflanze; hinter ihr: ←↓

über Osiris: ←↓

1 2 3

– Von Szene II rechts daneben ist nur noch der Oberteil der Königsfigur erhalten.

– Ostwand, Inschrift an Basis; RecTrav 35, 91 (1); Favard-Meeks, Behbeit, 231; ead., in: Fs Altenmüller, 101; Fig.3; Taf.27,a;

→ [...] [ ] (?)

– Ostwand, Szene I; RecTrav 35, 91 (1); Favard-Meeks, Behbeit, 231-2;
König (links) vor Osiris mit Atef-Krone; Beischriften zu König nicht erhalten;

bei Osiris: ←↓ ←

– Von Szene II rechts daneben ist nur ein Teil der Königsfigur (ohne Beischriften) erhalten.

– Szene III rechts davon; J. Vandier d'Abbadie, Nestor l'Hôte, 1804-1842, Leiden 1963, pl.I; Piehl, ZÄS 26, 1888, 110; RecTrav 35, 92 (4); Favard-Meeks, Behbeit, 231-2;
König (links) vor nicht erhaltener Gottheit; Beischrift zu König: ↓→

– Südwand, Szene I; RecTrav 35, 92 (5); Favard-Meeks, Behbeit, 232-3;
König (links) vor nicht erhaltener Gottheit; über ihm [Falke oder Flügelsonne];

darunter: → Beischrift zu König: ↓→

A.2: Register II
– Nordwand, Szene III; RecTrav 35, 91 (2); 92 (8); Naville, Détails relevés, pl.6,A (unten); Favard-Meeks, Behbeit, 233-4; ead., in: Fs Altenmüller, 103 (Fig.5, oben links);
König (links) opfert Salbe vor Osiris mit Atef-Krone, über ihm Geier;

Beischrift zu Geier: → [...] über König: ↓→

über Osiris: ←↓

– Szene IV rechts davon; RecTrav 35, 91 (2); Naville, Détails relevés, pl.6,A (unten); Favard-Meeks, Behbeit, 234-5; ead., in: Fs Altenmüller, 103 (Fig.5);
König (links) opfert Stoff vor Osiris;

oben: →

zu König: ↓→

zu Osiris: ←↓

– Szene V rechts davon; RecTrav 35, 91 (2); 92 (9a); Naville, Détails relevés, pl.6,A (unten); Favard-Meeks, Behbeit, 235; ead., in: Fs Altenmüller, 103 (Block 111);
König (links) [opfert vor Osiris], über ihm Geier; über König: ↓→

bei Gott: ←↓ [...]

– Ostwand, Szene IV; Favard-Meeks, Behbeit, 236-7;
König (links) beim Opfern vor Osiris mit Doppelfederkrone; über König Geier;

zu Geier: → [ ] [ ] [ ] über König: ↓→

über Osiris: ←↓ [...] [...]

– Szene V; Favard-Meeks, Behbeit, 237;

König (links) vor Gott, nur noch geringe Reste; oben: → (sic) [ ]

bei Gott: ←↓ [...]

– Südwand, Szene II; Baltimore, W.A.G. 22.201, s. G. Steindorff, Catalogue of Egyptian Sculpture in the Walters Art Gallery, Baltimore 1946, 75 (254); pl.LIV, links; id., JWAG 7/8, 1944/45, 42 (Fig.3); 48 (3); Favard-Meeks, Behbeit, 237-8;

Osiris, nach links gewandt; keine Inschriften erhalten;

– Szene III; Baltimore, W.A.G. 22.201 (s.o.), rechts; Montreal 941.B.1 (links), s. Steindorff, JWAG 7/8, 1944/45, 43, Fig.4; 47-8 (2); Naville, Détails relevés, pl.7 /B/C); Favard-Meeks, Behbeit, 238-9;

König (links) opfert Stoffstreifen, über ihm Falke; darunter: →

über König: ↓→

über Osiris: ←↓

[...] [...] [ ] [...]

– Szene IV; Montreal 941.B.1 (rechts), s. Steindorff, JWAG 7/8, 1944/45, 43, Fig.4; 47-8 (2); Favard-Meeks, Behbeit, 239;

König (links) vor Osiris mit Atef-Krone; über König: ↓→

über Osiris: ←↓

– Szene V; Nationalmuseum Rom Nr.52045 (links); F. Manera / C. Mazza, Le Collezioni Egizie del Museo Nazionale Romano, Mailand 2001, 48 (7); A. Roullet, The Egyptian and Egyptianizing Monuments of Imperial Rome, 1972, 60 (27); pl.XXXVIII (Fig.53); Favard-Meeks, Behbeit, 240;

nur Rest einer Beischrift [zu Osiris] am rechten Rand erhalten, Figur darunter fehlt;

←↓

– Szene VI; Nationalmuseum Rom Nr.52045 (Mitte); s.o.; Favard-Meeks, Behbeit, 240-1;

links Falke; darunter: → ; darunter Beischrift zu (nicht erhaltenem) König:

↓→

rechts davon Beischrift zu (nicht erhaltenem) Osiris: ←↓

– Szene VII; Nationalmuseum Rom Nr.52045 (rechts); s.o.; Favard-Meeks, Behbeit, 241;

oben Geier; darunter: →

unter ihm Reste der Beischrift zu (nicht erhaltenem) König:

↓→

New York MMA 12.182.4.c; Steindorff, JWAG 7/8, 1944/45, 41 (Fig.2); 46 (1); Mysliwiec, Royal Portraiture, 71; pl.LXXXIX; Favard-Meeks, Behbeit, 242-3; ead., in: Fs Altenmüller, 102; Fig.4;
Der Anbringungsort des Reliefs ist unsicher (im Eingangsbereich?), denn nur hier erscheint der König rechts und der Gott links.

Szene I (rechts); König (rechts) präsentiert Halsschmuck; über König: ←↓

links neben Königsnamen Wappenpflanze; daneben: ↓→

über Osiris: ↓→

Szene II (links); König (rechts) räuchert vor Osiris; über König: ←↓

über Osiris: ↓→

A.3: Register III

Nordwand; RecTrav 35, 92 (9a, oben); Favard-Meeks, Behbeit, 243-4;
nur untere Teile von zwei Opferszenen, keine Beischriften erhalten;

Ostwand; Favard-Meeks, Behbeit, 244;
auch hier nur unterer Teil einer Opferszene mit Isis, keine Beischriften erhalten;

Südwand; Nationalmuseum Rom Nr.52045 (oben); F. Manera / C. Mazza, Le Collezioni Egizie del Museo Nazionale Romano, Mailand 2001, 48 (7); Roullet, The Egyptian and Egyptianizing Monuments, 60 (27); pl.XXXVIII (Fig.53); Favard-Meeks, Behbeit, 245;
vier thronende Götter;

über dem 2. von links: ←↓

über dem 3. von links: ←↓

B) Nicht plazierbare Fragmente:

Block im Museum Kairo; Favard-Meeks, Behbeit, 246-247;
– Seite A, Szene links: König (links) vor Isis;

über König: ↓→

über Isis: ←↓

– Seite A, Szene rechts: König (links) vor Harsiese;

über König: ↓→

über Harsiese: ←↓

– Seite B: [König, rechts, nicht erhalten] vor Isis;

über Isis: ↓→

– Heute verschollener Block; RecTrav 35, 92 (7); Favard-Meeks, Behbeit, 247-9; ead., in: Fs Altenmüller, 99-100;
König (links) vor Osiris und Isis, über König Falke;

unter Falken: →

über Osiris: ←↓

1 2 3

über Isis: ←↓

1 2 3

(sic)

der Königsname wird in RecTrav 35 nicht wiedergegeben.

– Block in situ; RecTrav 35, 92 (6); Favard-Meeks, Behbeit, 249;

Osiris mit Anedjti-Krone, nach links gewandt; über ihm: ←↓

1 [...] 2 [...] 3 [...]

4 [...]

– Zumindest ein Block (Nr.513), in Banub gefunden, dürfte aus dem *Ḥwt-sr* stammen.
RecTrav 35, 1913, 114 (2); Favard-Meeks, Behbeit, 111-2; 347; ead., in: Fs Altenmüller, 99-100;

ein Gott (links) hält dem König ein *ʿnḫ*-Zeichen an die Nase;

zu Gott: (↓→) [...] 2 1 Szenenbeischrift: [...]

über König Sonne mit Uräen; dazu:

hinter König: (←↓) [ ] [ ] (?) (sic) [...]

Roeder (RecTrav 35, 114) nennt den König „Nechtharehbêt", aber dessen Name erscheint nicht in seiner Wiedergabe der Inschriften, und die Kapelle enthält sonst nur Blöcke von Ptolemaios II.

2. Fragment einer Sphinx aus Quarzit (1985 gefunden).
Gallo, BIFAO 90, 1990, 225-6; pl.VII; N. Spencer, in: Fs Lloyd, 381; 378, Fig.8; Jenni, Dekoration des Chnumtempels, 89 (8.2.3);

Inschrift um Sockel, Beginn Mitte Vorderseite; um linke Seite: ←

[...]

um rechte Seite: →

[...] [ ] [ ] [ ]

3. Falkenstatue aus Granit, in Al-Mahalla al-kubra gefunden, (ehemals?) in Privatsammlung Kairo.
PM IV, 42; J. Vandier d'Abbadie, Nestor l'Hôte, 1804-1842, Leiden 1963, 16; pl.4, Nr.2; Barguet, Kêmi 13, 1954, 89-91, 88, Fig.3; Yoyotte, Kêmi 15, 1959, 73 (c); Favard-Meeks, Behbeit, 346; Gallo, EVO 11, 1988, 25-31; Jenni, Dekoration des Chnumtempels, 88-89 (8.2.3);

auf Vorderseite der Königsfigur: ↓→ [...]

um den Sockel, Beginn Mitte Vorderseite; rechte Hälfte: →

reS

linke Hälfte: ←

liS

4. Schwalbenschwanz mit den beiden Kartuschennamen, 1806 in Behbeit angekauft.
PM IV, 42; George Viscount Valentia, Voyages and Travels to India, Ceylon, the Red Sea, Abyssinia, and Egypt, London 1809, III, 438; Taf.; Jenni, Dekoration des Chnumtempels, 88 (8.2.2);

↓→

In dem mir zugänglichen Exemplar des Werks von Valentia findet sich die entsprechende Tafel entgegen der Angabe in PM IV, 42 nicht in Bd.II, sondern in Bd.III zwischen den Seiten 420 und 421.

5. Zwei Schwalbenschwänze Toronto 909.80.303-304, vermutlich aus Behbeit.
Spencer, Naos of Nekhthorheb, 40; 42, n.5; pl.35-36;
909.80.303: ↓→

(?)

909.80.304: ↓→

6. Sarkophag BM 10 Nektanebos' II., in Alexandria gefunden (aus Behbeit?) mit Auszügen aus dem Amduat und der Sonnenlitanei sowie anderen funerären Sprüchen (auf der Innenseite).
PM IV, 3-4; Description, V, pl.40-41; Sharpe, Inscriptions, I, 28-32; Manassa, Sarcophagi, 194; pl.170-190; H. Jenni, Das Dekorationsprogramm des Sarkophages Nektanebos' II., ÄH 12, 1986; Barguet, Kêmi 13, 1954, 91 (Herkunft); Arnold, Temples of the Last Pharaohs, 130;

Die Inschriften bestehen zum größten Teil aus längeren Auszügen aus Amduat und Sonnenlitanei, auf den Innenseiten stehen auch funeräre Sprüche, wie sie zuerst auf den königlichen Sarkophagen der 18. Dynastie belegt sind.

Der Königsname erscheint als ; ; ; u.ä.

seltener als Doppelname, z.B. u.ä.

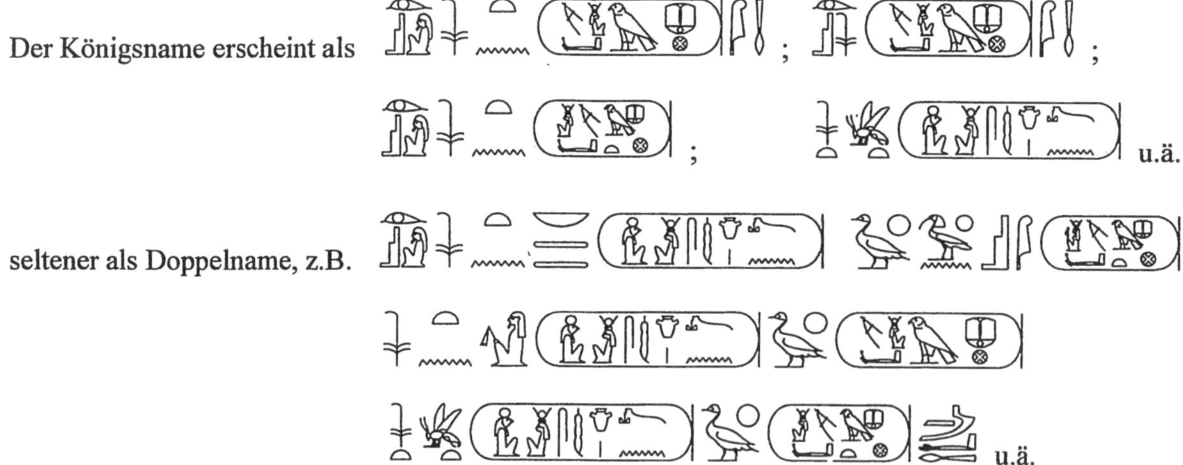

7. Oberteil einer Schenkungsstele, 1992 im Handel.
Unpubl., Auktionskatalog Sotheby's London, Antiquities, Tuesday 10th July 1990, 148-9 (Nr.414); das Zitat in PM VIII.4, 509-10 (803-082-000: Revue du Louvre 42 [2], Juni 1992, fig. on 124) ist falsch; Jenni, Dekoration des Chnumtempels, 89 (8.2.4; ausf. Beschreibung);

im Bildfeld König (rechts) mit Feldhieroglyphe vor Osiris, Harsiese und Isis;

über König: ↓→ ←↓ ←

vor ihm: ←↓ [...]

über Osiris: ↓→ 2 1

über Harsiese: ↓→ [...] 2 1

über Isis: [...] → ↓→

Aufgrund des kleinen Fotos im Auktionskatalog sind viele Lesungen unsicher.

Sebennytos

8. Fragmente einer Gauprozession aus „Soubassement" des Tempels des Onuris-Schu.
PM IV, 43; Kamal, ASAE 7, 1906, 87-94; Edgar, ASAE 11, 1911, 90-96; Steindorff, JWAG, 7/8, 1944/45, 38-59; N. Spencer, JEA 85, 1999, 55-83 (mit Liste der Blöcke in Museen); id., Egyptian Archaeology, 14, 1999, 7-9; Jenni, Dekoration des Chnumtempels, 87 (8.1.1);

– Drei Fragmente, Verbleib unbekannt.
Naville, Mound of the Jew, 25-6; pl.VI; Kamal, ASAE 7, 1906, 88-89;

A.1: Fragment aus Gauprozession: ←↓

1 [...] 2 [...]

3 [...]

A.2: Drei große Kartuschen auf Goldhieroglyphe, mit (Sonnen)Scheibe darüber:

links: ←↓ Mitte: ↓→ rechts: ←↓

A.3: Fragment aus Gauprozession (zwei Teile davon auch bei Barguet, Kêmi 13, 88, Fig.2); links Feldgöttin mit Gaben, zwischen Gefäßen Kartusche:

↓→ rechts davon: ↓→

[...] [...] [...]

– Fragment Baltimore WAG 22.119 aus Gauprozession (Gauzeichen nicht erhalten). G. Steindorff, Catalogue of Egyptian Sculpture in the Walters Art Gallery, Baltimore 1946, 74-5 (253); pl.XLVII; id., JWAG 7/8, 1944/45, 45, Fig.6; 49 (5); R. Schulz / M. Seidel, Egyptian Art. The Walters Art Gallery, Baltimore 2009, 122-23 (49);

hinter Gott links (Opfergaben nicht erhalten): ←↓

(?) (sic)

(sic)

mittlerer Gott: zwischen Gefäßen Kartusche: ←↓ hinter ihm: ←↓

Gott rechts: zwischen Gefäßen Kartusche: ←↓ hinter ihm: ←↓

(?)

[...]

– Fragment aus Gauprozession (ehemals) in Privatbesitz Kairo.
Barguet, Kêmi 13, 1954, 87-88; Fig.1;
rechts Gott mit Gaben; zwischen Gefäßen Kartusche:

←↓ 

– In Moschee in Samanud verbautes Fragment aus Gauprozession, von Nestor l'Hôte registriert.
J. Vandier d'Abbadie, Nestor l'Hôte 1804-1842, Leiden 1963, 17; pl.V.

Gott mit Gaben, nach rechts gewandt; zwischen Gefäßen Kartusche: ↓→
rechts davon Kolumne: ↓→

Sehr wahrscheinlich ist dieses Fragment identisch mit dem Relief Kopenhagen AEIN 1065, das 1907 in Kairo gekauft worden ist, s. M. Mogensen, La Glyptothèque Ny Carlsberg, La collection égyptienne, Kopenhagen 1930, 108 (A 772); pl.CXVIII; O. Koefoed-Petersen, Catalogue des bas-reliefs et peintures égyptiens, Kopenhagen 1956, 47-8; pl.57; (57); Jorgensen, Catalogue Egypt IV, Late Egyptian Sculpture 1080 BC – AD 400, Kopenhagen 2009, 144-45 (52); Foto Glyptothek.

– In Kairo 1912 angekauftes Fragment New York MMA 12.182.4b aus Gauprozession.
Steindorff, JWAG 7/8, 1944/45, 46, Fig.7; 48 (4); Mysliwiec, Royal Portraiture, pl.XCII.c;

Gott mit Gaben, nach rechts gewandt; zwischen Gefäßen Kartusche: ↓→
hinter Gott zwei Kolumnen: ↓→

3. Zeile fehlt 

– In Sharia Dahab in Samanud gefundenes Fragment.
Spencer, JEA 85, 1999, 57, Fig.2; 58 (2); id., Egyptian Archaeology, 14, 1999, 9 (oben links);

Gott mit Gaben, nach rechts gewandt; zwischen Gefäßen Kartusche: ↓→

hinter Gott: ↓→ 

9. Naos Kairo CG 70012 für Onuris-Schu.
PM IV, 44; Roeder, Naos, 42-3; Taf.14; Jenni, Dekoration des Chnumtempels, 87-8 (8.1.2);

über Türöffnung Flügelsonne; links und rechts von ihr: ←→
auf linkem Türpfosten: ↓→

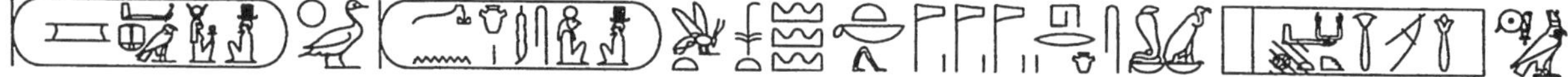

Der rechte Türpfosten ist unbeschriftet geblieben.

10. Oberteil eines Naos Kairo CG 70015 für Schu (?).

PM IV, 43; E, Naville, Détails relevés dans les ruines de quelques temples égyptiens, Paris 1930, pl.17 (A.1-2); Roeder, Naos, 47-8; Taf.63c-d; 83a-b; Mysliwiec, Royal Portraiture, pl.LXXXVII.c-d; Jenni, Dekoration des Chnumtempels, 87-8 (8.1.2);

im Giebelfeld Flügelsonne mit Uräusschlangen; zwischen den Schlangen; ↓→

in der rechten Hälfte des Türsturzes rechts König mit Weingefäßen vor drei Göttern;
über König (unter Geier mit *šn*-Zeichen): ←↓

vor ihm: ←

gegenüber König thronender Gott mit vierfacher Federkrone;

über ihm: ↓→

dahinter stehende Göttin mit Löwenkopf; über ihr: ↓→

hinter ihr thronender Gott mit vierfacher Federkrone; über ihm: ↓→

(?)

die entsprechende Szene auf der linken Seite des Türsturzes ist fast vollständig zerstört; gamz rechts Kopf eines thronenden Gottes mit vierfacher Federkrone;

über ihm: ←↓ [ ] [...]

11. Granitfragment (vielleicht von Statuensockel oder Altar), in Moschee in Mahalla el-Kubra verbaut.

Spencer, JEA 85, 1999, 56-58 (1); Fig.1; pl.VII (1);

←↓ [...] [...] [ ] [ ]

(sic)

Ein weiteres (unpubliziertes) Granitfragment aus Samanud mit den Kartuschen Nektanebos' II. wird in einem Registerbuch des SCA um Inspektorat Tanta erwähnt, s. Spencer, JEA 85, 82, n.112.

Baqliya (Hermopolis parva)

12. Zwei Paviane in Rom, Palazzo dei Conservatori, Nr.26 und 32, im Iseum campense gefunden (aus Hermopolis parva oder Busiris?).

PM VII, 415; S.E. Vittozzi, Musei Capitolini. La collezione Egizia, Rom 1990, 36-8; Gallo, RdE 42, 1991, 256-60; A. Roullet, The Egyptian and Egyptianizing Monuments of Imperial Rome, EPRO 20, 1972, 125 (243-4); pl.CLXXIII (249-50); LR IV, 178, n.1; Jenni, Dekoration des Chnumtempels, 98 (aus Busiris?);

Nr.32: auf der Vorderseite des Sockels drei Kolumnen;

Mitte und links: ↓→

rechts: ←↓

Nr.26: auf der Vorderseite des Sockels drei Kolumnen; Mitte und rechts:

←↓

links: ↓→

Athribis

13. Relief Brüssel E.4877.
PM IV, 66; L. Speleers, Recueil des inscriptions égyptiennes des Musées Royaux du Cinquantenaire à Bruxelles, Brüssel 1923, 88 (336); Habachi, MDAIK 15, 1957, 77, n.2; Vernus, Athribis, 120 (139);

↓→

14. Block mit Köngsnamen, 1985 gefunden.
M. el-Alfi, VA 4, 1988, 113-115; Mysliwiec / Rageb, Etudes et travaux 16, 1992, 402-4; 416; Leclère, Les villes, 246 (mit n.91); Mysliwiec, Herr beider Länder, 214, Abb.81;

↓→

15. Runde Opfertafel Turin 1751 (aus Athribis?).
Vernus, Athribis, 120-35 (140); Brugsch, DG, 1055ff.; Bonomi, TSBA 3, 1874, 422-4; pl.I; Birch, ibid., 425-29; E. Schiaparelli, Il libro dei funerali degli antichi Egiziani, II, 1890, 115ff.; Habachi, MDAIK 15, 1957, 75-7; pl.VIII-IX; Vandier, RdE 16, 1964, 110-1; Yoyotte, Mél. Masp., I.4, 175; L. Habachi, Tavole d'offerta, are e bacili da libagione, Turin 1977, 92-105 (22055);

die Außenseite des runden Steins ist mit vier Szenen dekoriert, gefolgt jeweils von einer Liste mit Göttern als Herren eines spezifischen Heiligtums;

1.: König mit Räuchergefäß; vor ihm kleinerer Mann, der auf Altar libiert;

über König: ← über Priester: ←

über der Szene: → folgende Liste (alles ↓→):

1.

2. 

3.

4. 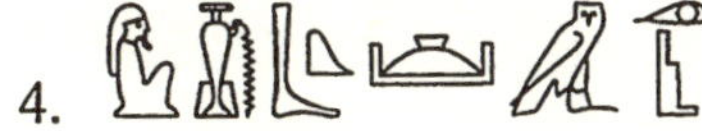

5.

6.

7.

8.

9.

10.

11.

12.

13.

14.

15.

16.

17.

18.

19.

20.

21.

22.

23.

2. König mit Räuchergefäß; vor ihm kleinerer Mann, der auf Altar libiert;

über König (nicht erhalten): ← [ ] über Priester: ←

über der Szene: → [ ] folgende Liste (alles ↓→):

24.

25. 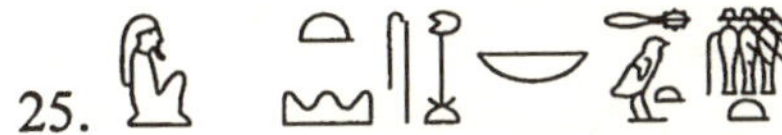

26. 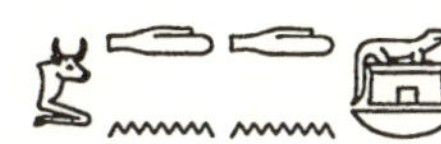

27.

28. 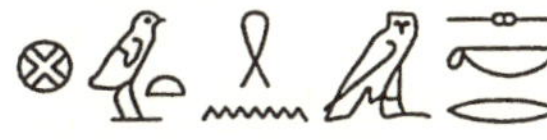

29.

30. 

31.

33.

32.

35.

34.

3. König mit Räuchergefäß; vor ihm kleinerer Mann, der auf Altar libiert;

über König: ← über Priester: ←

über der Szene: → folgende Liste (alles ↓→):

37.

36.

39.

38.

41.

40.

43.

42.

45.

44.

47.

46.

49.

48.

51.

50.

53.

52.

55.

54.

57.

56.

58.

4. König mit Räuchergefäß; vor ihm kleinerer Mann, der auf Altar libiert;

über König: ← über Priester: ←

über der Szene: → [hieroglyphs] folgende Liste (alles ↓→):

60. [hieroglyphs]

59. [hieroglyphs]

62. [hieroglyphs]

61. [hieroglyphs]

64. [hieroglyphs]

63. [hieroglyphs]

66. [hieroglyphs]

65. [hieroglyphs]

68. [hieroglyphs]

67. [hieroglyphs]

Tanis

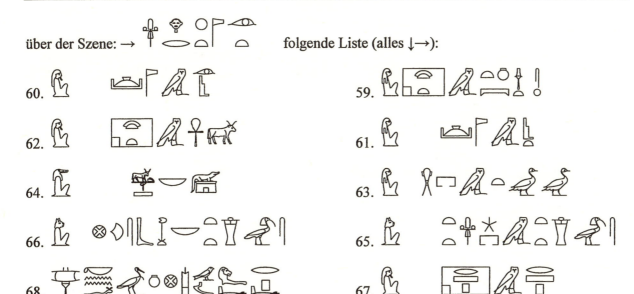

16. Fragment einer Statuette aus Kalkstein.
Montet, Kêmi 15, 1959, 52 (Bc 15); Fig.7; Guermeur, Les cultes d'Amon, 273 (14); Jenni, Dekoration des Chnumtempels, 90 (8.4);

auf Rückenpfeiler: ←↓ [...] [hieroglyphs] [...]

17. Falkenstatue.
P. Montet, Les énigmes de Tanis, Paris 1952, 76; pl.XI ; id., Kêmi 15, 1959, 59-60; Fig.14; Yoyotte, Kêmi 15, 1959, 73 (d); Jenni, Dekoration des Chnumtempels, 90 (8.4, mit n.585);
um den Sockel, Beginn Mitte Vorderseite; linke Hälfte: ←

[hieroglyphs] liS [hieroglyphs]

RS [hieroglyphs]

rechte Hälfte: → [hieroglyphs] RS [...] reS [hieroglyphs]

18. Fragmente eines Naos aus Basalt.
Unpubl., s. Yoyotte, ASAE 61, 1973, 83;

Ostdelta

19. Statuensockel aus Pharbaitos im Magazin von Zagazig.
Gallo, Vicino Oriente XI, 1998, 113-9; Tav.X-XI;
um Sockel, Beginn Mitte Vorderseite; rechte Seite: →

[hieroglyphs] [[hieroglyphs] ...] [hieroglyphs]

[hieroglyphs]

linke Seite: ←

[…]

[…]

20. Drei riesige Granitblöcke aus der Decke des Tempels (des Hor-merty).
Naville, Saft el-Henneh, 4; Arnold, Temples of the Last Pharaohs, 129; Jenni, Dekoration des Chnumtempels, 90 (8.5);
Keine Textwiedergabe bei Naville, vermutlich waren die Blöcke nicht beschriftet.

21. Obelisk Kairo CG 17031 + Brooklyn 36.614 aus Pharbaitos (?).
PM IV, 34; Ch. Kuentz, Obélisques, Kairo 1932, 62-3; A. Selim, Les obelisques égyptiens, II, Kairo 1991, 309-10; Holm-Rasmussen, AcOr 40, 1979, 24; Jenni, Dekoration des Chnumtempels, 90 (8.5);

Nach *ʿnḫ mj Rʿ* am Ende des Königsnamens werden alle Kolumnen in umgekehrter Schriftrichtung fortgesetzt.

Seite 1: ↓→ […]

Fortsetzung ←↓ […]

Seite 2: ↓→ […]

Fortsetzung ←↓ (?) (?) (?) (?) […]

Seite 3: ←↓ […]

Fortsetzung ↓→ […]

Seite 4: ←↓ […]

Fortsetzung ↓→ […] (?)

Das Obeliskenfragment Brooklyn 36.614 ist sehr wahrscheinlich das Oberteil von CG 17031. Oben unter der Spitze jeweils ein thronender stierköpfiger Gott mit Szepter, vor ihm der Falke auf dem Serech, darunter beginnt in größeren Schriftzeichen der Horusname.

Seite A:

über Stiergott: ←

gegenüber: ↓→

darunter: ↓→ […]

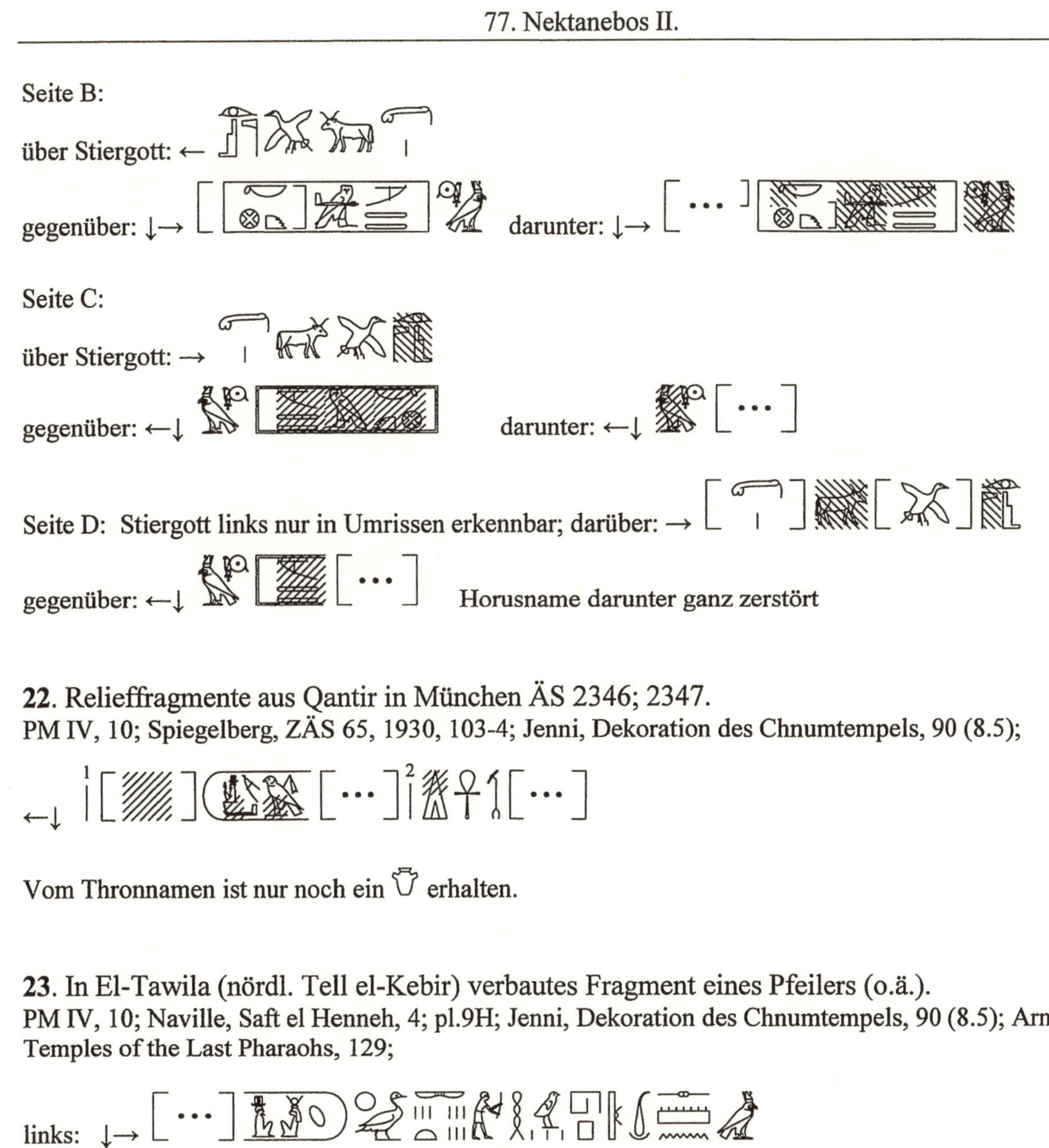

Seite B:

über Stiergott: ←

gegenüber: ↓→ [ ] darunter: ↓→ [...]

Seite C:

über Stiergott: →

gegenüber: ←↓ darunter: ←↓ [...]

Seite D: Stiergott links nur in Umrissen erkennbar; darüber: → [ ] [ ]

gegenüber: ←↓ [...] Horusname darunter ganz zerstört

22. Relieffragmente aus Qantir in München ÄS 2346; 2347.
PM IV, 10; Spiegelberg, ZÄS 65, 1930, 103-4; Jenni, Dekoration des Chnumtempels, 90 (8.5);

←↓ 1 [ ] [...] 2 [...]

Vom Thronnamen ist nur noch ein erhalten.

23. In El-Tawila (nördl. Tell el-Kebir) verbautes Fragment eines Pfeilers (o.ä.).
PM IV, 10; Naville, Saft el Henneh, 4; pl.9H; Jenni, Dekoration des Chnumtempels, 90 (8.5); Arnold, Temples of the Last Pharaohs, 129;

links: ↓→ [...]

rechts: ↓→ [...] [ ] [ ]

Tell Basta (Bubastis)

24. Teile der Wände aus der Halle des Tempels,
PM IV, 30; Description, V, pl.29 (9); Naville, Bubastis, 56-8; pl.XLIV-VI; L. Habachi, Tell Basta, Kairo 1957, 71-91; Taf.XXII; Rosenow, Tempelhaus; ead., in: Spencer, Naos of Nekhthorheb, 43-46;

A) Wandfragmente mit kulttopograpischen Angaben aus dem Westteil des Tempels:

a) Rosenow, Tempelhaus, 132-3; Katalog, Nr.16:

vor stierköpfigem Gott und 3 weiteren Göttern: ←↓

vor falkenköpfigem Gott [Rest fehlt]: ←↓

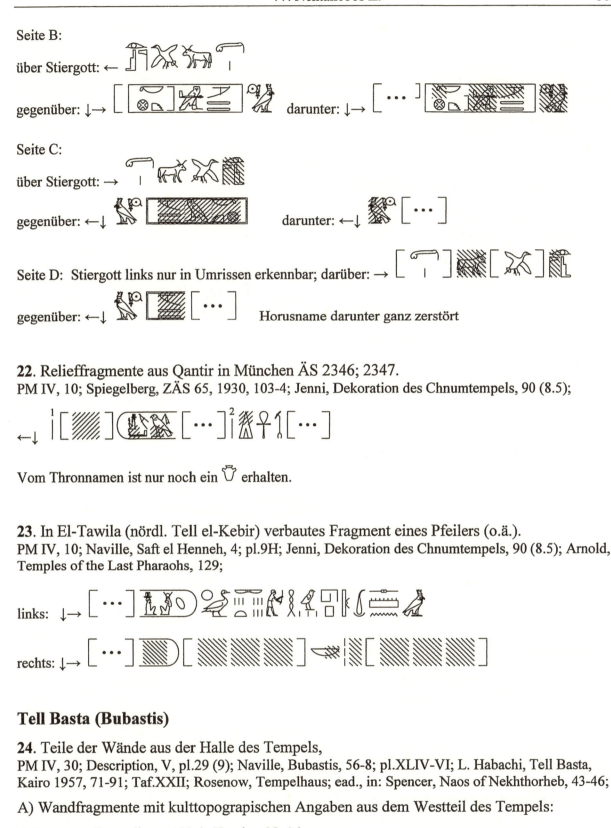

vor ityphallischem Gott mit Federkrone und weiteren Göttern: ←↓

b) Rosenow, Tempelhaus, 133-4; 144; Katalog, Nr.17; 77; Naville, Bubastis, pl.XLV.D+E:
Reste von drei Registern; im mittleren links ibisköpfiger Mumie:

vor ihr: ↓→ [ ] [ ]

rechts davon stehende Göttin mit Ichneumon(?) auf Kopf;

vor ihr: ↓→ [ ] [...]

c) Rosenow, Tempelhaus, 134; Katalog, Nr.67;

im oberen Register rechts ein Mann; hinter ihm: ↓→ [...] [ ]

im Register darunter: ↓→ [...]

d) Rosenow, Tempelhaus, 134; Katalog, Nr.72;

sehr kleines Fragment; Katze auf Sockel, darunter rechts: ↓→ [...]

e) Rosenow, Tempelhaus, 134-5; Katalog, Nr.76;

oben links Vogel auf Sockel; davor: ↓→ [...] ; darunter Textzeile, s.u., B.f);

f) Rosenow, Tempelhaus, 135-6; 141-2; Katalog, Nr.274; Nr.83; Naville, Bubastis, pl.XLVI.B +C;
zwei vermutlich zusammengehörige Fragmente mit Resten von vier Registern;
im oberen Register Figuren ohne Beischriften; im zweiten zwei thronende Göttinnen,

dazwischen stehender Mann mit Uräus; vor ihm: ←↓

im dritten Register links löwenköpfige Göttin auf Treppe hockend, rechts stehende Frau;

vor ihr: ←↓ [ ]

dahinter(?) Mann mit Falkenkopf; vor ihm: ←↓ [ ]

hinter ihm Mann mit Widderkopf; vor ihm: ←↓

im unteren Register links Gott mit Sonnenscheibe,

vor ihm: ←↓ [ ]

dahinter Gott mit Straußenfederkrone; vor ihm ←↓

rechts davon thronende Hathorgöttin, hinter ihr thronender Amun;

vor ihm: ←↓

g) Rosenow, Tempelhaus, 136-7; Katalog, Nr.112; Naville, Bubastis, pl.XLV.A;
in drei Registern eine Reihe von Götterfiguren und Symbolen, in jedem Register eine Kolumne:

im oberen, hinter einem Falken mit Doppelkrone: ↓→

im mittleren, vor thronender Hathor: ↓→

im unteren, vor Hathorkuh: ↓→

h) Rosenow, Tempelhaus, 137-8; 142-3; Katalog, Nr.277 (= Greenock, Mc Lean Museum, Inv.-Nr. 1987.415), Nr.126; Naville, Bubastis, pl.XLVI.D + E;
zwei nicht zusammenhängende, aber vermutlich zusammengehörige Fragmente, wie die Schlange in der Mitte zeigt, die die Register beider Stücke in verschiedene Richtungen trennt;
oben unter Chekerfries Zeile, s.u., B.l)

darunter im oberen Register eine Reihe von Götterfiguren, durch die Schlange in nach links und nach rechts gewandte getrennt; alle ohne Beischriften;
im Register darunter rechts fünf Figuren; ganz rechts falkenköpfiger Gott mit Doppelkrone, hinter ihm Falke auf Sockel mit *spd*-Zeichen davor;

zwischen ihnen: ↓→

das Fragment darunter hat Reste von drei weiteren Registern, das obere rechts hat vier Figuren,

links thronender Gott mit Krokodilskopf; vor ihm: ↓→

zweite Figur von rechts thronende Göttin; vor ihr: ↓→

i) Rosenow, Tempelhaus, 138-40; Katalog Nr.171; Block mit zwei Registern;
im oberen Register sieben Figuren (erhalten); 3. von links auf Sockel stehender Mann mit Szepter;

vor ihm: ←↓

die 7. (letzte) von links thronende Hathor; vor ihr: ←↓

dahinter weitere Kolumne (Figur nicht erhalten): ←↓

im unteren Register sechs Figuren erhalten: vorn Hathorgöttin, dahinter thronender falkenköpfiger Gott mit Doppelkrone;

vor ihm: ←↓ 1 ... (?) 2

dahinter Falke mit Weißer Krone; vor ihm: ←↓

dahinter zwei thronende Göttinnen mit Hathorkrone, die hintere mit Kind an der Brust;

vor ihr: ←↓

die letzte Figur links ist ein stehender Gott mit Doppelkrone und Flügelkleid;

vor ihm: ←↓

dahinter weitere Kolumne zu nicht erhaltener Figur: ←↓

j) Rosenow, Tempelhaus, 140-1; Katalog Nr.272; Naville, Bubastis, pl.XLV.B; Block mit zwei Registern; unten rechts zwei Paviane, der vordere mit Mondscheibe auf Kopf; vor ihm:

↓→ [...] (so nach Rosenow, p.251)

Weitere Fragmente, die zu entsprechenden Szenen gehören könnten:

k) Rosenow, Tempelhaus, 143; Katalog, Nr.42:

←↓ [...] [...] links davon ein nach links schreitender Löwe

l) Rosenow, Tempelhaus, 146; Katalog, Nr.55; Naville, Bubastis, pl.XLV.F:

über Ichneumon: →

m) Rosenow, Tempelhaus, 146; Katalog, Nr.56;

neben Kobra mit Flügeln und Geierkopf: →

darunter gehört nach Rosenow, Katalog Nr.268 = Naville, Bubastis, pl.XLIV.E mit Resten einer Zeile, s.u., B.h)

Vermutlich ebenfalls hierhergehörig, aber ohne (erhaltene) Beischriften:
Rosenow, Tempelhaus, Katalog Nr.18, 20, 34, 36 (p.145), 79; 84, 92, 94, 98;

B) Textzeilen:

a) Rosenow, Tempelhaus, Katalog Nr.13; oben Rest der monumentalen Zeile:

← [...] [...] darunter Rest einer Szene

b) Rosenow, Tempelhaus, Katalog Nr.54; Naville, Bubastis, pl.XLIV.B;
zwei Zeilen, vermutlich unter *ḫkr*-Fries: ←

1 [...] [...] 2 [...] [...]

c) Rosenow, Tempelhaus, 153; Katalog, Nr.73; Reste von zwei Zeilen unter *ḫkr*-Fries:

1 [...] [...] 2 [...] [...]

d) Rosenow, Tempelhaus, Katalog Nr.86; Naville, Bubastis, pl.XLIV.C:
zwei Zeilen unter *ḫkr*-Fries: ←

e) Rosenow, Tempelhaus, Katalog Nr.198:

Rest einer Zeile unter *ḫkr*-Fries: ←

f) Rosenow, Tempelhaus, Katalog, Nr.76; Naville, Bubastis, pl.XLV.C.

← (darüber kulttopogr. Angabe, s.o., A.e)

g) Rosenow, Tempelhaus, 143-4; Katalog, Nr.79; Naville, Bubastis, pl.XLV.H:
oben drei Götterfiguren, ohne erhaltene Beischriften; darunter Reste von zwei Zeilen: ←

h) Rosenow Katalog Nr.268 = Naville, Bubastis, pl.XLIV.E mit Resten einer Zeile:

← (zur Beischrift darüber s.o., A.m)

i) Rosenow, Tempelhaus, Katalog Nr.44; Naville, Bubastis, pl.XLIV.M; dto:

→ darunter wenige Reste einer Szene;

j) Rosenow, Tempelhaus, Katalog Nr.93; Naville, Bubastis, pl.XLIV.D:

Rest einer Zeile unter *ḫkr*-Fries: →

k) Rosenow, Tempelhaus, Katalog Nr.133:

Rest einer Zeile unter *ḫkr*-Fries: →

l) Rosenow, Tempelhaus, Katalog, Nr.277 (= Greenock, Mc Lean Museum, Inv.-Nr. 1987.415); Naville, Bubastis, pl.XLVI.D;
oben unter Chekerfries Zeile: →

(zu den kulttopographischen Angaben darunter s.o., A.h)

C) Reste von Kultszenen

a) Rosenow, Tempelhaus, Katalog Nr.11:
Oberteil der löwenköpfigen Bastet; darüber und dahinter: ↓→

b) ibid., Nr.40:

Oberteil der löwenköpfigen Bastet; darüber: ←↓ 1 2

gegenüber: ↓→ [...] 4 [...] 3

c) ibid., Nr.45:
links Oberteil einer Göttin mit Hathorkrone; rechts davon abgetrennte Kolumne:

←↓ [...]

d) ibid., Nr.134:
König mit Gefäßen, nach rechts gewandt; über ihm: ↓→

[ ] 2 [ ] 1

darunter: → [ ] (rechts von Kartuschen Rest Serech des Horusnamens?)

über Kopf des Königs Sonnenscheibe; darunter: ↓→

e) ibid., Nr.200:

links Flügelsonne; rechts daneben: →

unter Flügelsonne rechts Schlange [auf Wappenpflanze]; rechts neben ihr: ←

rechts davon: ↓→

in der rechten Bildhälfte Nilgott mit Gaben; über ihm: ←

f) ibid., Nr.225:
Wandfragment aus Granit; unten links Oberteil der löwenköpfigen Bastet; über ihr: ↓→

4 3 2 [ ] [ ] 1

g) ibid., Nr.243; Naville, Bubastis, pl.XLIV.O; Habachi, Tell Basta, 73; 74, Fig.17 B:
Türsturzfragment; Flügelsonne oben weggebrochen;

darunter: ← [ ]

darunter kniet König mit Räuchergefäß und Szepter, nach rechts gewandt;

vor ihm: ↓→ über ihm: →

rechts davon: ←↓ 

h) Rosenow, Tempelhaus, Katalog, Nr.266; Naville, Bubastis, pl.XLIV.K;
Wandfragment aus Granit (aus Umfassungsmauer?); zentral Ka-Standarte mit Armen;

in Ka-Zeichen: ↓→ davor: ↓→

dahinter: ↓→

i) Rosenow, Tempelhaus, Katalog, Nr.271 (MFA Boston 90.233); Naville, Bubastis, pl.XLIV.L;
W.S. Smith, Ancient Egypt, Museum of Fine Arts, Boston, 1960, 180, Fig.117; R. Freed u.a., MFA Highlights. Arts of Ancient Egypt, Boston 2003, 170, fig.29;

links König beim Weinopfer (nur Hand erhalten): →

gegenüber widderköpfiger Gott; über ihm: ←↓

vor ihm: ←↓

hinter ihm Göttin; über ihr: ←↓ [...]; vor ihr: ←↓ (sic)

j) Rosenow, Tempelhaus, Katalog, Nr.275; Naville, Bubastis, pl.XLVII.B:
Fragment mit Resten von König bei Maat-Opfer;

über ihm: ←↓

k) Rosenow, Tempelhaus, Katalog, Nr.115:
Wandfragment aus Granit;

im oberen Register ganz rechts hockende Figur; links daneben abgtrennte Kolumne: ↓→

links davon Sphinx, nach links gewandt; darüber: ↓→

im unteren Register rechts stehende löwenköpfige Göttin;

über ihr: → vor ihr: ↓→ rechts davon Kolumne: ↓→

links ebenso stehende löwenköpfige Göttin;

über ihr: → vor ihr: ↓→

rechts davon Kolumne: ↓→

D) Königsnamen:

a) Rosenow, Tempelhaus, Katalog Nr.124: ↓→

b) ibid., Nr.183 (Granitfragment): ←↓

darunter: ←

c) ibid., Nr.213 (Quarzitfragment, aus Umfassungsmauer?): ←↓

d) ibid., Nr.181 Quarzitfragment, aus Umfassungsmauer?): ↓→

e) ibid., Nr.193: Granitfragment: ↓→

f) ibid., Nr.201: ←↓

g) ibid., Nr.25: Rest von zwei Kolumnen:

links: ←↓

in der rechten Kolumne vermutlich Reste der spiegelbildlichen Version (↓→)

h) Reste von Kartuschenfriesen in Hohlkehle, abwechselnd Thronname und Eigename (meist unvollständig erhalten):

Rosenow, Tempelhaus, Katalog Nr.43: 5x ←↓; Nr.108: 4x ↓→ ; 179: 5x ←↓

E) Götternamen:

a) Rosenow, Tempelhaus, Katalog Nr.15

Fragment von Hohlkehle und Rundstab; darunter: →

b) ibid., Nr.231:

Kopf eines Falken; vor ihm: ←↓

25. Fragmente des zentralen Naos, Kairo CG 70016; London BM 1005; 1078; 1079; 1080; PM IV, 30; Naville, Bubastis, pl.XLVII-XLVIII; L. Habachi, Tell Basta, Kairo 1957, 81; Spencer, Naos of Nekhthorheb; Rosenow, Tempelhaus, 71 (2); 83-92 („zentraler Schrein“);

A) Vorderseite; Spencer, Naos of Nekhthorheb, 5-6; Fig.5; pl.2;

– Giebel, links: BM 1080; Naville, Bubastis, pl.XLVII, D+E; Spencer, Naos of Nekhthorheb, Fig.6; pl.7-9:
Oben Reihe von Uräen, darunter in Hohlkehle zentral Sonnenscheibe mit Uräen; darüber und darunter:

←↓ links davon sechs Kartuschen auf Goldzeichen unter Federkrone:

darunter, unter Rundstab, Flügelsonne: links von ihr: ← darunter: →

– Sockel links: Kairo CG 70016; Roeder, Naos, 49-50; Taf.12b; Spencer, Naos of Nekhthorheb, pl.21; Naville, Bubastis, pl.XLVII, H; Habachi, ZÄS 90, 1963, 42-3, Fig.1;
symmetrische Szene: kniender König bringt Maat-Figur dar; vor König rechts (nur Arme erhalten):

←↓ unter seinem Arm: ↓→

vor König links:

↓→ unter seinem Arm: ↓→

hinter ihm: ↓→

links davon Königska, dahinter: →

B) Rechte Seite; Spencer of Nekhthorheb, Naos, 11-12; Fig.5; pl.3;
– BM 1079; Naville, Bubastis, pl.XLVIII,C; Spencer, Naos of Nekhthorheb, Fig.7a; pl.14; col.pl.2;
links anschließend Fragment im Museum Kairo; Naville, Bubastis, pl.XLVII,C; Spencer, Naos, pl.22;
oben Reihe von Kartuschen: ↓→

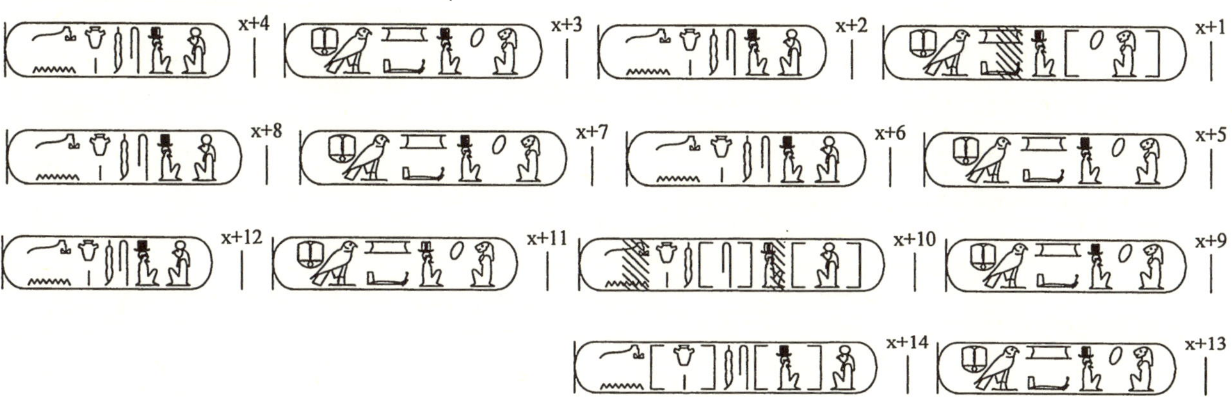

darunter: →

ein weiteres Fragment mit drei Kartuschen (2x Thronname, 1x Eigenname) bei Rosenow, Tempelhaus, Katalog, Nr.81;

– BM 1078 (schließt rechts unter BM 1079 an); Naville, Bubastis, pl.XLVIII,D; Spencer, Naos of Nekhthorheb, Fig.7b; pl.16-17; 23-24; col.pl.3;

Götterdarstellungen ohne Beischriften;

– BM 1005 (unten rechts); Naville, Bubastis, pl.XLVII,A; Spencer, Naos of Nekhthorheb, Fig.10; pl.19;
oben Reste von Götterdarstellungen; darunter abwechselnd Königsname in Kiosk und *ˁnḫ-mi-Rˁ*-Gruppe, beide auf Korb stehend:

→ […] […]

C) Rückseite; Spencer, Naos of Nekhthorheb, 9-11; Fig.5; pl.4;
– BM 1079; Naville, Bubastis, pl.XLVIII,B; Spencer, Naos of Nekhthorheb, Fig.8b; pl.12-13;
– BM 1078 (links unter BM 1079 anschließend); Spencer, Naos of Nekhthorheb, Fig.8a; pl.15; 17-18; col.pl.4;
keine Inschriften vorhanden;

– zwei Blöcke von Hohlkehle und Zeile darunter, etwa aus der Mitte; Rosenow, Tempelhaus, Katalog, Nr.80; 85;
↓→

x+4 x+3 x+2 […] 1

x+8 x+7 x+6 x+5

x+9

←↓ 1 2 3 4

5 […]

Zeile darunter: → ← […] […] […] […]

D) Linke Seite; Spencer, Naos of Nekhthorheb, 7-9; Fig.5; pl.5;

– BM 1079 (links oben); Naville, Bubastis, pl.XLVIII,A; Spencer, Naos of Nekhthorheb, Fig.9; pl.10-11; col.pl.5; oben Reste von vier Kartuschen: ←↓

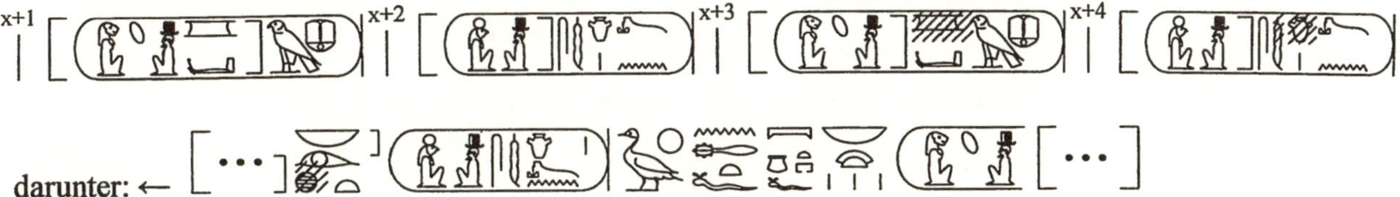

darunter: ←

– Das oben unter C.j aufgeführte Fragment des Königs beim Maatopfer (Naville, Bubastis, pl.XLVII,B; Rosenow, Tempelhaus, Katalog, Nr.275) gehört nach Spencer, Naos of Nekhthorheb, 13, ebenfalls zu diesem Naos.

– BM 1080 (rechts oben); Spencer, Naos of Nekhthorheb, pl.8-9;
– Relieffragment in Privatsammlung Schweiz (mittlerer Bereich); Naville, Bubastis, pl.XLVII,F; Spencer, Naos of Nekhthorheb, 12; pl.20; J.-L. Chappaz / J. Chamay, Reflets du divin, Ausstellungskatalog Genf 2001, 44 (30);

– Kairo CG 70016 (unten rechts)
alle drei Fragmente (auf dieser Seite) ohne Inschriften.

NB. Die Fragmente BM EA 1080 und Kairo CG 70016 gehören nach Rosenow, Tempelhaus, 83, n.346 und 89, n.378 nicht zu diesem Naos, sondern zu Naoi von Gastgottheiten.

26. Naos für Bastet "Herrin des Schreins"; in situ und in London BM 1106.
PM IV, 30; Rosenow, Tempelhaus, 70-71; 72-83; 230 (Abb.16); ead., JEA 94, 2008, 247-266; ead., EA&O 42, 2006, 34; Van Siclen, in: B. Bryan (ed.), Essays in Egyptology in Honor of Hans Goedicke, San Antonio 1994, 321-32;

Vorderseite der inneren Nische:
Rosenow, Tempelhaus, Katalog Nr.4; 61; 66; JEA 94, 250-1, Fig.3-4; 255, Fig.10; 259, Fig.13; 260, Fig.14;

oben Flügelsonne; rechts davon: →

auf linkem Pfosten Schlange auf Wappenpflanze; neben ihr: ↓→

unten zwei Nilgötter bei der *zm3-t3wj*-Szene, rechts davon Meret-Göttin;

über *zm3-t3wj*-Symbol: ←↓ ;

Beischrift hinter linkem (oberägyptischem) Nilgott zerstört; vor und hinter dem rechtem (unterägyptischen):

←↓ 1 2

eingefasste Kolumne zwischen Nilgott und Meret-Göttin: ←↓

vor Meret: 1 2

linke Seite:

oben Fragment der Hohlkehle; Rosenow, Tempelhaus, Katalog Nr.7; JEA 94, 257, Fig.11; ganz oben Reste von 7 [+2] Kartuschen, offenbar abwechselnd Thron- und Eigenname; deutliche Reste in der 3. und 2. Kartusche von rechts:

←↓ und

darunter Zeile: ← [...] [...]

darunter Fragment BM 1106; Naville, Bubastis, pl.XLVII.G; Rosenow, Tempelhaus, Katalog Nr.283-284; JEA 94, 257, Fig.11; Spencer, Naos of Nekhthorheb, 84-85 (Fig.12a/b); 114-7 (pl.29-32); oben drei Falken mit Sonnenscheibe auf Goldhieroglyphe;

vor Sonnenscheibe: → dahinter: ↓→ zwischen den Falken Kartuschen:

links: ←↓ rechts: ←↓

im Register darunter links thronende Göttin mit Löwenkopf, gegenüber König; über Göttin: ↓→

über König: ←↓

gegenüber Königsnamen Geier auf Wappenplanze; daneben: ↓→

vor König: ←↓

rechts davon wiederum thronende Göttin mit Löwenkopf; über ihr: ↓→

x+2 x+1

im Register darunter drei Königsfiguren, die den Himmel stützen; vor der mittleren: ↓→

vor der linken: ↓→

Rechts davon möchte Rosenow ein von Naville, Saft el Henneh, pl.VIII C.2 publiziertes Fragment mit einer weiteren Königsfigur einzupassen, s. JEA 94, 257, Fig.11 und 259, Fig.12; dieses Fragment ist auch auf der Rückseite dekoriert, s. ibid., 260-1; Fig.15. Zu diesem Fragment s.u., 77.36.

rechte Seite:
Rosenow, Tempelhaus, Katalog Nr.3; 21; 65; JEA 94, 250, Fig.3; 254, Fig.7;

oben in der Hohlkehle Reste von fünf Kartuschen;

darunter Zeile: → [...] [...]

darunter Falke mit Sonnenscheibe; über ihm: ←

im unteren Bereich drei Königsfiguren, die den Himmel stützen; vor der mittleren: ←↓

vor der rechten: ←↓ [...]

27. Rechte Seite (vom Betrachter gesehen) eines Naos, mit "Monographie" über Pfeil der Bastet.
Rondot, BIFAO 89, 1989, 249-70; Rosenow, Tempelhaus, 71; 92-99; Katalog Nr.307; Jenni, Dekoration des Chnumtempels, 91-2;

unten: →

darüber 11 Kolumnen: ↓→

28. Naos Kairo CG 70013 für Bastet und Herischef.
PM IV, 34; Daressy, RecTrav 14, 1893, 29 (XLIII); Roeder, Naos, 44-5; Taf.13; 48.b; L. Habachi, Tell Basta, Kairo 1957, 81-2; Rosenow, Tempelhaus, Katalog Nr. 281;

über Türöffnung Flügelsonne; links und rechts von ihr: ←→

auf linkem Türpfosten: ↓→

auf rechtem Türpfosten: ←↓

29. Granitfragmente von Oberteil eines Naos („Schrein A").
Rosenow, Tempelhaus, Katalog Nr.117-118;

in Hohlkehle Flügelsonne; links davon: ← rechts: →

darunter, unter Rundstab, wiederum Flügelsonne; daneben:

links: ↓→ [...] ← rechts: → ←↓ [[...]

30. Granitfragmente von Oberteil eines Naos („Schrein B").
Rosenow, Tempelhaus, Katalog Nr.68-70;

in Hohlkehle zentral Sonnenscheibe mit Uräen; darüber: ↓ darunter: ↓
zu beiden Seiten der Sonne jeweils sechs Kartuschen,

links davon abwechselnd ↓→ und

rechts davon abwechselnd ←↓ und

(jeweils 3x Thronname und Eigenname)

darunter Flügelsonne; links davon: ← sowie [...] (Beginn des Horusnamens)

Zu den in Bilbeis gefundenen Architekturfragmenten aus Bubastis s.u., 77.34.

31. Fragment (rechter Fuß) einer Königsstatue Kairo CG 1086.
PM IV, 30; PM VIII, 152; Naville, Bubastis, 56; pl.XLIII (E); Borchardt, Statuen und Statuetten, IV, 50; Rosenow, Tempelhaus, Katalog Nr.297;

auf Rückenpfeiler: links: ↓→ [...]

rechts: ←↓ [...]

32. Fragmente einer Sitzfigur des Königs „with a smaller figure standing near him"(?).
PM IV, 32; Naville, Bubastis, 58; pl.XLIII.F; Rosenow, Tempelhaus, Katalog Nr.298 (vgl. auch Nr.299-304);

auf Seiten und Rückseite des Thrones eine Art Prozession von Götterfiguren in zwei Registern und eine Inschrift: ↓→

[...] x+3 (?) [...] x+2 [...] x+1

[...] x+5 [...] x+4

[...] x+7 [...] x+6

[... x+9] (?) [...] x+8

33. Fragment einer Statue der Bastet.
PM IV, 32; Naville, Bubastis, 58; pl.XLIII.G; Rosenow, Tempelhaus, Katalog Nr.306

↓→ [...] [...] 1

[...] (sic) [...] 2

34. In Bilbeis gefundene Blöcke und Architekturteile aus Bubastis.
PM IV, 55-6; Naville, Mound of the Jew, 22; pl.II (a-c); Edgar, ASAE 13, 1914, 279-80; Junker u.a., MDAIK 1, 1930, 30-2; L. Habachi, Tell Basta, Kairo 1957, 123-140; Rosenow, Tempelhaus, Katalog Nr.308-331;
Nach Rosenow, op.cit., 72 handelt es sich bei diesen Architekturteilen um Türpfosten von Schreinen für Gastgottheiten.
a) Fragmente (Verbleib unbekannt) von vier Naoi, mit jeweils gleicher Inschrift auf linkem und rechtem Türpfosten;
Habachi, Tell Basta, 81-85; 123-140; Spencer, Naos of Nekhthorheb, 64/65;

Nr.1; links; Naville, Mound of the Jew, 22; pl.II.a (Kol.3); Habachi, Tell Basta, 126 (4), mit.n.4; 83, Fig.23 (1); Rosenow, Tempelhaus, Katalog Nr.310; ↓→

Nr.1, rechts; Edgar, ASAE 13, 1914, 280; Habachi, Tell Basta, 128 (9); 83, Fig.23 (1); Rosenow, Tempelhaus, Katalog Nr.312 (c); 315 (b); ←↓

Nr.2, links; Habachi, Tell Basta, 133 (24); pl.XLIII.A; 83, Fig.23 (2); Rosenow, Tempelhaus, Katalog Nr.330 ↓→

Nr.2, rechts; Naville, Mound of the Jew, 22; pl.II.a (Kol.2); Habachi, Tell Basta, 126 (3); 83, Fig.23 (2); Rosenow, Tempelhaus, Katalog Nr.309; ←↓

Nr.3, links; Edgar, ASAE 13, 1914, 280 (Nr.1); Habachi, Tell Basta, 128 (10); 83, Fig.23 (3); Rosenow, Tempelhaus, Katalog Nr.308; ↓→

Nr.3, rechts; Naville, Mound of the Jew, 22; pl.II.a (Kol.1; 4); Habachi, Tell Basta, 126 (2; 5); 83, Fig.23; Rosenow, Tempelhaus, Katalog Nr.311(h); 316 (g); ←↓

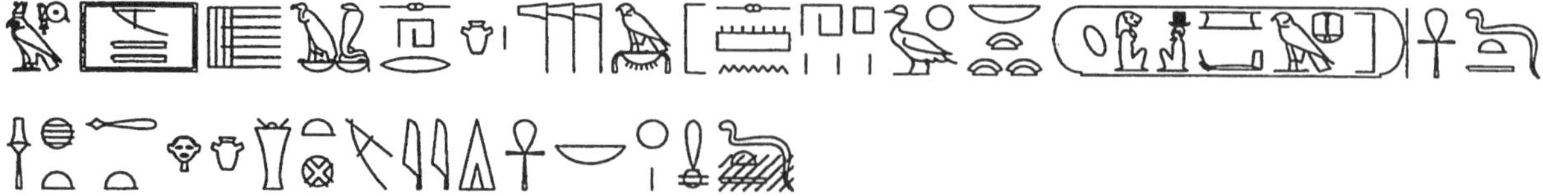

Nr.4, links; Edgar, ASAE 13, 1914, 280 (Nr.2); Habachi, Tell Basta, 128 (11); 83, Fig.23 (4); Rosenow, Tempelhaus, Katalog Nr.317; ↓→

Nr.4, rechts; Edgar ASAE 13, 1914, 124; Habachi, Tell Basta, 82; 135; 83, Fig.23 (4); Rosenow, Tempelhaus, Katalog Nr.331; ←↓

Andere Blöcke aus Bilbeis (alle Angaben über Lage der Blöcke von 1957):

b) Block mit Rest einer Darstellung (Doppelkrone); Naville, Mound of the Jew, 22; pl.II.c; Habachi, Tell Basta, 127 (7); Rosenow, Tempelhaus, Katalog Nr.313;

über Krone: ← [...]

dahinter: ←↓ 1 [...] 2 [...]

c) Quarzitblock mit eingefasster Zeile; Naville, Mound of the Jew, 22; pl.II.b; Habachi, Tell Basta, 127 (8); pl.XLII.A; Rosenow, Tempelhaus, Katalog Nr.314;

→ [...] [...]

d) Relieffragment aus rotem Granit mit Beischriften zu einer nicht erhaltenen Opferszene (König, links, vor Bastet);
Edgar, ASAE 13, 279 (unten); Schott, MDAIK 1, 1930, 30; Habachi, Tell Basta, 129, Fig.29; pl.XLII.C; Rosenow, Tempelhaus, Katalog Nr.318;

links Sonne mit Uräen; darunter: ↓→

links von ihr: → 3 2 1

rechts von ihr: ↓→ 2 1

gegenüber Königsname Geier auf Wappenpflanze; darunter: ←↓

rechts davon, über [Bastet]: ←↓

1 [...] 2 [...] 3 [...] 4 [...]

rechts anschließend muss eine neue Szene begonnen haben, mit einer nach rechts gewandten Gottheit;

noch erhalten das Ende der Beischrift: ↓→ [...]

e) Verbauter Block; Schott, MDAIK 1, 1930, 30; 31, Abb. 3.b; Habachi, Tell Basta, 130 (14); Rosenow, Tempelhaus, Katalog Nr.319;

Kartusche auf Goldzeichen: ↓→ ; links daneben: ↓→

f) Verbauter Block; Schott, MDAIK 1, 1930, 30; 31, Abb. 3.a; Habachi, Tell Basta, 130 (15); Rosenow, Tempelhaus, Katalog Nr.320;

links: → [...] rechts davon: ↓→ [...]

g) Von weiteren verbauten Blöcken gibt es keine Fotos oder Zeichnungen, s. Schott, MDAIK 1, 30-32; Habachi, Tell Basta, 130 (16-18); Rosenow, Tempelhaus, Katalog Nr.321-323;

h) Block (damals) offen liegend; Habachi, Tell Basta, 131 (19); Fig.30; Rosenow, Tempelhaus, Katalog Nr.324;

Mittelteil von Königsfigur, nach links gewandt; hinter ihm: ←↓ [...] [...]

vor ihm: ← [ ]

i) Block im Inspektorat von Zagazig; Habachi, Tell Basta, 131-2 (20); Fig.31; Rosenow, Tempelhaus, Katalog Nr.325;

←↓ 1 [...] 2 [...] 3 [...] 4 [...]

j) Quarzitblock in Straße von Bilbeis; Habachi, Tell Basta, 132 (22); Fig.32; Rosenow, Tempelhaus, Katalog Nr.327;
Beischriften zu zwei nicht erhaltenen Szenen, jeweils König (rechts) vor Gottheit;
linke Hälfte, über [König]: ←↓

1 [ ] 2 [ ] 3 [ ]

über [Gottheit]: ↓→ [...]

rechte Hälfte, über [König]: ←↓ [ ] [...]

über [Göttin] links gegenüber: ↓→

[ ] 5 [...] 4 [...] 3 [...] 2 [...] 1

k) Neben einem Haus gefundener Block aus rotem Granit; Habachi, Tell Basta, 132 (23); Rosenow, Tempelhaus, Katalog Nr.328;
im oberen Register: ... *Snḏm-jb-Rʿ z3 Rʿ nb ḫʿw Nḫt-Ḥr-ḥbyt z3-B3stt mrjj Jnj-ḥrt mj Rʿ ḏt* (ohne Textwiedergabe, bei Habachi nur Umschrift bzw. Übersetzung). Im unteren Register beschädigte Inschrift.

35. An weiteren Orten gefundene Blöcke aus Bubastis (alle Angaben über Lage der Blöcke von 1957):
L. Habachi, Tell Basta, Kairo 1957, 135-140;

a) In Dundit als Mühlstein wiederverwendeter Block aus Quarzit, mit mehreren Fragmenten von Inschriften, in Dundit gefunden.
PM IV, 39; Edgar, ASAE 13, 1914, 123-4; Habachi, Tell Basta, 135; Rosenow, Tempelhaus, 27; Katalog Nr.336;

1. →

2. hinter König, nach links gewandt: ←↓ [...]

rechts davon eingefasste Kolumne: ←↓ [...]

b) In Moschee des Dorfes El-Alâqma (ca. 15 km nordöstlich von Tell Basta) als Schwelle verbauter Quarzitblock mit Beischriften zu nicht erhaltenen Szenen;
Habachi, Tell Basta, 136; Fig.33; Rosenow, Tempelhaus, Katalog Nr.332;

links: ↓→

rechts daneben Wappenpflanze; neben ihr: ← rechts davon: ←↓

rechts davon: ↓→

– In Moschee des Dorfes Aulâd Seif (ca. 14 km südlich von Tell Basta) als Schwelle verbauter Quarzitblock;
Habachi, Tell Basta, 136-7; Fig.34; Rosenow, Tempelhaus, Katalog Nr.333;

im oberen Register: →

im unteren Register nur Rahmen einer Kartusche erhalten.

d) Am Marktplatz des Dorfes Eq-Qînâyât (ca. 7 km westlich von Tell Basta) gefundener Block aus rotem Granit;
Habachi, Tell Basta, 137-8; Rosenow, Tempelhaus, Katalog Nr.334;

Nektanebos II. mit Weißer Krone gegenüber Ptah; vor König zwei Kartuschen (ohne Textwiedergabe);

über Ptah:

e) Bei Grundschule desselben Dorfes Quarzitblock aus Gauprozession; Habachi, Tell Basta, 138; Fig.35; Rosenow, Tempelhaus, Katalog Nr.335;

rechts Gott mit Zeichen des 7. u.ä. Gaus ( ) auf dem Kopf, Opfergaben tragend;

über Gaben: ←↓ 1 2 3

Saft el-Henna

36. Verbaut gefundener doppelseitig dekorierter Block aus Tempel mit je zwei Registern.
PM IV, 13; Naville, Saft el Henneh, 5; pl.8.c; P. Davoli, Saft el-Henna. 2001, 48 (20); 64 (Fig.17); Rosenow, JEA 94, 2008, 257, Fig.11; 259, Fig.12, 260-1; Fig.15;

Seite A: oben Mann, nach rechts gewandt; hinter ihm: ↓→ [ ] *(sic)*

im Register darunter, unter Sternenband: ↓→ [. . .]

Seite B: oben Mann nach links gewandt; keine Beischrift erhalten; darunter Sternenband und zwei (den Himmel) stützende Arme; darunter: ↓→

↓→ [ ]] [ ] [ ] [ ] 1

[ ] 2

Der in El-Arisch gefundene Naos Ismailiya 2248 (s.u., 82.2), der aus Saft el-Henna stammen dürfte, wird manchmal unter Nektanebos II. datiert.

Tell el-Maschuta (Pithom)

37. Architekturfragmente aus dem Tempel.
PM IV, 54; Naville, Pithom, 5; 14; pl.3C; id., ZÄS 21, 1883, 43; Petrie, Tanis, I, 28; pl.12.7; Clédat, RecTrav 36, 1914, 111-2; Fig.5; Neuffer u.a., MDAIK 2, 1932, 58; Taf.XI (d); LR IV, 176 (XXIII); Leclère, Les Villes, 553; 558; Jenni, Dekoration des Chnumtempels, 90 (8.6);

A) Fragmente eines Pfeilers aus bläulichem Kalkstein, eine Seite ganz vergoldet, mit Opferszenen vor Atum, zwischen nördlichem Tempelbereich und Umfassungsmauer gefunden. „It was not possible to make out anything from the inscriptions, except one of the ovals of the king, and the name of Succoth" (Naville, Pithom, 14).

Naville gibt auf pl.3 (C) diesen Ortsnamen wieder: ←↓ [. . .] , sonst aber nichts.

B) Petrie fand „in the earth thrown out in a superficial excavation at Tell-el-Maskhutah a large number of fragments of a wall scene representing a divinity, and two figures of Nekht-har-hebi" (Tanis I, 28), auch hier ohne Wiedergabe der Inschriften.

C) Im Museum Ismailiya sind Fragmente „trouvés dans les déblais qui couvraient le mur oriental et la porte d'entrée du temple" (Clédat, RecTrav 36, 111):

– Ein Kalksteinfragment, „sur lequel est sculptée en relief une partie du cartouche de Nectanébo Ier" (d.h. *Nḫt-Ḥr-ḥbyt*), ohne Wiedergabe; Clédat, op.cit., 111 (1)

– Fragment aus bläulichem Kalkstein, Inv.Nr. 2174; ibid., 111 (2); im unteren Bereich Oberteil eines falkenköpfigen Gottes, nach rechts gewandt; darüber:

↓→

hinter dem Gott König (nicht erhalten) mit Beischrift: ↓→

– Kalksteinfragment Inv.Nr. 610; ibid, 112 (3); Fig.5;
Oberteil der Göttin Nut, nach rechts gewandt; darüber: ↓→

(Zeichnung und Wiedergabe in Hieroglyphensatz in RecTrav 36, 112 entsprechen sich teilweise nicht).

D) Kalksteinfragmente mit Reliefs; Neuffer u.a., MDAIK 2, 58; Taf. XI (d);
zwei Fragmente waren beschriftet: das eine mit dem „Stück einer Kartusche mit Resten der Zeichen *śtp* und *n*", das andere mit *mj Rᶜ*.

38. In Awlad Musa sekundär verbaute Kalksteinblöcke, vermutlich aus Tell el-Maschuta.
Ragab / Somaglino, BIFAO 118, 2018, 317-362;

– Block 6; ibid., 320-1; 351 (pl.1); Beine eines nach rechts schreitenden Mannes;

davor: ↓→

rechts dieser Kolumne: ←↓

– Block 8; ibid., 321; 351 (pl.1); links drei Papyrusstengel; rechts davon; ↓→

– Block 10; ibid., 322-3; 352 (pl.2); Sechs dicht beschriftete Kolumnen;

links: ↓→ (?) rechts davon: ←↓

– Block 11; ibid., 323; 352 (pl.2); die Köpfe von Amun mit Federkrone und Mut mit Doppelkrone;

hinter Mut vermutlich [*Mwt wrt nbt*]

links davon zu einer anderen Szene: ←↓

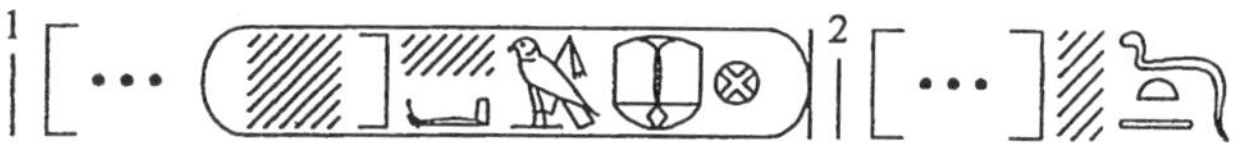

– Block 3; ibid., 223-4; 352 (pl.2); möglicherweise unterer Teil von Block 11: links untere Teile von Amun und Mut, nach rechts gewandt, gegenüber Schurz und Beine des Königs; vor Amun: ↓→

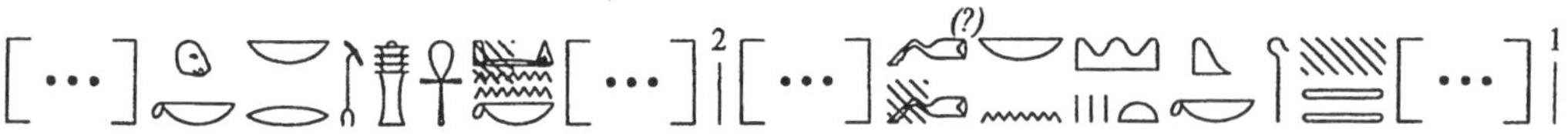

– Block 9; ibid., 324; 352 (pl.2); Rest eine Szene; links davon: ←↓

– Block 12; ibid., 324-5; 353 (pl.3) oben Sternenhimmel, darunter Anfänge mehrerer Kolumnen: ↓→

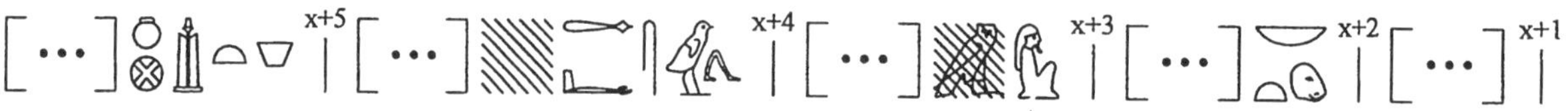

– Block 15; ibid., 325; 535 (pl.3) rechts Rest einer Darstellung des Königs als Sphinx;

davor: ←↓ 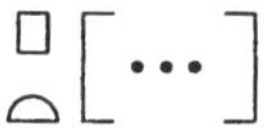 Kolumne links davon: ↓→

Block 17; ibid., 325-6; 353 (pl.3); links thronender Gott, dahinter stehende Göttin, vor ihnen Fleischopfer;

rechts davon: ←↓

Block 19 + 29; ibid., 326-7; 354 (pl.4); Oberteile der Osiristriade, nach rechts gewandt, vor Opfergaben; König rechts nicht mehr erhalten;

zu König(?): ↓→

über Osiris: ↓→

über Isis: ↓→

über Harsiese: ↓→

– Block 18; ibid., 328; 355 (pl.5); Rest von zwei Szenen; rechts der König, nach rechts gewandt;

hinter ihm: ↓→

– Block 21; ibid., 328; 355 (pl.5); König (nur Kopf erhalten) beim Milchopfer;

hinter ihm: ↓→ [...]

– Block 24; ibid., 329-30; 356 (pl.6); Oberteil einer Szene;

unter Sternenhimmel, neben Flügelsonne: →

darunter: ← ←↓ [...] [...]

– Block 25; ibid., 330-1; 357 (pl.7); Reste (Oberteil) einer Szene mit Re-Harachte und Hathor (links) vor König;

über Re-Harachte: ↓→ [...] [...]

über Hathor: ↓→ [...]

in der rechten Hälfte oben Flügelsonne; links neben ihr: ←

darunter Geier mit Atefkrone; über ihm: ↓→ gegenüber Geier Anfänge der Königstitel:

←↓ [...] [...] [...]

– Block 26; ibid., 331-2; 357 (pl.7); Fragment eines Türsturzes mit symmetrische Inschrift: → ←

[...] [...]

– Block 27; ibid., 332; 357 (pl.7); Oberteil einer Szene:

oben rechts Flügelsonne; links neben ihr: ← ; darunter Geier; über ihm: →

rechts davon Anfänge der Königstitel: ←↓ [...] [...] [...]

am linken Rand: ↓→ [...] (?) [...]

– Blöcke 13 + 28; ibid., 333-4; 358 (pl.8); Gott mit *hmhm*-Krone und Göttin mit Hathorkrone;

über Gott: ← [...] (?) über Göttin: ←

– Block 30; ibid., 334-5; 358 (pl.8); Oberteil einer Szene mit König (links) gegenüber Atum;

über König: ↓→

links davon, zu nicht erhaltener Flügelsonne: ↓→

hinter König: ↓→ [...] über Atum: ←↓ [...]

rechts außen Kolumne, die zu einer rechts anschließenden Szene gehört, mit Teilen der Königstitulatur:

↓→ [...] [...]

– Block 31; ibid., 336; 359 (pl.9); Fragment eines Türpfostens(?); rechts: ←↓ [...]

– Block 1; ibid., 336-8; 359 (pl.9); aus einer Gauprozession (9. und 10. unteräg); oben links Rest einer Szene mit Füßen von Gott und Göttin, nach links gewandt; darunter Sternenhimmel; darunter ganz links Rest des Gauzeichens ; rechts davon die Anfänge von 5 Kolumnen: ←↓

1 [...] 2 [...] 3 [...] 4 [...] 5 [...] ...]

rechts daneben das Zeichen des 10. unteräg. Gaus: ; rechts daneben: ←↓ [...]

der rechte Teil des Blocks besteht aus drei Kolumnen(resten) mit Königstiteln: ←↓

1 [...] [...] 2 [...] [...]

3 [...] [...]

– Blöcke 2 + 14; ibid., 338-40; 360 (pl.10); Reste von vier Nilgöttern mit Opfergaben;

vor dem 2. Nilgott: ←↓ [...]

vor und über dem 3. Nilgott: ←↓

1 [...]

2 [...] 3 [...] 4 [...] 5 [...]

vor und über dem 4. Nilgott: ←↓

1 [...] [...] 2 [...] 3 [...] 4 [...]

– Block 4; 340-1; 361 (pl.11); Unterteil eines Nilgottes mit Gaben;

vor ihm: ←↓ [...]

– Blöcke 5 + 7 + 23; ibid., 341; 361-2 (pl.11-12); Unterteil eines Nilgottes;

vor ihm: ←↓ [...]

– Block 33; ibid., 341-2; 362 (pl.12); rechts Rest der Gaben eines Nilgottes;

davor: ←↓ [...] [...]

– Block 16; ibid., 342; 362 (pl.12); rechts Bein eines Nilgottes, nach rechts gewandt;

dahinter: ↓→ [...]

Bilbeis

Hier sind zahlreiche Blöcke gefunden worden, die aus Bubastis hierher verschleppt worden sind, s.o. 77.34.

Heliopolis

39. Fragment vom Rückenpfeiler einer Königsstatue in Glasgow Hunterian Art Gallery.
PM IV, 61; Heliopolis, Kafr Ammar and Shurafa, 7; pl.VIII (12); Jenni, Dekoration des Chnumtempels, 92, Anm.624;

↓→ [...]

40. Statuensockel Berlin 11577 aus dem Tempel der Hathor-Nebethetepet.
Unpubl., s. Vandier, RdE 20, 1968, 145 (CX); Berlin, Ausf. Verz., 248; Jenni, Dekoration des Chnumtempels, 92; Fotos CLES; eigene Abschrift;

um den Sockel, Beginn Mitte Vorderseite; rechte Hälfte: →

dto., linke Seite: ←

41. König vor Falken MMA 34.2.1 (aus Heliopolis?).
L. Kákosy, La magia in Egitto ai tempi dei Faraoni, Modena 1985, 73; K. Bosse, Die menschliche Figur in der Rundplastik der ägyptischen Spätzeit, ÄF 1, 1936, 70 (187); Taf.8c; Yoyotte, Kêmi 15, 1959, 73 (b); R. Bianchi u.a. (edd.), Kleopatra, Ausstellungskatalog München 1989, 96 (7);

VS Sockel: →←

42. ‚Metternichstele' New York MMA 50.85, in Alexandria gefunden (aus Heliopolis?).
PM IV, 5; W. Golénischeff, Die Metternichstele, Leipzig 1877; N. Scott, Metropolitan Museum of Art Bulletin, NS, 9.8, 1951, 201-217; Sander-Hansen, Die Texte der Metternichstele, AnAeg VII, 1956; LÄ IV, 122-4; Yoyotte, BIFAO 54, 1954, 86-7 (3); H. Sternberg, Untersuchungen zur Überlieferungsgeschichte der Horusstelen, ÄgAb 62, 1999, I, 259; II, 72; ead., GM 97, 1987, 25-70; ead., in: TUAT II.3, 1988, 358-380; J. Assmann / A. Kucharek, Ägyptische Religion: Götterliteratur, Berlin 2018, 265-290.

Die Metternichstele enthält eine ganze Sammlung von magischen Sprüchen, die größtenteils auch anderswo belegt sind. Hier nur diejenigen Teile der Inschriften, die nicht zu diesen magischen ‚Standardtexten' gehören.

– Vorderseite oben, im Stelenrund; Golénischeff, Die Metternichstele. Taf.I (I.);

über Sonne und anbetenden Pavianen: → ←

rechts davon kniend anbetender König; über ihm: ←↓

am linken Bildrand Thot; hinter ihm: ↓→

– Vorderseite, neben Darstellung des Horusknaben; Golénischeff, Die Metternichstele, Taf.I (VII.);

links, hinter Isis: ↓→

rechts, hinter Thot: ←↓

– Rückseite oben, im Stelenrund neben Bild; Golénischeff, Die Metternichstele, Taf.III (IX.);
rechts: ←↓

links: ↓→

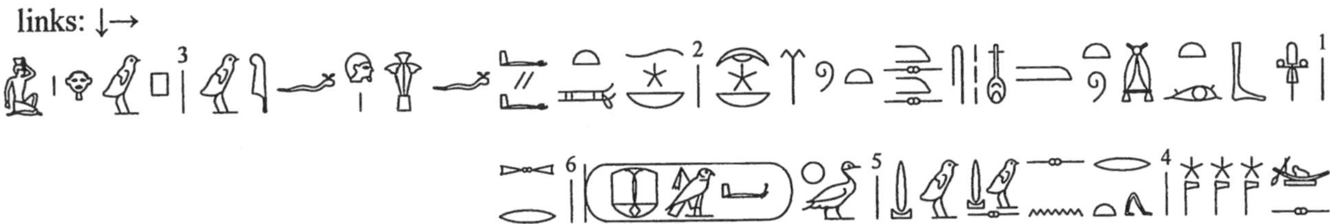

– Oberseite des Sockels, rechts und links; Golénischeff, Die Metternichstele, Taf.VII;

rechts: ←

links: →

– Rückseite, letzte Zeilen (‚Kolophon' der Stele); Golénischeff, Die Metternichstele, Taf.IV; →

Memphis und Umgebung

43. Block aus Krokodilfriedhof in Abu Roasch.
PM III[2], 9; Bisson de la Roque, Rapport sur les fouilles d'Abou Roasch 1922-3, Kairo 1924, 4; 65-66; pl.XXXV (4); Jenni, Dekoration des Chnumtempels, 92; ↓→

rechts neben Horusnamen: ←↓

44. Fragment eines eingelegten Holzschreins Brooklyn 37.258 E aus Abusir.
PM III[2], 825; R. Fazzini, Ancient Egyptian Art in the Brooklyn Museum, New York 1989, Nr.79; W. Riefstahl, Ancient Egyptian Glass and Glazes, New York 1968, 70; 109, Nr.69;
oben symmetrische Zeile:

→ ←

45. Fayencevase Kairo JE 53866 aus Giza.
PM III[2], 312; Zivie, in: Livre du Centenaire 180-1980, MIFAO 104, 1980, 94; pl.IIIB; ead., Giza au Premier Millénaire, 102-3 (H); Hassan, Gîza VIII, 309; Jenni, Dekoration des Chnumtempels, 92, n.627;

↓→

46. Blöcke aus Ptahtempel, in Bottich oder Tank verbaut.
PM III², 851; Daressy, ASAE 2, 1901, 240-3; Arnold, Temples of the Last Pharaohs, 131; D. Jeffreys, The Survey of Memphis, I, London 1985, 37-8; Jenni, Dekoration des Chnumtempels, 94.

Einige Blöcke sind mit Kartuschen und Resten der Königstitulaturen versehen, aber Daressys Angaben dazu sind knapp und unzureichend. Oben an diesen Blöcken ist eine Hohlkehle, mit Kartuschen geschmückt, die auf der Goldhieroglyphe stehen, abwechselnd Thronname und Eigenname. Einige sind nach rechts gewandt, andere nach links, mit etwas unterschiedlicher Schreibung (über die Königstitel vor den Kartuschen sagt Daressy nichts):

Auf den beschrifteten Blöcken (Nr.1, 4-5 und 8 unbeschriftet) steht Folgendes:

Nr.2: Vier Kartuschen in Hohlkehle; darunter: ←

Nr.3: Sieben Kartuschen und zwei halbe in Hohlkehle;

darunter: → [...] [...] vermutlich ist zu Beginn oder zu lesen).

Nr.6: Sechs Kartuschen in Hohlkehle;

darunter: ← [...] [...]

Nr.7: Sechs Kartuschen in Hohlkehle; darunter: [...]

Nr.9: Acht Kartuschen in Hohlkehle;

darunter: → [...]

Nr.10: Fünf Kartuschen in Hohlkehle; darunter: ←

47. Reliefffragmente aus Tempel in Tiernekropole von Sakkara-Nord.
PM III², 821; G. Martin, The Tomb of Hetepka, London 1979, 89-99; pl.65-74; Emery, JEA 55, 1969, 31-35; pl.IX; Arnold, Temples of the Last Pharaohs, 130; Jenni, Dekoration des Chnumtempels, 92-3;

Zahlreiche verbaute Blöcke aus Hohlkehlen (JEA 54, 1968, 2) sind dekoriert und beschriftet; die Kartuschenpaare Nektanebos' II. kommen oft (meist fragmentarisch) vor und zwar in der Form

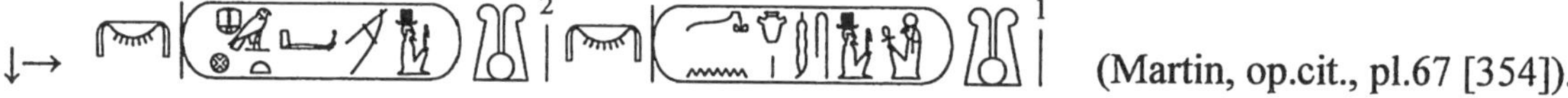
(Martin, op.cit., pl.67 [354]).

Belege in Richtung ↓→ ibid., 90-91; pl.66-68 (Nr.352-357), in Richtung ←↓ ibid., 90-91; pl.66; 68.

Block 363 (ibid., 92; pl.69; JEA 55, pl.IX) hat das Oberteil von zwei Szenen;
rechts der König vor stierköpfigem Gott, über König Sonnenscheibe mit Uräen (vgl. 77.50 [N.423]);

darunter: ←↓ vor König: ←↓ 1 2

über Gott: ↓→ 4 3 2 1

links anschließend der König (vermutlich opfernd); über ihm Sonnenscheibe mit Uräen;

darunter: ←↓ vor König: ←↓ 1 2

die Gottheit links davon nicht erhalten;

Die übrigen Fragmente enthalten Reste von Szenen und kurze Inschriften ohne Zusammenhang (Martin, op.cit., pl.69-74), aber teilweise mit Bezug auf Riten, z.B.

Nr. 375: ↓→ [...] [...] oder Nr.378: ↓→ [...]

Ein Vorlesepriester (*ḫrj-ḥb*) erscheint im Relief (Nr.370; 372) und mit seinem Titel

Nr.373: ↓→ [...] [...]

48. Sistrumgriff aus Fayence aus Sakkara-Nord.
PM III[2], 826; Martin, The Tomb of Hetepka, 81 (300); pl.62;

auf beiden Seiten: ↓→

(die Götterfiguren in den Kartuschen undeutlich)

49. Fayenceplatte Kairo JE 59119 (Gründungsbeigabe) in Form einer Kartusche mit Doppelfederkrone aus Sakkara, nördlich der Stufenpyramide. Journal d'Entrée: „Depot de fondation, trouvé sous l'angle d'un mur de briques placé à l'Est du tombeau de Ti"
PM III[2], 507;

eigene Abschrift: ↓→

50. Blöcke (vermutlich) aus Ost-Tempel bei Serapeum.
PM III[2], 778-9; Ch. Barbotin, La voix des hiéroglyphs, Paris 2005, 191 (106) (zu a); L. Berman / B. Letellier, Pharaohs: Treasures of Egyptian Art from the Louvre, Cleveland 1996, 86-7 (27); R. Fazzini (ed.), Cleopatra's Egypt, New York 1989, 97-8 (Nr.10); Jenni, Dekoration des Chnumtempels, 93; M. Desti (ed.), Des dieux, des tombeaux, un savant. Katalog Boulogne 2004, 124-5; eigene Abschrift;

A) allseitig beschrifteter Block Louvre N.402 aus Türdurchgang;
Seite A, linker Türpfosten: König (rechts) umarmt von Isis;

über König: ←↓ 1 [ ] 2 [ ]

über Isis: ↓→

auf einem rechts oben anschließenden kleinen Rest des Türsturzes links thronender Gott; vor ihm:

↓→  ←↓

gegenüberliegende Seite B, Türpfosten rechts: König , mit Weißer Krone, nach links gewandt;

über ihm Sonnenscheibe mit *ʿnḫ* und *w3s*-Zeichen; unter ihr: ←↓

hinter König:  ←↓ [...] oben vor ihm: ←↓

unter drei Kolumnen: ←

dem Falken auf dem Serech hält eine thronende Gottheit ein *ʿnḫ* an den Schnabel; über ihr: ↓→

rechts neben dieser Szene ist ein Rundstab, rechts von ihm, schon auf dem abgerundeten Teil des Blocks, eine Kolumne:

←↓ [...] [...]

Seite C, rundes Endstück: ↓→ [...] (?) [...]

Seite D: gegenüberliegendes Schmalende:

oben: ←  rechts unten: ←↓ [...]

B) Kalksteinblock Louvre N.423;
König (links) vor stierköpfigem Gott, über König Sonne mit Uräen;

unter Sonne: ↓→  links davon: ↓→

über König: ↓→ 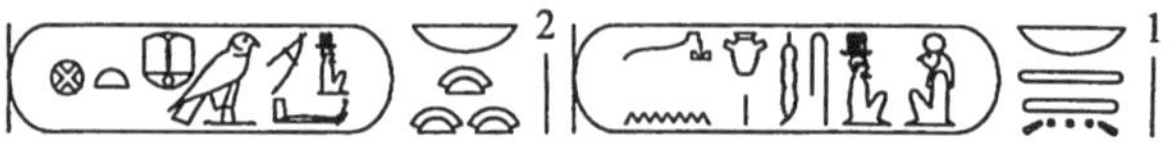 vor ihm: ↓→ [...]

vor und über Gott: ←↓ ← [...]

C) zwei in einer jüngeren Schicht im Pflaster verbaute Blöcke; Ziegler, in: V. Callender u.a. (edd.), Times, Signs and Pyramids. Studies in Honour of Miroslav Verner, Prag 2011, 441-449;
– Block SA.03/1; Beischriften zu einer nicht erhaltenen Szene;

rechts Sonne mit Uräen; darunter: ←

links davon, über [König]: ←↓

gegenüber, über [Gott]: ↓→

Block SA.03/2; zentral oberer Rest eines Gottes mit Szepter;

über ihm: → vor ihm: ↓→

rechts davon, über [König]: ←↓

51. Große Stele Kairo JE 40003 (TN 2/12/24/3) aus Ost-Tempel (?) mit Bautext.
PM III², 779; Daressy, ASAE 9, 1908, 154-7; Quibell, Excav. Saqq. 1907-8, Kairo 1909, 10; 112; pl.LII; Spiegelberg, ibid., 89-93; Jones, JEA 76, 1990, 145; Devauchelle, EVO 17, 1994, 107; id., in: Fs Leahy, 97; 99-100 [jeweils irrtümlich JE 40002]; Jenni, Dekoration des Chnumtempels, 93; Kollation W. Schenkel 6.3. 1968;

oben Flügelsonne; darunter: ↓→

im Bildfeld links kniender König, ihm gegenüber Stier auf Sockel, zwischen ihnen Altar; über König:

↓→ 4 3 2 1

hinter ihm Königska: ↓→ 2 1

beiderseits Altar: → über Stier: ←

unter Bildfeld Haupttext: →

1

2 (sic) (?)

(?) 3

(?)

(?) (?) (?) (?) 4 (?) (?)

5

52. Basis Louvre N.424, von einer von zwei Sphingen aus Osttempel.
PM III², 778; A. Mariette, Le Sérapéum de Memphis, Paris 1882, 16-17; Ch. Boreux, Musée national du Louvre, Département des antiquités égyptiennes, Guide-Catalogue sommaire, I, Paris 1932, pl.XXI (unten); Roeder, in: Misc. Gregoriana, 185; Scharff, ibid., 197;

←

53. König vor Falken München 7142 (ehemals in Sammlung Varille) aus Sakkara (?);
PM VIII, 153; Tresson, Kêmi 4, 1931, 144-50; pl.VIIa; D. Wildung, Imhotep und Amenhotep, MÄS 36, 1977, 46 (22); Taf.VIII (links); Yoyotte, Kêmi 15, 1959, 73 (a); Jenni, Dekoration des Chnumtempels, 93-94;

um Sockel, Beginn Mitte Vorderseite (Rückseite und hintere Teile der Seiten zerstört);

rechte Seite: → [...]

linke Seite: ← [...]

vorn auf dem Schurz des Königs: ↓→

54. Zwei in Kairo verbaute Pfosten eines Naos(?).
Moussa, ASAE 70, 1984-5, 37; pl.I-II; Hohneck, GM 261, 2020, 33-37; rechte Seite: ←↓

Die Inschrift der im Freilichtmuseum von Heliopolis ausgestellten linken Seite soll nach Hohneck bis auf die Leserichtung (↓→) identisch sein.

55. Felsstele aus Masara.

PM IV, 75; Th. Young, Hieroglyphics, London 1823, pl.88 (oben); Brugsch, ZÄS 5, 1867, 91 (1. Zeile); Yoyotte, Kêmi 15, 1959, 71, n.6; De Meulenaere, CdE 35, 1960, 98; Zivie, Hermopolis, 136-44; Jenni, Dekoration des Chnumtempels, 89 (8.3);

im Bildfeld der König mit Feldhieroglyphe vor Thot, Nehemet-awai und Hornefer; vor dem König eine kleinere Figur;

oben vor König: ↓→ 3 2 1

unten vor König, unter Feldhieroglyphe: ↓→

vor Thot: ←↓ 1 2

vor Nehemet-awai: ←↓ 1 2

vor Hornefer: ←↓ 1 2

vor kleinerer Figur: ↓→

unter Bildfeld: →

1

(?) (?)

(?) 2

56. Unleserliche Felsstele aus Masara.

PM IV, 75; Th. Young, Hieroglyphics, London 1823, pl.89 (oben rechts); Wilkinson, MSS.*, i. 81

König (rechts) präsentiert Feldhieroglyphe vor thronender Gottheit mit Roter Krone;

vor Gottheit: ↓→ 3 2 [ ] 1

vor König: ↓→ (sic) (?) 2 1

Fayyum

57. Schenkungsstele Kairo TN 13/1/25/6 (jetzt GEM 11754) aus Medinet el-Fayyum.

Unpubl., PM VIII.4, 503 (803-081-550);

im Bildfeld rechts Nektanebos II. mit Feldhieroglyphe, gegenüber krokodilköpfiger Gott *Sbk-šdt-Ḥr*; unter Bildfeld Schriftfeld abgetrennt, aber nicht ausgefüllt oder getilgt (kein Datum erhalten).

Herakleopolis und Umgebung

58. Reliefffragmente aus Tempel des Ptah-Sokar-Osiris aus Abusir el-Meleq (heute in Moschee verbaut).
PM IV, 104 (unten); Möller, Das vorgeschichtliche Gräberfeld, MVDOG 49, 1926, 102; Taf.77; Jenni, Dekoration des Chnumtempels, 94; Guglielmi, in: Fs Altenmüller, 170-174; Taf.33;

Block a: König (nur Weiße Krone erhalten), nach rechts gewandt:

über ihm: ↓→ 2 1

vor ihm: →

der Gott gegenüber ist nicht erhalten; über ihm: ←↓ 1 2

Block d: König (links) mit zwei Gefäßen vor Ptah;

vor König: → hinter ihm: ↓→ [...]

Block e: rechts noch Weiße Krone zu sehen;

dahinter: → 3 2 1

Block f (heute z.T. in Essen, Folkwang Museum P 107) mit zwei Dämonen;

rechts stierköpfiger Mann mit erhobener linker Hand; vor ihm: ↓→

links Kobra mit Menschen- und Löwenkopf; über ihr: ↓→

59. König vor Falken Kairo JE 89076 aus *Nbwj*.
Habachi, ZÄS 90, 1963, 46-7; Taf. VIII;

um Sockel, rechte Seite: →

Die Inschrift um die linke Seite ist nach Habachi exakt die gleiche, aber stärker beschädigt. Welche Stellen im einzelnen zestört sind, geht aus dem Foto nicht klar hervor.

60. Fragment eines Naos Nektanebos' II. aus Herakleopolis.
PM IV, 119; W.M.F. Petrie, Ehnasya, London 1905, 17

(ohne Textwiedergabe)

Hermopolis

61. Zwei Obelisken London BM 523 und 524 + Kairo CG 17030.

PM IV, 72-3; 168; Description, V, pl.21; Text, X, 486-7; BM Guide 1909, 247 (919-920); W. Budge, Cleopatra's Needles, New York 1926, 226-9; E. Iversen, Obelisks in Exile, II, Kopenhagen 1972, 51-61; pl.43-44; Kakosy, in: F. Pölöskei (ed.), Studia in honorem L. Fóti, Stud. Aeg. 12, 1989, 235-7; Budde, GM 191, 2002, 19-25; Ch. Kuentz, Obélisques, CG, Kairo 1932, 61-2; pl.XV; Jenni, Dekoration des Chnumtempels, 94-5;

BM 523:
Seite 1: ←↓

[…]

Seite 2: ↓→

[…]

Seite 3: ←↓

[…]

Seite 4: ↓→

[…]

Kairo CG 17030 + BM 524
Seite 1: ←↓

[…]

Seite 2: ←↓

[…]

Seite 3: ↓→

Seite 4: ↓→

Es ist nicht ganz sicher, ob die Obelisken aus Hermopolis magna (PM IV, 168) oder aus Hermopolis parva (PM IV, 72-3) stammen, vgl. dazu auch Iversen, op.cit., 53-54, mit n.1; Habachi, ASAE 53, 1956, 469-70.

62. Fragmente aus Thottempel.
Roeder, Hermopolis, 2; 91; Taf.4c-d;

←

Dazu kommen eine Reihe kleinster Fragmente der Kartuschen Nektanebos' II., vermutlich aus dem Thottempel.
A. Spencer u.a., British Museum Expedition to Middle Egypte: Ashmunein (1983), London 1984, 8-9(1983/26; 1983/30-32); 60 (pl.5a); 98, Fig.10(3; 5-7); A.J. Spencer, Excavations at el-Ashmunein, II, The Temple Area, London 1989, 19; 50 (85-90);

63. In Basilika verbauter Block aus rotem Granit.
Szafranski / Makramallah, GM 112, 1989, 65-66; Jenni, Dekoration des Chnumtempels, 94;

←↓

64. Fragmente einer Statuenbasis aus Kalkstein.
Spencer u.a., British Museum Expedition to Middle Egypt: Ashmunein (1982), London 1983, 13; 86; Abb.24.7; Jenni, Dekoration des Chnumtempels, 95;

Rest zweier Kartuschen des Eigennamens: ←↓ und ←↓

65. Fragment (Granit) einer Statue(?).
Spencer u.a., British Museum Expedition to Middle Egypt: Ashmunein (1984), London 1985, 9; 71; Abb.12.3; Jenni, Dekoration des Chnumtempels, 95

↓→

NB. In D.M. Bailey u.a., British Museum Expedition to Middle Egypt: Ashmunein (1980), London 1982, 5 wird ein im Tempel des Domitian verbauter Block Nektanebos' II. erwähnt. Dabei handelt es sich um einen Irrtum: gemeint ist nach frdl. Auskunft von A.J. Spencer der Block Nektanebos' I. (s.o., 75.54).

Tuna el-Gebel

66. Naos Kairo CG 70014 für Thot.
PM IV, 175; Chabân, ASAE 8, 1907, 222; Roeder, Naos, 45-6; Taf.11b; 49d-e; Jenni, Dekoration des Chnumtempels, 94;

über Türöffnung Flügelsonne; rechts und links von ihr:

auf linkem Türpfosten: ↓→

auf rechtem Türpfosten: ←↓

Abydos

67. Fragmente von Kartuschen Nektanebos' II. im Osiristempel von Kom es-Sultan.
Marlar, in: J.-C. Goyon / Ch. Cardin (edd.); Proceedings of the Ninth International Congress of Egyptologists, Grenoble. 6-12 septembre 2004, Löwen 2007, 1254;
(ohne Textwiedergabe);

68. Fragment eines Naos aus Granit Kairo CG 70017.
PM V, 71; Roeder, Naos, 50-2; Taf.52a-b; Mariette, Abydos, II, 36; pl.42 (b); Jenni, Dekoration des Chnumtempels, 95; Fotos C. Craciun;

– auf linkem Türpfosten (Mariette, op.cit., pl.42 [b]): ↓→

[…] ² […]

– auf linker Außenwand bringt König (rechts) Maat dar vor vier Göttern;

über ihm: ←↓ ¹ […] ² […]

vor ihm: ←↓ hinter ihm: ←↓ [ ]

über 1. Gott: ↓→ [...] 2 [...] 1 vor ihm: ↓→ (sic)

über 2. Gott keine Beischrift erhalten; vor ihm: ↓→

über und vor 3. Gott keine Beischriften erhalten;

über 4. Gott keine Beischrift erhalten; vor ihm: ↓→ [...]

– auf Rückwand außen in der rechten Hälfte zwei Göttinnen;

vor 1. Göttin: ↓→

vor 2. Göttin: ↓→ hinter ihr: ↓→ [...]

dto., linke Hälfte, nur Ende einer Kolumne mit erhalten.

auf linker Innenwand bringt König (links) Maat dar vor Amun, Mut und Chons;

über König: ↓→ [...] 2 [...] 1

vor ihm: ↓→ hinter ihm: ↓→ [ ]

vor Amun: ←↓ vor Mut: ←↓

vor Chons: ←↓

Rückwand innen: König vor thronendem Gott; keine Beischriften erhalten

69. Fragmente eines Naos aus Granit Kairo CG 70018.

PM V, 71; Roeder, Naos, 53-5; Jenni, Dekoration des Chnumtempels, 95; U. und A. Effland, Abydos, Tor zur ägyptischen Unterwelt, Darmstadt 2013, 90;

Die Außenwände sind unter Nektanebos I. dekoriert worden, s.o., 75.57.

– rechte Innenwand: König (rechts) bringt Maat dar vor Osiris, Horus und Isis;

über König: ←↓ 1 (sic) 2 3

vor ihm: ←↓

über Osiris: ↓→ 2 1

über Horus: ↓→ [...] 2 1

über Isis: ↓→

– linke Innenwand (kleines Fragment): Götter und der König opfern vor einem Gott;

nur Beischrift zu König erhalten: ↓→ [...]

70. Aus Fels(stele) gesägte Platte Berlin 14399 mit königlichem Schutzdekret.
PM V, 106; Daressy, RecTrav 16, 1894, 126-7; Burchardt, ZÄS 44, 1907, 55-8; Meeks, in: U. Verhoeven / E. Graefe (edd.), Religion und Philosophie im alten Ägypten, Festgabe für Philippe Derchain, OLA 39, 1991, 233-41; LR IV, 172 (II);

im Bildfeld oben (heute links z.T. verloren) König (rechts) räuchernd und libierend vor Osiris, Horus, Isis und Nephthys;

oben vor König: ←↓

vor ihm: ←↓

hinter ihm: ←↓

vor Osiris, oben: ↓→

unten: ↓→

vor Horus, oben: ↓→

unten: ↓→

vor Isis, oben (bei Daressy noch vollständig): ↓→

vor Nephthys, oben (nur bei Daressy): ↓→

unter Bildfeld (Kol.12-13 heute verloren, bei Daressy noch vorhanden): ↓→

71. Sockel Kairo TN 11/1/25/15 einer Gruppenfigur (mit Göttin Meschenet ?).
De Meulenaere, in: U. Verhoeven / E. Graefe (edd.), Religion und Philosophie im alten Ägypten, Festgabe für Philippe Derchain, 243-51; Jenni, Dekoration des Chnumtempels, 95.

Kolumne rechts: ←↓ 1

links daneben: ↓→ 3 2

72. Block mit Kartusche, von Naos oder Tempelwand, in Privathaus gefunden.
Pressemitteilung des Ministry of Antiquities vom 18. 05. 2017.
Auf dem beigefügten Foto sind nur zwei Kartuschen zu sehen: ↓→

[... ...] 2 [... ...] 1

Koptos

73. Tor von Kapelle *nṯrj šmꜥ* südlich des Mintempels.
PM V, 128; Reinach / Weill, ASAE 12, 1912, 4; A. Reinach, Rapports sur les fouilles de Koptos, Paris 1910 (Nachdruck San Antonio 1988), 2; Taf.1; C. Traunecker, Coptos, hommes et dieux sur le parvis de Geb, OLA 43, 1992, 303-6; 311-2; Arnold, Temples of the Last Pharaohs, 131 (von Kapelle für Geb?); Jenni, Dekoration des Chnumtempels, 95-6;

südlicher Türpfosten, Westseite, erstes Register (von unten, Text 66 bei Traunecker): König mit Atefkrone (rechts) vor Isis;

vor König: ←↓ 1 2

über Isis: ↓→ 5 4 3

vor ihr: ↓→ 6

südlicher Türpfosten, Westseite, zweites Register (von unten, Text 67 bei Traunecker): König mit Lattichpflanze vor Min;

unter der Hand des Königs: ←↓

vor Min: ↓→

hinter ihm: ↓→

Das Foto bei Reinach (op.cit., pl.1) zeigt noch mehr Inschriften, ist aber zu undeutlich für eine Wiedergabe.

74. Statuensockel aus Alabaster Louvre E.11220.
PM V, 126; Weill, ASAE 11, 1911, 119; Un siècle de fouilles francaises en Egypte, Ausstellungskatalog Paris 1981, 275-7 (286); Ch. Barbotin, La voix des hiéroglyphs, Paris 2005, 30-1 (2); Coptos. L'Egypte antique aux portes du désert, Ausstellungskatalog Lyon 2000, 129, Nr.96; Jenni, Dekoration des Chnumtempels, 96; eigene Abschrift.

auf Vorderseite zentral zwei Kartuschen;

rechts: ↓→ rechts daneben: ←↓

links: ←↓ links daneben: ↓→

rechts von Kartuschen gefesselter kniender Mann; über ihm: ↓→

links von Kartuschen gefesselter kniender Mann; über ihm: ←↓

vor ihm: ←↓ hinter ihm: ←↓

rechte („nördliche") Seite:
vier gefesselte Männer auf Festungsringen, nach rechts gewandt; in den Ringen, von rechts: ↓→

4. 3. 2. 1.

linke („südliche") Seite:
fünf gefesselte Männer auf Festungsringen, die ersten vier nach links gewandt, der letzte nach rechts; in den Ringen, von links: ←↓ (alle)

1. 2. 3. 4. 5.

auf der Rückseite oben zentral ; rechts und links davon anbetende *rḫyt*-Vögel auf Körben, vor ihnen , darunter neun Bögen.

Bei der angeblichen „table de libation" aus Alabaster (PM V, 134, oben; Reinach, Rapports sur les fouilles de Koptos, Paris 1910, 6; 13) handelt es sich um dasselbe Objekt, s. Traunecker, Coptos, 311, n.1550.

Theben und Umgebung

75. Türpfosten aus ptolemäischem Tempel (M) in Karnak-Nord.
PM II², 20; LD III 287.f; LD Text III, 4, n.2; Holm-Rasmussen, GM 26, 1977, 37-40; vgl. Dewachter, CdE 54, 1979, 9-12; Jenni, Dekoration des Chnumtempels, 96;

oben auf Türsturz Sphinx mit Uräus (links) vor Amun und Chons;

über Sphinx: →

vor Amun: ←↓ vor Chons: ←↓

darunter König mit ausgestreckter rechter Hand, nach rechts gewandt; über ihm Geier;

über Geier: → unter ihm, links: ↓→

über König: ↓→

vor ihm: →

auf der Schmalseite desselben Blocks (GM 26, 37):

→ ←

auf Türpfosten in der Nähe der beschädigte Horusname: ←↓ 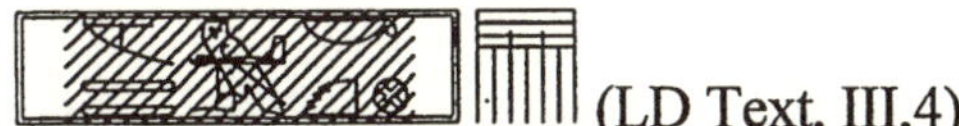 (LD Text, III,4)

76. Tor vor Tempel der Maat im Monthbezirk (von Nektanebos I. erbaut bzw. begonnen). PM II², 11-12; (Varille,) Karnak I, 27; pl.LIX-LX; LXXVII-LXXXV; Mekhitarian, CdE 24, 1949, 235-9; Th. Grothoff, Die Tornamen der ägyptischen Tempel, Aachen 1996, 456; Jenni, Dekoration des Chnumtempels, 96; [im Folgenden entsprechen Buchstaben a-i denen in PM II², pl.IV (2)]

a) Äußerer (südlicher) Türpfosten, links (Westseite): s.o., 75.182; unter der Opferszene die Namen *beider* Könige (Karnak I, pl.LXXVII): →

b) Äußerer (südlicher) Türpfosten, rechts (Ostseite; Karnak I, pl.LXXVIII):
König (rechts) bringt Maat dar vor einem Gott;

vor König: ←↓ hinter ihm: ←↓ [...]

vor Gott: ↓→

unter Szene: ←

c) Südliche Türlaibung, Ostseite (Karnak I, pl.LXXIX);
Mann (rechts) bringt *ḥb-sd*-Hieroglyphe dar, keine Beischriften erhalten;
darunter vier Kartuschen Ptolemaios' VI.

d) Tordurchgang, Westseite (Karnak I, pl.LXXX);
oben links Füße eines nach links gewandten Mannes; vor ihm: ←↓ [...]
auch rechts, auf etwas niedrigerer Ebene, Füße einer Person,

dahinter: ←↓ [...]

darunter eingefasste Zeile: → [...]

unter der Zeile gefesselte Gefangene, überwiegend zerstört; am Beginn der Reihe, rechts neben dem Gesicht des ersten: ;

bei den beiden ersten Gefangenen rechts noch in Festungsringe eingeschriebene Länderbezeichnung vorhanden;

nach LD III, 287 (e): ↓→ und

e) Tordurchgang, Ostseite (Karnak I, pl.LXXXI);
Die Fläche ist zeilenweise dekoriert, davon sind sieben Zeilen (teilweise) erhalten, die drei Zeilen mit den Königsnamen jeweils deutlich schmaler als die anderen; von oben:

1. in der obersten Zeile nur Reste von fünf *nb*-Körben

2. Königstitulatur: ←

(?)

3. Eine breite Reihe mit abwechselnd dem Zeichen (5x) und Kartuschen ←↓ und (je 2x).

4. Königstitulatur: ←

(?)

5. Eine breite Reihe mit abwechslend dem Zeichen (5x) und (4x); bei der letzteren Gruppe ist allerdings an den oberen Enden der Jahreshieroglyphen noch das *ḥb-sd*-Zeichen befestigt.

6. Königstitulatur: ←

(?)

7. Reste einer breiten Reihe, vermutlich entsprechend Reihe 3.

f) Nördliche Türlaibung, Westseite (Karnak I, pl.LXXXII);
links König, den ein Gott gegenüber an der Hand fasst und ein ꜥ*nḫ*-Zeichen an die Nase hält;

zwischen ihnen: ←↓

hinter Gott(!): ←↓

darunter fünf(?) Kartuschen mit Federkrone, alle ↓→

1. von rechts: [...] 2. v.r.: 3. v.r: unklar, zerstört;

4. v.r.: 5. v.r. [...]

g) Nördliche Türlaibung, Ostseite (Karnak I, pl.LXXXIII); entsprechende Darstellung wie unter f); rechts König, den ein Gott gegenüber an der Hand fasst und ein *ˁnḫ*-Zeichen an die Nase hält;

zwischen ihnen: ↓→ hinter Gott: ↓→

darunter sind noch Spuren der drei mittlerem Kartuschen (von fünf) zu erkennen; die mittlere ist unklar, die beiden rechts und links davon scheinen den Eigennamen zu enthalten (beide ←↓).

i) Innerer (nördlicher) Türpfosten, Westseite (Karnak I, pl.LXXXIV);
unterer Rest von drei Kolumnen: ←↓

1 [...] 2 [...]

3 [...]

darunter: ← (?)

h) Innerer (nördlicher) Türpfosten, Ostseite (Karnak I, pl.LXXXV); entsprechend wie Westseite: ↓→

[...] 2 [...] 1

[...] 3

darunter: → (?)

77. Fragmente aus Amun-Tempel D in Karnak-Nord.
PM II[2], 15; LD III 287c-d; LD Text, III, 3; Karnak I, 33; Jenni, Dekoration des Chnumtempels, 96;

c) ←↓ [...] [...] d) ↓→ [...]

78. Opferszenen und Restaurationstexte im Chonstempel von Karnak.
PM II[2], 233 (24a-b); 235 (36a-b); The Temple of Khonsu. By the Epigraphic Survey, II, OIP 103, pl.127-31; 193; Grallert, Bauinschriften, 362-3; 673; Jenni, Dekoration des Chnumtempels, 96;

A) Am Tor zum Hypostylensaal in der Nordwand des Vorhofs:

– Türpfosten rechts, 2. Szene von oben (Temple of Khonsu, II, pl.127, B): König (rechts) mit *nmst*-Krug vor Chons;

über König: ←↓

vor ihm: ←↓ hinter ihm: ←↓

über Chons: ↓→

vor ihm: ↓→

– Türpfosten rechts, 3. Szene von oben (ibid., pl.128, A); König (rechts) räuchert vor Chons-Re;

über König: ←↓

vor ihm: ←↓ hinter ihm: ←↓

über Königskrone Sonnenscheibe: unter und neben ihr: ←

über Chons-Re: ↓→

vor ihm: ↓→

– Türpfosten rechts, 4. Szene von oben (ibid., pl.128, B); König (rechts) opfert vor Chons;

über König: ←↓

vor ihm: ←↓ hinter ihm: ←↓

über Chons: ↓→

vor ihm: ↓→

– Türpfosten rechts, unten, drei Zeilen über Ornamentik (ibid., pl.131,B): ←

– Türpfosten links, 2. Szene von oben (pl.129, B): König (links) mit *nmst*-Krug vor Chons;

über König: ↓→

hinter ihm: ↓→ vor ihm: ↓→

über Chons: ←↓

vor ihm: ←↓

– Türpfosten links, 3. Szene von oben (pl.130, A): König (links) räuchert vor Chons;

über König: ↓→

hinter ihm: ↓→ vor ihm: ↓→

über Königskrone Sonnenscheibe; unter und neben ihr: →

über Chons: ←↓

vor ihm: ←↓

– Türpfosten links, 4. Szene von oben (pl.130, B); König (links) opfert vor [Chons];

über König: ↓→

hinter ihm: ↓→ vor ihm: ↓→

über Chons: ←↓ vor ihm: ←↓

– Türpfosten links, unten, drei Zeilen über Ornamentik (ibid., pl.131,A): →

B) Inschriften im Durchgang der Südwand des Hypostylensaals zum Vorhof;

– rechts (Temple of Khonsu, II, pl.154,D); ←↓

gegenüber: ↓→

– links (Temple of Khonsu, II, pl.154,C); ↓→

gegenüber: ←↓

C) Erneuerungsinschriften am Tor in der Nordwand des Hypostylensaals:

– Türpfosten rechts, unten (Temple of Khonsu, II, pl.193,B): ←

1 2 3

– Türpfosten links, unten (ibid., pl.193,A): →

2 1

3

(sic) (sic)

79. Votivelle Kairo TN 31/12/22/1 aus Karnak.

PM II[2], 300; L. Borchardt, Die altägyptische Zeitmessung, Berlin 1920, 14; 27; Taf.11(1); Zivie, BIFAO 71, 1972, 181-8; pl.XLIV; A. Schwab-Schlott, Die Ausmasse Ägyptens nach altägyptischen Texten, ÄUAT 3, 1981, 4 (6); pl.XVIII-XIX; database Cachette de Karnak;

am Ende von Z.2 auf Seite D, innerhalb von Standardtext h (Schlott-Schwab, op.cit., 47; pl.XIX):

↓→

80. Kapelle B im Mutbezirk.

PM II[2], 275 (E); Champollion, Notices descr., II, 264 (B); Wiedemann, PSBA 7, 1885, 111-2; Traunecker, RdE 38, 1987, 154; Fazzini, in: Fs Martin, 107-111;

in Türlaibung: ↓→ 

Diese von Champollion wiedergegebene Inschrift könnte hierher stammen, s. Fazzini, op.cit., 107, n.3.

81. Inschriften Nektanebos' II. im Mutbezirk von Karnak:

– Zwei beim 2. Pylon des Muttempels verbaute Blöcke.
Fazzini, in: E. Ehrenberg (ed.), Leaving no Stones Unturned. Essays on the Ancient Near East and Egypt in Honor of Donald P. Hansen, 2002, 70; id., in Fs Martin, 113; 115, Fig.13a-b;

↓→ 

– Sandsteinrelief, an der Westseite des Muttempels gefunden.
Fazzini, in Fs Martin, 113; 115, Fig.12;

rechts Rest einer Figur, sicher der König; hinter ihr: ↓→

links davon eingefasste Kolumne: ↓→

– Fragment eines Sandsteinreliefs, bei Sphingen vor 1. Pylon gefunden.
Fazzini, in Fs Martin, 117-9; 120, Fig.16;

König bringt *wnšb*-Symbol vor Göttin dar;

hinter König abgetrennte Kolumne: ←↓

über König: ←↓

vor Göttin: ↓→

82. Inschrift von zwei Kolumnen am Contratempel an der Rückseite des Muttempels.
Fazzini, in: E. Ehrenberg (ed.), Leaving no Stones Unturned, 68, Fig.5; 70; id., in: Fs Martin, 111-112 (Fig.9);

links: ↓→

rechts: ←↓

Die Identifizierung der Kartusche ist ganz unsicher. Fazzini, op.cit., 70 spricht von „partial remains of what could be the nomen of Nectanebo II".

83. Block aus Luxortempel.
PM II², 339; LD Text III, 89 (oben): „auf einer Türschwelle der Name des Nektanebos" (ohne Textwiedergabe).

84. Relieffragmente einer Szene, 2013 im Luxortempel ausgestellt (genaue Herkunft offenbar nicht bekannt).
Eigene Abschrift;

König (rechts) opfert Spitzbrot vor Amun, Mut und Chons; über König: ←↓

hinter König: ←↓

vor ihm: ←

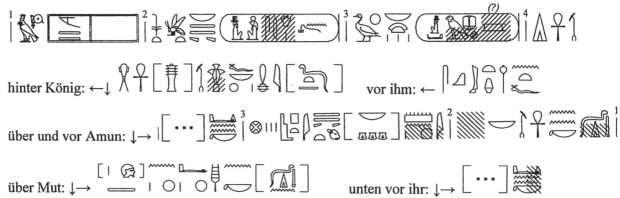

über und vor Amun: ↓→

über Mut: ↓→

unten vor ihr: ↓→

über Chons: ↓→

unten vor ihm: ↓→

85. Tor mit Türpfosten bei Brunnen ("Nilometer") von Medinet Habu.
PM II², 475 (H); Hölscher, Medinet Habu V, 34; fig.37; G. Daressy, Notice explicatif des ruines de Médinet Habou, Kairo 1897, 26-27; eigene Abschrift;

auf Türpfosten links oben Reste von zwei Füßen, nach rechts gehend; darunter: ↓→

auf Türpfosten rechts, oben: ←

86. In Privathäusern südl. des Monthtempel von Tod verbaute Relieffragmente von Nilgötter-prozession mit Königsnamen.
F. Bisson de la Roque, Tôd 1934 à 1936, FIFAO 17, Kairo 1937, 143-6; Jenni, Dekoration des Chnumtempels, 97;

– Fundnummer 875: ←↓

– Fundnummer 1001: ←↓

– Fundnummer 451: ←↓

– Fundnummer 830: ←↓

– Fundnummer 840: ←

– Fundnummer 1400: ←↓

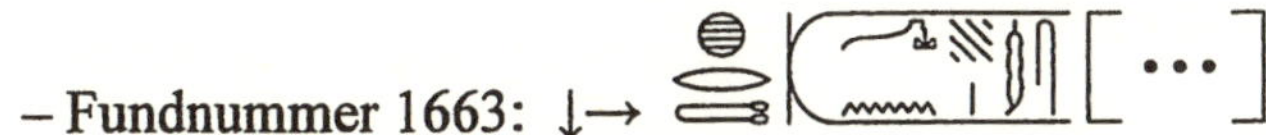

– Fundnummer 1663: ↓→ [...]

– Fundnummer 1676 (mit Rest eines Nilgottes):

↓→ [...] [...] [...]

– Fundnummer 1847: ↓→ [...]

– Fundnummer 1945: ↓→

– Fundnummer 1981 (zu Nilgott): ↓→

[...] [...] [...] [...] [...] [...] [...]

– Fundnummer 2061: ↓→

– Fundnummer 2078 (mit Nilgott): ↓→ [...]

– Fundnummer 2093 (mit Nilgott):

↓→ [...] [...]

– Fundnummer 772 und 774: ↓→

87. Reste von Säulen (heute zerstört) aus Kapelle(?) Nektanebos' II. in Armant.
Jenni, Dekoration des Chnumtempels, 97; Arnold, Temples of the Last Pharaohs, 133;
R. Mond / O. Myers, Temples of Armant, EEF 43, 1940, 4 (ohne Textwiedergabe):

„The name of Nekhthorheb was found on some columns at a distance from the main temple area and it seems certain that he built a new temple, probably a small one.“

88. Buchis-Stele BM 1693 aus Armant.
PM V, 158; R. Mond / O. Myers, The Bucheum, EES 41, 1934, II, 2(1); 28(1); 52; III(1), pl.XXXVII;
Jenni, Dekoration des Chnumtempels, 97;

oben Flügelsonne; darunter: ←→

im Bildfeld König (rechts) beim Weinopfer vor Stier mit Federkrone, der auf einer Bahre steht;

oben vor König: ←↓ darunter: ←↓

vor Stier: ↓→ über ihm: →

unter Bildfeld: →

Die Wiedergabe der zweiten Kartusche in Z.1 bei Mond / Myers entspricht nicht dem Foto.

89. Fragmente einer verschollenen Opfertafel (Miniatur).
PM V, 159; Mond / Myers, The Bucheum, II, 22 (27); III, pl.XLIX.A;

Fragment A: → [...] [...]

Fragment B: ↓→ → [...] [...]

Fragment C: ← [...] [...]

90. Block London BM 1710 (Türsturz?) aus Bucheum.
PM V, 159; Mond / Myers, The Bucheum, I, 74; II, 50 (47); III, pl.LIV (47);

König (rechts) opfert Feld vor Ibis mit Atefkrone;

vor König, oben: ← [...] unter Feld: ←↓

vor Ibis: ↓→

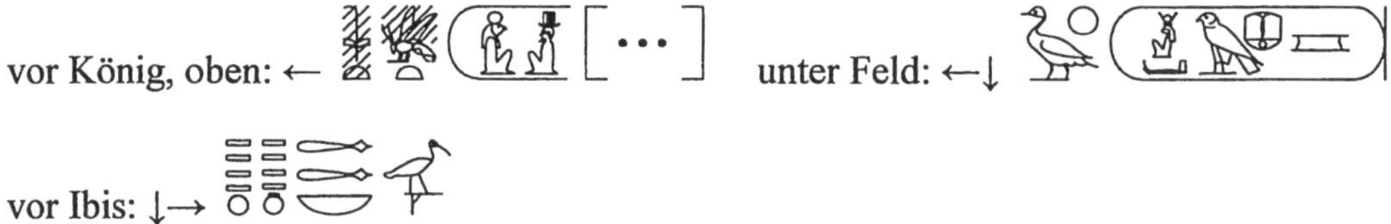

91. Nemset-Vase in Kairo.
PM V, 159; Mond / Myers, The Bucheum, I, 93; 94; II, 20 (23) III, pl.LXXXIII (1-2);
unter Ausguß zwei Kolumnen:

links: ↓→

rechts: ←↓

Elkab

92. Tempel der Nechbet

– Kartuschen auf Fragmenten der Hohlkehle der nordwestlichen und nordöstlichen Ecken des Tempels (außen).
PM V, 173 (unten); Clarke, JEA 8, 1922, 27; Capart, Fouilles de El Kab, 1, 15-16; 21; 75; Jenni, Dekoration des Chnumtempels, 97;

Champollion, Notices descr., I, 265 (2): ←↓ 

Capart, ASAE 37, 1937, 9:

 und  mit Variante 

– Kartuschen Nektanebos II. (und I.) auf innerer (2.) Pylon des Tempels.
Unpubl., s. Capart, Fouilles de El Kab, 21 = ASAE 38, 1938, 624;

– Im Nordost- und Südwestteil der "Bastion" (südwestlich der beiden Haupttempel) verbaute Sandsteinblöcke und Säulentrommeln.

Wie bei dieser Grabung üblich, ist kein einziger Block publiziert worden. Bei den Szenen handelt sich u.a. um ein Maatopfer für Ptah, den König vor Sobek, Szenen der Inthronisation und Empfang des Königs durch verschiedene Götter, s. Capart, Fouilles de El Kab, III, 73; 76-77 = ASAE 46, 1947, 340; 349-350.

Edfu

93. Großer Naos im Tempel.
PM VI, 146; Edfou I, 9-11; Legrain, BIFAO 13, 1917, 67-70;

in Hohlkehle unter Dach Flügelsonne; beidseitig von ihr:

darunter auf Türsturz gleichfalls Flügelsonne; beidseitig:

auf rechtem Türpfosten (vom Betrachter gesehen links), rechte Kolumne: ←↓

über Kolumne 1: ← (Zeichen ungenau: Gott hält Szeper mit Vogel darauf); links davon: ↓→

3

auf linkem Türpfosten (vom Betrachter gesehen rechts), linke Kolumne: ↓→

1

über Kolumne 1: → (s.o.); rechts davon: ←↓

2

3

im Inneren, auf der Decke, Flügelsonne, Falke und Geier; zwischen ihnen: → ←

Im Landschenkungstext Ptolemaios' X. im Tempel von Edfu wird eine Landschenkung Nektanebos' II. (aus Jahr 18) mehrfach erwähnt.

D. Meeks, Le grand texte des donations au temple d'Edfou, BdE 59, 1972, 19 (4*); 22 (9*); 25 (14*); 28 (20*); 31 (27*); 34 (35*); 52 (76*).

Elephantine / Assuan

94. Chnumtempel von Elephantine.
PM V, 227; Jenni, Dekoration des Chnumtempels; vgl. auch W. Niederberger, Elephantine XX: Der Chnumtempel Nektanebos' II. Architektur und baugeschichtliche Einordnung, AV 96, 1999; F. Junge, Elephantine XI: Funde und Bauteile, AV 49, 1987, 72-5; Taf.44-46;

Von der Dekoration des Tempels aus der Zeit Nektanebos' II. sind etwa dreieinhalbtausend Fragmente erhalten, von denen etwas mehr als tausend publiziert worden sind. Aber auch bei diesen handelt es sich in den meisten Fällen um kleine, nicht zusammenpassende Bruchstücke mit Resten von Darstellungen und (teilweise) Inschriften, die keinerlei zusammenhängenden Sinn ergeben. Hier sind nur die etwas umfangreicheren Stücke aufgenommen worden.

a) Fragmente von der Innenseite des Türsturzes des Hauptportals; Jenni, op.cit., 27; Taf.1; Junge, op.cit., 72-73; Taf.44a/b:
– Fragment 1229: zentral Königstitel: ←↓

rechts davon Flügelsonne, links Schlange auf Wappenpflanze; darunter: ↓→

– Fragment 1231: zentral Königstitel: ↓→

rechts daneben Geier(?) auf Wappenpflanze; darunter: ←↓

– rechts davon Reste eine Kolumne, Fragmente 1217 +1240 + 1211: ←↓

b) Fragmente von der Innenseite des Tors vom 1. zum 2. Hypostyl; Jenni, op.cit., 28, Abb.3; 29-30; Taf.2-4;
Reste von zwei symmetrischen Szenen: jeweils König vor thronendem Gott und stehender Göttin, hinter König jeweils ein weiterer Gott;

linke Hälfte:

hinter König links (Fragment 1204): ↓→ [...] [...]

vor ihm (Fragment 1226a): ↓→

vor Göttin (Fragment 0825): ←↓ [ ] [ ] [...]

Rest der Mittelkolumne (Fragment 1289): ↓→ [...] [...]

rechte Hälfte:

hinter Göttin (Fragment 1288): ↓→ [...] [...]

vor ihr (Fragmente 1209 + 1192): ↓→ [...]

vor König (Fragment 1270): ←↓

hinter ihm (dto.): ←↓ [...]

c) Fragmente von der Innenseite des Tors vom 32. Hypostyl zum Quersaal; Jenni, op.cit., 31, Abb.6: 32-33; Taf.7-8;
Reste von zwei symmetrischen Szenen: jeweils König und Göttin vor thronendem Gott und Göttin;

linke Hälfte: hinter Göttin links (Fragment 1224): ↓→

vor Göttin hinter König (Fragment 1564): ←↓ [...]

rechte Hälfte: vor Göttin hinter Gott (Fragment 1247): ↓→ [...]

vor König (Fragment 1228): ←↓ [...]

d) Fragmente von der Außenseite des Tors des mittleren Sanktuars; Jenni, op.cit., 33-34; 35, Abb.7; Taf.8-10; Junge, op.cit, 73-4; pl.45;
Reste von zwei symmetrischen Szenen: jeweils König und Göttin vor thronendem Gott;
linke Hälfte:

vor König (1239): ↓→ hinter ihm (1328): ↓→

hinter thronendem Gott (1235): ←↓ [...]

rechte Hälfte:

hinter thronendem Gott (1214): ↓→ [...] vor König (1309): ←↓ [...]

vor Göttin (1271 + 1252): ←↓

e) Fragmente von der Innenseite des Tors des mittleren Sanktuars; Jenni, op.cit., 34-36; Abb.8; Taf.11-13; Junge, op.cit., Taf.44;

oben, neben Flügelsonne, links: ←

rechts: →

Zeile darunter: → ←

←

→

darunter links Chnum (nur Krone erhalten), nach rechts gewandt (1307): ↓→

rechts daneben (1250; 1303; 1561a): ←↓

rechts neben dem Tor (1232a): ↓→

f) Säulen:
Die Säulenfragmente aus den beiden Hypostylenhallen zeigen, dass die Säulen mit der Königstitulatur in waagerechter Zeile beschriftet war (Jenni, op.cit., 39; Taf.14-15), mit Friesen, die Thron- und Eigennamen enthielten (ibid., 39-41: Taf.16-18; 20) sowie den Horusnamen in kurzer (*Mrjj tȝwj*) bzw. ausführlicher Form (*Mrjj tȝwj mkj Kmt*) (ibid., 40-41; Taf.18-19). Es handelt sich durchgehend um kleine Bruchstücke, die nur sehr wenige Reste von Schriftzeichen enthalten. Ebenso gibt es Reste von Kultszenen (ibid., 42-45; Taf.23-32) und den Inschriften dazu (ibid., 45-47; Taf.32-39). Auch hier handelt es sich um kleine und kleinste Fragmente ohne Zusammenhang.

g) Sandsteinfragmente von anderen Gebäudeteilen (Jenni, op.cit., 50-71; Taf.40-93). Die allermeisten Fragmente enthalten, wenn überhaupt, nur kleine unzusammenhängende (Reste von) Schriftzeichen. Etwas größere Bruchstücke sind selten:
– Beischrift zu einer Opferszene mit König (→) vor Chnum (←); Jenni, op.cit., 51; Taf.45 (1080);

↓→

– Block aus Szene mit König (links); Jenni, op.cit., 52; Taf.45 (1084);

hinter König: ←↓

rechts davon abgetrennte Kolumne: ←↓

– über Blumen [eines Nilgottes]; Jenni, 56; Taf.51 (0523); ←↓

– Block aus Szene mit König (links); Jenni, op.cit., 60; Taf.59 (1317);

hinter König: ←↓

rechts davon abgetrennte Kolumne: ←↓

– über Hand des Königs mit Weingefäß; Jenni, op.cit., 64; Taf.70 (1340); Junge, op.cit., Taf.46b;

↓→ ...]² ...]¹

– Reste von ausführlicher Königstitulatur; Jenni, op.cit., 66; Taf.78; Junge, op.cit., Taf.46c/d;

Nebti-Namen + Goldhorus-Namen (1427): ↓→ ... [ ] [...]

Nebti-Namen (1453): ↓→ [...] [...]

– Block mit Rest von Königsbeischrift; Jenni, op.cit., 68; Taf.83 (0447);

↓→ ...]

h) Fragmente von einem kleineren Gebäude, das vielleicht einer Göttin geweiht war; Jenni, op.cit., 71; Taf.94-97; Junge, op.cit., 74; Taf.46a; E. Laskowska-Kusztal, Die Dekorfragmente der ptolemäisch-römischen Tempel von Elephantine, AV 73, 1996, 35-40; Taf.1-3; 95;

Teil eines Frieses mit abwechselnd Bat-Symbolen und Kartuschen, jeweils mit Uräen seitlich und auf *nb*-Korb stehend (Fragment 1459a):

Kartusche links: ↓→ Kartusche rechts: ←↓

Block (1460) mit Krone von Nilgott (rechts); links davon und darüber: ←↓

¹ ² ³ ⁴

Daneben sind noch einige kleinere Fragmente mit Resten von Inschriften erhalten.

95. Naos des Chnumtempels (unfertig, nur Vorzeichnung mit Quadratnetz).
Jenni, Dekoration des Chnumtempels, 72-4; Taf.98; 112; 118 (h-i);

links Chnum stehend, mit Krone und Szepter; gegenüber König räuchernd und libierend;

über Chnum: ↓→ ³ ² ¹

vor ihm: ↓→

über König: ←↓ ¹ ² ³

vor ihm: ←↓

über Krone des Königs Sonnenscheibe mit Uräen; unter ihr: ←

96. Oberteil einer 1907 im Chnumtempel gefundenen größeren Sandsteinstele (60,5 cm breit und 18 cm dick) Louvre AF 6942.
E. Delange (ed.); Les fouilles françaises d'Eléphantine (Assouan) 1906-1911, Paris 2012, I, 495; II, 216 (Nr.613); Jenni, Dekoration des Chnumtempels, 97-98; vgl. Meeks, Donations, 685 (18); eigene Abschrift;

rechts König (nur Oberteil erhalten) mit Feldhieroglyphe, nach links gewandt; ihm gegenüber stehen Chnum und Satet mit Szepter;

über König: ←↓

über Chnum: ↓→

über Satis: ↓→

97. Blöcke Nektanebos' II. aus Assuan.
Pernigotti, SCO 21, 1972, 317; Tav.I, 1-3;

– Block Nr.101: rechts Königsname: ←↓

links daneben Geier auf Wappenpflanze; darunter: ↓→

ganz links Götterrede: ↓→

– Block Nr. 39: rechts Königsname: ↓→

links davon Sonnenscheibe; darunter: →

rechts von Königsnamen Reste einer Götterrede: ←↓ [...]

– Block Nr.211: links Königsname: ↓→ [...]

rechts davon Schlange auf Wappenpflanze, daneben Götterrede: ←↓ [...]

Wadi Hammamat

98. Felsinschrift Nr.29.
LD III, 287a; Couyat-Montet, Inscr. du Ouâdi Hammâmât, 44-5; pl.VIII; LR IV, 174 (XIV); Clère, RdE 8, 1951, 25-29; Jenni, Dekoration des Chnumtempels, 96;

König (rechts) räuchert und libiert vor Min, Harpokrates und Isis;

oben vor ihm: ←↓

vor Min: ↓→

vor Harpokrates: ↓→

vor Isis: ↓→

Oase Charga

99. Portikus des Hibistempel.

PM VII, 278-279; N. Davies, The Temple of Hibis in El Khārgeh Oasis, III, 1953, 31-33; pl.61-70; E. Cruz-Uribe, Hibis Temple Project, I, San Antonio 1988, 167-80; LR IV, 175 (XVII); A. Egberts, In Quest of Meaning, Leiden 1995, 235; pl.107;

– Davies, op.cit., pl.61: Westwand am Eingang zum Tempel, linke (südliche) Seite;
I: Türsturz, linke Hälfte: König mit *ḫz*-Flaschen laufend vor Osiris, Horus und Isis;

über König: ↓→

über Osiris: ←↓

über Horus: ←↓ über Isis: ←↓

Türsturz, rechte Hälfte: König mit Blumen vor Amun, Mut und Chons;

über König: ↓→

über Amun: ←↓

vor Mut: ←↓ vor Chons: ←↓

rechts der Szene: ←↓

II: Türpfosten, oberes Register: König präsentiert Sphinx mit Vase vor Ptah in Naos und Sachmet;

über König: ↓→

unter Sonnenscheibe über König: →

über Ptah: ←↓ (sic)

über Sachmet: ←↓

III: Türpfosten, mittleres Register: König opfert Wein vor Month und Uto; über König: ↓→

vor ihm: ↓→

über Month: ←↓

vor ihm: ←↓

über Uto: ←↓

IV: Türpfosten, unteres Register: König opfert Brot vor widderköpfigem Amun und Chonspachered;

über König: ↓→

vor ihm: ↓→

hinter ihm: ↓→

bei Sonnenscheibe: →

über Amun: ←↓

vor ihm: ←↓

über Chonspachered: ←↓

– Davies, op.cit., pl.62: Westwand am Eingang zum Tempel, rechte (nördliche) Seite;
I: Türsturz, rechte Hälfte: König (rechts) läuft mit Ruder vor Atum, Schu und Tefnut;

über König: ←↓

vor ihm: ←↓

ihm gegenüber Schlange mit Weißer Krone; darunter: ↓→

über Atum: ↓→

über Tefnut: ↓→

über Schu: ↓→

Türsturz, linke Hälfte: König (rechts) präsentiert Stoffstreifen vor Amun, Mut und Month;

über König: ←↓

(?)

über Amun: ↓→

über Month: ↓→ über Mut: ↓→

(?)

abgetrennte Kolumne hinter Month: ↓→

II: Türpfosten, oberes Register: König (rechts) räuchert und libiert vor Osiris und Isis;

über König: ←↓

unter Sonnenscheibe (über König): ←

über Osiris: ↓→

über Isis: ↓→

III: Türpfosten, mittleres Register: König (rechts) opfert Maat vor Thot und Nehemet-awai;

über König: ←↓

vor ihm: ←↓

über Thot: ↓→

über Nehemet-awai: ↓→

IV: Türpfosten, unteres Register: König (rechts) opfert Brot vor widderköpfigem Amun und Mut;

über König: ←↓

hinter ihm: ←↓ neben Sonnenscheibe (über König): ←

über Amun: ↓→ vor ihm:

über Mut: ↓→ vor ihr: ↓→

– Davies, pl.63: Westwand des Tempels und innere Süd- und Nordwand der Portikus, westlicher Teil; auf südlichem Teil der Westwand, links neben südlichem Türpfosten:
König (links) bringt Wein dar vor thronendem Amun;

über König: ↓→

hinter ihm: ↓→ vor ihm: ↓→

über König Geier: unter ihm: →

über Amun: ←↓

auf innerer Südwand, neben Westmauer:
König mit Atefkrone (links) opfert Maat vor Re-Harachte und Tefnut; über König: ↓→

hinter ihm: ↓→ vor ihm: ↓→

unter Sonnenscheibe (über König): →

über Re-Harachte: ←↓

vor ihm: ←↓

über Tefnut: ←↓

vor ihr: ←↓

auf innerer Südwand, links (östlich) der vorstehenden Szene:
König (links) präsentiert Feldhieroglyphe und Blume vor Amun und Mut;

über König: ↓→

links davon, unter Geier: ↓→

hinter König: ↓→ vor ihm: ↓→

über Amun: ←↓

vor ihm: ←↓

über Mut: ←↓ 1 (sic) 2

vor ihr: ←↓

auf nördlichem Teil der Westwand, rechts neben nördlichem Türpfosten:
König (rechts) mit Gefäß und Räuchernapf vor thronendem Amun;

über König: ←↓ 1 2 3 4

vor ihm: ←↓

über Amun: ↓→ 2 1

auf innerer Nordwand, neben Westmauer:
König (rechts) präsentiert Stoffstreifen vor Osiris und Isis;

über König: ←↓ 1 2 3

vor König: ↓→

über Osiris: ↓→ 3 2 1

über Isis: ↓→ 3 2 1

5 4

vor ihr: ↓→ 2 (?)(?) 1

hinter ihr: ↓→

auf innerer Nordwand, rechts (östlich) der vorstehenden Szene:
König (rechts) mit Lattich vor ithyphallischem Amun und Isis:

über König: ←↓ 1 (?) 2 3 4

hinter ihm: ←↓ [...]

unter Geier (über König): ←

über Amun: ↓→ 2 1

vor ihm: ↓→

über Isis: ↓→

– Davies, pl.64: südliche und nördliche Außenwände, westlicher Teil;
südliche Außenwand, auf Architrav: →

Szene darunter, links: König (rechts) räuchert und libiert vor Amonre-Harachte;

über König: ←↓ vor ihm: ←↓

über Amun: ↓→

vor ihm: ↓→

Szene rechts daneben: König (rechts) treibt Kälber vor Amun; vgl. Egberts, loc.cit.;

über König: ←↓

neben Sonnenscheibe (über König): ←↓

vor König: ← vor Kälbern: ←

über Amun: ↓→

vor ihm: ↓→

nördliche Außenwand, auf Architrav: ←

Szene darunter, links:
König (links) opfert Wasserkrüge vor Chnum und Satis;

über König: ↓→

hinter ihm: ↓→ neben Sonnenscheibe (über König): →

über Chnum: ←↓

vor ihm: ←↓ (sic)

über und vor Satis: ←↓ (sic)

Szeme rechts daneben: König opfert Brot vor Amun;

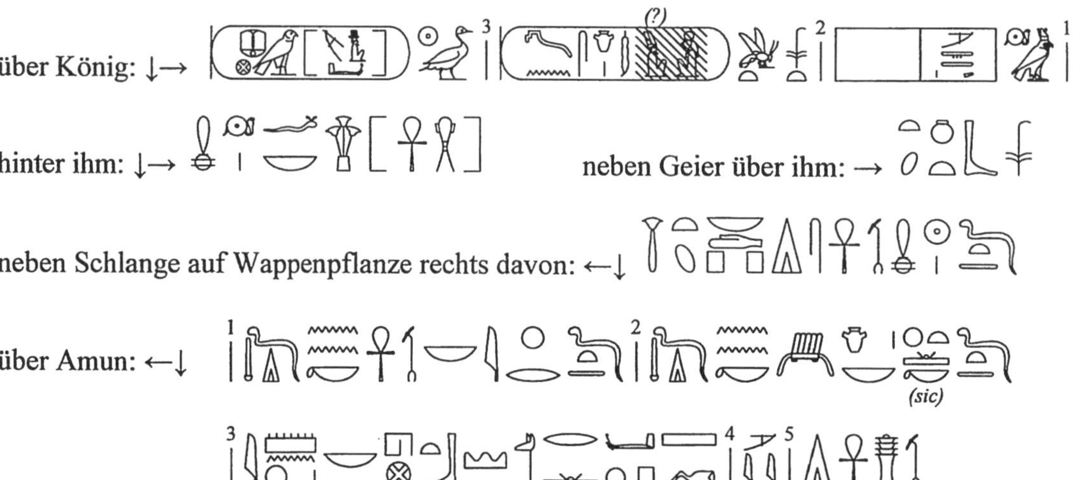

über König: ↓→

hinter ihm: ↓→ neben Geier über ihm: →

neben Schlange auf Wappenpflanze rechts davon: ←↓

über Amun: ←↓ (sic)

– Davies, pl.65: Südtor der Portikus, westlicher Türpfosten;
Außenseite (Südseite): oben Flügelsonne;

darüber: ← →

darunter: → ←

darunter König (nach rechts gewandt) mit erhobenem Szepter; über ihm: ↓→

rechts von Königsnamen Schlange auf Wappenpflanze; über ihr: →

vor König: ↓→ hinter ihm: ↓→

Laibung (Westseite):

Oben König (links) opfert kniend Brot vor Atum, Schu und Tefnut;

hinter König: ↓→

neben Sonnenscheibe über ihm: →

über Atum: ←↓ über Schu: ←↓ über Tefnut: ←↓

zwei Kolumnen links unter Bildfeld: ↓→

Innenseite (Nordseite):

oben Flügelsonne; rechts und links: ←→ ; darunter zwei symmetrische Gruppen:

in der Mitte links Schlange mit Roter Krone auf Wappenpflanze; Beischrift: ←↓

links von ihr Königstitel: ↓→

in der Mitte rechts Geier mit Weißer Krone auf Wappenpflanze; Beischrift: ↓→

rechts davon Königstitel: ←↓

darunter rechts falkenköpfiger libierender Gott; über ihm: ←↓

vor ihm: ←↓

unter Bild Fries von fünf Kartuschen, mit Doppelfederkrone auf Goldhieroglyphe: ↓→

– Davies, pl.66: Südtor der Portikus, östlicher Türpfosten;
Außenseite (Südseite): oben Flügelsonne;

darüber: ← →

darunter: → ←

darunter König (nach links gewandt) mit erhobenem Szepter (fast ganz zerstört); über ihm: ←↓

links davon Geier auf Wappenpflanze; über ihm: ← darunter: ↓→

Laibung (Ostseite): kniender König (rechts) opfert Maat vor Amun-Re, Mut und Chons;

über König: ←↓

vor ihm: ←↓ neben Sonnenscheibe (über ihm): ←

über Amun: ↓→

über Chons: ↓→ über Mut: ↓→

unter Bildfeld (rechts) zwei Kolumnen: ←↓

Innenseite (Nordseite): Bildfeld oben zerstört (s. aber Cruz-Uribe, op.cit., 175);
darunter ibisköpfiger libierender Gott; über ihm: ↓→

vor ihm: ↓→ (sic)

unter Bild Fries von fünf Kartuschen, mit Doppelfederkrone auf Goldhieroglyphe: ↓→

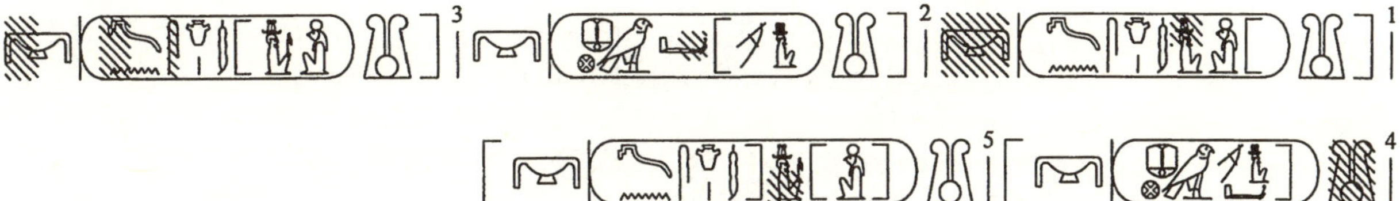

– Davies, pl.67: Nordtor, östlicher Türpfosten;
Außenseite (Nordseite): oben Flügelsonne;

über ihr: ← →

unter ihr: → ←

darunter unten König, nach rechts gewandt, mit Blumenstrauß; um ihn sieben Kolumnen: ↓→

Laibung (Westseite): im oberen Bildfeld König (links) auf Sockel kniend mit *nw*-Töpfen, ihm gegenüber hockend Amun-Re, Mut und Chons;

über König: ↓→

über Amun: ←↓

über Mut: ←↓

über Chons: ←↓

links darunter: ↓→

Innenseite (Südseite):

oben Flügelsonne; rechts und links: ←→ ; darunter zwei symmetrische Gruppen:

in der Mitte links Geier mit Weißer Krone auf Wappenpflanze; Beischrift: ←↓

links von ihr Königstitel: ↓→

in der Mitte rechts Schlange mit Roter Krone auf Wappenpflanze; Beischrift: ↓→

rechts davon Königstitel: ←↓

darunter König (rechts), dem Atum ein ꜥnḫ-Zeichen an die Nase hält;

über König: ←↓ ←

hinter ihm: ←↓ vor ihm: ↓→

über Atum: ↓→

unter Bild Fries von fünf Kartuschen, mit Doppelfederkrone auf Goldhieroglyphe; von links: ←↓

– Davies, pl.68: Nordtor, westlicher Türpfosten;
Außenseite (Nordseite): oben Flügelsonne;

darüber: ←→

darunter: →←

darunter König, nach links gewandt, mit Räuchergefäß und Szepter; vor und über ihm: ←↓

Laibung (Ostseite): im oberen Bildfeld König (rechts) auf Sockel kniend präsentiert Feldhieroglyphe vor Osiris, Horus und Isis;

links über König: ←↓

vor ihm: ←↓

über Osiris: ↓→

über Isis: ↓→

über Horus: ↓→

darunter rechts: ←↓

Innenseite (Südseite):

oben Flügelsonne; rechts und links: ←→ (sic) ; darunter zwei symmetrische Gruppen:

in der Mitte links Geier mit Weißer Krone auf Wappenpflanze; Beischrift: ←↓

links von ihr Königstitel: ↓→

in der Mitte rechts Schlange mit Roter Krone auf Wappenpflanze; Beischrift: ↓→

rechts davon Königstitel: ←↓

(sic)

darunter König (rechts) mit Weißer Krone, umarmt von Month;

über König: ←↓

rechts davon Sonnenscheibe; unter ihr: ←

über Month: ↓→

hinter ihm: ↓→ vor ihm: ↓→ unter Bildfeld: ←↓

– Davies, pl.69:

Ostwand, südlich des Tors: König (rechts) vor ithyphallischem Amun-Re Kamutef;

über König: ←↓

vor ihm: ←↓ hinter ihm: ←↓ (sic)

über Amun: ↓→

vor ihm: ↓→

südlicher Türpfosten, Außenseite (Ostseite):

oben König, nach rechts gewandt; vor ihm: ↓→ [...] [...]

darunter zwei Nilgötter mit Gaben;

vor dem rechten: ↓→ über ihm: →

vor dem linken: ↓→ [...]

Laibung (Nordseite) des südlichen Türpfostens: links: ↓→

rechts: ←↓

Laibung (Südseite) des nördlichen Türpfosten:

links: ↓→ [...] rechts: ←↓

(?)

– Davies, pl.70:

Südlicher Türpfosten, Innenseite (Westseite): König (links) gesäugt von Göttin mit Geierhaube;

über König: ↓→

über Göttin: ←↓

östliche Innenmauer, südlich des Tors: König tritt aus Palast, vor ihm Standarte; über König: ↓→

3 2 1

über Standarte: →

vor ihr: ↓→ [...]

südliche Außenwand, östlich des Tors: König (rechts) vor Amun und Mut (nur Oberteile erhalten);

über König: ←↓ 1 2 (sic) 3 3

über Amun: ↓→ 2 1

über Mut: ↓→ 2 1 (?)

nördliche Innenwand, östlich des Tors: König (Mitte) empfängt Sedfeste von Amun (links) und Thot (rechts);

über König: ←↓ 1 2 [...]

über Amun: ↓→

3 (?) 2 1

über Thot: ←↓

südliche Innenwand, östlich des Tores; Cruz-Uribe op.cit., pl.70A;

König, nach rechts gewandt, wird von Thot und Horus gereinigt; über ihm [Sonnenscheibe];

oben zentral: ↓→ → ←↓

vor Thot: ↓→ vor Horus: ←↓

Oase Siwa

100. Reste von Kartuschen (ehemals erkennbar) im Tempel von Umm Ubayda.
H. von Minutoli, Reise zum Tempel des Jupiter Ammon in der libyschen Wüste, Berlin 1824, Taf.X (Fig.4); Fakhry, Siwa, 100; 117 (Fig.4); K. Kuhlmann, Das Ammoneion, AV 75, 1988, 105-6; Taf.31a; Jenni, Dekoration des Chnumtempels, 98;

König nach rechts gewandt; über ihm: ↓→

In Minutolis Wiedergabe von 1824 sind die Zeichen teilweise stark entstellt. Es ist nicht sicher, welcher Teil des Tempels unter Nektanebos II. errichtet bzw. dekoriert worden ist, s. Gallo, BSFE 166, 2006, 29-30 (mit n.26).

Auf der heute noch teilweise vorhandenen östlichen Innenwand des Tempels (Fakhry, Siwa, 115, Fig.13; pl.XXII; Kuhlmann, Ammoneion, Taf.30a) war oben ein Geierpaar mit Wedeln, darunter ein Kartuschenfries (heute verloren). Darunter stand ein Text von über 80 Kolumnen, von dem heute noch die untere Hälfte mit 51 Kolumnen vorhanden ist, mit Titel und Szenen 1-10 des Mundöffnungsrituals (in E. Ottos Edition als Text 80 berücksichtigt, s. Otto, Mundöffnungsritual, II, 172; ausführlich bei Fakhry, Siwa, 101-110).

In der Inschrift wird der Oasenherrscher *Wn-Jmn* mehrfach erwähnt, meist mit mütterlicher Filiation,

z.B. in Kol.22: ↓→

oder in Kol.31: ↓→

vgl. auch Kol. 5; 8; 10; 13; 19; 21; 22; 34; 37; 43.

Unter diesem Textblock sind drei Register mit Götterprozessionen (Fakhry, Siwa, 110-115; Kuhlmann, Ammoneion, Taf.30):

im obersten Register rechts ein kniend anbetender Mann vor Amun im Naos und Mut;
über kniendem Mann: ↓→

hinter ihm: ↓→

vor Amun: ←↓

vor Mut: ←↓

(?)

links davon neun Götter, nach links gewandt, davon heute noch sieben erhalten:

1. von links Amun mit Doppelfederkrone; vor ihm: ←↓ [...]

2. v.l. Mut mit Doppelkrone; vor ihr: ←↓

3. v.l. Amun mit Doppelfederkrone; vor ihm: ←↓

4. v.l. Mut mit Doppelkrone; vor ihr: ←↓

5. v.l. Amun mit Sonnenscheibe; vor ihm: ←↓

6. v.l. löwenköpfige Mut mit Sonnenscheibe; vor ihr: ←↓

7. v.l. Amun mit Doppelfederkrone; vor ihm: ←↓

im mittleren Register neun Götter, nach rechts gewandt, davon noch acht teilweise erhalten. Die Beischriften sind bei Fakhry alle unvollständig und z.T. wohl auch unrichtig wiedergegeben, aber das Foto bei Kuhlmann gestattet keine wirkliche Korrektur. Die Wiedergaben sind daher ganz unsicher.

1. von rechts: falkenköpfiger Gott; Beischrift nicht erhalten;

2. v.r.: Atum mit Doppelkrone; vor ihm: ↓→

3. v.r.: Schu mit Feder auf dem Kopf; vor ihm: ↓→

4. v.r.: löwenköpfige Tefnut mit Sonnenscheibe; vor ihr: ↓→

5. v.r.: Seth mit Doppelkrone; vor ihm: ↓→

6. v.r.: Geb mit Weißer Krone; vor ihm: ↓→

7. v.r.: Nut mit Sonnenscheibe(?); vor ihr: ↓→

8. v.r: falkenköpfiger Gott mit Doppelkrone; Beischrift nicht erhalten.

Im unteren Register noch drei Götter erhalten, nach links gewandt;

1. von links: falkenköpfiger Gott mit Doppelkrone; vor ihm: ←↓

2. v.l.: löwenköpfige Göttin; vor ihr: ←↓

3. v.l.: Göttin mit Weißer Krone; vor ihr: ←↓

4. v.l.: Chnum (weitgehend zerstört); vor ihm: ←↓

auf herabgefallenen Blöcken vom Tempeldach waren noch Reste von Inschriften vorhanden (Fakhry, Siwa, 114):

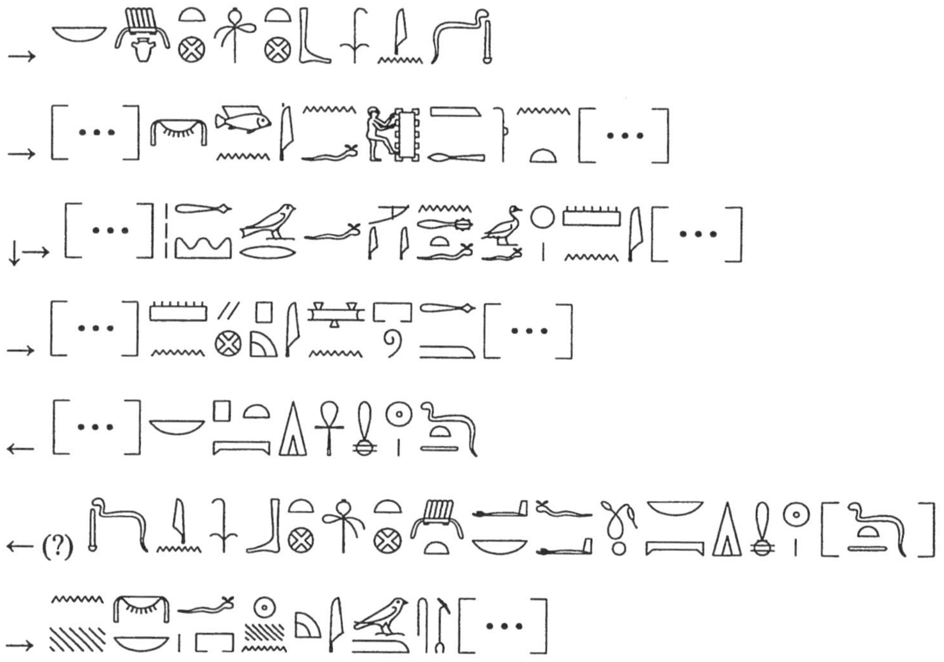

Die heute nicht mehr vorhandenen westliche Innenwand des Tempels war ganz ähnlich dekoriert wie die östliche, aber es gibt davon nur die Zeichnung von Minutoli (Fakhry, Siwa, 116, Fig.14), auf der die Inschriften nicht zu lesen sind.

Herkunft unbekannt

101. Mittelteil einer Stehfigur Kairo JE 54470.
nach Foto CLES;
auf Rückenpfeiler: ←↓

102. Relieffragment Figeac E 2 aus Nilgötterprozession.
M. Dewachter, La collection égyptienne du Musée Champollion, Figeac 1986, 39 (18);

Nilgott mit Gaben; zwischen zwei Flaschen: ↓→

103. Relief (im Handel).
Auktionskatalog Charles Ede, Egyptian Sculpture XII, 1985, Nr.10;

König (rechts) präsentiert zwei Blumen vor Chepri und Göttin;

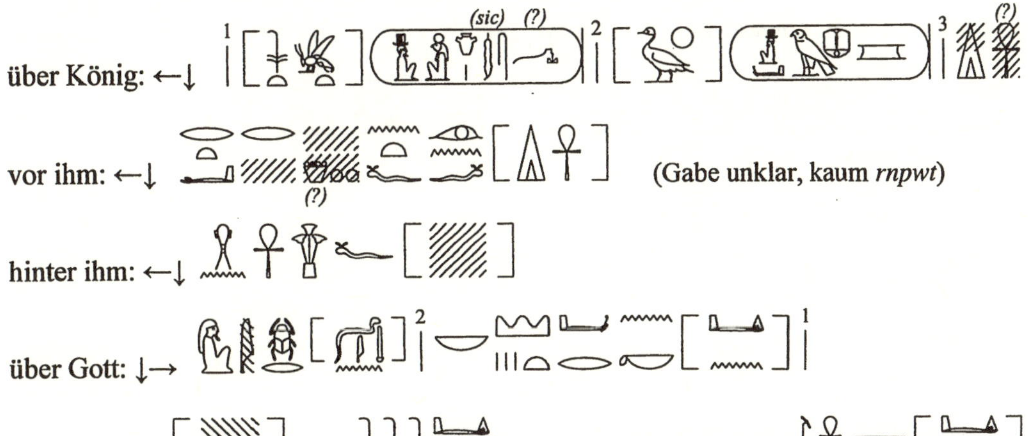
über König: ←↓
(sic) (?)
vor ihm: ←↓
(?)
(Gabe unklar, kaum *rnpwt*)
hinter ihm: ←↓
über Gott: ↓→
vor ihm: ↓→
über Göttin: ↓→

104. Fragment aus Sandstein London UC 14517 (zu Gründungsbeigabe umgearbeitet?).
Stewart, Stelae III, 17-8; pl.26 (61);

↓→

105. "Plaque murale portant une série de cartouches incomplets" (Fragment von Hohlkehle?) im Museum Alexandria.
Daressy, ASAE 5, 1904, 122 (Nr.29);

Daressy gibt (nur?) zwei Kartuschen: ↓ und

106. Gruppenstatue (thronender Gott mit König vor sich) London BM EA 1421.
PM VIII, 152; K. Bosse, Die menschliche Figur in der Rundplastik der ägyptischen Spätzeit, ÄF 1, 1936, 68 (183A); Taf.X.d; W. Wolf, Die Kunst Ägyptens, Stuttgart 1957, 625 (Abb.653); Holm-Rasmussen, Hafnia 10, 1985, 7-13; Jenni, Dekoration des Chnumtempels, 98; Mysliwiec, Royal Portaiture, 73; 83; Fotos CLES;

auf Schurz der Königsfigur: ↓→

107. Kopf einer Königsstatue Moskau I.1.a.5738.
PM VIII, 152; Berlev / Hodjash, Sculpture Pushkin Museum, 361-3 (117);

oben auf Rückenpfeiler: ↓→

108. Kopf von Königsstatue im Handel.
PM VIII, 152-3; J.Eisenberg, Art of the Ancient World. A Guide for the Collector and Investor, IV, 1985, 140 (Nr.425: nur Vorderseite); Auktionskatalog Paris, Hôtel Drouot. Succession de Mr Maurice Nahman, 4-5 Juin, 1953 (No.14) (nicht gesehen);
Inschrift unpubliziert.

109. Bronzeprotome einer Königsfigur Kairo JE 91435.
Hill, Royal Bronze Statuary, 167-8; pl.67 (33); S. Davies / H.S. Smith, The Sacred Animal Necropolis at North Saqqara. The Falcon Complex and Catacomb, London 2005, 91-92 (FCO-170); pl.XLII;
auf Vorderseite ein geflügelter Skarabäus mit Falkenkopf, flankiert von zwei verwitterten Kartuschen:

links: ↓→ rechts: ↓→ (o.ä.)

110. Siegelabdruck London BM 15692.
Hall, Scarabs, 292 (2793);

←

111. Zwei Fayenceplaketten im Britischen Museum London.
Hall, Scarabs, 296 (2813; 2814); A. Forgeau, Nectanébo. La dernière dynastie égyptienne, Paris 2018, 177, fig.40 (17159);

BM 17159 (Ankauf aus Sammlung Anastasi): ↓→

BM 24741 (Ankauf aus Sammlung Moss): ←↓

112. Plakette (Kartusche mit Federkrone) in Sammlung Basel.
Hornung u.a., Basler Skarabäen, 286; Taf.51 (474); Matouk, Corpus du scarabée, I, 149; 201 (872);

←↓

113. Plakette (Kartusche mit Federkrone) Kairo CG 12099.
G. Reisner, Amulets, II, CG, Kairo 1958, 116; pl.VIII; Matouk, Corpus du scarabée, I, 149; 201 (873);

↓→

114. Königliche Uschebtis in mehreren Sammlungen.
Schneider, in: Fs De Meulenaere, 160;
– Kairo CG 48539; 48540, 48541: Newberry, Funerary Statuettes, 394; davon CG 48539 im Grab des Schatzmeisters *Psmṯk* (26. Dynastie) in Sakkara gefunden, vgl. Mariette, Mon.div., 29; pl.95b; L. Gestermann, Die Überlieferung ausgewählter Texte altägyptischer Totenliteratur, ÄA 68, 2005, I, 95; 99-100;
– Cleveland 1920.1989: L. Berman, The Cleveland Museum of Art: Catalogue of Egyptian Art, 1999, 452-3 (351)

– Edinburgh: Schneider, in: Fs De Meulenaere, 160;
– Petrie Museum London UC 8960, 8961: W.M.F. Petrie, Shabtis, London 1935, pl.XIII, Nr.574-576; pl.XLIV, Nr.574 (UC 8960); 576 (UC 8961);
– Los Angeles County Museum L.79.80.89 (Oberteil); Mysliwiec, Royal Portraiture, 73;
– München ÄS 1198: Katalog Staatliche Sammlung ägyptischer Kunst, München 1972, 96;
– Turin 2509: Fabretti u.a., Museo di Torino, I, 357; Brugsch, Thes., 1438; D. Ferrari (ed.), Il senso dell'arte nell'antico Egitto, Ausstellungskatalog Bologna 1990, 226-228 (178);
– ehemalige Sammlung Tigrane Pacha: A. Daninos, Collection d'antiquités égyptiennes de Tigrane Pacha d'Abro, Paris 1911, pl.39 (120);

nach Mariette, Mon. div., pl.95b (Kairo CG 48539): →

(sic)

Auf anderen Uschebtis wird der Königsname als oder o.ä. wiedergegeben; der Gott oder die Göttin (v.a. die Krone) sind oft schwer identifizierbar.

KÖNIGSFAMILIE

Memphis

115. Kopflose Stehfigur New York MMA 08.205.1 des *Ṯ3j-Ḥp-jm.w* (Vater Nektanebos' II.), beim ‚Siamun-building' gefunden.
PM III², 854; Memphis I, 13; 20-1; pl.XXXI; XXXII (rechts); Chevereau, Prosopographie, 154-5 (228); Panov, Inscriptions of the Late Period, 88-92; Fotos CLES;

auf Gürtel, linke Hälfte: →

dto., rechte Hälfte: ←

auf Rückenpfeiler, oben: →

darunter: ↓→

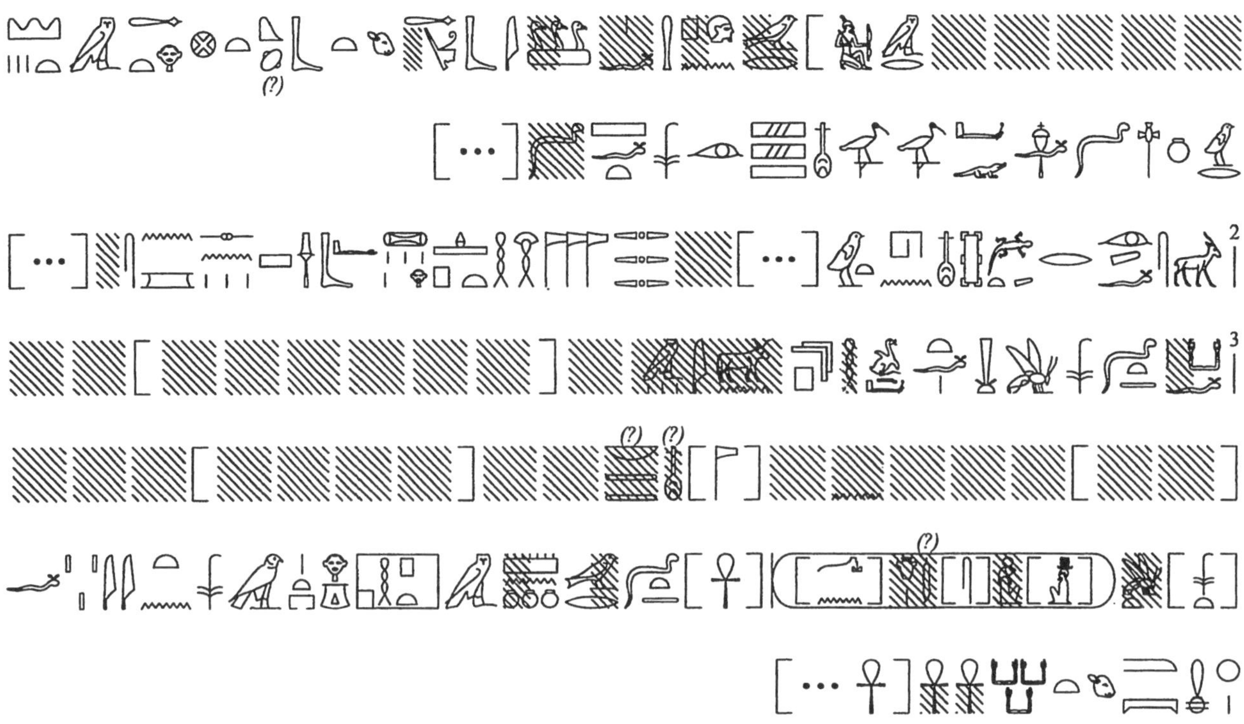

In der Nähe des Jeremias-Kloster in Sakkara sind drei Tongefäße mit je einer hieratisch-demotischen Aufschrift eines *Ṯ3j-Ḥp-jm.w* gefunden worden, s. H. Ghaly, in: Fs Leclant, Bd.4, 81-84. Da er auf einem dieser Töpfe (39/88) den Titel *jtj-nṯr* „Gottesvater" führt, glaubt der Herausgeber, ihn mit dem gleichnamigen Vater Nektanebos' II. identifizieren zu können. Es ist aber unwahrscheinlich, dass ein General und so wichtiges Mitglied der Königsfamilie nur diesen Titel geführt hätte; vgl. auch Engsheden, CdE 81, 2006, 62, n.4.

Herkunft unbekannt

116. Bronzesiegel eines Königssohnes *Ṯ3j-Ḥp-jm.w*, ehemals in MacGregor Collection.
Catalogue of the MacGregor Collection of Egyptian Antiquities, Auktionskatalog London 1922, 60 (480); Newberry, Scarabs, 92; 91, Fig.105; Bresciani, JANES 16-17, 1984-1985, 19-21; Engsheden, CdE 81, 2006, 65, n.18;

→ 4 3 2 1

NICHTKÖNIGLICHE PERSONEN

Tell Basta (Bubastis)

117. Naophortorso Kairo JE 41677 des *ʿnḫ-Ḥp*, ganz mit magischen Texten und Darstellungen bedeckt.
PM IV, 33; Daressy, ASAE 11, 1911, 187-91; Rosenow, Tempelhaus, Katalog, Nr.295;

Daressy gibt Titel und Namen des Besitzers nur einmal als

über Naos, rechte Hälfte, rechts (?):

gegenüber Geier auf Wappenpflanze;

zu Geier:

darunter: ↓→

Kolumne darunter:

über Naos, linke Hälfte, links (?): ↓→

gegenüber Schlange auf Wappenpflanze; zu Schlange: [wohl eher]

auf den Seiten des Naos eine Inschrift, die ein ‚Anruf an die Lebenden' sein könnte:

links: 1 2 3 (?)

rechts:

Memphis

118. Opfertafel Kairo CG 23115 (jetzt GEM 2731) des *ʿn-m-ḥr* aus Abu Roasch.
PM III², 10; A. Kamal, Tables d'offrandes, CG, 1906/1909, 94-5; pl.XXVII; Panov, Inscriptions of the Late Period, 94-95; eigene Kollation;

um die Seiten (Beginn Mitte der Rückseite; Vorderseite = Seite mit Ausguss)

← RS (sic) reS

VS

→ liS RS

VS

auf den Seiten des Ausgusses: ↓→ ←↓

auf Oberseite, rechte Hälfte: → VS

↓→ reS

← RS

dto., linke Hälfte: ←

←↓

→

119. Stehfigurfragment Brooklyn 86.226.24 (früher als 68.10.1 zitiert) des *sntj Ṯ3j-Ḥr-p3-t3* aus Sakkara.

R. Mond / O. Myers, Temples of Armant, EEF 43, 1940, I, 51; 190; II, pl.XVIII (6); Perdu, RdE 49, 1998, 180 (c); D. Wildung, Imhotep und Amenhotep, MÄS 36, 1977, 44-5 (§ 21); pl.VII; Von Känel, Prêtres-Ouâb, 115; De Meulenaere, BIFAO 61, 1962, 37, n.11; Yoyotte, Opera selecta, 192-3 (D); 208 (D); Fotos CLES;

auf Rückenpfeiler: ↓→

hinter linkem Bein: ↓→

120. Sarkophag Kairo CG 29306 des *Ṯ3j-Ḥr-p3-t3* aus Sakkara.

PM III², 504; Maspero, Sarcophages, I, 218-315; pl.XIX-XXI; Manassa, Sarcophagi, 279-410; pl.191-286; Spiegelberg, ZÄS 64, 1929, 76-83; Baines, JEA 78, 1992, 241-57, bes. 246-8; Von Känel, Prêtres-Ouâb, 112-5 (51.A); Gauthier, BIFAO 12, 1916, 53-9; Guermeur, Les cultes d'Amon, 148-50; Perdu, RdE 49, 1998, 180 (d); Yoyotte, Opera selecta, 192-3 (D); 208 (D); D. Werning, Das Höhlenbuch, GoF IV.48, 2011, 47-50; eigene partielle Kollation;

Biographische Beiworte und Titel oben auf Deckel; Maspero, Sarcophages, 223: ↓→

(sic)

(sic)

4

Zeile oben um Sargwanne, rechte Seite; Maspero, Sarcophages, 240; pl.XXI; →

Zeile oben um Sargwanne, linke Seite; Maspero, Sarcophages, 266; pl.XX; ←

Zeile oben um Sargwanne, Fußende; Maspero, Sarcophages, 256; pl.XIX; →

Zu den Texten aus den Unterweltsbüchern s. Manassa, Sarcophagi, 279-282; Werning, Das Höhlenbuch, I, 47-49.

121. Uschebtis des *Ṯ3j-Ḥr-p3-t3* aus Sakkara.
Perdu, RdE 49, 1998, 180 (e); J.-C. Grenier, Les statuettes funéraires du Museo Gregoriano Egizio, Vatikan 1996, 98-99 (137); Aubert, Statuettes, 247-8; J.-L. Chappaz, Les figurines funéraires égyptiennes du Musée d'Art et d'Histoire et de quelques collections privées, AH 10, 1984, 126-8 (160); E. Wegener, Die Aegyptiaca der Sammlung Schledehaus des Kulturgeschichtlichen Museums Osnabrück, Beihefte GM, 11, 2012, 14-16 (4); Yoyotte, Opera selecta, 192-3 (D); 208 (D);
Uschebti Vatikan Nr.19384: →

(sic)

122. Sarkophag Kairo CG 29307 des *Ḏd-ḥr* aus Sakkara.
PM III^2, 504-5; Maspero / Gauthier, Sarcophages, II, 1-16; pl.I-VI; Spiegelberg, ZÄS 64, 1929, 76-83; de Meulenaere, Surnom, 8 (Nr.20); Baines, JEA 78, 1992, 241-57; Perdu, RdE 49, 1998, 180 (f); Manassa, Sarcophagi, 17; Yoyotte, Opera selecta, 192-3 (D); 208 (D); Paṇov, Inscriptions of the Late Period, 131-133;

auf dem Deckel zwei Zeilen über dem Bild des Zwergen; Maspero / Gauthier, op.cit., 2-4; pl.I; →

oben um die Wanne, unter der Dekorleiste, Beginn Vorderseite rechts; ibid., 7-8; pl.II-III; →

Die anderen Inschriften des Sarkophags sind Totenbuchsprüche, Auszüge aus dem Pfortenbuch und funeräre Standardtexte.

123. Grab des *Wnn-nfr* in Sakkara.
PM III², 503-4; Mariette, Le Sérapéum de Memphis, Paris 1882, 11-13; J. Quibell, Excavations at Saqqara (1912-1914), Kairo 1923, 14; pl.XXXVI-XXXVII; Von Kaenel, BSFE 87/88, 1980, 31-45; ead., Prêtres-ouâb, 198-201; Arnold, in: C. Berger / B. Mathieu, Etudes sur l'Ancien Empire et la nécropole de Saqqâra, dédiées à Jean-Philippe Lauer, OM 9, 1997, 33-6; 44-50; M. Panov, Records of Priest Wennefer and his Relatives (in Russisch), Nowosibirsk 2017, 12-23;

Ein größerer Teil der Texte (s. BSFE 87/88, 35-6) ist unpubliziert. Folgende sind bekannt:

A) ‚Anruf an die Lebenden' und biographische Sätze auf westlicher Außenwand;
BSFE 87/88, 36, Fig.2; Panov, op.cit., 21-22; ↓→

B) Ausschnitt aus (historisch-)biographischer Inschrift auf östlicher Außenwand. Die Inschrift umfasst mindestens x+29 Kolumnen, aber die Herausgeberin hat daraus nur die Kol. X+7 – x+10 veröffentlicht, der Rest ist nie publiziert worden. Zu einer Zusammenfassung des Inhalts s. BSFE 87/88, 42-45. Die Inschrift selbst ist nicht mehr erhalten, die Abklatsche von Mariette im Besitz des Louvre sind nicht zugänglich.
BSFE 87/88, 43, Fig.6; s.a. Panov, op.cit., 23; ←↓

C) Inschriften auf Fassaden der Kapellen im rückwärtigen Bereich des Grabes:

– mittlere Kapelle (BSFE 87/88, 38-9, Fig.4/5):
auf Türsturz links sitzender Mann; rechts neben ihm: ↓→

auf Türsturz rechts sitzender Mann; links neben ihm: ←↓

auf linkem Türpfosten: ↓→

auf rechtem Türpfosten: ←↓

– rechte Kapelle (Blöcke im Louvre, eigene Fotos):
auf Türsturz links sitzender Mann; rechts neben ihm: ↓→

auf Türsturz rechts sitzender Mann; links neben ihm: ←↓

– linke Kapelle (Blöcke im Louvre, eigene Fotos):
auf Türsturz links sitzender Mann; rechts neben ihm (Lesungen nicht überall sicher): ↓→

auf Türsturz rechts sitzender Mann; links neben ihm (Lesungen nicht überall sicher): ←↓

124. Sarkophag des *Wnn-nfr* New York MMA 11.154.1.
PM III[2], 504; Manassa, Sarcophagi, 18-9; De Meulenaere, CdE 35, 1960, 93 (2); Panov, Records of Priest Wennefer and his Relatives (in Russisch), Nowosibirsk 2017, 25-76;

Ausführlichere Angaben von Titel und Filiation des *Wnn-nfr*:
Deckel, Kol.1 (Panov, op.cit., 28): ↓→

Wanne, Kopfseite, Zeile oben, links (Panov, op.cit., 43/44): →

dto., rechts (Panov, op.cit., 43/44): ←

Wanne, Kopfseite, Zeile unten, links (Panov, op.cit., 43/45): →

dto., rechts (Panov, op.cit., 43/45): ←

Wanne, Kopfseite, links neben Szene zur Sonnengeburt (Panov, op.cit., 43/46/48): ↓→

Wanne, rechte Seite, Zeile oben (Panov, op.cit., 51/52): →

dto., Zeile unten (Panov, op.cit., 51/53): →

Wanne, linke Seite, Zeile oben (Panov, op.cit., 58/59): ←

dto., Zeile unten (Panov, op.cit., 58/60): ←

Wanne, Fußseite, Zeile oben, links (Panov. op.cit., 64/66): →

dto., rechts (Panov. op.cit., 64/66): ←

Wanne, Fußseite, Zeile unten, links (Panov. op.cit., 64/67): →

dto., rechts (Panov, op.cit., 64/67): ←

Kopfseite, innen (Panov, op.cit., 70); →

dto. ←

125. Unpublizierte Uschebtis des(selben?) *Wnn-nfr* in Amiens und im Louvre (N.3461.672-752).
O. Perdu / E. Rickal, La collection égyptienne du Musée de Picardie, Paris 1994, 89 (Nr.144-148);

126. Sarg des *Ỉi-m-ḥtp* aus Grab F17 in Sakkara.
Ch. Ziegler, Les tombes hypogées de basse époque, Paris, I (2012), 25-26; 85, Fig.27; 454; II (2013), 12-13 (Ph.57; 61);

auf Deckel des Sarges Text mit sehr entstelltem Nutspruch:

→ darunter: ↓→

darunter: →

Über der Inschrift demotischer Vermerk (Chauveau, in: Ziegler, op.cit., 454):

(1) *Ỉy-m-ḥtp sꜣ Ỉ.ỉr.f-ꜥw* (2)*-n-Ptḥ qs n ḥꜣ.t-sp 2.t tpj ꜣḫ.t* (3) *n Pr-ꜥꜣ ꜥ.w.s. Nḫt-Ḥr-by*

auf Kopf weiterer demotischer Vermerk (ibid.): *Ỉy-m-ḥtp sꜣ Ỉ.ỉr.f-ꜥw-n-Ptḥ*

127. Demotische Stele Louvre IM 3372 aus dem Serapeum aus Jahr 2, 2. *ꜣḫt*, Tag 28(?), Tag der Gründung der Apisgrabstätte, mit Liste der Steinmetze.
Devauchelle, in: Fs Leahy, 98; 106-7; 116 (pl.6); id., EVO 17, 1994, 107;

128. Kalksteinstele H5-2625 (4902) mit demotischer Liste von Steinmetzen aus Jahr 3, 1. *prt* (Datierung unter Nektanebos II. nicht gesichert).
Smith u.a., The Mother of Apis Inscriptions, 153-5 (54); pl.XLVII;

129. Fragment einer demotischen Stele Louvre SN 25 aus dem Serapeum aus Jahr 3, 4. *šmw* (Königsname nicht erhalten).
Devauchelle, in: Fs Leahy, 99; 103-4; 113 (pl.3a); id., EVO 17, 1994, 106 (hier Nepherites zugeschrieben);

130. Demotische Stele Louvre SN 7 aus dem Serapeum aus Jahr 2., 3.(?) *prt*(?), als man den Sarkophag in das Grab brachte; mit Personenliste.
Devauchelle, in: Fs Leahy, 98; 101-2; 111 (pl.1); id., EVO 17, 1994, 107;

131. Fragment einer demotischen Stele Louvre IM 67 aus Jahr 3, 4. *šmw*, als man den Osiris-Apis zu Grabe brachte.
Devauchelle, in: Fs Leahy, 99; 105; 113 (pl.3b); id., EVO 17, 1994, 107;

132. Demotische Stele Louvre IM 4199 aus Jahr 3, 4. *šmw*, als man den Osiris-Apis zu Grabe brachte; mit langer Personenliste.
Devauchelle, in: Fs Leahy, 99; 108; 117 (pl.7); id., EVO 17, 1994, 107;

133. Demotische Serapeumstele Louvre SN 14 aus Jahr 8, 4. *šmw*, als man im Grab arbeitete, mit Liste von vier Steinmetzen.
Devauchelle, in: Fs Leahy, 100; 102-3; 112 (pl.2);

134. Kalksteinstele H5-2594 (4871) mit hieratischer Aufschrift aus der Katakombe der Apismütter, in Jahr 5, 2. *prt*, 26 anlässlich des Todes der Apismutter für den Priester *Jj-m-ḥtp* von seinem Sohn *Wn-nfr* gestiftet. Beide tragen zahlreiche Priestertitel, u.a. als Prophet der Statuen Nektanebos' I. im Tempel von Memphis.
Smith u.a., The Mother of Apis Inscriptions, 50-56; pl.XI-XIII (Nr.15); →

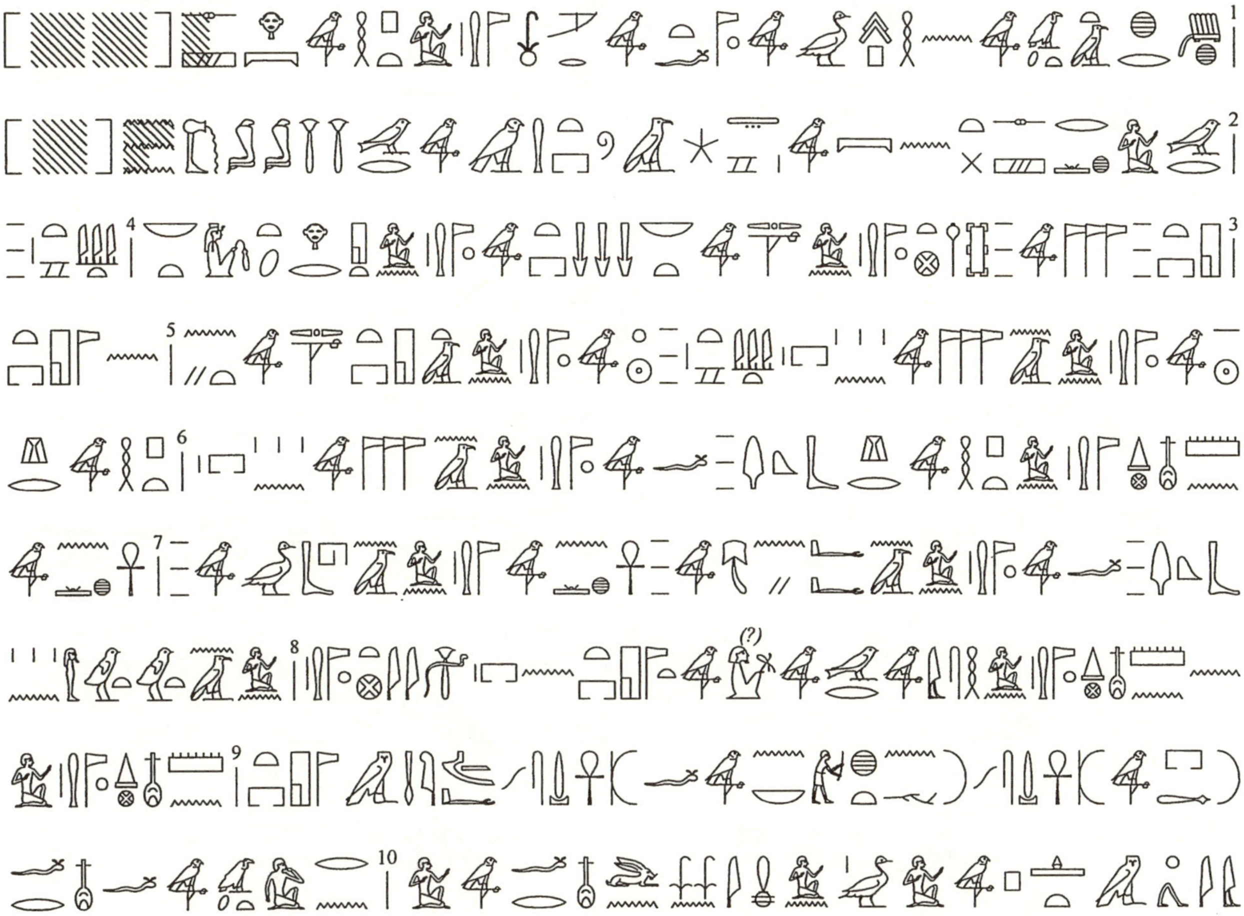

135. Kalksteinstele H5-2603 (4880) mit demotischer Aufschrift aus der Katakombe der Apismütter aus Jahr 5, 2. *prt*, als der Sarkophag der Apismutter in das Grab gebracht wurde, mit langer Liste von Steinmetzen.
Smith u.a., The Mother of Apis Inscriptions, 56-58; pl.XIV (Nr.16);

136. Kalksteinstele H5-147a (799a) mit demotischer Aufschrift aus der Katakombe der Apismütter aus Jahr 5, 2. [*prt*]
Smith u.a., The Mother of Apis Inscriptions, 58-59; pl.XV (Nr.17);

137. Demotische Papyri Kairo CG 30871 und 30872 mit Rechnungen aus Jahr 16, 3. *prt*, 20.
Spiegelberg, Demotische Denkmäler II, 1908, 191; Taf.LXV-LXVI;

138. Papyri Zagreb 597-2 (+ Wien 3873) mit Balsamierungsritual für den Apis.
Meyrat, in: J. Quack (ed.), Ägyptische Rituale der griechisch-römischen Zeit, Tübingen 2014, 263-337; Transkription unter https://sites.google.com/site/pierreme<rat/Home/publications; Devauchelle, in: Fs Leahy, 97.

Der Beginn des Papyrus enthält einen Hinweis auf historische Vorgänge: →

(folgen Vorschriften über die Balsamierung des Apis)

Ein Datum ist nicht erhalten, aber der Tod dieses Apis, der 6 Jahre und 8 Monate lebte und dessen Vorgänger im Jahr 3, 4. *šmw* bestattet wurde, fällt vermutlich in das Jahr 10 (Meyrat, op.cit., 300-301). In Z.5-6 des Papyrus wird berichtet, dass die Priester zum Königssohn *Ṯ3j-Ḥp-jm.w* schickten, der in Memphis war, weil der Pharao mit dem Herrscher der Perser und seiner Armee [kämpfte], zweifellos anlässlich des persischen Invasionsversuchs um 451/450.

139. Demotische Graffiti des *Ṯ3j-Ḥr-p3-t3* im Steinbruch von Tura.
J. Malek / M. Smith, GM 64, 1983, 46, Fig.3; 47; Vleeming, Demotic Graffiti, 313 (1915-1916); Devauchelle, ASAE 69, 1983, 179, Nr.52-53; Perdu, RdE 49, 1998, 180 (b); Yoyotte, Opera selecta, 208 (D);

Herakleopolis

140. Stehfigur Louvre A.88 des Generals *Ḥr*.
Pierret, Recueil, I, 14-21; Vercoutter, BIFAO 49, 1950, 85-100; pl.I-III; O. Perdu, Les statues privées de la fin de l'Egypte pharaonique, I, Paris 2012, 356-65 (33); BAR IV, § 967-73; Otto, Biogr. Inschr., Nr.40; Rößler-Köhler, Individuelle Haltungen, 280-1, Nr.84a; Cheverau, Prosopographie, 173-74 (260); N. Spencer, in: L. Bareš u.a. (edd.), Egypt in Transition, Prag 2010, 462-3; Fig.14-15; Wb-Abklatsch 949;
auf Rückenpfeiler: ↓→

Hermopolis

141. Sarkophag Kairo CG 29315 des *sntj Ḏḥwtj-jrj-dj-s* aus Tuna el-Gebel.
PM IV, 175; Weill, RecTrav 36, 1914, 92-3; Maspero / Gauthier, Sarcophages, II, 79-101; pl.XXVI-XXIX; de Meulenaere, in: Religions en Egypte hellénistique et romaine, Colloque Strasbourg 1969, 23; Chevereau, Prosopographie, 181-3 (281); Perdu, RdE 49, 1998, 181 (6.b); Yoyotte, Opera selecta, 192 (C); 207-8 (C);
Titel, Beiworte und Filiation des *Ḏḥwtj-jrj-dj-s* darauf:
Maspero / Gauthier, op.cit., p.82: ↓→

p.83-4: ←↓

p.84: →

p.86 (biographische Beiworte): ↓→

(folgt Tb Spruch 71)

p.87: ←

p.91: →

p.91: ↓→ (folgen Auszüge aus Tb Spruch 147)

p.93: →

p.95: →

p.95-96 (Titel in Tb Spruch 100 eingeschoben): ↓→

Zu *Šps-jrj-dj-s*, dem Vater des *Ḏḥwtj-jrj-dj-s*, s.o., 75.155.

142. Uschebtis des *sntj Ḏḥwtj-jrj-dj-s* aus Tuna el-Gebel in mehreren Sammlungen.
Weill, RecTrav 36, 1914, 91-2; pl.VI; Aubert, Statuettes, 249; Schneider, Shabtis, II, 202; pl.127; III, pl.63; H. Schlögl / A. Brodbeck, Ägyptische Totenfiguren aus öffentlichen und privaten Sammlungen der Schweiz, 1990, 290-1 (Nr.198); W. van Haarlem, CAA Allard Pierson Museum Amsterdam, II, 1990, 253-6 (8797); Yoyotte, Opera selecta, 192 (C); 207-8 (C); Perdu, RdE 49, 1998, 181 (6,c; mit weiterer Lit.).

Zürich 1007 (Schlögl / Brodbeck, loc.cit.):

→ darunter: ↓→

Leiden 5.3.1.252 (Schneider, Shabtis, loc.cit):

→ darunter: ↓→

Deir Abu Hennis (bei El-Berscheh)

143. Demotisches Felsgraffito aus einem Jahr 1.
Depauw, in: S. Lippert u.a. (edd.), Gehilfe des Thot, Festschrift für Karl-Theodor Zauzich zu seinem 75. Geburtstag, Wiesbaden 2014, 13-20;

in der Umschrift von Depauw:

1 *ḥꜣ.t-sp 1.t Pr-ꜥꜣ*[ꜥ.w.s.] □□□[divine det.]

2 *Ḏḥwty ꜥꜣ nb Ḫmnw di*

3 *ḥs pꜣ mr-mšꜥ Ṯꜣy-Ḥr-pꜣ-tꜣ*

4 *m-bꜣḥ Pr-ꜥꜣ*[ꜥ.w.s.] □□ *ibd-2 (?) ꜣḫ.t (?)*

5 *wꜥ ꜥḥꜥ pꜣ mr-mšꜥ Ṯꜣy-Ḥr-pꜣ-tꜣ smꜣꜥ*

6 *r nꜣ ẖr-ntr nty šꜥt rn*

7 *pꜣ mr-mšꜥ Ṯꜣy-Ḥr-pꜣ-tꜣ m-bꜣḥ*

8 *Ḏḥwty pꜣ ntr ꜥꜣ*

Qusae

144. Kalksteinblock, vermutlich Sockel einer Statue des *sntj Ḏḥwtj-jrj-dj-s*.
Clédat, BIFAO 1, 1901, 88-9; Yoyotte, Opera selecta, 207 (C.3); Perdu, RdE 49, 1998, 181 (6,a);
auf rechter Seite: → (?)

(?)

auf linker Seite: ←

auf Rückseite:

auf Oberseite: ↓

(sic)

Es ist offenkundig, dass die Abschrift ziemlich fehlerhaft ist.

Abydos

145. Sarkophagdeckel aus Kalkstein Cambridge FW 48.1901 (anonym).
PM V, 76; El Amrah and Abydos, 85; 96; pl.XXXV (1); LR IV, 180 (XLIV); Yoyotte, Kêmi 15, 1959, 71; de Meulenaere, CdE 35, 1960, 95 (9); ↓→

[...] [...] [...] [...]

Koptos

146. Obeliskenfragment London UC 14522 + Lyon, Musée des Beaux-Arts 1969-199 des *Jrtj-r-ṯ3j*.
PM V, 134; Koptos, 17; pl.26 (2); Stewart, Stelae, III, 9; pl.14 (23); de Meulenaere, CdE 35, 1960, 96; Coptos. L'Egypte antique aux portes du désert, Ausstellungskatalog Lyon 2000, 128 (94); Jenni, Dekoration des Chnumtempels, 96;

Seite A (UC 14522): ↓→

Seite B: ↓→

(Lyon:) (UC 14522:)

Seite C (UC 14522): ↓→

Seite D (UC 14522): ←↓

147. Begräbnis des *Ns-Mnw*, Sohn des *Jrtj-r-ṯ3j*.
PM V, 128; Carter, ASAE 4, 1903, 49-50; Legrain, ASAE 7, 1906, 186; Weill, ASAE 11, 110; de Meulenaere, CdE 35, 1960, 96;

Das Grab bestand nur aus einer kleinen unterirdischen Kammer aus Kalkstein, gelb bestrichen mit roten Inschriften („very indistinct"); in der Kammer waren zwei (geöffnete) Sarkophage, ein unbeschrifteter Herzskarabäus, zwischen den Sarkophagen eine Kalksteinstele (heute in Kairo) und am Eingang eine weitere Stele.

– Die Sargkammer ist unpubliziert, es gibt nur die Beschreibung in ASAE 4, 49-50.

– Kalksteinstele in Kairo TN 9/7/24/6: *Ns-Mnw* opfert vor Isis, Osiris, Atum und Harmachis, darunter 6 Zeilen Inschrift; unpubl., s. Munro, Totenstelen, 258.

– Stele am Eingang mit 12 Zeilen demotischem Text („very indistinct"); unpubl.

– Sarkophag des *Twtw3* Kairo JE 36435 (> GEM 2762) aus ptolemäischer Zeit; Rowe, ASAE 40, 1940, 13-16; pl.I (rechts); Buhl, Late Egyptian Sarcophagi, 44 (E,a,6); Tattko, in: Ch. Leitz u.a. (edd.), Catalogue of the Late and Ptolemaic Period Anthropoid Sarcophagi in the Grand Egyptian Museum, Kairo 2018, 83-88.

– Sarkophag des *Ns-Mnw* Kairo JE 36434; Rowe, ASAE 40, 1940, 11-13; pl.I (links); Buhl, Late Egyptian Sarcophagi, 44 (E,a,5); Böttcher, in: Ch. Leitz u.a. (edd.), Catalogue of the Late and Ptolemaic Period Anthropoid Sarcophagi in the Grand Egyptian Museum, Kairo 2018, 1-8;

auf dem Deckel (einzige Inschrift): ↓→

Theben

148. Stehender Theophor Kairo JE 36715 des *P3-dj-Jmn-nb-nswt-t3wj* aus der Cachette von Karnak.
PM II[2], 155; de Meulenaere/Vanlathem, CdE 85, 2010, 65; Hallmann, in: L. Coulon (ed.), La cachette de Karnak, Kairo 2016, 379, Fig.11; database Cachette CK 699; Fotos IFAO;
auf Rückseite: ↓→

149. Theophor Kairo JE 37140 des *P3-dj-Jmn-nb-nswt-t3wj* aus der Cachette von Karnak.
Unpubl., s. den Nachtrag, p.738-9.

149a. Stehfigur Kairo JE 36714 des *Ns-Mnw* aus der Cachette von Karnak.
Unpubl., s. den Nachtrag, p.739

150. Stehfigur mit Rückenplatte Kairo JE 37075 des *Jˁḥ-msjw* aus der Cachette von Karnak.
Database Cachette de Karnak, CK 170; Fairman, JEA 20, 1934, 1-4; pl.I-II; ESLP, 66; 103; 128; de Meulenaere, BIFAO 61, 1962, 37 (n); id., CdE 35, 1960, 97; 101; Wild, BIFAO 54, 1954, 201-2; 218; Doresse, RdE 25, 1973, 129; ead., RdE 31, 1979, 45; F. Herbin, Le livre de parcourir l'éternité, OLA 58, 1994, 82; Derchain, in: D. Kurth (ed.), 3. Ägyptologische Tempeltagung, ÄUAT 33, 1995, 2-3; Quaegebeur, in: S. Vleeming (ed.), Hundred-gated Thebes, Leiden 1995, 148-9; Jansen-Winkeln, Biographische und religiöse Inschriften, 200-201; id., Sentenzen und Maximen, Nr.67; Coulon, RdE 57, 2006, 16-7; id., in: Z. Hawass (ed.), Egyptology at the Dawn of the Twenty-first Century, Kairo 2003, I, 141-2; Yoyotte, Opera Selecta, 391; Mekis, in; L. Coulon (ed.), La cachette de Karnak, BdE 161, 2016, 383-395; N. Leroux, Les recommandations aux prêtres dans les temples ptolémaïques et romains, Wiesbaden 2018, 120;

auf dem Gürtel: → ←

auf der linken Seite, hinter dem linken vorgesetzten Bein; oben kniend anbetender Mann, nach links gewandt;

über ihm: ← vor ihm: ←↓

darunter Inschrift von 16 Zeilen: ←

Rückenpfeiler, rechter Seitensteg: ↓→

Rückenpfeiler, linker Seitensteg: ←↓

Rückenpfeiler, Spitze:
oben Flügelsonne mit ʿnḫ-Zeichen; darunter links thronender Osiris, nach links gewandt; ihm gegenüber kniend anbetender Mann;

über Osiris: ←↓

über Mann: → ↓→

rechts thronenderAmun, nach rechts gewandt; ihm gegenüber kniend anbetender Mann;

über Amun: ↓→

über Mann: ←↓ ←

Rückenpfeiler, Haupttext: ↓→

rechte Seite, hinter linkem Bein: stehender Mann mit erhobener linker Hand, nach rechts gewandt;

über ihm: ↓→

vor ihm: ↓→

151. Graffito Medinet Habu Nr.310 aus Jahr 2(?), 2. *šmw*, 2.
H.-J Thissen, Die demotischen Graffiti von Medinet Habu, DS 10, 1989, 173-4 (310);

Elkab

152. Torso einer Stehfigur des Generals *Psmṯk* in Privatsammlung Paris Bernheim-Jeune.
Clère, BIFAO 83, 1983, 85-100; pl.IX-XII; de Meulenaere, CdE 61, 1986, 203-10; Otto, Biogr. Inschr., Nr.45; Rößler-Köhler, Individuelle Haltungen, 251-2 (Nr.68); J. Kahl, Siut – Theben, PÄ 13, 1999, 206-09;
auf Rückenpfeiler: ↓→

[...] [...] (sic) [...] (sic) [...] [...]

Edfu

153. Demotischer Papyrus IFAO 901 mit Vertrag über Verkauf einer Kuh aus Jahr 12(?).
Menu, BIFAO 81, 1981, 45-49; pl.X-XI;

154. Demotischer Papyrus IFAO 902 mit Vertrag über Verkauf einer Kuh aus Jahr 16, 4. *3ḫt*.
Menu, BIFAO 81, 1981, 45; 49-52; pl.XII-XIII

Elephantine

155. Demotischer Papyrus Moskau 135 mit Urkunde aus Jahr 12. 3.(?) *prt* betreffend die Übertragung ererbter Anteile am Einkommen mehrerer Ämter innerhalb der Familie.
Malinine, RdE 26, 1974, 34-51; Martin, in: B. Porten (ed.), The Elephantine Papyri in English, [2]2011, 355-8 (C30);

156. Demotischer Papyrus Berlin 13633 mit Brief aus Jahr 18, 2. *prt*, 26 (Nektanebos' II.?).
K.-Th. Zauzich, Papyri von der Insel Elephantine, Berlin 1993; Trismegistos Nr. 46451;

157. Demotische Papyri Kairo JE 98501-98520 eines „Familienarchivs" mit Briefen und Urkunden.
Farid, MDAIK 46, 1990, 251-261;
u.a.:
– Ehevertrag JE 98501 aus Jahr 3, 1. *3ḫt*; MDAIK 46, 257-8; Taf.54 (Nr.18);
– Urkundenfragment Kairo JE 98504 aus Jahr 3; MDAIK 46, 254 (Nr.9);
– Kaufvertrag Kairo JE 98507 aus Jahr 4; MDAIK 46, 255-6 (Nr.13);
– Fragmente eines Kaufvertrags JE 98502 aus Jahr 12; MDAIK 46, 256 (Nr.16);

Wadi Hammamat

158. Demotisches Graffito des *Ṯ3j-Ḥr-p3-t3* mit Angabe über Tätigkeit als Aufseher seit dem Jahr 4.
Thissen, Enchoria 9, 1979, 65-6; pl.11 (2); Vleeming, Demotic Graffiti, 182-3 (Nr.1585); Perdu, RdE 49, 1998, 180 (a); Yoyotte, Opera selecta, 208 (D);

Herkunft unbekannt

159. Sphinx Wien 76 des Generals *W3ḥ-jb-Rʿ*, möglicherweise von Nektanebos I. usurpiert (in Alexandria gekauft, vermutlich aus Delta).
E. Rogge, Statuen der Spätzeit, CAA Wien 9, Mainz 1992, 117-24; H. Satzinger, Das Kunsthistorische Museum Wien, die ägyptische-orientalische Sammlung, Mainz 1994, 44-5; R. Bianchi (ed.), Cleopatra's Egypt, Ausstellungskatalog Brooklyn 1988, 228-9, Nr.120; Cheverau, Prosopographie, 161 (234); Mysliwiec, Royal Portraiture, 80; 123; pl.LXXXV;

auf Oberseite, zwischen den Tatzen: ←↓

um den Sockel, Beginn Mitte Vorderseite; rechte Seite: →

linke Seite: ←

160. Uschebtis desselben Generals *Wꜣḥ-jb-Rꜥ* in vielen Sammlungen.
Cheverau, Prosopographie, 160 (234, I); De Meulenaere, CdE 35, 1960, 93 (3); Aubert, Statuettes, 250-1;
Nahezu alle Uschebtis des *Wꜣḥ-jb-Rꜥ* sind unpubliziert oder nur in unleserlichen Fotos zugänglich.
Cheverau, op.cit., 161 zählt folgende Titel für ihn auf:

mr mšꜥ ( ) *rpꜣt ḥꜣtj-ꜥ*

ḥm-nṯr ꜣst n Ḥwt-nṯr *ḥm-nṯr Nwt m Jwnw* *ḥm-nṯr n nṯrw* (*n*) *Pr-Nwt m Jwnw*

ḥm-nṯr n Ḥr-Ḏḥwtj n Ḥwt-nṯr n Pr-Bꜣstt *ḥm-nṯr* (*n*) *Nfrtm* ( )

ḥm-nṯrn Wꜣḏyt ḥrj-jb Bꜣst ( ) *ḥm-nṯr ḫrj-ḥb n Bꜣst*

ḥm-nṯr n Nḫbt ḥrj-jb Bꜣst *ḥm-nṯr n hn Bꜣstt* *ḥm-nṯr Bꜣstt jrt-Ḥr* *ḥm-nṯr n Ḥr-m-ḥb*

ḥm-nṯr n jꜣt qmꜣ bjk *ḥm-nṯr n Ḫnp-jb mrj.f-wꜥ* *ḥm-nṯr ... bjk*

161. Stehfigur des [*Psmṯk*], Vater des Generals *Ḥr* (?) im Museum Alexandria.
Vercoutter, BIFAO 49, 1950, 100-108; pl.4-5; Daressy, ASAE 5, 1904, 127; Rößler-Köhler, Individuelle Haltungen, 281-2 (Nr.84b);
auf Rückenpfeiler: ↓→

162. Situla London BM EA 38212 des *Ḥr*.

W. Seipel (ed.), Ägypten, Ausstellungskatalog Linz 1989, 339 (515); Il senso dell'arte nell'Antico Egitto, Ausstellungskatalog Bologna 1990, 173-4 (Nr.120); Art and Afterlife in Ancient Egypt: From the British Museum, Ausstellungskatalog Tokyo 1999, 140; 215-6 (145); O. Perdu (ed.), La Crépuscule des pharaons, Ausstellungskatalog Musée Jacquemart-André, Paris 2012, 126-7 (50); Yoyotte, Kêmi 15, 1959, 72-73; De Meulenaere, CdE 35, 1960, 97 (13); 101-103; id., CdE 59, 1984, 238-240;

Die Hieroglyphen sind manchmal zu Strichen verkürzt und dann kaum identifizierbar.

um oberen Rand zwei Zeilen: →

darunter zwei Szenen:

1. Osiris, gefolgt von Horus Isis und Nephthys, nach rechts gewandt; ihnen gegenüber stehend anbetender Mann;

über Osiris: ↓→

über Horus: ↓→

vor ihm: ↓→

über Isis: ↓→ vor ihr: ↓→

über Nephthys: ↓→ vor ihr: ↓→

vor Anbeter: ←↓ über und hinter ihm: ←↓

2. auf Stühlen sitzendes Paar mit Salbkegeln, nach rechts gewandt; ihnen gegenüber stehender Mann, der räuchert und auf Altar libiert;

über sitzendem Mann: ↓→

über sitzender Frau: ↓→

vor, über und hinter Libierer sehr verderbter Libationsspruch: ←↓

Zu Kol.4-8 vgl. PT 766-7. Der Text ist nicht nur verderbt, die Hieroglyphen sind zudem teilweise nicht mehr zu identifizieren, besonders in Kol.10-12.

Zeile unter den Szenen: →

163. Stehfigurtorso Lausanne 7 des *Ḥr-nfr*.

Wild, BIFAO 54, 1954, 173-222; pl.I-III; ESLP, 128; Meeks, RdE 15, 1963, 35;

auf Rückenplatte: ↓→

auf linkem Seitensteg der Rückenplatte: ←↓

(Fortsetzung) auf rechtem Seitensteg der Rückenplatte: ↓→

auf der Innenseite der Rückenplatte, an der rechten Seite der Statue zwei stehend anbetende Männer (vermutlich stand darunter noch eine weitere Person);

über dem oberen: → vor ihm: ↓→

über dem unteren: → vor ihm: ↓→ [...]

auf der Innenseite der Rückenplatte, an der linken Seite der Statue eine stehend anbetene Frau;

über ihr: ← vor ihr: ←↓

darunter Kopf und Hände eines anbetenden Mannes; über ihm: ← (Rest verloren)

hinter dem linken Bein der Statue Kopf einer Frau (Unterteil weggebrochen); vor ihr: ←↓

164. Naophorfragment Aberdeen, Marischal College 1421.
R.W. Reid, Illustrated Catalogue of the Anthropological Museum University of Aberdeen, Aberdeen 1912, 182; ESLP, 45; 149; Fotos CLES;
am linken Rand des Naos (neben linker Hand): ←↓

am unteren Rand: ←

165. Demotischer Papyrus Berlin 23805 mit Urkunde über Darlehen aus Jahr 18, 2. *prt*.
Zauzich, Serapis 6, 1980, 241-3;

166. Demotische Papyri Berlin 13609, 13610, 13611 aus Jahr 14.
Enchoria 10, 1980, 120 (Erwähnung); Trismegistos Nr. 102191

78. Zweite Perserherrschaft (‚31. Dynastie')

KÖNIGLICHE DENKMÄLER

Memphis

1. Münzen wie athenische Tetradrachmen, mit demotisch geschriebenem Königsnamen des Artaxerxes (aus Memphis?).
St. Ruzicka, Trouble in the West. Egypt and the Persian Empire 525-332 BCE, Oxford 2012, 196; 278, n.20; Mørkholm, Numismatic Chronicle 7th ser.14, 1974, 1-4; Mildenberg, Mitteilungen aus Iran 26, 1993/95, 73; P. van Alfen, American Journal of Numismatics, 14, 2002, 24-42

2. Apissarg aus dem Serapeum aus Jahr 2 des Chababasch.
Brugsch, Thes., 968; Gunn, ASAE 26, 1926, 86-87; Moje, Lokalregenten, 272; id., GM 226, 2010, 57 (1.1); eigenes Foto; →

3. Schleuderprojektil aus Blei mit Namen (demotisch) des Chababasch, ehemals in Sammlung Michaelidis.
Memphis II, 16; pl.26 (10); Moje, Lokalregenten, 272; id., GM 226, 2010, 55-56;

4. Amulett des Chababasch aus Fayence in Form eines Lotusblattes, in einem Schacht im Grab des Haremhab gefunden.
H. Schneider, The Memphite Tomb of Horemheb, II, London 1996, 37; pl.22 (Nr.202); Moje, Lokalregenten, 272-3; id., GM 226, 2010, 57 (1.2);

↓→

Herkunft unbekannt

5. Amulett Louvre E.8066 mit Namen des Chababasch.
Unpubl., s. Moje, Lokalregenten, 273; id., GM 226, 2010, 57 (1.3);

nach eigener Abschrift: ↓→

Die Kopfform des Gottes ist nicht sicher zu erkennen.

6. Skarabäus, ehemals in Sammlung Stier.
LR IV, 196 (IV); Moje, Lokalregenten, 273; id., GM 226, 2010, 57 (1.4);

NICHTKÖNIGLICHE PERSONEN

Memphis

7. Fragment (Unterteil) einer postum errichteten Stehfigur des *Wḏ3-Ḥr-rsnt* aus Mitrahina.
R. Anthes, Mit Rahineh 1956, Philadelphia 1965, 98-100 (38); Fig.13; pl.36; 37a-c; Bresciani, EVO 8, 1985, 1-6 (Übers. + Komm.); Godron, in: Hommages à François Daumas, Montpellier 1986, 289-292; Burkard, SAK 21, 1994, 44-46; L. Bares, The Shaft Tomb of Udjahorresnet at Abusir, Abusir IV, 1999, 38; 41-43; Jansen-Winkeln, Sentenzen und Maximen, 42 (143); Panov, Inscriptions of the Late Period, 18-20;
auf Rückseite: ↓→

Viele Lesungen sind unsicher!

Theben

8. Demotischer Papyrus Libbey im Museum of Art Toledo mit Ehevertrag aus Jahr 1, 3. *3ḫt* des Chababasch.
Lüddeckens, Ägyptische Eheverträge, 23 (9); Cruz-Uribe, Serapis 4, 1977-78, 3-9; M. Depauw, The Archive of Teos and Thabis from Early Ptolemaic Thebes, Turnhout 2000, 235-6; Moje, Lokalregenten, 272;

9. Demotischer Papyrus Louvre N.2430 mit Urkunde über Hausteilung aus Jahr 2 [335], 3. *3ḫt* Darius' III.
De Cenival, RdE 18, 1966, 7-30;

79. Alexander der Große

KÖNIGLICHE DENKMÄLER

Mendes

1. Unterteil einer Kniefigur Liverpool M 13933 (Kriegsverlust).
Unpubl., s. Catalogue of the Mayer Collection, Liverpool 1879, 53 (316); Mendes II, 198 (56); P. Stanwick, Portraits of the Ptolemies, Austin 2002, 98 (A1); Inschrift auf Rückenpfeiler nach Unterlagen des Museums:

↓→ […]

Alexander IV. wäre ebenso möglich.

Tell el-Yahudiya

2. Fragment einer Wasseruhr London BM 933 + Louvre E.30890 + Berlin 30508 + Fragment aus Privatsammlung.
PM IV, 58; T. James, An Introduction to Ancient Egypt, London 1979, 190; 124, Abb.45; S. Walker / P. Higgs, Cleopatra of Egypt, London 2001, 38 (Nr.1); Stanwick, in: Ägypten - Griechenland - Rom, Ausstellungskatalog Frankfurt 2005, 547-8 (112); L. Borchardt, Die altägyptische Zeitmessung, Berlin 1920, 8; 11; Taf.4 (2); Lodomez, CdE 82, 2007, 57-63 (A - D); Fig.1-2; 66, Fig.3; R. Bianchi, Cleopatra's Egypt, Ausstellungskatalog Brooklyn 1988, 222-3 (115); Leroux, Les recommandations aux prêtres, 119;

Zeile um oberen Rand (Gruppen mit vier Zeichen übereinander teilweise aufgelöst): →

(?) […] […]

zwei Zeilen um unteren Rand (dto.): →

[…] […] 1

[…] […] 2

im Bildfeld in der rechten Hälfte König, nach rechts gewandt, vor Chons; hinter ihm weiterer Gott;

über König: ↓→ 2 1 vor ihm: ↓→ […]

über Chons: ←↓ hinter ihm: ←↓ […]

hinter dem Gott, der hinter dem König steht: ↓→ […]

im Bildfeld der linken Hälfte König mit Atefkrone mit Räuchergefäß vor einem Gott, hinter ihm die Göttin *Jpt-ḥmt*[.*s*]:

über König: ←↓ [1] [2]

vor ihm: ←↓ [ ] hinter ihm: ←↓

über Ipet: ←↓ [ ] hinter ihr: ←↓ [...]

– Das Fragment Louvre E.30890 enthält nur → [...] [...]

– Das Fragment Berlin 30508 hat nur wenige Zeichen → [...] [ ] [...]

– Das Fragment aus einer Privatsammlung (Bianchi, loc.cit.) zeigt den König mit Weingefäßen vor Resten einer Göttin, über ihm Sonnenscheibe, hinter ihm löwenköpfige Göttin mit Sonnenscheibe;

über König: ↓→ [2] [1] vor ihm: ↓→ [ ]

unter Sonnenscheibe: → vor Göttin gegenüber König: ←↓

über löwenköpfiger Göttin: [...] → ↓→

hinter ihr: ↓→ [ ]

Memphis

3. Felsstele in den Steinbrüchen von Tura / Masara.
Spiegelberg, ASAE 6, 1905, 220-2; Taf. (nach p.288); Devauchelle, ASAE 69, 1983, 170 (1); Schäfer, in: Pfeiffer (ed.), Ägypten unter fremden Herrschern, 55; Guermeur, Les cultes d'Amon, 250;

oben Flügelsonne; darunter: ← →

[ ]

im Bildfeld links König opfernd vor Amun, Mut und Chons;

über König: ↓→ [ ] [2] [1]

über Amun: ←↓ [1] [ ] [2]

über Mut: ←↓ [1] [2]

über Chons: ←↓ 1 ... 2 ... 3 ...

Die Stele ist zwar anonym, aber über ihr steht ein demotisches Graffito aus dem Jahr 4 Alexanders (s.u., 79.31), und daher ist es recht wahrscheinlich, dass auch die Stele aus dieser Zeit stammt. Ladynin, in: Alexander the Great and Egypt, 228, zieht Jahr 4 Alexanders' IV. vor.
Die Lesung bzw. Ergänzung von *pr b3w* in Z.1 der Beischrift zu Amun nach Guermeur und der bei ihm (p.251) aufgeführten Parallele auf der Stele Istanbul 10859. Das Foto bei Spiegelberg gestattet keine sichere Lesung.

Hermopolis magna

4. Portikus des Tempels des Thot, mit Königstitulatur Alexanders nach einer Zeichnung von J. Wilkinson;
PM IV, 167; H. von Minutoli, Reise zum Tempel des Jupiter Ammon, Berlin 1824, Taf.XIV.1; Snape / Bailey, Great Portico, 3; 117 (pl.49); Winter, in: Ägypten - Griechenland - Rom, Ausstellungskatalog Frankfurt 2005, 209, Abb.2; 215, n.49; Schäfer, in: Pfeiffer, Ägypten unter fremden Herrschern, 55, n.14; Bosch-Puche, BIFAO 108, 2008, 39;

links: ←↓ (sic)

rechts davon eine Reihe von flüchtig gezeichneten Ritualszenen; darunter ein Fries mit Kartuschenpaaren und Serech, in etwa symmetrisch angeordnet; linke Hälfte, von rechts:

Geier auf Wappenpflanze; hinter ihm: ← ;

links davon: ↓→ 3 2 1

links davon Schlange auf Wappenpflanze; hinter ihr: ←↓

links von ihr: ↓→ (?) 2 1 (sic) (sic)

links davon Geier auf Wappenpflanze; hinter ihm: →

rechte Hälfte des Frieses, von links:

links Schlange auf Wappenpflanze; hinter ihr: ↓→ rechts davon: ←↓

1 2 3

rechts dahinter Geier auf Wappenpflanze; hinter ihm: ↓→ rechts gegenüber: ←↓

1 2 3

rechts davon Schlange auf Wappenpflanze; hinter ihr: ←↓

unter dem Fries symmetrische Zeile: → ←

5. Fragment eines beidseitig dekorierten Architravs.
Bittel / Hermann, MDAIK 5, 1934, 37-38, Abb.17a-b; Roeder, Hermopolis, 300; XV, § 18; Snape / Bailey, Great Portico, 3; Winter, in: Ägypten – Griechenland – Rom, Ausstellungskatalog Frankfurt 2005, 210-211; Abb.3; Bosch-Puche, BIFAO 108, 2008, 39;

Seite A: links Rest einer Kolumne: ←↓ [...] [...]

rechts davon zwei symmetrische Zeilen: → ←

[

Seite B: links Reste einer Kolumne: ←↓ [...]

rechts davon symmetrische Darstellung: zentral Kartusche, flankiert von Schlangen mit Atefkrone:

↓→ ; neben Schlangen jeweils

in der linken Hälfte rechts Serech:

gegenüber Geier auf Wappenpflanze; hinter ihm: ↓→

in der rechte Hälfte links Serech: ↓→

gegenüber Geier auf Wappenpflanze; hinter ihm: ←↓

Den Königsnamen nach könnte der Architrav auch zu Ptolemaios I. gehören.

6. Fragment eines Reliefs, ohne genauen Fundort.
Roeder, Hermopolis, 300; XV, § 18; Taf.67d;

oben links [Sonnenscheibe]; unter ihr: → darunter [König] mit Doppelkrone; vor Krone: ↓→

[... [ ] 2 ... [ ]

7. Block aus einer Mauer
LR IV, 202 (XII); Daressy, RecTrav 10, 1888, 143-144;

rechts Kartuschenpaar: ←↓ 1 ...] 2 ...]

links daneben: ↓→ [...] 3 [...] 2 [...] 1

8. Fragment von Relief in Fondation Gandur pour l'Art, Genf.

Reflets du divin, Ausstellungskatalog Genf 2001, 52 (39); Winter, in: Ägypten – Griechenland – Rom, Ausstellungskatalog Frankfurt 2005, 211-213; Abb.4; L. Foreman, Kleopatras versunkener Palast, München 2000, 36; Bianchi, CdE 93, 2018, 89; Fig.1;

Teile von vier parallelen Kolumnen, die beiden rechten (3-4) breiter und mit größeren Hieroglyphen: ←↓

1 [...] ... [...] 2 [...] ... [...]

3 [... (?) ... [...] 4 [...] [... (?) ... [...]

Theben

9. Restaurierungsinschrift an den Türpfosten des 4. Pylons von Karnak.

PM II², 79(g); Legrain, ASAE 5, 1904, 42 (26); Leclant, RdE 8, 1951, 105-6, Fig.4; pl.4; Th. Grothoff, Die Tornamen der ägyptischen Tempel, Aachen 1996, 417 (9h); Chauveau / Thiers, L'Egypte en transition, 391; eigene Abschrift,

linker (nördlicher) Türpfosten: →

rechter (südlicher) Türpfosten: ←

10. Sanktuar Thutmosis' III. in Karnak (Achmenu, Raum XXIX).

PM II², 119-120; LD IV, 3.a-d; 4.a; Urk II, 6-7; Barguet, Temple d'Amon-Rê, 186; 193-7; Martinez, BSEG 13, 1989, 107-116; Mysliwiec, Royal Portraiture, 84; pl.XCIIIa; Schäfer, in: Pfeiffer, Ägypten unter fremden Herrschern, 60-63; Taf.2-11; Chauveau / Thiers, L'Egypte en transition, 391; J.-F. Carlotti, L'Akh-menou de Thoutmosis III à Karnak, Paris 2001, 36-7; 121-7; 177 (Fig.103.b); 180-1; 227; II, pl.17; 20-22: 26; eigene Fotos;

– Eingang, außen; PM II², 119 (394); Schwaller de Lubicz, Karnak, II, pl.202;

oben symmetrische Zeile unter *ḫkr*-Fries (Urk II, 6,10-16):

links: →

rechts: ←

darunter, über und links vom Türsturz: König (links) präsentiert zwei Gefäße vor sitzender Neunheit; über ihm Flügelsonne; LD IV, 3d;

rechts neben Flügelsonne: → über König: ↓→

4 3 2 1

vor ihm: ↓→ hinter ihm: ↓→

rechts vom Königsnamen Schlange auf Wappenpflanze; hinter ihr: ←↓

über Neunheit Zeile: ←

darunter acht(!) thronende Götter (alle mit Bart); vor ihnen jeweils ein Quadrat für den Namen, der aber nicht eingeschrieben worden ist, darunter jeweils

Die restlichen Flächen der Außenfront sind im Namen Thutmosis' III. dekoriert.

– Innenraum, nördlicher Teil der Westwand und Nordwand (linke Wand); PM II², 119 (395); oberes Register (I, Nummerierung nach PM):

I.1 (über Eingang): König (links) präsentiert Wasser und Weihrauch vor Amun;

über König: ↓→ 4 3 2 1

vor ihm: ↓→ hinter ihm: ↓→

über Königstitel Geier; rechts neben ihm: →

über Amun: ←↓ 1 2 vor ihm: ←↓

I.2. König (links) präsentiert Maat vor Amun;

über König: ↓→ (sic) 2 1

vor ihm: ↓→ hinter ihm: ↓→

über König Falke; rechts neben ihm: → (sic) links neben ihm:

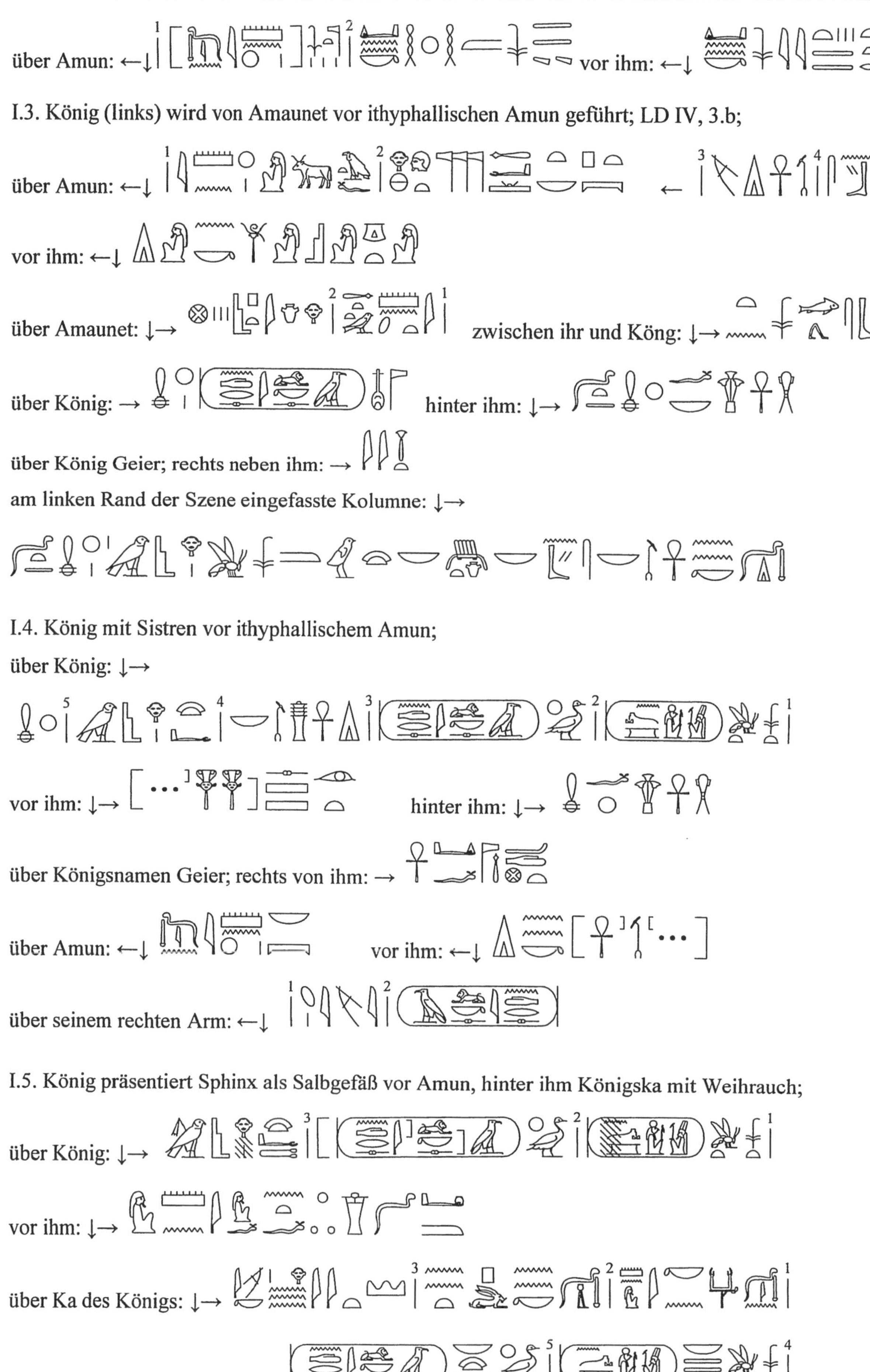

über Amun: ←↓ vor ihm: ←↓

I.3. König (links) wird von Amaunet vor ithyphallischen Amun geführt; LD IV, 3.b;

über Amun: ←↓ ←

vor ihm: ←↓

über Amaunet: ↓→ zwischen ihr und Köng: ↓→

über König: → hinter ihm: ↓→

über König Geier; rechts neben ihm: →

am linken Rand der Szene eingefasste Kolumne: ↓→

I.4. König mit Sistren vor ithyphallischem Amun;

über König: ↓→

vor ihm: ↓→ [...] hinter ihm: ↓→

über Königsnamen Geier; rechts von ihm: →

über Amun: ←↓ vor ihm: ←↓ [ ] [...]

über seinem rechten Arm: ←↓

I.5. König präsentiert Sphinx als Salbgefäß vor Amun, hinter ihm Königska mit Weihrauch;

über König: ↓→

vor ihm: ↓→

über Ka des Königs: ↓→

vor ihm: ↓→ hinter ihm: ↓→

über Amun: ←↓

vor ihm: ←↓

über König Geier; rechts von ihm: →

unteres Register (II, Nummerierung nach PM):

II.1. König (links) opfert Brot vor Amun;

über König: ↓→

vor ihm: ↓→ hinter ihm: ↓→

über Königsnamen Geier; rechts von ihm: →

über Amun: ←↓ vor ihm: ←↓

II.2. König (links) empfängt Jahre und Sedfeste von Amun; über König: ↓→

hinter König: ↓→

über Königsnamen Geier; rechts davon: →

über Amun: ←↓

vor ihm: ←↓

II.3. König (links) empfängt Leben, Dauer und Herrschaft von Amun;

über König: ↓→

hinter ihm: ↓→

über Köngsnamen Geier; rechts und links von ihm: →

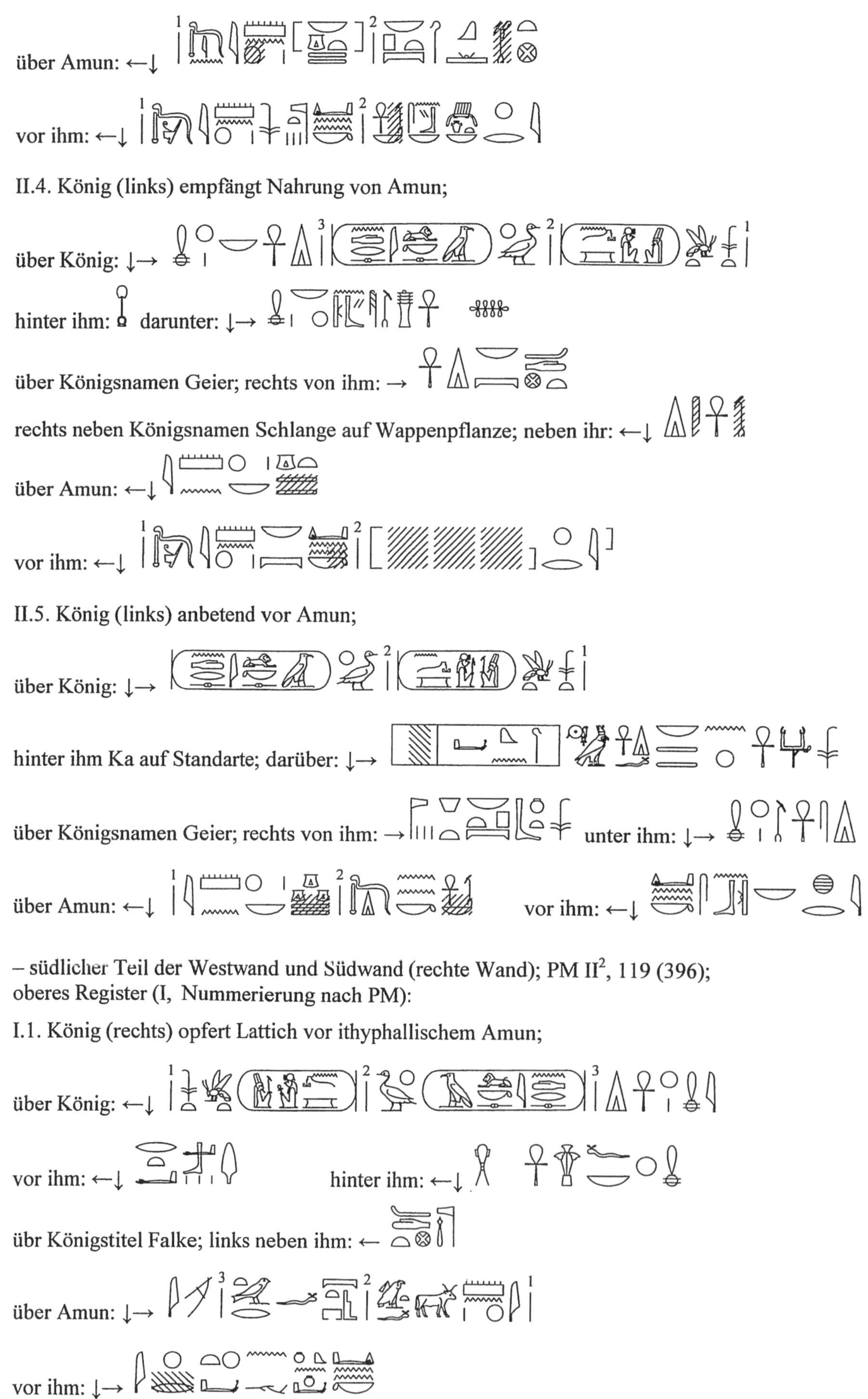

über Amun: ←↓

vor ihm: ←↓

II.4. König (links) empfängt Nahrung von Amun;

über König: ↓→

hinter ihm: darunter: ↓→

über Königsnamen Geier; rechts von ihm: →

rechts neben Königsnamen Schlange auf Wappenpflanze; neben ihr: ←↓

über Amun: ←↓

vor ihm: ←↓

II.5. König (links) anbetend vor Amun;

über König: ↓→

hinter ihm Ka auf Standarte; darüber: ↓→

über Königsnamen Geier; rechts von ihm: → unter ihm: ↓→

über Amun: ←↓ vor ihm: ←↓

– südlicher Teil der Westwand und Südwand (rechte Wand); PM II^2, 119 (396);
oberes Register (I, Nummerierung nach PM):

I.1. König (rechts) opfert Lattich vor ithyphallischem Amun;

über König: ←↓

vor ihm: ←↓ hinter ihm: ←↓

übr Königstitel Falke; links neben ihm: ←

über Amun: ↓→

vor ihm: ↓→

I.2. König (rechts) stehend vor ithyphallischem Amun; über König: ←↓

vor ihm: ←↓ über Königsnamen Geier; links davon: ←

über Amun: ↓→

vor ihm: ↓→

I.3. König, gefolgt von seinem Ka (rechts), opfert Vase vor Amun; LD IV, 3.c:

über König: ←↓

hinter ihm: ←↓

über König Geier; links von ihm: ← unter ihm: ←↓

über Ka-Standarte: ←↓ über Ka-Figur: ←↓

daneben: ←↓ dahinter: ←↓

links Amun; über und hinter ihm: ↓→

vor ihm: ↓→

1.4. König, gefolgt von Sokar, opfert Amun Salbe;

über König: ←↓

vor ihm: ←↓ über König Falke; links neben ihm: ←

über Amun: ↓→ vor ihm: ↓→

über Sokar: ←↓

vor ihm: ←↓

unteres Register:

über der Tür Flügelsonne; rechts und links von ihr: ←→

Szenen des unteren Registers (II, Nummerierung nach PM), von rechts:

II.1: König (links) wird von Horus gereinigt;

über Szene Falke mit *šn*-Ring; links von ihm: ←

über König: ←↓ hinter ihm: ←↓

über Horus: ←↓ 1 [ ] 2 [ ]

II.2. (LD IV, 4a): Thutmosis III. stehend;

oben vor ihm: ←↓ hinter ihm: ←↓

über König Sonnenscheibe; unter ihr: ←↓

II.3 (LD IV, 4a): Thutmosis III. sitzend; über ihm: ←↓

1 2 3 4 5

über Königsnamen Geier; links von ihm: ←↓

II.4 (LD IV, 4a): König stehend mit Stab;

über Szene Falke; links von ihm: ← über König: ←↓

1 [ ] 2 [ ] 3 4

vor ihm: ←↓

gegenüber Königsnamen Geier auf Wappenpflanze; daneben: ↓→

II.5 (LD IV, 4a): König stehend mit erhobener rechter Hand;

über Szene Geier; unter ihm: ← 1 2

über König: ←↓ vor ihm: ←↓ [ ] [ ] [ ]

gegenüber Königsnamen Geier auf Wappenpflanze; daneben: ↓→ [ ] [ ]

II.6 (LD IV, 4a): König (rechts) anbetend vor ithyphallischem Amun;

über König: ←↓

vor ihm: ←↓ hinter ihm: ←↓

über Königsnamen Geier; links von ihm: ←

über Amun: ↓→

vor ihm: ↓→ hinter ihm: ↓→

II.7 (LD IV, 4a): König (rechts) mit Keule vor Amun; über König: ←↓

hinter ihm: ←↓

über Königsnamen Geier; links von ihm: ←

über Amun: ↓→ vor ihm: ↓→

Rückwand (Ostwand); PM II[2], 119-120 (397)
oberes Register (I); LD IV, 3.a; Schwaller de Lubicz, Karnak, II, pl.203 (oben);
König (rechts) mit Keule, hinter ihm kniet Hapi mit Opfergaben, gegenüber Amun thronend;

über König: ←↓

vor ihm: ←↓

über Königsnamen Geier; links von ihm: ←

gegenüber Königsnamen Schlange auf Wappenpflanze; daneben: ↓→

über Hapi: ←↓

über Amun: ↓→

zwischen König und Amun eine Opferliste Typ E mit zwei Registern: oben: ←↓

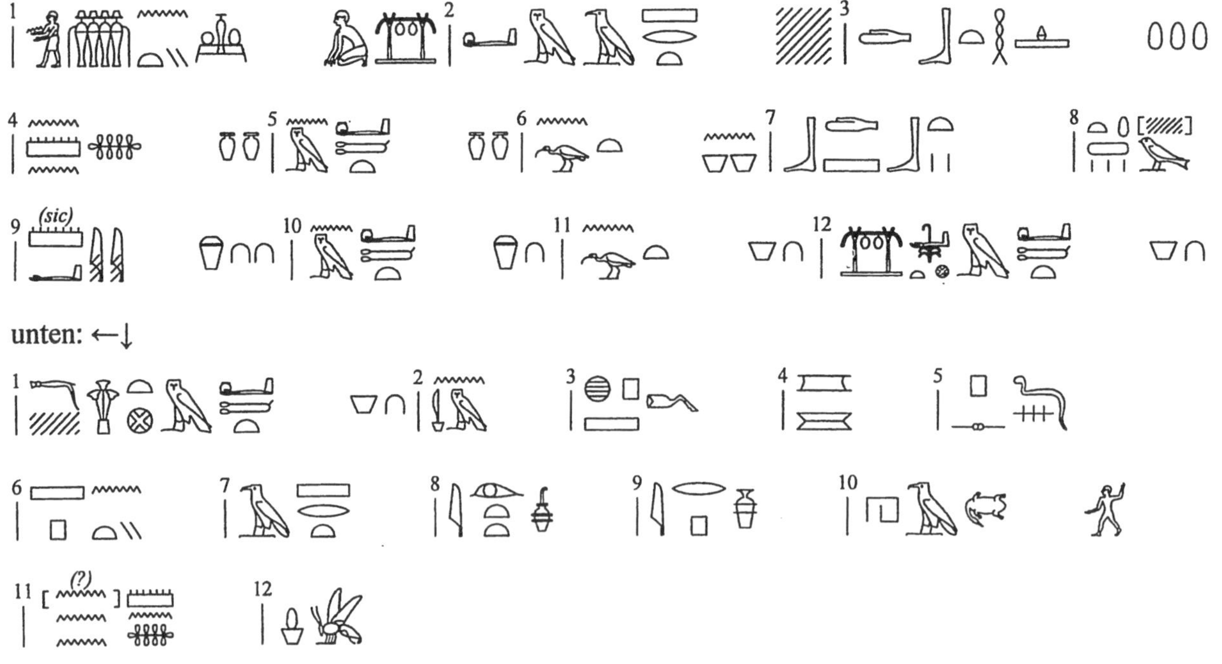

unten: ←↓

unteres Register (II):
II.1. König (rechts) gießt Wasser über Amun;

über König: ←↓

vor ihm: ←↓ über Amun: ↓→

II.2. König bringt vor Amun Weihrauch dar;

über König: ←↓

(sic)

vor ihm: ←↓ über dem König Sonnenscheibe; unter ihr: ←

über Amun: ↓→

II.3. König (rechts) mit Dächsel bei Mundöffnung vor Amun;

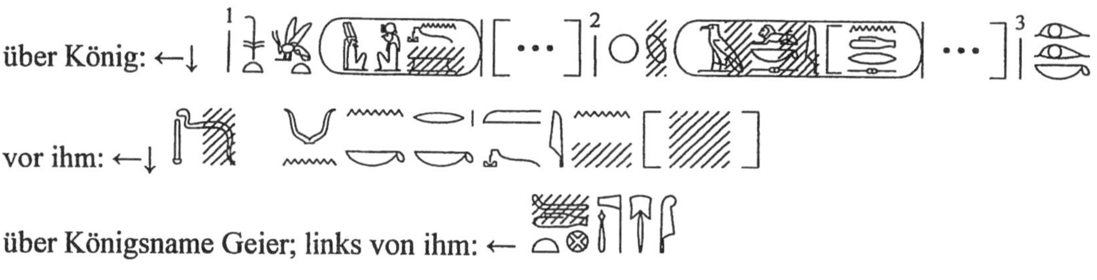

über König: ←↓

vor ihm: ←↓

über Königsname Geier; links von ihm: ←

über Amun: ↓→

um Sockel (Urk II, 7 [3]); auf West- , Nord- und Ostwand: ←

WW NW

OW

auf West- , Süd- und Ostwand: →

SW WW

(?) OW
(sic)

11. Opferszenen mit König vor Gott am Eingang des Pylons des Chonstempels.
PM II[2], 228 (12.a-b; c); LD IV, 5b-d; LD Text, III, 56-7; Schäfer, in: Pfeiffer, Ägypten unter fremden Herrschern, 63-64; Taf.12-16; Laroche-Traunecker, in: Gs Quaegebeur, II, 909; Pichel, BIFAO 119, 2019, 125-160; eigene Fotos;

A) Türsturz mit vier Opferzenen:

a) 1. Szene von links (Pichel, op.cit., 139-41; 156, Fig.9 [2.2.1]):
König (links) mit Lattich vor ithyphallischem Amun und Mut;

über König: ↓→ 5 4 3 2 1
(sic)

vor ihm: ↓→

hinter ihm: ↓→

über König Sonnenscheibe; darunter: ↓→

über Amun: ←↓

1 2 3 4 5 6

vor ihm: ←↓

über Mut: ←↓ 1 2

vor ihr: ←↓

b) 2. Szene von links (Pichel, op.cit., 142-4; 157, Fig.11 [2.2.3]):
König (links) präsentiert Maat vor thronendem Amun;

über König: ↓→

vor ihm: ↓→ hinter ihm: ↓→

über König Sonnenscheibe; darunter: ↓→

über Amun: ←↓

hinter ihm: ←↓

c) 1. Szene von rechts (Pichel, op.cit., 141-2; 157, Fig.10 [2.2.2]):
König (rechts) mit Salbgefäßen vor ithyphallischem Amun und Chons; LD IV, 5d;

über König: ←↓

vor ihm: ← hinter ihm: ←↓

über dem Kopf des Königs Sonnenscheibe; unter ihr: ←↓

über Amun: ↓→

vor ihm: ↓→

über Chons: ↓→

vor ihm: ↓→

d) 2. Szene von rechts (Pichel, op.cit., 144-5; 157, Fig.12 [2.2.4]):
König (rechts) präsentiert Maat vor thronendem Amun (nur obere Hälfte der Szene erhalten);

über König: ←↓

hinter ihm: ←↓

über König Sonnenscheibe; darunter: ←↓

über Amun: ↓→

(?)

hinter ihm: ↓→ [...]

B) linker Türpfosten;

1. Szene von oben (Pichel, op.cit., 137-8; 156, Fig.7 [2.1.9]):
König (links) libiert vor Chons und Hathor;

über König: → über seiner Hand: ↓→

(sic)

hinter ihm: ↓→

über Chons: ←↓ vor ihm: ←↓

über Hathor: ←↓

Die Szenen darunter nennen nicht Alexander, sondern Pajnedjem I. aus der 21. Dynastie, vgl. Pichel, op.cit., Nr.2.1.1, 2.1.3, 2.1.5, 2.1.7.

C) rechter Türpfosten;

a) 1. Szene von oben (Pichel, op.cit., 138-9; 156, Fig.8 [2.1.10]):
König (rechts) mit Wassergefäßen vor Chons und Hathor;

über König: ← hinter ihm: ←↓

vor ihm: ←↓

über Chons: ↓→

vor ihm: ↓→

über Hathor: ↓→

Die beiden Szenen darunter gehören wieder zu Pajnedjem I. aus der 21. Dynastie.

D) linke (westliche) Türlaibung;

a) 1. Szene von oben (LD IV, 5.b; Pichel, op.cit., 148-9; 159, Fig.17 [2.3.7]):
König (links) mit Blumen vor Chons;

über König: → hinter ihm: ↓→

über Chons: ←↓ vor ihm: ←↓

b) 2. Szene von oben (LD IV, 5.c; Pichel, op.cit., 147; 158, Fig.15 [2.3.5]):
König (links) bringt Halskragen dar vor Mut;

über König: ↓→ (sic)

hinter ihm: ↓→

über Mut: ←↓

vor ihr: ←↓

c) 3. Szene von oben (Pichel, op.cit., 146; 158, Fig.14 [2.3.3]):
König (links) mit Opfergaben vor Amun;

über König: ↓→

hinter ihm: ↓→

über Amun: ←↓

vor ihm: ←↓

d) 4. Szene von oben (Pichel, op.cit., 145; 158, Fig.13 [2.3.1]):

Ob diese Szene, mit wenigen Resten von Inschriften, unter Alexander dekoriert wurde, ist unklar.

Im linken (westl.) Durchgang (hinter der Laibung) gibt es im Soubassement Reste einer Prozession von Nilgöttern, nach rechts (innen) gewandt;
The Epigraphic Survey, The Temple of Khonsu, II, OIP 103, Chicago 1981, 1; pl.112;

nur wenige Reste unten erhalten; unten links: ↓→

E) rechte (östliche) Türlaibung

a) 1 Szene von oben (Pichel, op.cit., 149; 159, Fig.18 [2.3.8]):
König (rechts) vor Chons;

über König: ← hinter ihm: ←↓

über Chons: ↓→ vor ihm: ↓→

Die Szene darunter ist im Namen Pajnedjems I. dekoriert, die weiteren darunter zerstört.

12. Zwei Blöcke, südlich des Opettempels von Karnak gefunden.
Traunecker, Karnak VIII, 1982-85, Paris 1987, 347-354; pl.Ia-b;

– Türsturz:

oben Flügelsonne; rechts davon: → (links nicht erhalten); unter Flügelsonne: ←→

– Eckstück einer Wand; rechts zwei Kolumnen: ↓→

13. Architekturfragmente im Magazin von Karnak oder dort frei gelagert.
Thiers, Cahiers de Karnak 13, 2010, 374-9;

1. Sechs Fragmente von einer Hohlkehle mit Kartuschen (mit Doppelfederkrone), abwechslend Thron- und Eigenname, ibid., 375-378:

5x Anfang des Thronnamen: ↓→ [...], 4x des Eigennamen: ←↓ [...]

2. Relieffragment mit Anfang des Eigennamen; ibid., 378: ← [...] [...]

3. Zwei Fragmente eines linken Türpfostens; ibid., 378-379;

links: ↓→ [...] [...]

rechts: ←↓ [...] [...]

14. Holzpalette mit hieratischem Inventar von Kultobjekten, in Luxor gekauft (aus Tempel der Maat?)
PM II², 537; Varille, BIFAO 41, 1942, 135-139; pl.; Jasnow, in: D. Silverman (ed.), For his Ka. Essays Offered in Memory of Klaus Baer, SAOC 55, 1994, 99-112; Moje, in: Alexander the Great and Egypt, 250; Schäfer, in: Pfeiffer, Ägypten unter fremden Herrschern, 54-55;
Recto: →

Verso: →

15. Barkensanktuar im Luxortempel.

PM II², 324-326; Urk II, 7-9; M. Abd el-Raziq, Die Darstellungen und Texte des Sanktuars Alexanders des Großen im Tempel von Luxor, AV 16, Mainz 1984; id., Das Sanktuar Amenophis' III. im Luxortempel, Studies in Egyptian Culture, 3, Tokio 1986, 4-13; Schäfer, in: Pfeiffer, Ägypten unter fremden Herrschern, 58-60;

A) Außenwände

a) Ostwand (linke Seite); Abd el-Raziq, op.cit., 11-23; Taf.4-6;
unteres Register, 1. Szene von rechts (E 193):
König mit Weißer Krone (rechts) wird von Month vor Amun geführt, über König Sonnenscheibe;

unter Sonnenscheibe: ← über König: ←↓

rechts von Month, oben: ↓→ unten: ↓→

links von Month: ←↓

über Amun: ↓→

vor ihm: ↓→ 

2. Szene von rechts (E.192): König (rechts) vor ithyphallischem Amun; Kolumne hinter König: ←↓

über König: ←↓

vor ihm: ←↓

über Amun: ↓→

vor ihm: ↓→

3. Szene von rechts (E 191): König (rechts) vor Amun; Kolumne hinter König: ←↓

über König: ←↓

rechts daneben, unter Falken mit *šn*-Ring: ←↓

vor dem König: ←↓

über Amun: ↓→

vor ihm: ↓→

4. Szene von rechts (E 190): König (rechts) vor ithyphallischem Amun im Schrein; Kolumne hinter König: ←↓

über König: ←↓

vor ihm: ←↓

über Amun: → ↓→

vor ihm: ↓→

5. Szene von rechts (E 189): König (rechts) anbetend vor Amun;
Kolumne hinter König: ↓→

über König: ←↓

hinter ihm: ←↓ vor ihm: ←↓

über König Geier; links von ihm: ← unter ihm: ←↓

über Amun: ↓→

vor ihm, oben: ↓→ unten: ↓→

6. Szene von rechts (E 188): König (rechts) anbetend vor ithyphallischem Amun;
hinter König Kolumne: ←↓

über König: ←↓ hinter ihm: ←↓

vor ihm: ←↓ über König Sonnenscheibe; unter ihr: ←↓

über Amun: ↓→

vor ihm: ↓→

mittleres Register, 1. Szene von rechts (E 187): König (rechts) mit *nmst*-Krug vor Amun;

über König: ←↓

hinter ihm: ←↓ vor ihm: ←

links neben Königsname Schlange; neben ihr: ↓→

über König Geier; links von ihm: ← unter ihm: ←↓

über Amun: ↓→

vor Amun: ↓→

2. Szene von rechts (E 186): König (rechts) räuchert vor ithyphallischem Amun; über König Sonne; hinter König Kolumne: ←↓

über König: ←↓

hinter ihm: ←↓

unter Sonnenscheibe: ←↓

über Amun: → ↓→

vor ihm: ↓→

3. Szene von rechts (E 185): König (rechts) anbetend vor Amun; über ihm Geier; hinter König Kolumne: ←↓

über König: ←↓

vor ihm: ←↓

links neben Geier: ←

unter ihm: ←↓

über Amun: ↓→

vor ihm: ↓→

4. Szene von rechts (E 184): König (rechts) anbetend vor ithyphallischem Amun; über ihm Sonne; hinter König Kolumne: ←↓

über König: ←↓

vor ihm: ←↓

unter und neben Sonnenscheibe: ←↓

über Amun: ↓→

vor ihm: ↓→

5. Szene von rechts (E 183): König (rechts) präsentiert Maatfigur vor Amun; über ihm Geier; hinter König Kolumne: ←↓

über König: ←↓

vor ihm: ←↓

hinter ihm: ←↓

links neben Geier: ←

über Amun: ↓→

vor ihm, oben: ↓→

unten: ↓→

6. Szene von rechts (E 182): König (rechts) mit Blumenstrauß vor ithyphallischem Amun; über ihm Sonne; hinter König Kolumne: ←↓

über König: ←↓

hinter ihm: ←↓ [...]

unter Sonne: ←

über Amun: ↓→ (?)

vor ihm: ↓→

oberes Register, 1. Szene von rechts (E.181): König (rechts) mit Weingefäßen vor Amun; über ihm Geier;

über König: ←↓

vor ihm: ←

hinter ihm: ←↓

neben und unter Geier: ← ←↓

links neben Königsnamen Schlange auf Wappenpflanze; neben ihr: ↓→

über Amun: ↓→

vor ihm, oben: ↓→

unten: ↓→

2. Szene von rechts (E 180): König (rechts) opfert Spitzbrot vor ithyphallischem Amun; über ihm Sonne;
hinter König Kolumne: ←↓

über König: ←↓

vor ihm: ←↓ hinter ihm: ←↓

unter und neben Sonnenscheibe: ←↓

über Amun: ↓→

unten vor ihm: ↓→

3. Szene von rechts (E 179); König (rechts) mit Stab und ausgestreckter Rechter vor Amun; über ihm Geier; hinter König Kolumne: ←↓

über König: ←↓

vor ihm: ←↓ hinter ihm: ←↓ (sic)

links von Geier und unter ihm: ←↓

über Amun: ↓→

vor ihm, oben: ↓→ unten: ↓→

4. Szene von rechts (E 178): König (rechts) mit Opfergaben vor ithyphallischem Amun; über ihm Sonne; hinter König Kolumne: ←↓

(?)

über König: ←↓

vor ihm: ←↓ hinter ihm: ←↓

unter und neben Sonnenscheibe: ←↓

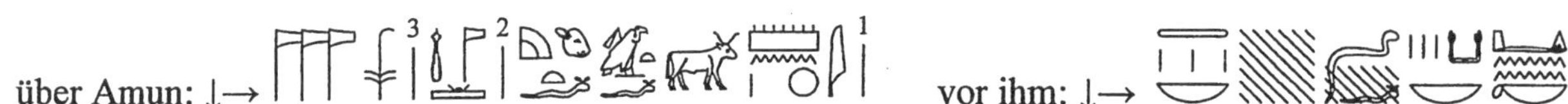

über Amun: ↓→ vor ihm: ↓→

5. Szene von rechts (E 177): Der König (rechts) mit Milchkrügen vor Amun; über ihm Geier; hinter König Kolumne: ←↓

über König: ←↓

vor ihm: ←↓ hinter ihm: ←↓

neben Geier: ←↓ über Amun: ↓→

vor ihm, oben: ↓→ unten: ↓→

6. Szene von rechts (E 176): König (rechts) vor ithyphallischem Amun; über ihm Sonne; hinter König Kolumne: ←↓

über König: ←↓

vor ihm: ←↓ hinter ihm: ←↓

unter der Sonnenscheibe: ←↓

über Amun: ↓→ vor ihm: ↓→

b) Westwand (rechte Seite); Abd el-Raziq, op.cit., 24-35; Taf.7-9;
unteres Register, 1. Szene von links (E 163): König (links) mit Roter Krone wird von Atum vor Amun geführt; über ihm Sonne;

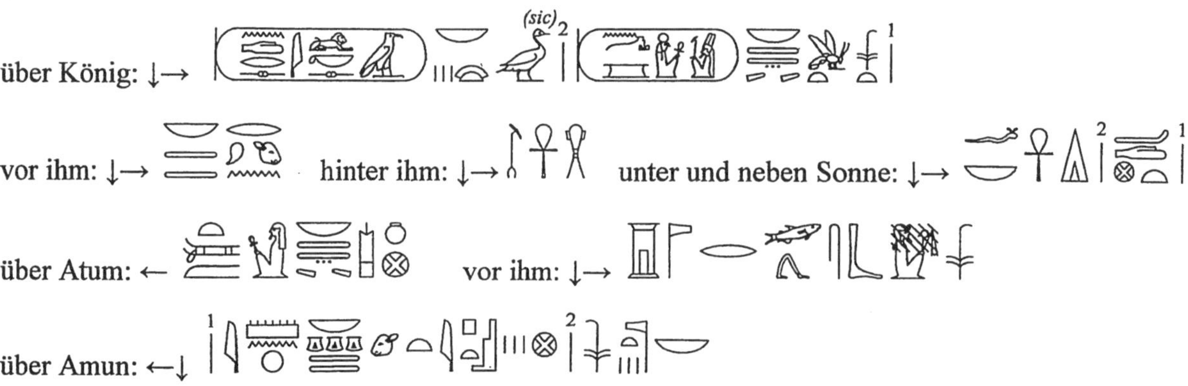

über König: ↓→ (sic)

vor ihm: ↓→ hinter ihm: ↓→ unter und neben Sonne: ↓→

über Atum: ← vor ihm: ↓→

über Amun: ←↓

vor Amun, oben: ←↓ unten: ←↓

2. Szene von links (E 164): König (links) libiert vor ithyphallischem Amun; über ihm Geier; hinter König Kolumne: ↓→

über König: ↓→

vor ihm: ↓→ hinter ihm: ↓→

über Amun: ←↓ vor ihm: ←↓

3. Szene von links (E 165): König (links) mit Tablett mit vier Gefäßen vor Amun; hinter König Kolumne: ↓→

über König: → ↓→

vor ihm: ↓→ hinter ihm: ↓→

über Amun: ←↓

vor ihm, oben: ↓→ unten: ↓→

4. Szene von links (E 166): König (links) mit Tablett mit vier Gefäßen vor ithyphallischem Amun; über ihm Geier; hinter König Kolumne: ↓→

über König: ↓→ unter Geier: ↓→

vor König: ↓→ hinter ihm: ↓→

über Amun: ←↓ vor ihm: ←↓

5. Szene von links (E 167): König (links) reinigt Amun; hinter König Kolumne: ↓→

über König: ↓→

vor ihm: ↓→ hinter ihm: ↓→

über Amun: ←↓

vor ihm, oben: ←↓ unten: ←↓

6. Szene von links (E 168): König (links) mit ausgestreckter Rechten vor ithyphallischem Amun; über ihm Sonne; hinter König Kolumne: ↓→

über König: ↓→

vor ihm: ←↓ hinter ihm: ↓→

unter und neben der Sonnenscheibe: ↓→

über Amun: ←↓

vor ihm: ←↓

mittleres Register, 1. Szene von links (E 157): König (links) reinigt Amun; über ihm Geier;

über König: ↓→

vor ihm: ↓→ hinter ihm: ↓→

neben Geier: → rechts neben Kartuschen Geier auf Wappenpflanze; darunter: ←↓

über Amun: ←↓

vor ihm: ←↓

2. Szene von links (E 158): König (links) mit Stoffstreifen vor ityphallischem Amun; über ihm Flügelsonne; hinter König Kolumne: ↓→

über König: ↓→ 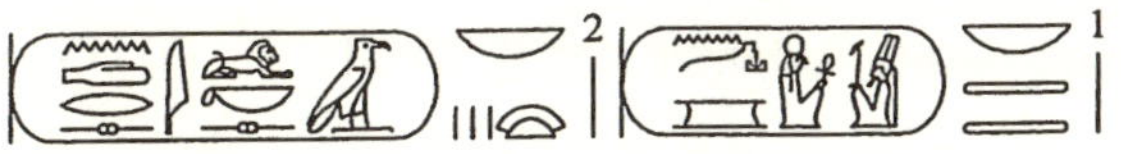 unter Flügelsonne: ↓→ 

vor König: ↓→  hinter ihm: ↓→ 

über Amun: ←↓ 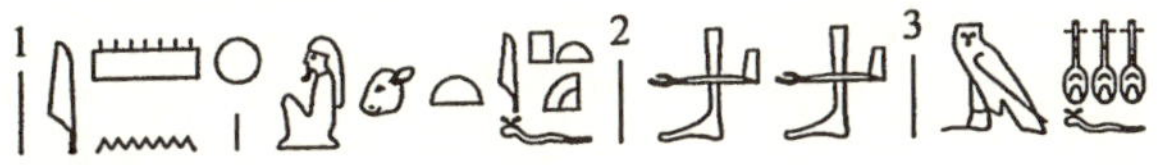

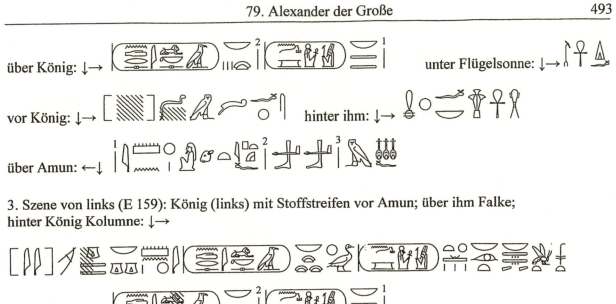

3. Szene von links (E 159): König (links) mit Stoffstreifen vor Amun; über ihm Falke; hinter König Kolumne: ↓→

über König: ↓→ 

vor ihm: ↓→ 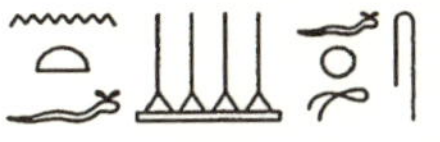 hinter ihm: ↓→  unter Falken: → 

über Amun: ←↓ 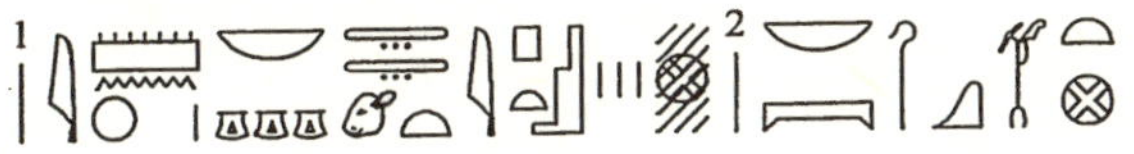

vor ihm, oben: ←↓  unten: ←↓ 

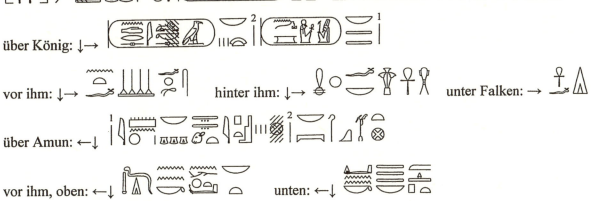

4. Szene von links (E 160): König (links) erhebt seine Hände zu ithyphallischem Amun; über ihm Geier; hinter König Kolumne: ↓→

über König: ↓→ 

vor ihm: ↓→ 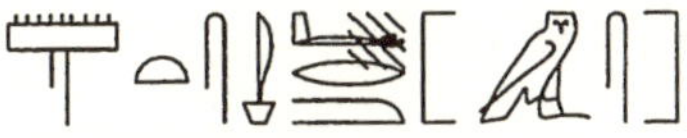 hinter ihm: ↓→ 

über Amun: ←↓ 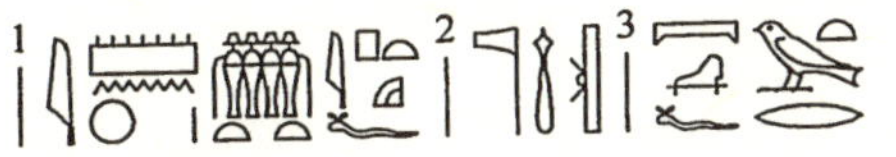 vor ihm: ←↓ 

5. Szene von links (E 161): König (links) überreicht Amun zwei lange Stoffstreifen; über ihm Falke; hinter König Kolumne: ↓→

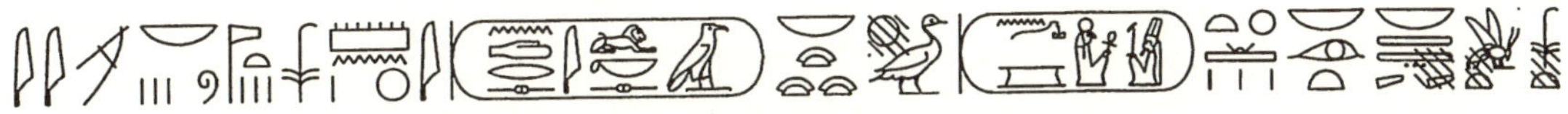

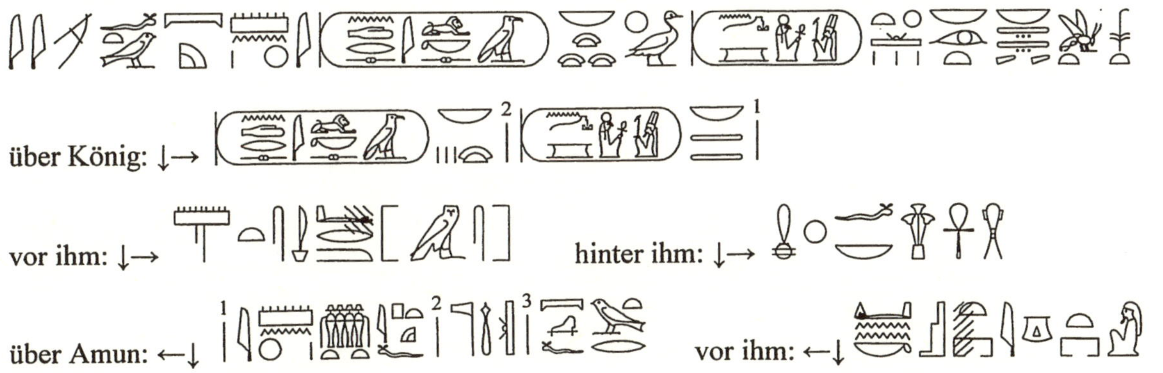

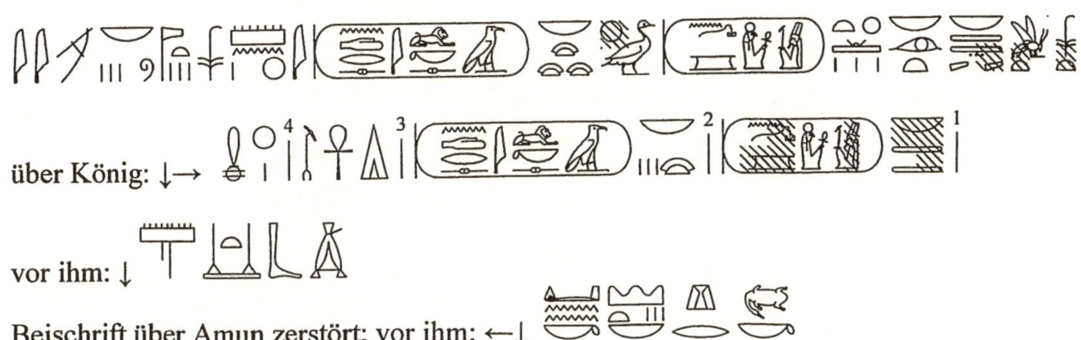

über König: ↓→ 

vor ihm: ↓ 

Beischrift über Amun zerstört; vor ihm: ←↓ 

6. Szene von links (E 162): König (links) opfert Spitzbrot vor ithyphallischem Amun; über ihm Geier; hinter König Kolumne: ↓→

über König: ↓→

vor ihm: ↓→ hinter ihm: ↓→

unter Geier: ↓→ rechts von Kartuschen Schlange auf Wappenpflanze; über ihr: ←↓

über Amun: ←↓ vor ihm: ←↓

oberes Register, 1. Szene von links (E 151):
König (links) reicht Amun Doppelfederkrone; über ihm Falke;

über König: ↓→

vor ihm: ↓→ hinter ihm: ↓→

neben und unter Falken: ↓→

rechts von Kartuschen Schlange auf Wappenpflanze; unter ihr: ←↓

über Amun: ←↓

vor ihm, oben: ←↓ unten: ←↓

2. Szene von links (E 152): König (links) mit zwei Beuteln vor ithyphallischem Amun; hinter König Kolumne: ↓→

über König: ↓→

vor ihm: ↓→ (sic) hinter ihm: ↓→

über Amun: ←↓ vor ihm: ←↓

3. Szene von links (E 153): König (links) mit Salbgefäßen vor Amun; über ihm Sonne; hinter König Kolumne: ↓→

über König: ↓→
vor ihm: ↓→
hinter ihm: ↓→
unter Sonnenscheibe: →
über Amun: ←↓
vor ihm, oben: ←↓
unten: ←↓
(sic)

4. Szene von links (E.154): König (links) mit Weingefäßen vor Amun; hinter König Kolumne: ↓→

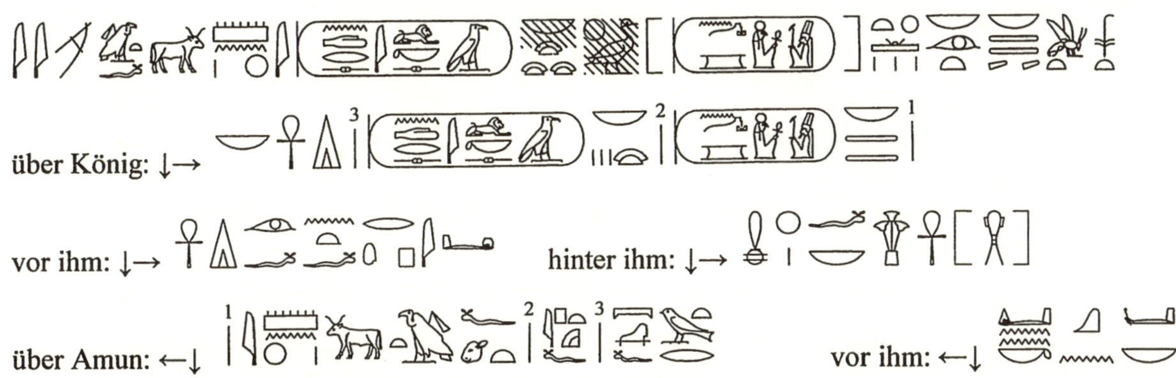
über König: ↓→
vor ihm: ↓→
hinter ihm: ↓→
über Amun: ←↓
vor ihm: ←↓

5. Szene von links (E 155): Rest von König links, Darstellung fast völlig zerstört; hinter König Kolumne: ↓→

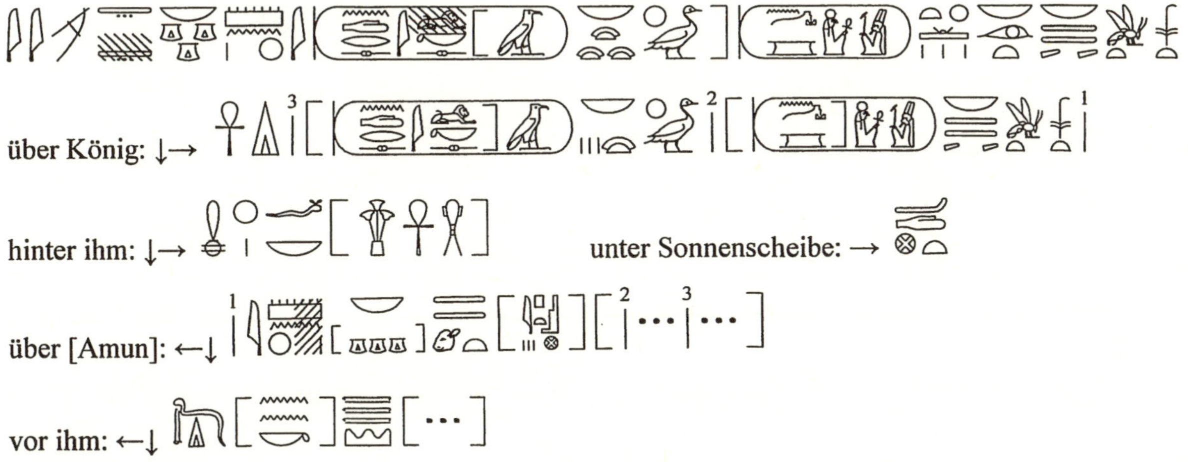
über König: ↓→
hinter ihm: ↓→
unter Sonnenscheibe: →
über [Amun]: ←↓
vor ihm: ←↓

6. Szene von links (E 156): König (links) mit Maatfigur vor ithyphallischem Amun; hinter König Kolumne: ↓→

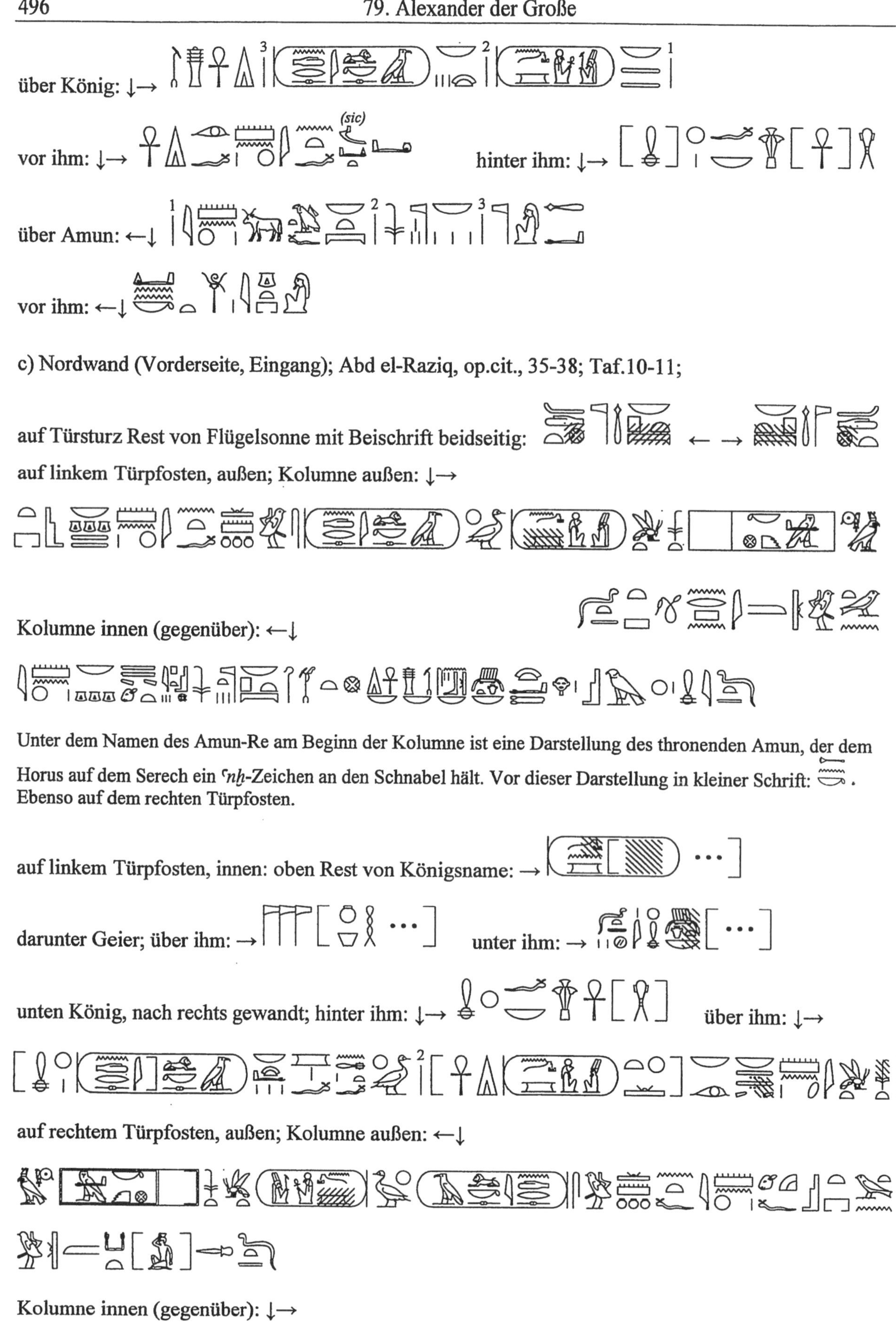

über König: ↓→

vor ihm: ↓→ (sic)

hinter ihm: ↓→

über Amun: ←↓

vor ihm: ←↓

c) Nordwand (Vorderseite, Eingang); Abd el-Raziq, op.cit., 35-38; Taf.10-11;

auf Türsturz Rest von Flügelsonne mit Beischrift beidseitig: ← →

auf linkem Türpfosten, außen; Kolumne außen: ↓→

Kolumne innen (gegenüber): ←↓

Unter dem Namen des Amun-Re am Beginn der Kolumne ist eine Darstellung des thronenden Amun, der dem Horus auf dem Serech ein ꜥnḫ-Zeichen an den Schnabel hält. Vor dieser Darstellung in kleiner Schrift: . Ebenso auf dem rechten Türpfosten.

auf linkem Türpfosten, innen: oben Rest von Königsname: → […]

darunter Geier; über ihm: → […]

unter ihm: → […]

unten König, nach rechts gewandt; hinter ihm: ↓→

über ihm: ↓→

auf rechtem Türpfosten, außen; Kolumne außen: ←↓

Kolumne innen (gegenüber): ↓→

auf rechtem Türpfosten, innen: oben Rest von Königsname: ← [...

darunter Geier; über ihm: ← [...] unter ihm: ← [...

unten König, nach links gewandt; hinter ihm: ←↓

über ihm: ←↓

gegenüber geringe Reste einer Kolumne: ↓→

Der Türdurchgang ist weitestgehend zerstört; beidseitig der Darstellung eines Falken:

← →

über einem breiten Uräenfries die Türlunette; an der Seite jeweils zwei Kolumnen;

rechts: ←↓

links: ↓→

im oberen Register zentral Gott Heh, beidseitig von ihm hockender Gott mit Federkrone;

über linkem: ← über rechten: →

im unteren Register außen jeweils Königssphinx, gegenüber Amun und Heh;

links, über Sphinx: ↓→

über Amun gegenüber: ← über Heh: ←

rechts, über Sphinx: ←↓

über Heh: → über Amun gegenüber: →

d) Südwand (Rückwand) mit Tür; Abd el-Raziq, op.cit.,38-42; Taf.12; 16; Schema p.39, Abb.4;

Dieser Teil wird nicht fotografisch wiedergegeben; das Faksimile auf Taf.12 ist seitenverkehrt und widerspricht der hieroglyphischen Wiedergabe im Text. Da letztere überall zuverlässig ist, wo sie sich durch die Fotos kontrollieren lässt, werden die Inschriften hier nur danach wiedergegeben, nicht nach Taf.12.

Zeile (a) unter Hohlkehle: →

←

Zeile b / c darunter: zentral Flügelsonne; links davon:

↓→ →

rechts: → ←↓

darunter Zeile d: ←

→

über dem Durchgang eine zweite kleinere Hohlkehle, darunter Flügelsonne; daneben (Zeile e):

←→

darunter symmetrische Zeile (f):

←

→

Türpfosten links (g), Kolumne außen: ↓→

dto., Kolumne innen: ←↓

Türpfosten rechts (g'), Kolumne außen: ←↓

dto., Kolumne innen: ↓→

Szene oben links (E 170): König (links) vor Göttin *W3st*, die seine Hand fasst; über König Sonne;

über König: ↓→

unter Sonnenscheibe:↓→

über Göttin: ← ←↓ vor ihr: ↓→

hinter ihr: ←↓

Szene unten links (E 171): König (links) vor Amun, der seine Hand fasst; über König Sonne;

über König; ↓→

hinter ihm: ↓→ unter Sonnenscheibe: →

über Amun: ←↓ vor ihm: ←↓

Szene oben rechts (E 173): König (rechts) vor Göttin *Jpt*, die ihm ein *ʿnḫ*-Zeichen an die Nase hält;

über König Sonne; unter Sonnenscheibe: ←↓

über König: ←↓

zwischen König und Göttin: ↓→ über Göttin: ↓→

hinter ihr: ↓→

Szene unten rechts (E 174): König (rechts) vor Amun, der seine Hand fasst; über König Sonne;

über König: ←↓

hinter ihm: ←↓ unter Sonnenscheibe: ←↓

über Amun: ↓→ vor ihm: ↓→

Im Türdurchgang östlich Kolumne: ←↓

dto. westlich: ↓→

Die Anschlagfläche des Türflügels ist mit einem Muster sich wiederholender Zeilen dekoriert:

Ostseite: ←

Westseite: → (auf der Westseite nur Reste dieses Musters)

Innerer Türsturz zerstört; Rest von Falken mit Beischrift: →

B) Innenwände
e) Ostwand; Abd el-Raziq, op.cit., 43-46; Taf.13-14a;

oben Fries aus Falken mit Sonnenscheibe auf Goldhieroglyphe; über ihm: → ; vor seinen ausgebreiteten Flügeln abwechselnd und

darunter Zeile: →

darunter drei Szenen; Szene rechts (E 207): König (links) mit Wassergefäß vor Amun und Mut; über ihm Sonne;

über König: ↓→

vor ihm: ↓→ hinter ihm: ↓→

unter Sonnenscheibe: ↓→

rechts von Königsnamen Schlange auf Wappenpflanze; unter ihr: ←↓

über Amun: ←↓

vor ihm, oben: ←↓ unten: ←↓

über und vor Mut: ←↓

mittlere Szene (E 206): König (links) räuchert vor ithyphallischem Amun und Ipet; über ihm Sonne;

über König; ↓→

vor ihm: ↓→ hinter ihm: ↓→

unter Sonnenscheibe: ↓→

über Amun: ←↓

vor ihm: ←↓

über Ipet: ←↓ vor ihr: ←↓

Szene links (E 205): König (links) mit Doppelfederkrone vor Amun und Chons;

über König: ↓→

vor ihm: ↓→ hinter seiner Krone: ↓→

über Amun: ←↓

vor ihm, oben: ←↓ unten: ←↓

über Chons: ←↓ vor ihm, oben: ←↓

unten: ←↓

unter den drei Szenen der Ostwand eine Prozession von Nilgöttern mit Gaben, angeführt vom König (Szene E 208); Abd el-Raziq, op.cit., 49-52; Taf.10, links; 13; 14a;

von rechts:

– ganz rechts König mit Weißer Krone; vor ihm: ↓→

– Gott des 1. o.ä. Gaus ( ); vor ihm: ↓→

– Gott des 2. o.ä. Gaus ( ); vor ihm: ↓→

– Gott des 3. o.ä. Gaus ( ); vor ihm: ↓→

– Göttin des 4. o.ä. Gaus ( ); vor ihm: ↓→

– Gott des 5. o.ä. Gaus ( ); vor ihm: ↓→

– Gott des 6. o.ä. Gaus ( ); vor ihm: ↓→

– Gott des 7. o.ä. Gaus ( ); vor ihm: ↓→

– Gott des 8. o.ä. Gaus (); vor ihm: ↓→

– Gott des 9. o.ä. Gaus)); vor ihm: ↓→

– Gott des 10. o.ä. Gaus ( ); vor ihm: ↓→

– Gott des 11. o.ä. Gaus ( ); vor ihm: ↓→

– Gott des 12. o.ä. Gaus ( ); vor ihm: ↓→

– Gott des 13. o.ä. Gaus ( ); vor ihm: ↓→

– Gott des 14. o.ä. Gaus ( ); vor ihm: ↓→

weitergeführt auf der Nordwand innen (Gau 15) und außen (Gau 16 - 19):

– [Gott des 15. o.ä. Gaus]; vor ihm: ↓→

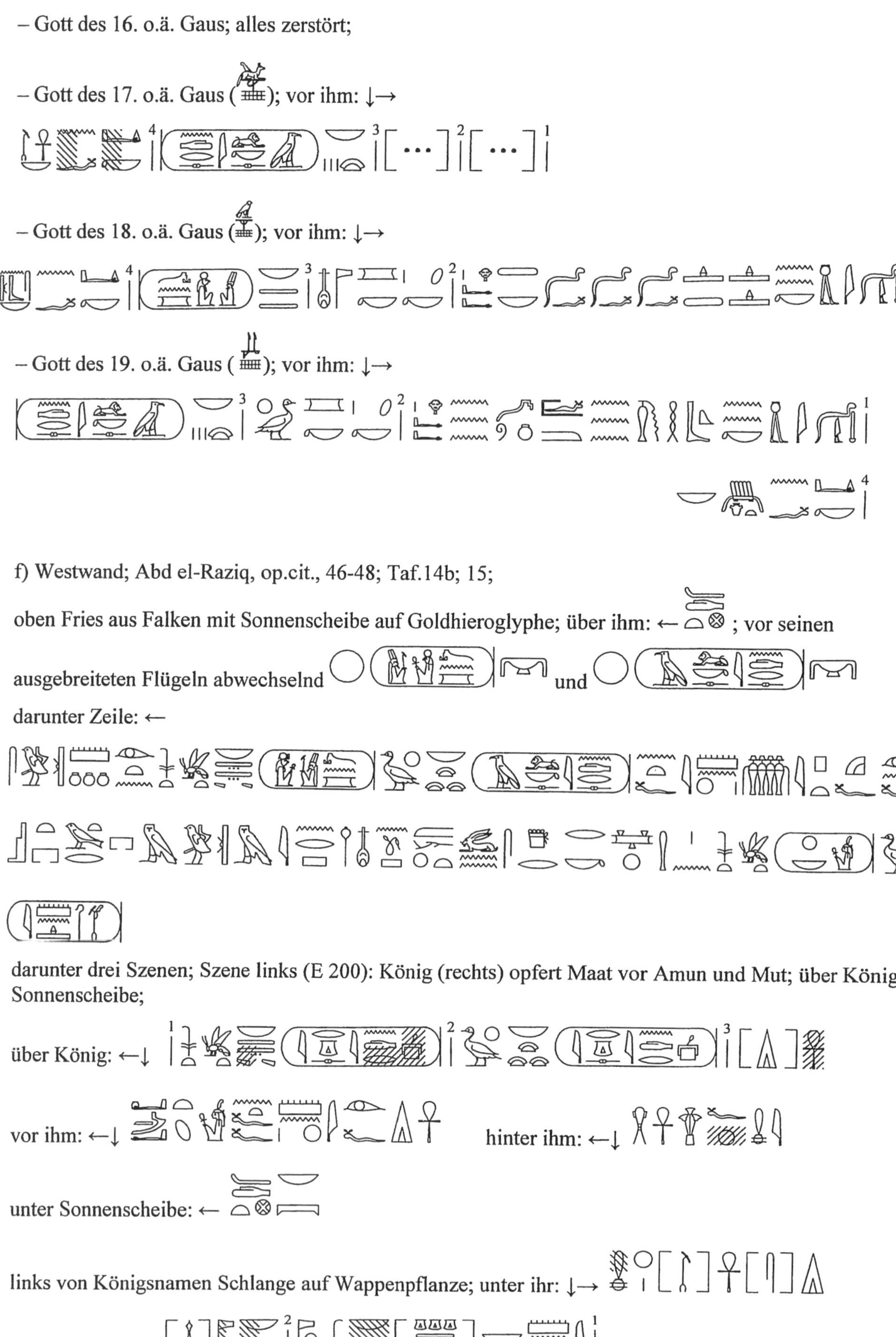

– Gott des 16. o.ä. Gaus; alles zerstört;

– Gott des 17. o.ä. Gaus ( ); vor ihm: ↓→

– Gott des 18. o.ä. Gaus ( ); vor ihm: ↓→

– Gott des 19. o.ä. Gaus ( ); vor ihm: ↓→

f) Westwand; Abd el-Raziq, op.cit., 46-48; Taf.14b; 15;

oben Fries aus Falken mit Sonnenscheibe auf Goldhieroglyphe; über ihm: ← ; vor seinen ausgebreiteten Flügeln abwechselnd und

darunter Zeile: ←

darunter drei Szenen; Szene links (E 200): König (rechts) opfert Maat vor Amun und Mut; über König Sonnenscheibe;

über König: ←↓

vor ihm: ←↓ hinter ihm: ←↓

unter Sonnenscheibe: ←

links von Königsnamen Schlange auf Wappenpflanze; unter ihr: ↓→

über Amun: ↓→

vor ihm, oben: ↓→ unten: ↓→

Beischrift zu Mut oben zerstört; unten vor ihr: ↓→

mittlere Szene (E 199): König (rechts) mit zwei Stoffstreifen vor ithyphallischem Amun und Amaunet; über König Sonnenscheibe;

über König: ←↓

vor ihm: ←↓ hinter ihm: ←↓

unter und neben Sonnenscheibe: ←↓

über Amun: → ↓→

vor ihm: ↓→

über Amaunet: ↓→

vor ihr: ↓→

Szene rechts (E 198): König (rechts) mit Salbgefäßen vor Amun und Chons;

über König: ←↓

vor ihm: ←↓ hinter ihm: ←↓

links neben Königsnamen Schlange auf Wappenpflanze; unter ihr: ↓→

über Amun: ↓→

vor ihm, oben; ↓→ unten: ↓→

über Chons: ↓→ vor ihm, oben: ↓→

unten: ↓→

unter den drei Szenen der Westwand eine Prozession von gabenbringenden Nilgöttern der unterägyptischen Gaue 1.-13. und 15., angeführt vom König; (Szene E 197); Abd el-Raziq, op.cit., 52-55; Taf.14b; 15a-b; 10, rechts; von links:

– ganz links König mit Roter Krone; vor ihm: ↓→

1 … 2 … 3 … 4 …

hinter ihm: ←↓

– Gott des 1. u.ä. Gaus ( ); vor ihm: ←↓

1 … 2 … 3 … 4 …

– Gott des 2. u.ä. Gaus (Gauzeichen zerstört); vor ihm: ←↓

1 … 2 … 3 … 4 …

– Gott des 3. u.ä. Gaus ( ); vor ihm: ←↓

1 … 2 … 3 … 4 …

– Gott des 4. u.ä. Gaus ( ); vor ihm: ←↓

1 … 2 … 3 … 4 …

– Gott des 5. u.ä. Gaus ( ); vor ihm: ←↓

1 … 2 … 3 … 4 …

– Gott des 6. u.ä. Gaus ( ); vor ihm: ←↓

1 … 2 … 3 … 4 …

– Gott des 7. u.ä. Gaus ( ); vor ihm: ←↓

1 … 2 … 3 … 4 …

– Gott des 8. u.ä. Gaus ( ); vor ihm: ←↓

1 … 2 … 3 …

4 …

– Gott des 9. u.ä. Gaus ( ); vor ihm: ←↓

– Gott des 10. u.ä. Gaus ( ); vor ihm: ←↓

– Gott des 11. u.ä. Gaus ( ); vor ihm: ←↓

– Gott des 12. u.ä. Gaus ( ); vor ihm: ←↓

– Gott des 13. u.ä. Gaus ( ); vor ihm: ←↓

– Gott des 15. u.ä. Gaus ( ); vor ihm: ←↓

auf der Innenseite der Nordwand:

– Gott des 16. u.ä. Gaus; vor ihm: ←↓ [...]

auf der Außenseite der Nordwand:

– Gott des 14. u.ä. Gaus; zerstört;

– Personifikation der *šmw*-Jahreszeit; vor ihr: ←↓

– Personifikation der *3ḫt*-Jahreszeit; vor ihr: ←↓

– Personifikation der *prt*-Jahreszeit; vor ihr: ←↓

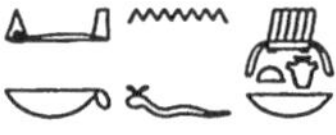

g) Südwand; Abd el-Raziq, op.cit., 55-56:
an Tür links und rechts widderköpfige *ḏd*-Pfeiler mit je einer Kolumne; links: ↓→

rechts: ←↓

auf Türsturz oben Flügelsonne; links und rechts von ihr:

←→

darunter zwei symmetrische Zeilen: →←

h) Tür zum Sanktuar, Türsturz der Innenseite (PM II^2, 323 [136e-f]; Fotos OIC 9202-3; Abd el-Raziq, op.cit., 58-9):

oben Uräenrelief; dazwischen Kartuschenpaar:

←↓ ↓→

darunter Flügelsonne; über ihr: ←→

unter der Flügelsonne zwei symmetrische und nahezu identische Szenen; linke Szene:
ganz links Falke auf Serech, ihm gegenüber Schlange mit Roter Krone auf Wappenpflanze; im Serech:

↓→ über Schlange: ← vor ihr: ←↓

rechts davon kniender König mit *nw*-Gefäßen vor thronendem Amun;

über König: ↓→

vor ihm: ↓→ hinter ihm: ↓→

über Amun: ←↓

vor ihm: ←↓

hinter ihm: ←↓

rechte Szene:

ganz rechts Falke auf Serech, ihm gegenüber Geier mit Atefkrone auf Wappenpflanze; im Serech:

←↓ über Geier: → vor ihm: ↓→

links davon kniender König mit *nw*-Gefäßen vor thronendem Amun;

über König: ←↓

vor ihm: ←↓ hinter ihm: ←↓

über Amun: ↓→

vor ihm: ↓→

hinter ihm: ↓→

unter den beiden Szenen in großen Schriftzeichen: → ←

östlich anschließend König (links) mit Blumensträußen vor Chons (PM II², 323 [137]);

über König: ↓→

vor ihm: ↓→ vor Chons: ←↓

westlich anschließend König (rechts) mit Milchgefäßen vor Mut (PM II², 324 [139]);

über König: ←↓

vor ihm: ←↓ über Mut: ↓→

i) Architrave nördlich und südlich des Sanktuars (Abd el-Raziq, op.cit.,59-60):
nördlich, auf Unterseiten:

↓→

←↓

dto., auf Seitenflächen, innen, östlich: ←

dto., westlich: →

auf Seitenflächen, außen, östlich: →

dto., westlich: ←

südlich, auf Unterseiten, rechts: ↓→

links: ←↓

j) Decke auf Nordseite des Sanktuars:

↓→

←↓

Armant

16. Buchisstele London BM 1697 aus Jahr 4 [329].
PM V, 158; R Mond / O. Myers, The Bucheum, London 1934, II,3; III, pl.XXXVII.2; XXXVIIA.2;

oben Flügelsonne; darunter: ←→

im Bildfeld rechts König, zwei Weingefäße präsentierend;

oben vor ihm: ←↓ 1 2 3 darunter: ←↓

dem König gegenüber Buchisstier, auf Schrein stehend;

vor ihm: ↓→ über ihm: →

unter Bildfeld sechs Zeilen: →

(?) 3 (?) [ ] 2 [...] (?) 1

[ ] 5 [...] [ ] 4 [...]

[...] [ ] 6 [...]

Nach PM V, 157 (unten) hätte Nestor L'Hôte in seinen Unterlagen (* 20396, 57) einen Opferträger mit der Kartusche Alexanders aus Armant überliefert. Die entsprechende Stelle bei J. Vandier d'Abbadie, Nestor L'Hôte (1804 – 1842), Leiden 1963, 45; pl.XXXII (2) zeigt aber eine Kartusche Hadrians.

Oase Bahriya

17. Tempel für Amun und Horus bei Qasr el-Megysbeh.
PM VII, 310-11; Fakhry, ASAE 40, 1940, 823-828; id., Bahria, II, 41-47; Arnold, Temples of the Last Pharaohs, 138; Colin, BIFAO 97, 1997, 91-96; Z. Hawass, Valley of the Golden Mummies, New York 2000, 195-201; Winter, in: Ägypten - Griechenland - Rom, Ausstellungskatalog Frankfurt 2005, 207; Guermeur, Les cultes d'Amon, 433-434; Blöbaum, Herrscherlegitimation, 423;

– im zweiten Raum werden zwei symmetrische Szenen durch eine Kolumne getrennt: ↓→

[...] (sic) (?) [...]

auf der anderen Seite der Wand opfert Alexander eine Feldhieroglyphe vor Amun-Re;

von der Beischrift zum König ist von zwei Kartuschen nur eine noch halb lesbar: 

– Auf einem herabgefallenen Block noch zwei Kartuschen: 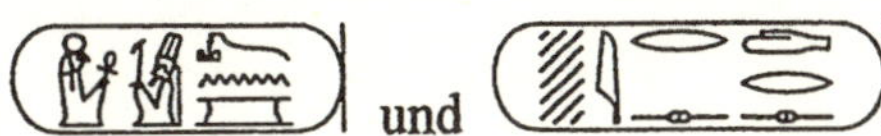 und

– hoher und schmaler Untersatz(?) im Museum Kairo; Baharia Oasis, II, 46-47; pl.XXVI; Blöbaum, Herrscherlegitimation, 423; Bosch-Puche, BIFAO 108, 2008, 29-44;

auf der Vorderseite eine lange und eine kürzere Kolumne: ↓→

auf der rechts anstoßenden Längsseite eine griechische Inschrift aus vier Zeilen: „König Alexander dem Ammon, dem Vater".

Herkunft unbekannt

18. Wasseruhr St. Petersburg 2507a (ehemals Museo Gaddiano in Florenz) + Neapel 2327, wohl in Rom gefunden.

L. Borchardt, Die altägyptische Zeitmessung, Berlin 1920, 7-8; 11; Lodomez, CdE 82, 2007, 63-67; Fig.4; A. Roullet, The Egyptian and Egyptianizing Monuments of Imperial Rome, 145 (327); pl. CCXXV-CCXXVI, Fig.337-339; Bolshakov, in: Ägypten - Griechenland - Rom, Ausstellungskatalog Frankfurt 2005, 548-9 (113); W. Seipel, Ägypten. Die letzten Pharaonen. Ausstellungskatalog Leoben 2015, 149 (II.5); Fotos Hermitage;

Fragment St. Petersburg 2507a:

breite Kolumne: ↓→

rechts davon oben Zeile: ← [...]

darunter Szene: zentral König mit Atefkrone, nach links gewandt, räuchert vor falkenköpfigem Gott mit Sonnenscheibe; hinter König Göttin mit Roter Krone;

über König: ←↓ 1 2 3

vor ihm: ←↓ hinter ihm: ←↓

über Gott: → hinter ihm: ↓→

über Göttin: ←↓ [ ] hinter ihr: ←↓ [ ]

unter Szene: ←

1 [...] 2 [[...]

links von breiter Kolumne oben Zeile: → [...]

darunter Rest einer Szene: rechts Göttin mit Feder;

hinter ihr: ←↓

unter Szene Beginn einer Zeile: → [...]

Fragment Neapel 2327:

oben symmetrische Zeile (Kartuschen senkrecht):

←→ 

darunter wenige Reste einer Szene (Oberteile von Götterszeptern);

in der rechten Hälfte: →

19. Fragment einer Wasseruhr Brooklyn 57.21.1.
Lodomez, CdE 82, 2007, 67-68; Fig.5;

zwischen Himmelshieroglyphen mit Sternen: ← [...] [...]

darunter geringe Reste einer Szene mit Beginn einer Beischrift: ←↓ [...]

20. Kartusche aus unbekanntem Zusammenhang.
R. Lepsius, Königsbuch der alten Ägypter, II, Berlin 1858, Taf.LI (684, e); E.A.W. Budge, The Book of the Kings of Egypt, II, London 1908, 108; LR IV, 202 (XV); Bosch-Puche, BIFAO 108, 2008, 40;

NICHTKÖNIGLICHE PERSONEN

Memphis

21. Stele H5-2609 aus der Katakombe der Apismütter mit demotischer Aufschrift aus Jahr 3, [329], 4. *prt* über Vollendung der Arbeiten, mit langer Personenliste.
Smith u.a., The Mother of Apis Inscriptions, 64-68; pl.XVIII (21); Moje, in: Alexander the Great and Egypt, 245 (06);

22. Stele H5-2648 aus der Katakombe der Apismütter mit demotischem Bericht über Arbeiten (in der 1. Person), in dem die Daten Jahr 3 [329], 4. *prt*, Jahr 4 [328], 4. *ꜣḫt*, 16 und Jahr 4 [328], 4. *prt*, 28 genannt werden.
Smith u.a., The Mother of Apis Inscriptions, 69-71; Fig.8; pl.XIXa (22); Moje, in: Alexander the Great and Egypt, 244-5 (05);

23. Stele H5-2602 aus der Katakombe der Apismütter mit demotischer Aufschrift aus Jahr 3 [329], 4. *prt*, 29, mit langer Personenliste.
Smith u.a., The Mother of Apis Inscriptions, 71-73; pl.XX (23); Moje, in: Alexander the Great and Egypt, 244 (04);

24. Stele H5-2864 aus der Katakombe der Apismütter mit demotischer Aufschrift aus Jahr 5 [327], 2. *prt*, 25 über Transport des Sarkophags der Apismutter, mit langer Personenliste.
Smith u.a., The Mother of Apis Inscriptions, 73-76; pl.XXI (24); Moje, in: Alexander the Great and Egypt, 247 (09);

25. Stele H5-2617 aus der Katakombe der Apismütter mit demotischer Aufschrift aus Jahr 5 [327], 2. *prt*, 29 über Transport des Sarkophags der Apismutter, mit Personenliste und Angabe von Rationen.
Smith u.a., The Mother of Apis Inscriptions, 76-81; Fig.9; pl.XXII (25); Moje, in: Alexander the Great and Egypt, 247 (10);

26. Stele H5-2597 aus der Katakombe der Apismütter mit demotischer Aufschrift aus Jahr 5 [327], 2. *prt* über Transport des Sarkophags der Apismutter.
Smith u.a., The Mother of Apis Inscriptions, 81-82; Fig.10; pl.XXIII (26); Moje, in: Alexander the Great and Egypt, 248 (11);

27. Stele H5-2601 aus der Katakombe der Apismütter mit demotischer Aufschrift aus Jahr 5 [327], 3. *prt*, 1 über Transport des Sarkophags der Apismutter und Personenliste.
Smith u.a., The Mother of Apis Inscriptions, 83-85; pl.XXIV (27); Moje, in: Alexander the Great and Egypt, 248-9 (13);

28. Stele H5-2650 aus der Katakombe der Apismütter mit demotischer Aufschrift aus Jahr 5 [327], 2. [ ] mit Resten von Personenliste.
Smith u.a., The Mother of Apis Inscriptions, 85-86; Fig.11; pl.XIX.b (28); Moje, in: Alexander the Great and Egypt, 248 (12);

29. Stele MoA 70/49 aus der Katakombe der Apismütter mit demotischer Aufschrift (Datum verloren) über Transport des Sarkophags der Apismutter und Angabe von Rationen.
Smith u.a., The Mother of Apis Inscriptions, 86-88; pl.XXV (29); Moje, in: Alexander the Great and Egypt, 249 (14);

30. Stelenfragment H5-2606 aus der Katakombe der Apismütter mit demotischer Aufschrift (Datum verloren, wohl aus Jahr 5) über Bestattungsvorbereitungen.
Smith u.a., The Mother of Apis Inscriptions, 88-91; pl.XXVIa (30); Moje, in: Alexander the Great and Egypt, 245 (7);

31. Graffito eines Generals(?) *P3-dj-Ḫnzw* in den Steinbrüchen von Tura / Masara aus Jahr 4. 4. *šmw* (Alexanders III. oder IV.?), möglicherweise anlässlich der Steinbeschaffung für einen Tempel in Tuch el-Qaramus.
Spiegelberg, ASAE 6, 1905, 222; 228 (1); Devauchelle, ASAE 69, 1983, 170 (1); Vleeming, Demotic Graffiti, 294-5 (1880); Schäfer, in: Pfeiffer, Ägypten unter fremden Herrschern, 55; Guermeur, Les cultes d'Amon, 250; Chauveau / Thiers, L'Egypte en transition, 390; Ladynin, in: Alexander the Great and Egypt, 228 (Alexander IV.);

Hawara

32. Demotischer Papyrus Chicago OIM 25257 mit Heiratsurkunde aus Jahr 1 [331], 4. *šmw*.
G. Hughes / R. Jasnow, Oriental Institute Hawara Papyri. Demotic and Greek Texts from an Egyptian Family Archive, Chicago 1997, 16-18; pl.8-13; Moje, in: Alexander the Great and Egypt, 243;

Theben

33. Demotischer Papyrus Louvre N.2439 mit Urkunde über die Bezahlung eines Hauses beim Monthtempel aus Jahr 3 [330/329], 2. *3ḫt*.
Zauzich, Schreibertradition, 10-12 (Nr.1); Moje, in: Alexander the Great and Egypt, 243-4;

34. Demotischer Papyrus Brüssel E.8252 mit Urkunde über den Verkauf eines Hauses aus Jahr 6 [327/326], 2. *3ḫt*.
M. Depauw, The Archive of Teos and Thabis from Early Ptolemaic Thebes, Turnhout 2000, 77-109; pl.6-11; Moje, in: Alexander the Great and Egypt, 249 (15);

35. Demotischer Papyrus Straßburg BN 1 mit Urkunde über den Verkauf eines Hauses aus Jahr 9 [324], 1. *3ḫt*.
W. Spiegelberg, Die demotischen Papyri der Strassburger Bibliothek, Straßburg 1902, 18-20 (Nr.1); S. Glanville, A Theban Archive of the Reign of Ptolemy I Soter, London 1939, XXVII-XXXVI; Moje, in: Alexander the Great and Egypt, 249-50 (16);

80. Philipp Arrhidaios

KÖNIGLICHE DENKMÄLER

Sebennytos

1. Zwei Blöcke aus Hohlkehle mit Kartuschen:
PM IV, 43; LR IV, 206 (XII);
– Edgar, ASAE 11, 1911, 91 (1-2); Spencer, JEA 85, 1999, 58 (4);

– Spencer, JEA 85, 1999, 57 (Fig.3); 58 (3); pl.VIII.1; zwei Kartuschenpaare:

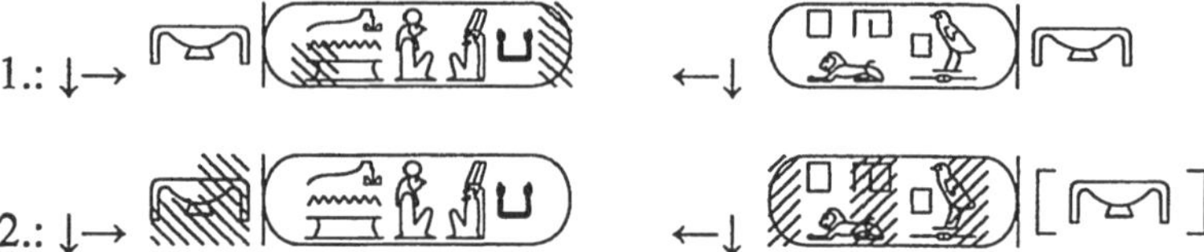

Athribis

2. Block mit dem Namen des Philipp.
Rowe, ASAE 38, 1938, 529 („ block bearing the name of Philip“); id., AAA 25, 1938, 128; Vernus, Athribis, 171;

Unpubliziert, von Rowe nur erwähnt.

3. Kalksteinblock mit Resten einer Kartusche, am östlichen Rand von Athribis gefunden.
Mysliwiec, Herr beider Länder, 214; Abb.80; id., in: H. Felber / S. Pfisterer-Haas (edd.), Ägypter – Griechen – Römer: Begegnung der Kulturen, Kanobos 1, 1999, 79-80; Abb.52;

↓→

Es könnte sich auch um den Thronnamen Alexanders III. oder Ptolemaios' I. handeln, aber Philipp ist auch sonst in Athribis bezeugt.

Tell el-Yahudiya

4. Fragment einer Wasseruhr London BM 938.
K. Lippincott, The Story of Time, London 1999, 124 (131); La gloire d'Alexandrie, Ausstellungskatalog Paris 1998, 63 (29); L. Borchardt, Die altägyptische Zeitmessung, Berlin 1920, 8; Taf.4(2); M. Clagett, Ancient Egyptian Science, 2: Calendars. Clocks, and Astronomy, 1995, pl.III.21b; Lodomez, CdE 82, 2007, 68-70; Fig.6; Chevereau, Prosopographie, 187 (286);

umlaufende Zeile oben: → [...] (?) [...]

dto., unten: → [...] (?) (sic) [...]

links König (wenig erhalten) mit Lattich vor ithyphallischem Gott;

vor König: ↓→ über Gott: ←↓

rechts davon präsentiert König in Roter Krone, nach rechts gewandt, zwei Gefäße vor größtenteils weggebrochener Göttin, hinter König löwenköpfige Göttin;

vor Göttin rechts: ←↓

über König: → 2 1 ↓→

vor ihm: ↓→

über löwenköpfiger Göttin: → ↓→

vor ihr: ↓→

Nub Taha

5. Türsturz aus Kalkstein.
PM IV, 58; Junker, MDAIK 1, 1930, 29-30; De Meulenaere, CRIPEL 13, 1991, 54, n.9; Ladynin, in: Alexander the Great and Egypt, 227;

→←

Tuch el-Qaramus

6. Plakette (Gründungsbeigabe).
PM IV, 27; Naville, Mound of the Jew, 29; pl.VIII.B; XVII.8; Weinstein, Foundation Deposits, 353; 374-375; Chauveau / Thiers, L'Egypte en transition, 393;

↓→

Hermopolis magna

7. Portikus des Tempels des Thot (+ Kairo 31/5/25/9)
PM IV, 165-7; 169 (oben); LR IV, 206 (XI); Urk II, 9; Daressy, RecTrav 10, 1888, 143-144; Roeder, Hermopolis, 111; 300-301; A.J. Spencer, El-Ashmunein II, The Temple Area, 1989, 42; Bailey / Snape, Great Portico; Ladynin, in: Alexander the Great and Egypt, 226; Winter, in: Ägypten - Griechenland - Rom, Ausstellungskatalog Frankfurt 2005, 209-210, Abb.2; Chauveau / Thiers, L'Egypte en transition, 394 (Block 31/5/25/9);

A) Architekturfragment mit Namen Philipps, nach einer Zeichnung von J. Wilkinson; Snape / Bailey, Great Portico, 3; 117 (pl.49); Winter, loc.cit.;

obere Zeile: ←

(?)

(vor *m mnw.f* ist sicher zu lesen)

Zeile darunter: ←

B) Säulenbasen des Portikus:

– südliche Basis; MDAIK 5, 1934, 40 (Abb.20); 41-42; Daressy, RecTrav 10, 1888, 143 (X);

obere Zeile: ← [ ]

obere Zeile: → [ ) …]

untere Zeile: ← [ ])

untere Zeile: → [ ] […]

An der Basis sind Ansätze von zwei Mauern, vor denen die beiden Zeilen abgeschlossen sind. Zwischen diesen Maueransätzen ist eine weitere symmetrische Zeile, die sich vermutlich auf den Mauern selbst fortsetzte:

←→ […]

– nördliche Basis; MDAIK 5, 42-43; Urk II, 9; obere Zeile: ←

der in die andere Richtung laufende Teil der oberen Zeile soll stark zerstört sein, die Einzelheiten werden in MDAIK 5, 42 nicht angegeben; →

untere Zeile, rechte Hälfte: ←↓ rechts anschließend: ←

[ ]

untere Zeile, linke Hälfte: ↓→ links anschließend: →

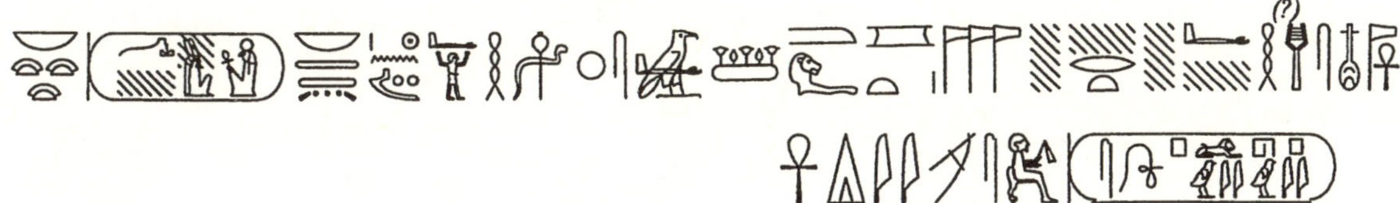

– Fragment einer dritten Säulenbasis; MDAIK 5, 43-44;
nur wenige Teile der oberen Zeile sind erhalten:

– Eine vierte Säule (des Portikus?) wird von Roeder erwähnt; Hermopolis, 301 (IV); id., MDAIK 9, 1940, 43; Reste der Aufschrift:

[...] [...]

– Die bei H. von Minutoli, Reise zum Tempel des Jupiter Ammon in der libyschen Wüste, Berlin 1824, Taf.XIV.3 (vgl. Roeder, Hermopolis, 301 [V]) trägt auf Abakus und Basis den Namen des Königs:

←

C) Beschriftete Blöcke mit geographischer Prozession;
Snape / Bailey, Great Portico; zur Lokalisation der Blöcke s. ibid., 64 (pl.2);
bei oberägyptischen Gauen jeweils links kniender König mit Opfergaben, über ihm Sonnenscheibe, über Opfergaben Gauzeichen; rechts davon vier Kolumnen;

– Block 1 (links): 5. o.ä. Gau; Snape / Bailey, Great Portico, 65 (pl.3);

nur Reste von zwei Zeilen rechts erhalten: ↓→

– Block 1 (Mitte): 6. o.ä. Gau; Snape / Bailey, Great Portico, 66 (pl.4);

über König: ↓→ über Opfergaben: →

von der Inschrift rechts sind nur kaum lesbare Reste in Kol. 3 und 4 erhalten.

– Blöcke 1-2: 7. o.ä. Gau; Snape / Bailey, Great Portico, 67 (pl.5);

über König: ↓→ über Opfergaben: →

Inschrift rechts: ↓→

– Block 2 (Mitte): 8. o.ä. Gau; Snape / Bailey, Great Portico, 68 (pl.6); 96 (pl.33, oben);

über König: ↓→ unter Sonne: → [Gauzeichen nicht erhalten]

Inschrift rechts: ↓→

– Block 2 (rechts): 9. o.ä. Gau; Snape / Bailey, Great Portico, 69 (pl.7);

über König: ↓→ unter Sonne: → [Gauzeichen nicht erhalten]

Inschrift rechts: ↓→

(?)

– Block 3 (links): 12. o.ä. Gau; Snape / Bailey, Great Portico, 70 (pl.8);
nur wenige Reste der Inschrift rechts erhalten: ↓→

– Blöcke 3-4: 13. o.ä. Gau; Snape / Bailey, Great Portico, 71 (pl.9);

unter Sonne Reste: → Inschrift rechts: ↓→

(?)

– Block 4: 14. o.ä. Gau; Snape / Bailey, Great Portico, 72 (pl.10);

so gut wie nichts erhalten;

– Blöcke 4-5: 15. o.ä. Gau; Snape / Bailey, Great Portico, 73 (pl.11);

über König: ↓→ über Opfergaben: →

Inschrift rechts: ↓→

– Blöcke 5-6: 16. o.ä. Gau; Snape / Bailey, Great Portico, 74 (pl.12);

über König: ↓→ unter Sonne: → (?)

Inschrift rechts: ↓→

– Block 6 (Mitte): 17. o.ä. Gau; Snape / Bailey, Great Portico, 75 (pl.13);

über König: ↓→ über Opfergaben: →

Inschrift rechts: ↓→

– Blöcke 6-7: 18. o.ä. Gau; Snape / Bailey, Great Portico, 76 (pl.14);

über König: ↓→

Inschrift rechts: ↓→

– Block 7: 19. o.ä. Gau; Snape / Bailey, Great Portico, 77 (pl.15);

über König: ↓→ unter Sonne: → über Opfergaben: →

Inschrift rechts: ↓→

– Block 7 (rechts): 20.-21. o.ä. Gau; Snape / Bailey, Great Portico, 77 (pl.16);

nur Figur des Königs links erhalten sowie Beischrift zur Sonne über ihm: →

Bei den unterägyptischen Gauen kniet der König mit den Opfergaben rechts, über ihm die Sonnenscheibe, über den Opfergaben das Gauzeichen; links davon vier Kolumnen.

– Block 8 (links): 4. u.ä. Gau; Snape / Bailey, Great Portico, 79 (pl.17);
fast vollständig zerstört, nur rechte Schulter des Königs erhalten, keine Beischriften;

– Block 8 (Mitte): 5. u.ä. Gau; Snape / Bailey, Great Portico, 80 (pl.18);
Inschrift links: ←↓

– Blöcke 8-9: 6. u.ä. Gau; Snape / Bailey, Great Portico, 81 (pl.19);

über König: ←↓

Inschrift links: ←↓

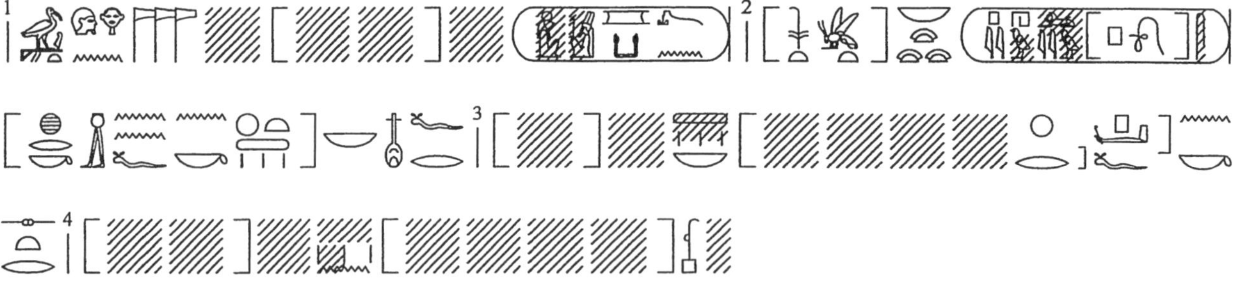

– Block 9 (Mitte): 7. u.ä. Gau; Snape / Bailey, Great Portico, 82 (pl.20);

über König: ←↓ über Opfergaben: ← unter Sonne: ←

Inschrift links: ←↓

– Blöcke 9-10: 8. u.ä. Gau; Snape / Bailey, Great Portico, 83 (pl.21);

über König: ←↓

Inscrift links: ←↓

1 … 2 … 3 … 4 …

– Block 10 (Mitte links): 9. u.ä. Gau; Snape / Bailey, Great Portico, 84 (pl.22);

Inschrift links: ←↓

1 … 2 … 3 … (?) … 4 … (?)

– Block 10 (Mitte rechts): 10. u.ä. Gau; Snape / Bailey, Great Portico, 85 (pl.23);

über König: ←↓ … über Opfergaben: ← … unter Sonne: ← …

Inschrift links: ←↓

1 … 2 … 3 … 4 … (sic) …

– Blöcke 10-11: 11. u.ä. Gau; Snape / Bailey, Great Portico, 86 (pl.24);

über König: ←↓ … über Opfergaben: ← … unter Sonne: ← …

Inschrift links: ←↓

1 … 2 … 3 … (?) … 4 …

– Block 11: 12. u.ä. Gau; Snape / Bailey, Great Portico, 87 (pl.25);

über König: ←↓ … über Opfergaben: ← … unter Sonne: ← …

Inschrift links: ←↓

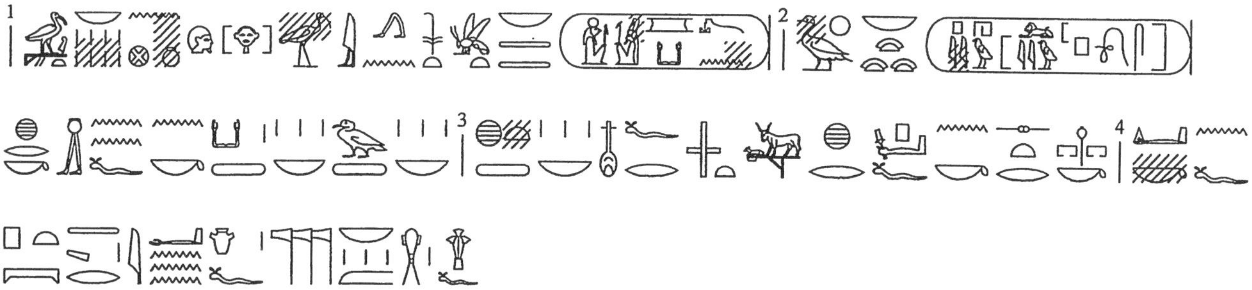

– Block 12; Snape / Bailey, Great Portico, 88 (pl.26); MDAIK 7, 1937, Taf.11b;
Reste von zwei Figuren; keine Beischriften erhalten;

– Block 13; Snape / Bailey, Great Portico, 89 (pl.27);
rechts Oberteil einer Figur, nach rechts gewandt; hinter ihr Reste von zwei Kolumnen: ↓→

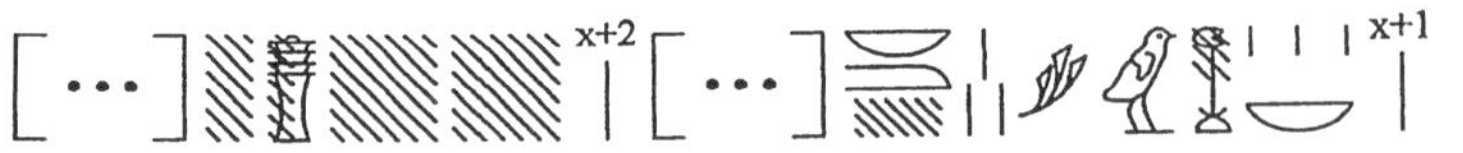

– Block 14; Snape / Bailey, Great Portico, 90-91 (pl.28);
linke Hälfte: ←↓

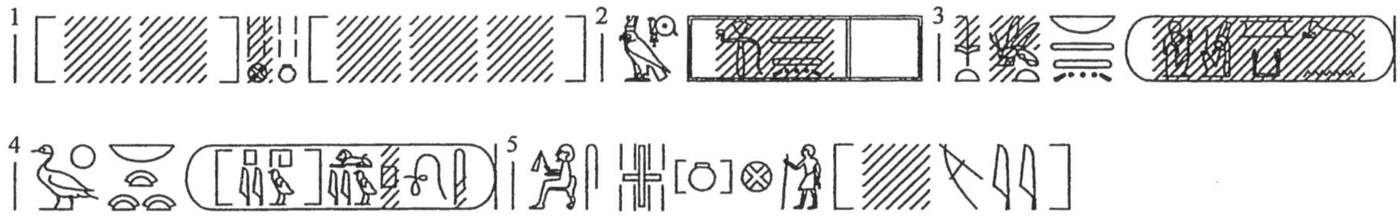

unter Königsnamen (Kol.2-4): ←

rechte Hälfte: ↓→

←↓

unter Königsnamen (Kol.7-9): ←

↓→

– Block 15 (Vorderseite); Snape / Bailey, Great Portico, 92-93 (pl.30);

←↓

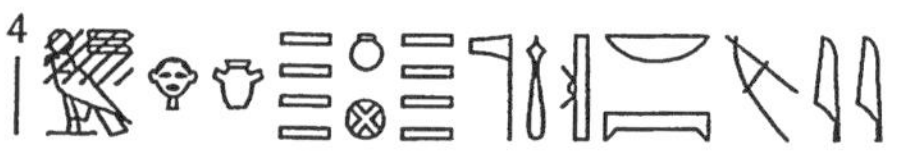

unter Königsnamen (Kol.1-3): ←

↓→

←↓

[...] unter Königsnamen (Kol.6-8): ←

– Block 15 (Ende); Snape / Bailey, Great Portico, 92 (pl.29);
kniender Nilgott mit Gaben, nach rechts gewandt; keine Beischriften.

– Block 16; Snape / Bailey, Great Portico, 94 (pl.31);
thronender ibisköpfiger Gott, nach links gewandt; vor ihm: ←↓

Nicht vom Portikus, sondern aus dem nördlichen Teil des spätzeitlichen Tempelareals stammt eine Säulenbasis mit dem Rest eines kannelierten Schaftes.
A.J. Spencer, Excavations at el-Ashmunein, II, The Temple Area, London 1989, 43 (c); pl.51-52; A.J. Spencer u.a., Ashmunein (1982), London 1983, 25; pl.10a; Snape / Bailey, Great Portico, VIII;
umlaufende (mutmaßlich) symmetrische Zeile: ←

→ [...]

Enden von drei Kolumnen auf dem Schaft:

←↓ [...] ←↓ [...] ↓→ [...]

Theben

8. Barkenschrein in Karnak (+ JE 36712 und MFA 75.11).
PM II^2, 99-102; LD IV, 2a-c; Urk II, 9-10; Champollion, Not. descr., II, 147-151; Bothmer, BMFA 50, 1952, 19-27; LR IV, 205-6; Barguet, Temple d'Amon-Rê, 136-141; Chauveau / Thiers, L'Egypte en transition. 394-5; vollständige Publikation online bei sith.huma-num.fr/karnak/2610 (KIU + Zahl: Fotos und Bearbeitung der einzelnen Szenen) sowie Ch. Thiers, La chapelle-reposoir de barque de Philippe Arrhidée à Karnak, 2 Bde., Kairo 2020 (nach Nr. zitiert);

A) Außenwände
a) Eingang Westseite; PM II^2, 101 (292); Thiers, op.cit., Nr.18-37;

Türsturz mit (stark zerstörten) symmetrischen Szenen;
1. von links: König (links) läuft vor Amun (KIU 2632; Nr.29); über ihm Geier;

über König: ↓→ vor ihm: ↓→

rechts neben Geier: →

über Amun: ←↓

unten vor ihm: ←↓

hinter ihm: ←↓ [...]

2. von links: König (links) kniet vor thronendem Gott (nur Unterteile erhalten) (KIU 2630; Nr.27);

vor König: ↓→ [...] [...] hinter ihm: ↓→

hinter Gott: ←↓ [...]

3. von links: König (rechts) kniet vor thronendem Gott (nur Unterteile erhalten) (KIU 2631; Nr.26);

über König: ←↓ [...] hinter ihm: ←↓

vor ihm: ←↓

hinter Gott: ↓→ [...] über Szene: ←

4. von links: König (rechts) läuft vor Amun (KIU 2633; Nr.28);

über König: ←↓

vor ihm: ←↓

hinter ihm: ←↓

über König Geier: links davon: ←

über Amun: ↓→

unten vor ihm: ↓→ hinter ihm: ↓→ [...]

5. von links: König (rechts) [mit Salbe] vor Amun (wenig erhalten) (KIU 2642; Nr.36);

vor Amun: ↓→ [...] vor König: ←↓ [...]

linker Türpfosten; PM II^2, 101 (292, a):

1. Szene von oben: König (links) opfert Maat vor Amun (KIU 2638; Nr.25);

über König: ↓→

vor ihm: ↓→ hinter ihm: ↓→

über Amun: ←↓

unten vor ihm: ←↓

2. Szene von oben: König (links) räuchert und libiert vor ithyphallischem Amun (KIU 2636; Nr.23);

über König: ↓→

über König Flügelsonne; unter ihr: → über Amun: ←↓

3. Szene von oben: König (links) weiht Opfer, über ihm Geier (KIU 2634; Nr.21);

rechts neben Geier: →

vor König: ↓→ rechts davon: ↓→

hinter König: ↓→ links davon: ↓→

Reliefs links neben linkem Türpfosten PM II^2, 101 (292, c):

1. Szene von oben: König vor ithyphallischem Amun; über König (KIU 2776/2643; Nr.37/35): ↓→

vor ihm: ↓→ unter Sonnenscheibe: →

über Amun: ←↓

2. Szene von oben: König mit Roter Krone vor Amun (KIU 2645; Nr.33);

über König: ↓→

vor ihm: ↓→ unter Sonnenscheibe: →

über Amun: ←↓

3. Szene von oben: König (links) wird von Atum eingeführt (KIU 2647; Nr.31);

vor Atum: ↓→

hinter König: ↓→ [...]

auf Basis des linken Türpfostens und des anstoßenden Teils (KIU 2641; Nr.19): →

rechter Türpfosten; PM II², 101 (292, b):

1. Szene von oben: König (rechts) opfert Maat vor Amun (KIU 2637; Nr.24);

über König: ←↓

über Amun: ↓→

vor ihm: ↓→

2. Szene von oben: König (rechts) räuchert und libiert vor ithyphallischem Amun (KIU 2635; Nr.22);

über König: ←↓

vor ihm: ←↓

über Amun: ↓→

vor ihm: ↓→

3. Szene von oben: König (rechts) weiht Opfer, über ihm Geier (KIU 2639; Nr.20);

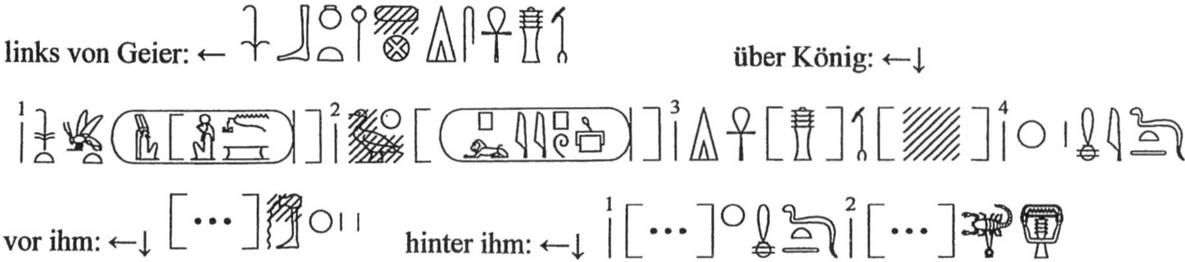
links von Geier: ←
über König: ←↓
vor ihm: ←↓ [...]
hinter ihm: ←↓ [...] [...]

Reliefs rechts neben rechtem Türpfosten:

1. Szene von oben (KIU 2644; Nr.34): keine Inschriften erhalten.

2. Szene von oben (KIU 2646; Nr.32): rechts unten Füße des Königs;

Rest von Beischrift zu (nicht erhaltenem) Amun gegenüber: ↓→ […]

4. Szene von oben (KIU 2648; Nr.30): unten Füße von zwei Personen;

unten vor der linken Person: ←↓ […] [ ]

auf Basis des rechten Türpfostens und des anstoßenden Teils (KIU 2640; Nr.18):

← [ ]

b.1) Nordwand, westlicher Teil; PM II[2], 99-100 (287); Medinet Habu IV, pl.217;
König (rechts) opfert Lattich vor Statue des ithyphall. Amun auf Tragschrein (KIU 2650; Nr.209);
über König: ←↓

vor ihm: ←↓ […] über Königsnamen Falke; links von ihm: ←

darunter Schlange auf Wappenpflanze; neben ihr: ↓→

oben vor Amun: ↓→

hinter Amun, über Zelt: →

auf Tragschrein drei Königsfiguren, die den Himmel tragen;

vor 1. König: ↓→

vor 2. König: ↓→

vor 3. König: ↓→

b.2) Nordwand, östlicher Teil; PM II[2], 100 (288); vier Kultszenen, von rechts:
1. König (rechts) mit Atefkrone weiht Fleischopfer vor ithyphallischem Amun (KIU 2651; Nr.181);

über König: ←↓

vor dem König: ←↓ […]

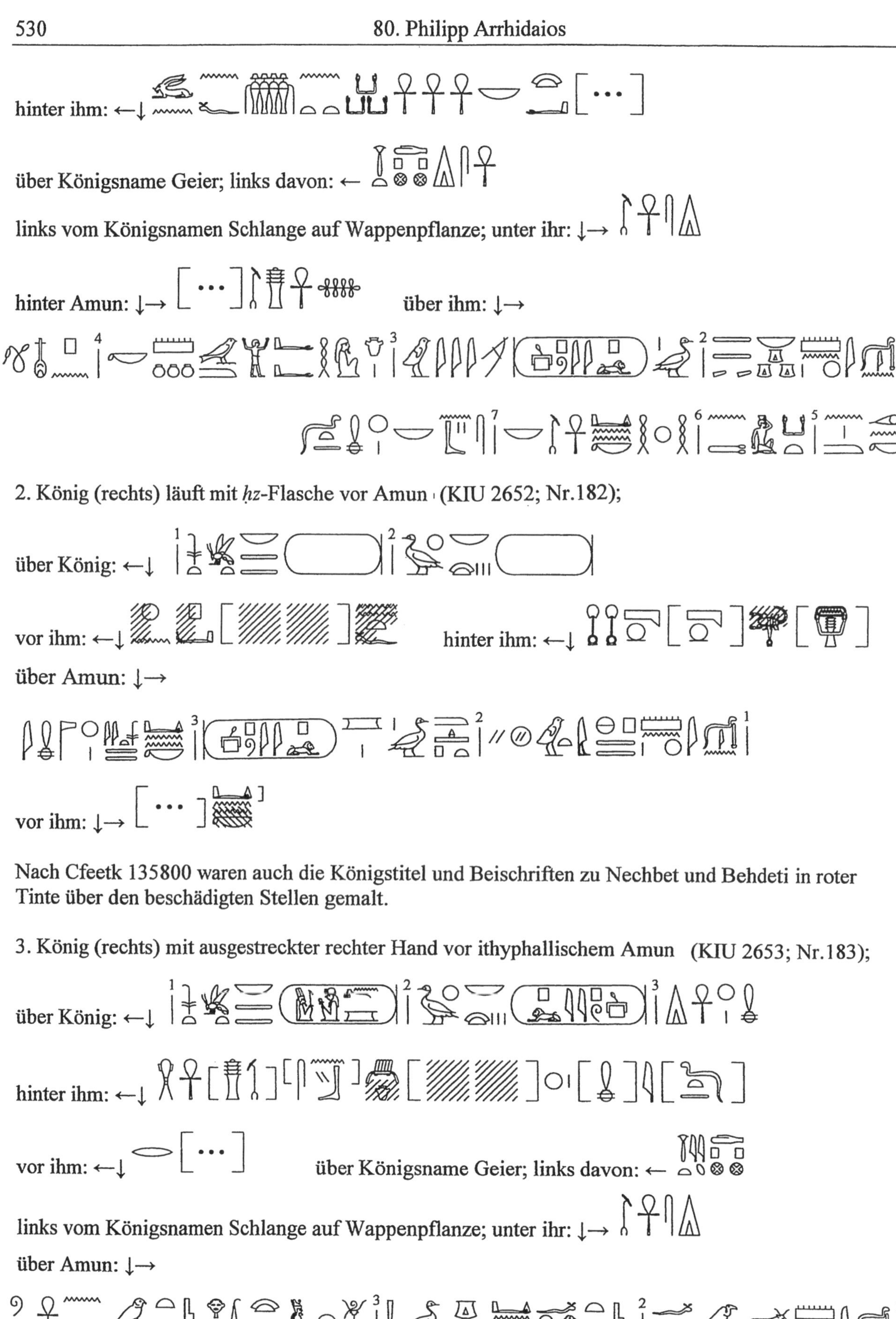

hinter ihm: ←↓ [...]

über Königsname Geier; links davon: ←

links vom Königsnamen Schlange auf Wappenpflanze; unter ihr: ↓→

hinter Amun: ↓→ [...] über ihm: ↓→

2. König (rechts) läuft mit *ḥz*-Flasche vor Amun (KIU 2652; Nr.182);

über König: ←↓

vor ihm: ←↓ [ ] hinter ihm: ←↓ [ ] [ ]

über Amun: ↓→

vor ihm: ↓→ [...]

Nach Cfeetk 135800 waren auch die Königstitel und Beischriften zu Nechbet und Behdeti in roter Tinte über den beschädigten Stellen gemalt.

3. König (rechts) mit ausgestreckter rechter Hand vor ithyphallischem Amun (KIU 2653; Nr.183);

über König: ←↓

hinter ihm: ←↓ [ ] [ ] [ ] [ ] [ ]

vor ihm: ←↓ [...] über Königsname Geier; links davon: ←

links vom Königsnamen Schlange auf Wappenpflanze; unter ihr: ↓→

über Amun: ↓→

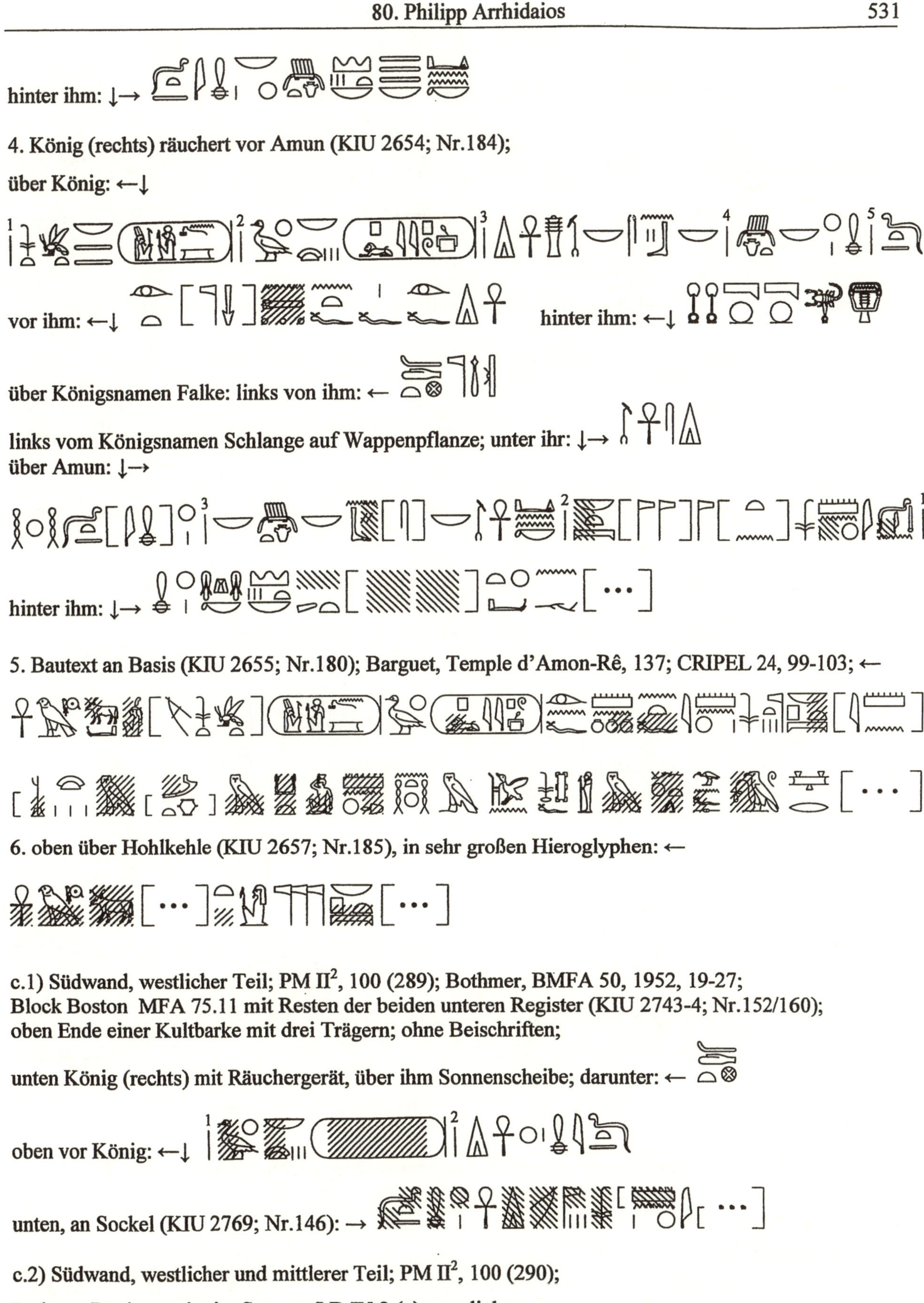

hinter ihm: ↓→

4. König (rechts) räuchert vor Amun (KIU 2654; Nr.184);

über König: ←↓

vor ihm: ←↓ hinter ihm: ←↓

über Königsnamen Falke: links von ihm: ←

links vom Königsnamen Schlange auf Wappenpflanze; unter ihr: ↓→

über Amun: ↓→

hinter ihm: ↓→

5. Bautext an Basis (KIU 2655; Nr.180); Barguet, Temple d'Amon-Rê, 137; CRIPEL 24, 99-103; ←

6. oben über Hohlkehle (KIU 2657; Nr.185), in sehr großen Hieroglyphen: ←

c.1) Südwand, westlicher Teil; PM II^2, 100 (289); Bothmer, BMFA 50, 1952, 19-27;
Block Boston MFA 75.11 mit Resten der beiden unteren Register (KIU 2743-4; Nr.152/160);
oben Ende einer Kultbarke mit drei Trägern; ohne Beischriften;

unten König (rechts) mit Räuchergerät, über ihm Sonnenscheibe; darunter: ←

oben vor König: ←↓

unten, an Sockel (KIU 2769; Nr.146): →

c.2) Südwand, westlicher und mittlerer Teil; PM II^2, 100 (290);

I. oberes Register mit vier Szenen; LD IV,2 (c); von links:
1. König von Thot (links) und Horus (rechts) gereinigt (KIU 2611; Nr.162);

über König: → darüber Sonnenscheibe; unter ihr: ↓→

links von ihr: ←↓ rechts von ihr: ↓→

über Thot: ↓→ vor ihm: ↓→

über Horus: ←↓ vor ihm: ←↓

2. König von Thot (links) und Horus (rechts) mit Weißer Krone gekrönt (KIU 2612; Nr.163);

über König: ↓→

über Thot: ↓→

über Horus: ←↓

3. König von Atum (links) und Month zu Thot (ganz rechts) geführt (KIU 2613; Nr.164);

über König: ↓→

über Atum: ↓→

über Month: ↓→

hinter ihm: ↓→

vor, über und hinter Thot: ←↓

4. König (links) von thronendem Amun gekrönt, dahinter Amaunet, König säugend (KIU 2615; Nr.165; Schwaller de Lubicz, Karnak, II, pl.159);

über König und Amun: ←↓

über und hinter Amaunet: ←↓

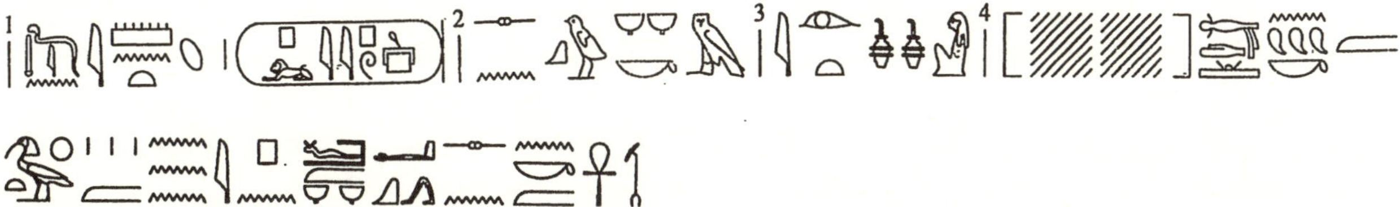

II. Zweites Register von oben: Folge von vier Kultbarken, nach links gerichtet;

1. Barke auf Ständer (KIU 2619; Nr.159):

oben Flügelsonne; beidseitig von ihr: ← → über Bug der Barke: ←↓

2. Barke von acht Priestern getragen; davor geht König (KIU 2618; Nr.158);

oben Flügelsonne; beidseitig von ihr: ← →

über König: ←↓

rechts daneben, über Barke: ←

3. Barke auf Ständer (KIU 2617; Nr.157);

oben Flügelsonne; beidseitig von ihr: ← →

über Bug der Barke: ←↓ über Heck: ←↓

rechts unter Barke: ←↓

(sic)

4. Barke von acht Priestern getragen; davor geht König (KIU 2616; Nr.156);

oben Flügelsonne; beidseitig von ihr: ← →

über König: ←↓

unter Flügelsonne: ←

III. Register von oben: Barkenprozession bei Talfest;

1. Szene von links: Barke mit Naos, vor dem der König steht (KIU 2621; Nr.153);

oben Flügelsonne: links und rechts von ihr: ← →

über Barke und Naos: ↓→

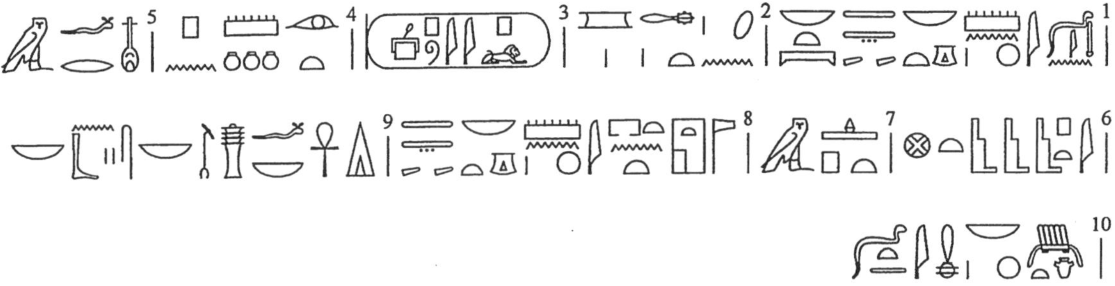

zwischen Naos und König zwei Standarten; darüber:

rechts daneben vertäut Barke mit Königsstatue in Naos, über der Szene Sonnenscheibe und zwei Geier;

neben Geier links; → darunter: →

neben Geier rechts: ← darunter: ←

vor Naos Standarte mit Schakal; darunter: ↓→

unmittelbar hinter Naos in übergroßen Hieroglyphen: und

über König: ↓→ hinter ihm: ↓→

vor ihm: → über Bug der Barke: ↓→

2. von acht Priestern getragene Barke; davor rechts König libierend (KIU 2770; Nr.154);

über der Szene Flügelsonne; beidseitig von ihr: ← →

über der Barke: →

über dem König: ←↓ ←

3. ganz rechts Barke auf Untersatz, davor (links) König über Barke libierend (KIU 2620; Nr.155);

über der Szene Flügelsonne; beidseitig von ihr: ← →

über der Barke: ←

darunter, über dem Bug der Barke: ←

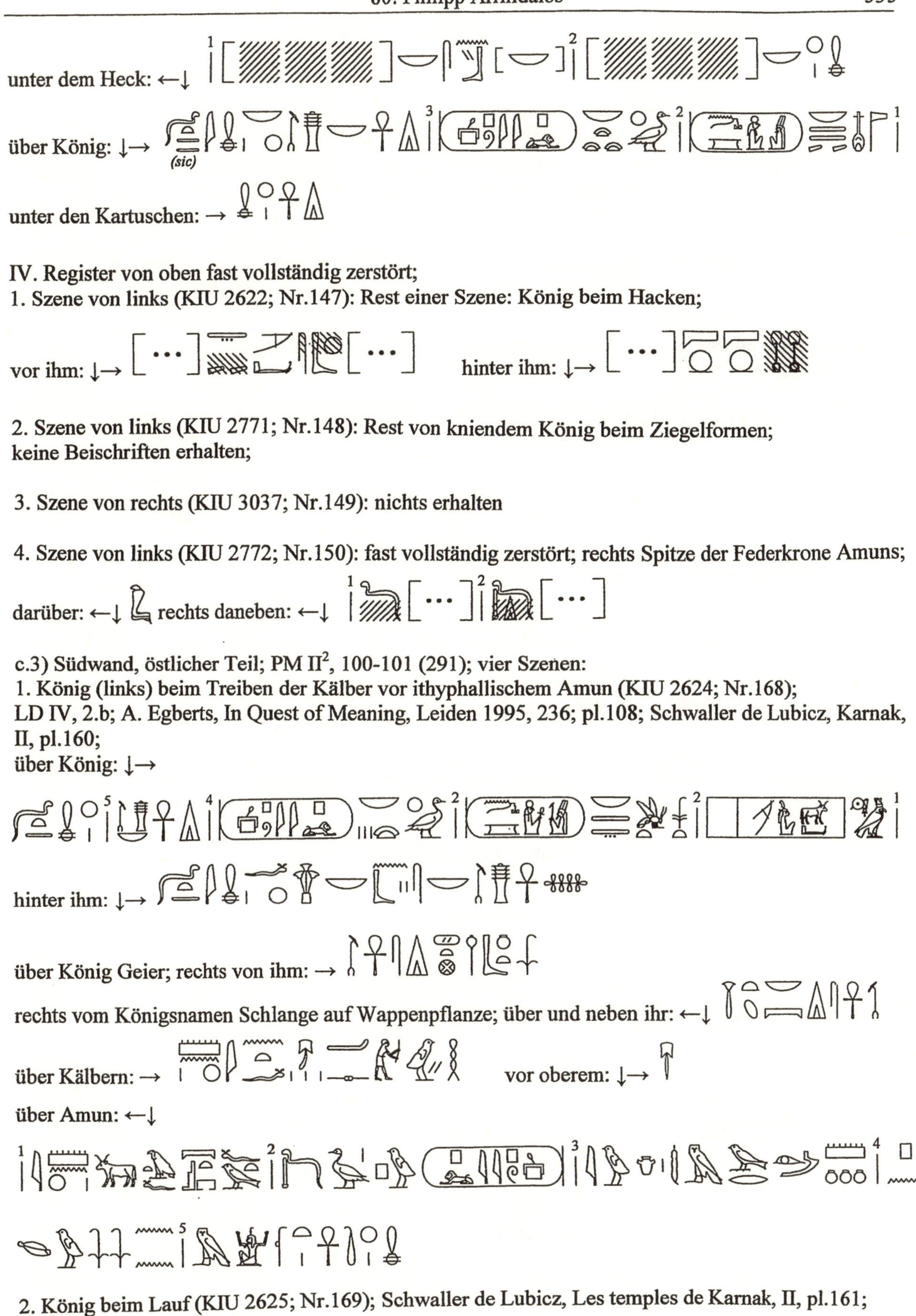

unter dem Heck: ←↓

über König: ↓→ (sic)

unter den Kartuschen: →

IV. Register von oben fast vollständig zerstört;
1. Szene von links (KIU 2622; Nr.147): Rest einer Szene: König beim Hacken;

vor ihm: ↓→ [...] [...] hinter ihm: ↓→ [...]

2. Szene von links (KIU 2771; Nr.148): Rest von kniendem König beim Ziegelformen; keine Beischriften erhalten;

3. Szene von rechts (KIU 3037; Nr.149): nichts erhalten

4. Szene von links (KIU 2772; Nr.150): fast vollständig zerstört; rechts Spitze der Federkrone Amuns;

darüber: ←↓ rechts daneben: ←↓ [...] [...]

c.3) Südwand, östlicher Teil; PM II^2, 100-101 (291); vier Szenen:
1. König (links) beim Treiben der Kälber vor ithyphallischem Amun (KIU 2624; Nr.168); LD IV, 2.b; A. Egberts, In Quest of Meaning, Leiden 1995, 236; pl.108; Schwaller de Lubicz, Karnak, II, pl.160;
über König: ↓→

hinter ihm: ↓→

über König Geier; rechts von ihm: →

rechts vom Königsnamen Schlange auf Wappenpflanze; über und neben ihr: ←↓

über Kälbern: → vor oberem: ↓→

über Amun: ←↓

2. König beim Lauf (KIU 2625; Nr.169); Schwaller de Lubicz, Les temples de Karnak, II, pl.161;
über König: ↓→

hinter ihm: ↓→ [...] [...]

über König Falke; rechts: → vor ihm: ↓→ [...] [...]

über Amun: ←↓

3. König (links) mit Szepter vor ithyphallischem Amun (KIU 2626; Nr.170);
über König: ↓→

über König Geier; rechts von ihm: →

hinter König: ↓→ vor ihm: ↓→

über Amun: ←↓ ← ←

hinter ihm: ←↓

4. König (links) mit Räuchergefäß vor Amun (KIU 2627; Nr.171);
über König: ↓→

vor ihm: ↓→

über König Falke; rechts von ihm: →

rechts vom Königsnamen Schlange auf Wappenpflanze; über und neben ihr: ←↓

über Amun (nur Hälfte der 1. Kolumne erhalten): ←↓

vor ihm: ←↓

oben über Hohlkehle (KIU 2649; N.172): ↓→ [...]

d) Ostwand; PM II[2], 102 (298);

Zeile oben (KIU 3442; Nr.178): → ← [...] [...]

auf nördlichem Wandteil: König (rechts) vor Gott (KIU 2658; Nr.175);

hinter König: ←↓ [...] [ ]

Beischrift zu Geier links oben: ←↓ [...]

hinter Gott: ↓→ [...]

darunter, auf Sockel (KIU 2661; Nr.173):

rechts Nilgott mit Gaben; über ihm: ← vor ihm: ←↓

1 2 3

4 [ ] 5 [ ]

6

auf südlichem Wandteil: König (links) umarmt von Amun (KIU 2659; Nr.176);

über (?) König: ↓→ [...] hinter ihm: ↓→ [...]

über Amun: ←↓ 1 [ ] [ ] [ ] 2

hinter ihm: ←↓ neben Geier: →

darunter, auf Sockel (KIU 2663; Nr.174):

links Nilgott mit Gaben; über ihm: → [ ] vor ihm: ↓→

[ ] [ ] [ ] 3 [ ] 2 1

5 [ ] 4

[...] 6 [ ]

B) Innenwände; PM II², 101-102 (292 – 298);

Die Innenwände sind mit einer großen Zahl von kleinformatigen Ritualszenen dekoriert, deren Beischriften sehr stereotyp sind. Hier werden daher nur die Bau- und Stiftungstexte wiedergegeben sowie eine Liste der Szenentitel und Gottesbezeichnungen, also der variablen Elemente dieser Szenen.

a) Bau- und Restaurierungstexte
an der Decke des Vestibüls (Raum IX, KIU 2614; Nr.108): ↓→

Restaurierungstext auf der Nordwand des Sanktuars (Raum X), zweites Register oben links, s. PM II², 101 (296); Champollion, Notices descr., II, 149-150; Urk II, 10; KIU 2744/2743; Nr.136/129; ↓→

die unmittelbar links anschließende 5. Kolumne ist deutlich länger: ↓→

Die entsprechende Inschrift auf der Südwand des Sanktuars; KIU 2758/2756; Nr.123/117: ←↓

b) Szenentitel (Titel) und Gottesnamen und -bezeichnungen (GN):
Raum IX, Nordwand, 4. Register v.o., von links (Nr.72-80):

1. Szene: Titel: --- GN:

2. Szene: Titel: --- GN:

3. Szene: Titel: [ ] GN:

4. Szene: Titel: [ ] [ ] GN:

5. Szene: Titel: GN:

6. Szene: Titel: --- GN:

7. Szene: Titel: GN:

8. Szene: Titel: [ ] GN:

9. Szene: Titel: [ ] GN: [...]

Raum IX, Nordwand, 3. Register v.o., von links (Nr.81-89):

1. Szene: Titel: GN:

2. Szene: Titel: GN:

3. Szene: Titel: GN:

4. Szene: Titel: GN:

5. Szene: Titel: GN:

6. Szene: Titel: GN:

7. Szene: Titel: GN:

8 Szene: Titel: GN:

9. Szene: Titel: --- GN: [hieroglyphs]

Raum IX, Nordwand, 2. Register v.o., von links (Nr.90-98):

1. Szene: Titel: --- GN: [hieroglyphs]

2. Szene: Titel: [hieroglyphs] GN: [hieroglyphs]

3. Szene: Titel: [hieroglyphs] GN: [hieroglyphs]

4. Szene: Titel: [hieroglyphs] GN: [hieroglyphs]

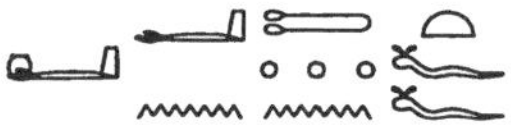

5. Szene: Titel: [hieroglyphs] GN: [hieroglyphs]

6. Szene: Titel: [hieroglyphs] GN: [hieroglyphs]

7. Szene: Titel: [hieroglyphs] GN: [hieroglyphs]

8. Szene: Titel: [hieroglyphs] GN: [hieroglyphs]

9. Szene: Titel: [hieroglyphs] GN: [...] [hieroglyphs]

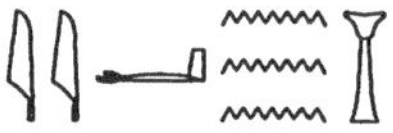

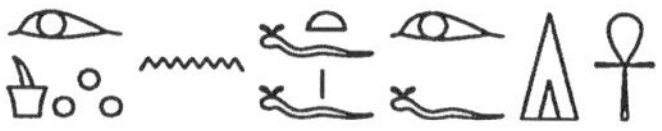

Raum IX, Nordwand, oberes Register, von links (Nr.99-107):

1. Szene: Titel: [hieroglyphs] GN: [hieroglyphs] [...]

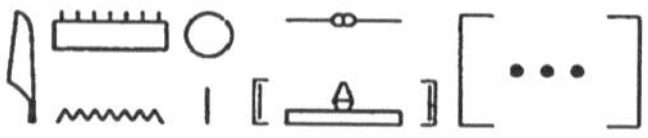

2. Szene: Titel: [hieroglyphs] GN: [hieroglyphs]

3. Szene: Titel: [hieroglyphs] GN: [hieroglyphs]

4. Szene: Titel: [hieroglyphs] GN: [hieroglyphs]

5. Szene: Titel: [hieroglyphs] GN: [hieroglyphs]

6. Szene: Titel: [hieroglyphs] GN: [hieroglyphs]

7. Szene: Titel: [hieroglyphs] GN: [hieroglyphs]

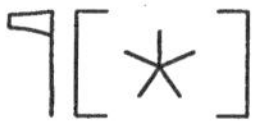

8. Szene: Titel: [...] GN: [ ]

9. Szene: Titel: --- GN: [...]

Raum IX, Westwand, rechts (nördl.) des Eingangs, oberes Register (Nr.40):

Titel: GN:

Raum IX, Südwand, 4. Register v.o., von rechts (Nr.41-48):

1. Szene: Titel: --- GN: [ ]

2. Szene: Titel: --- GN:

3. Szene: Titel: --- GN:

4. Szene: Titel: --- GN:

5. Szene: Titel: [...] GN:

6. Szene: Titel: --- GN:

7. Szene: Titel: --- GN:

8. Szene: Titel: --- GN:

Raum IX, Südwand, 3. Register v.o., von rechts (Nr.50-58):

1. Szene: Titel: GN: [ ]

2. Szene: Titel: GN:

3. Szene: Titel: GN:

4. Szene: Titel: GN:

5. Szene: Titel: GN:

6. Szene: Titel: GN:

7. Szene: Titel: GN:

8. Szene: Titel: GN:

9. Szene: Titel: [ ] [ ] GN:

Raum IX, Südwand, 2. Register v.o., von rechts (Nr.59-61):

1. Szene: Titel: --- GN:

2. Szene: Titel: GN:

3. Szene: Titel: GN:

und

Raum IX, Südwand, oberes Register, von rechts (Nr.62-69):

1. Szene: Titel: GN:

2. Szene: Titel: GN:

3. Szene: Titel: GN:

4. Szene: Titel: GN:

5. Szene: Titel: GN:

6. Szene: Titel: GN:

7. Szene: Titel: [...] GN: [ ]

8. Szene: Titel: GN: [ ]

Raum X, Ostwand, 1. Register (Nr.141-143):

nördl. Türpfosten, untere Szene (obere zerstört) (Nr.142): Titel: ↓→

[…]

südl. Türpfosten, untere Szene (Nr.141): Titel: ←↓

[…

südl. Türpfosten, obere Szene (Nr.143):

Titel: --- GN:

Im ‚Soubassement' erscheinen die Götter des 1. und 2. oberägyptischen und des 1. und 2. unterägyptischen Gaus.

Raum X, Nordwand, 1. Register, von links (Nr.134-135):

5. Szene: Titel: GN:

6. Szene: Titel: GN:

Raum X, Nordwand, 2. Register, von links (Nr.137/138-139):

2. Szene: Titel: GN:

3. Szene: Titel: --- GN:

Im ‚Soubassement' die Götter der Gaue 3 – 9 und 13, 16 und 18 Unterägyptens.

Raum X, Südwand, 1. Register, von links (Nr.120-122):

3. Szene: Titel: --- GN:

4. Szene: Titel: GN:

5. Szene: Titel: […] GN:

Raum X, Südwand, 2. Register, von links (Nr.125):

2. Szene: Titel: GN: ---

Im ‚Soubassement' die Götter der Gaue 6 – 9 und 13 Unterägyptens.

9. Restaurationsvermerk am Vestibül beim 6. Pylon.
PM II², 90; Champollion, Not. descr., II, 140-141; LD Text, III, 25 (oben); Urk II, 9 (7);

↓→ 

dazu Reste von drei Opferszenen, s. den Nachtrag , p.739-740.

10. Raum Va beim 6. Pylon.
PM II², 91; [nach Fotos OIC]
Opferszenen von Thuthmosis III., erneuert von Philipp Arrhidaios:
unter Flügelsonne: ↓→

11. Block im Magazin von Karnak.
Thiers, Cahiers de Karnak 13, 2010, 379-380.

←↓ 1 [...] [...] 2 [...] [...] 3 [...] [...]

12. Fragment einer Kalksteinstele im Luxortempel.
PM II², 338; Fakhry, ASAE 34, 1934, 90;

König opfert einer Gottheit; zwischen ihnen:

hinter König Kopf auf Stab (Standarte?); dahinter:

13. Türpfosten und Durchgang links am Eingang zur Kolonnade Amenophis' III. im Luxortempel.
PM II², 313; unpubl., eigene Abschrift;

– Westfassade:

auf Türsturz oben Flügelsonne; darunter: → ←

Kolumne darunter: ↓→

– Nordfassade:

oben: ↓→ 2 1

Kolumne darunter: ←↓

NICHTKÖNIGLICHE PERSONEN

Athribis

14. Würfelhocker Kairo JE 46341 des *Ḏd-ḥr* („le sauveur") mit Horusstele an Vorderseite auf sehr großem Sockel.

Daressy, ASAE 18, 1919, 113-158; ASAE 19, 1920, 66-68; E. Jelínková-Reymond, Les inscriptions de la statue guérisseuse de Djed-Her-le-sauveur, BdE 23, 1956; Sherman, JEA 67, 1981, 83-85; eigene Kollation.

Im folgenden werden nur die ‚biographischen' und genealogischen Texte auf dem Sockel der Statue wiedergegeben (Jelínková-Reymond, op.cit., 85-135, Zeilenzählung danach), nicht die magischen auf dem Körper der Statue (ibid., 3-84).

Vorderseite des Sockels: keine Darstellungen, 29 Kolumnen Inschrift: ↓→

13

14 (sic)

15 (sic)

16

17

18

19

(?) 20

21

22

23

24

25

26

27

28

29

rechte Seite des Sockels: rechts Block von 15 Kolumnen: ↓→

links davon sechs stehende Männer, hinter ihnen eine Frau mit Sistren, alle nach rechts gewandt; über 1. Mann: ↓→

vor ihm: ↓→

über 2. Mann: ↓→

über 3. Mann: ↓→

56 55 54 53

über 4. Mann: ↓→

60 59 58 57

über 5. Mann: ↓→

64 63 62 61

über 6. Mann: ↓→

68 67 66 65

über Frau: ↓→

72 71 70 69

linke Seite des Sockels: links Block von 12. Kolumnen: ←↓

75

76

77

78

(sic)

79

rechts davon drei stehende Männer und vier Frauen mit Sistren, alle nach links gewandt;

über 1. Mann: ←↓

vor ihm: ←↓

über 2. Mann: ←↓

über 3. Mann: ←↓

über 1. Frau: ←↓

102 103 104 105

106

über 2. Frau: ←↓

107 108 109 110

111

über 3. Frau: ←↓

112 113 [ ] 114 115

116

über 4. Frau: ←↓

117 118 119 120

121

rechts davon Block von 13 Kolumnen, bei dem unten und oben rechts offenbar schon bei der Beschriftung beschädigte Flächen ausgespart worden sind;: ←↓

123 124

(?) 125 (sic)

126

127 (sic) 128

129 130

131

132 133

134

(sic)

135

Rückseite des Sockels mit symmetrisch angebrachten Darstellungen und Inschriften; rechte Hälfte: links stehender Mann, nach rechts gewandt;

vor ihm: ↓→ 154

hinter ihm: ↓→ 155

Block von 18 Kolumnen vor und über ihm: ↓→

136

138 137

139

140

141

142

(sic) 143

144

145

146

147

148

150 149

153 152 151

linke Hälfte: rechts stehender Mann, nach links gewandt;

vor ihm: ←↓ 172

hinter ihm: ←↓ 173

Block von 16 Kolumnen vor und über ihm: ←↓

156 157

158

159 (sic)

160 (?) 161

162

(sic) 163

164

165

166

167 168 169

170 171

15. Oberteil (ohne Kopf) eines stehenden Naophors Kairo TN 4/6/19/1 (so) desselben *Ḏd-ḥr*.
Vernus, Athribis, 193-5 (161); Sherman, JEA 67, 1981, 83; Fotos CLES;

auf Rückenpfeiler, oben: → [...] darunter: ↓→

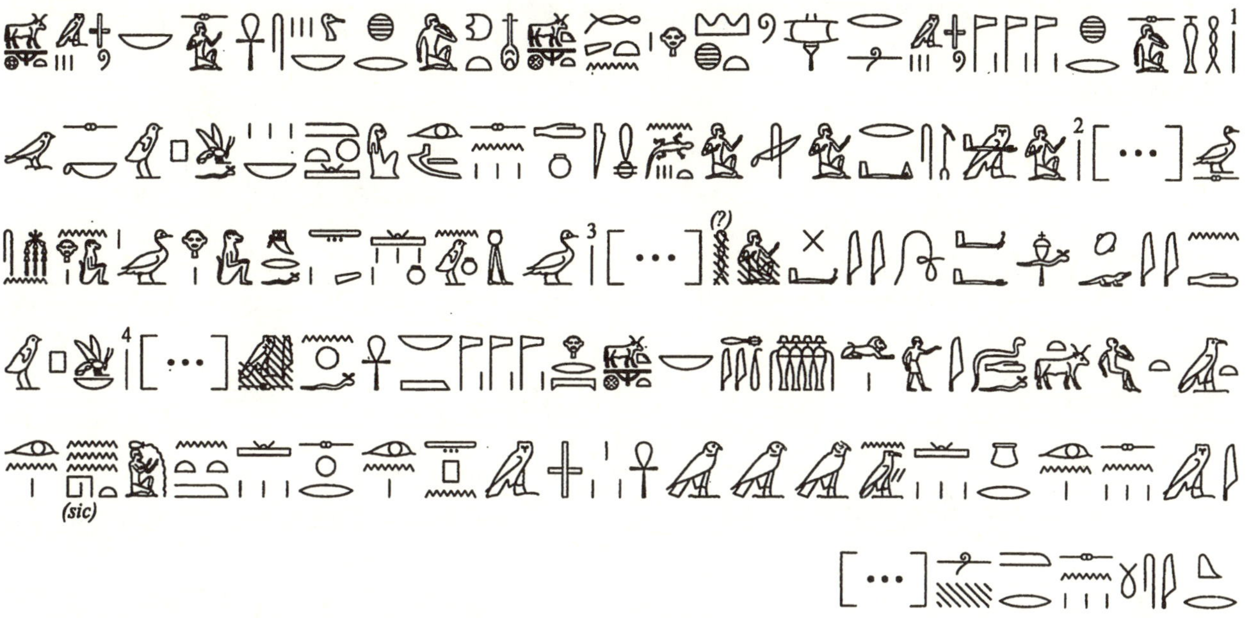

(sic)

Fortsetzung auf rechter Schmalseite des Rückenpfeilers: ↓→

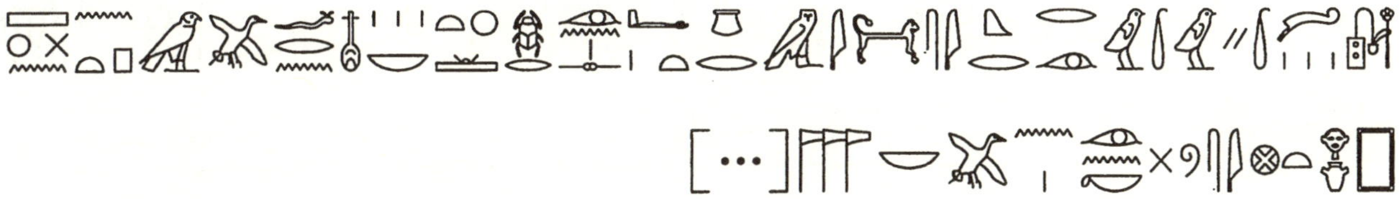

Fortsetzung auf linker Schmalseite: ↓→

16. Statuensockel Chicago OIM 10589 desselben *Ḏd-ḥr*.
Sherman, JEA 67, 1981, 82-102; pl.XIII-XIV; Vernus, Athribis, 195 (162); Rowland u.a., JEA 99, 2013, 84, Fig.35;

symmetrische Zeile oben, Beginn Mitte Vorderseite; um rechte Hälfte: →

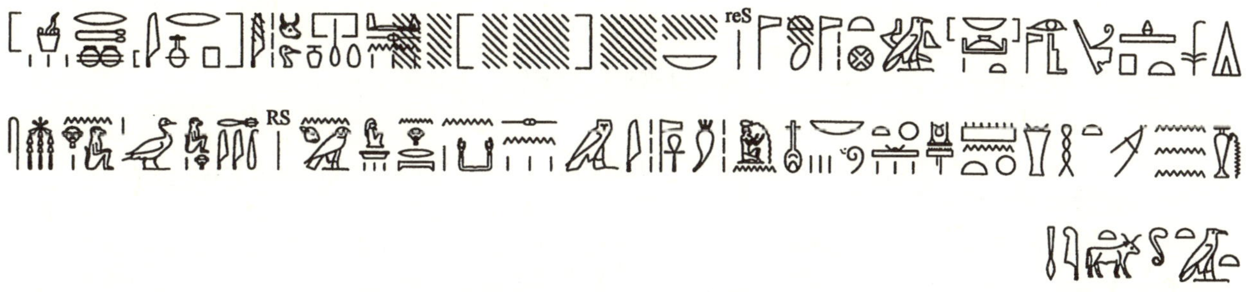

reS

RS

um linke Hälfte: ←

Vorderseite: ←↓

linke Seite, Fortsetzung: ←↓

rechts anschließend Mann, hinter ihm sechs Frauen mit je zwei Sistren, alle nach links gewandt;
vor und über Mann: ←↓

über 1. Frau: ←↓ 9 … 10 …

über 2. Frau: ←↓ 11 … 12 …

über 3. Frau: ←↓ 13 … 14 …

über 4. Frau: ←↓ 15 … 16 …

über 5. Frau: ←↓ 17 … 18 …

über 6. Frau: ←↓ 19 … 20 …

Rückseite: ←↓

1 … 2 … 3 … 4 … 5 … 6 … 7 … 8 … 9 … 10 … 11 … 12 … 13 …

rechte Seite (rechts: Fortsetzung): ←↓

… 2 … 3 … 4 …

links davon acht Männer, nach rechts gewandt;

über und vor 1. Mann: ↓→

über 2. Mann: ↓→

über 3. Mann: ↓→

über 4. Mann: ↓→

über 5. Mann: ↓→

über 6. Mann: ↓→

über 7. Mann: ↓→

über 8. Mann: ↓→

Zum Besitzer *Ḏd-ḥr* s.a. Rowland u.a., JEA 99, 2013, 53-84.

Hermopolis magna

17. Papyrus Mallawi 605 mit Urkunde aus Jahr 8 [317/316].
Unpubl., s. Kaplony-Heckel, GM 89, 1986, 56; Trismegistos 92810;

Theben

18. Inschrift an der Außenwand des Vorhofs Amenophis' III. im Luxortempel aus Jahr 4.
PM II², 335 (219b); Daressy, RecTrav 14, 1893, 33 (LIV); Abder-Raziq, ASAE 69, 1983, 211-215; Jansen-Winkeln, ZÄS 140, 2013, 1-12; Taf.I-V; Schäfer, in: Pfeiffer, Ägypten unter fremden Herrschern, 59; Birk, Türöffner, 18-21 (II.2.1.2); ↓→

(sic)

(sic)

5 (?)

6

(?) 7

8

9 (?)

10

11

(?) 12

13

(?) 14

(?) (?) (?) 15

16

(?) 17

18

19

20

19. Würfelhocker Kairo JE 37989 des *Jrt-Ḥr-r.w* aus der Cachette von Karnak, gestiftet von seinem Sohn *ʿnḫ-p3-ẖrd*.
PM II[2], 159; Jansen-Winkeln, Biographische und religiöse Inschriften, 179-184; 408-409; Taf.63-64 (Nr.29); de Meulenaere, in: F. Tiradritti, Die Schatzkammer Ägyptens, München 2000, 340-1; Database Cachette CK 525;

Bei dem Stifter handelt es sich um denselben *ʿnḫ-p3-ẖrd*, der die Bauinschrift (s.o., 80.18) anbringen ließ.

a) Vorderseite: →

b) auf Rückenpfeiler: ↓→

c) um den Sockel: →

20. Würfelhocker Kairo JE 37429 des *P3-dj-Nfr-ḥtp*, genannt *Ns-Jnj-ḥrt* (Bruder des *ʿnḫ-p3-ẖrd*) aus der Cachette von Karnak.
Unpubl., s. Database Cachette CK 118; de Meulenaere, BiOr 60, 2003, 325; Birk, Türöffner, 19, mit n.49; 110, n.114.
Die Inschriften der Statue, die von R. Birk publiziert werden wird, bestehen aus einem ‚Anruf an die Lebenden' und einigen biographischen Sätzen, in denen erwähnt wird, dass ihr Besitzer im Alter von sechs Jahren starb.

21. Papyrus Philadelphia I = Kairo JE 89361 (Hausabtretungsurkunde) aus Jahr 7, 1. *prt* [317].
M. el-Amir, A Family Archve from Thebes, Kairo 1959, 1-6; pl.3-4; St. Grunert, Der Kodex Hermopolis, Leipzig 1982, 108-9;

22. Papyrus Paris BN 219a mit Dotationsschrift aus Jahr 8 [316], 3. *3ḫt*.
Lüddeckens, Ägyptische Eheverträge, 144/145 (2D);

81. Alexander IV.

KÖNIGLICHE DENKMÄLER

Sebennytos

1. Fragment aus rotem Granit.
PM IV, 43; Kamal, ASAE 7, 1906, 90 (I); Ladynin, in: Alexander the Great and Egypt, 228;

nur Altar und Bein einer Person erhalten; über Person: ↓ [...] [...]

im Register darunter: [...]

2. Fragment aus schwarzem Granit mit Opferszene.
PM IV, 43; LD Text I, 221 (oben); J. Vandier d'Abbadie, Nestor l'Hôte (1804-1842), Leiden 1963, 17 (2); pl.V (2); Kamal, ASAE 7, 1906, 90-1 (II); Naville, Mound of the Jew, 26; pl.VI (D);

König (links) mit Opfergaben vor stehendem Onuris;

über König: ↓→ 2 1 (?)

über Gott: ←↓ [...] vor ihm: ←↓

Die Textwiedergabe ist in den unterschiedlichen Quellen uneinheitlich.

3. Fragmente aus rotem Granit mit Resten von zwei Szenen.
PM IV, 43; Edgar, ASAE 11, 1912, 91-92 (3-4); Spencer, JEA 85, 1999, 59-60 (6); pl.VIII(2);

links Kopf des Onuris, gegenüber Kopf des Königs;

über Onuris: ↓→ 2 1

über König: ←↓

1 2 3 4

5 [...]

zwischen Kol.4 und 5 Sonnenscheibe; unter ihr: ←↓

rechts davon Kopf einer Göttin, nach rechts gewandt; über ihr:

→ ↓→

4. Reliefffragment mit drei Kolumnen.
PM IV, 43; Naville, Mound of the Jew, 26; pl.VI (C);

Kolumne links: ↓→ [...] 1

rechts daneben: ←↓ 2 [...] 3

5. Fragment aus Granit mit Resten einer Szene.
PM IV, 43; Edgar, ASAE 11, 1912, 93-94 (9);

links König (nur Oberteil erhalten); vor ihm: ←↓

unter [Sonnenscheibe]: ← hinter König Standarte; darüber: ←

rechts unten neben Standarte: ←↓

rechts davon abgetrennte Kolumne: ←↓

[...]

6. Block aus grauem Granit mit Rest einer (Opfer?)Szene mit König.
J. Vandier d'Abbadie, Nestor l'Hôte (1804-1842), Leiden 1963, 18 (2);

rechts König, nach rechts gewandt; hinter ihm: ↓→ [ ]

links davon abgetrennte Kolumne: ↓→

[...] (?) (?) (?) (?) (?) (?)

7. Relieffragment Louvre E.10970 mit opferndem König (aus Sebennytos?).
Loyrette, L'Egypte des pharaons, Archéologia 113, 1977, 60-61; Kleopatra, Ägypten um die Zeitenwende, Ausstellungskatalog Mainz 1989, 100-101 (10);

rechts König mit Atefkrone, nach links gewandt, bringt Wasser und Weihrauch dar; über ihm: ←↓

1 [ ] 2 [ ] 3 [ ] [ ]

hinter ihm: ←↓ [...] links davon Szepter; darüber: ↓→ [...] [ ]

8. Relieffragment Kopenhagen Glyptothek AEIN 1061 mit König vor Sachmet.
Koefoed-Petersen, Catalogue des bas-reliefs et peintures égyptiens, Kopenhagen 1956, 48-49; pl.LIX;
M. Jorgensen, Catalogue Egypt IV, Kopenhagen 2009, 146-7 (53);

zentral Gott mit Federkrone, nach rechts gewandt, gefolgt von löwenköpfiger Göttin mit Atefkrone;

über Gott: ↓→

über Göttin: ↓→

hinter ihr ursprünglich eine weitere Göttin (nur Lotusszepter erhalten);

über ihr: ↓→

rechts [König, nicht erhalten]: ←↓ vor ihm: ←↓

Memphis (?)

9. Fragment aus Granit Kairo JE 43978 von einem Naos oder einem Tor, in Kairo verbaut gefunden (aus Memphis?).
PM IV, 73; Daressy, ASAE 12, 1912, 285-6; LR IV, 210 (VIII);

König stehend; über ihm: ↓

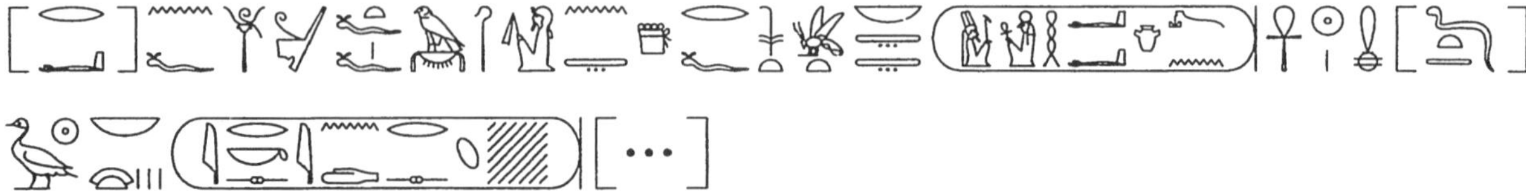

daneben gegenläufige Kolumne: ↓

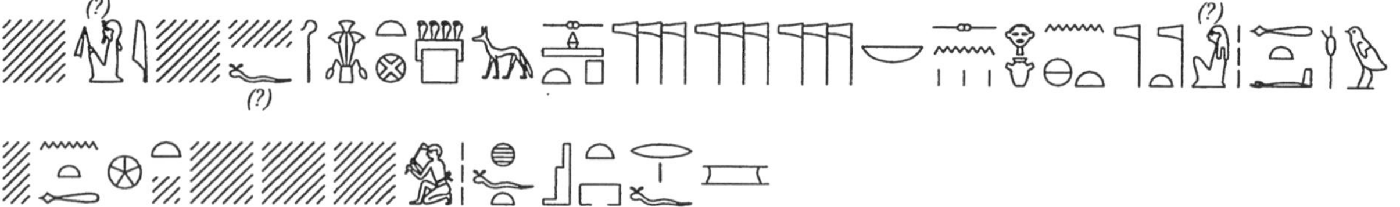

Mittelägypten

10. Türsturz aus Katzennekropole von Batn el-Baqara beim Speos Artemidos.
PM IV, 165; Champollion, Notices descr., II, 463; LD Text II, 111; Bickel, in: Jenni, Dekoration des Chnumtempels, 122, n.25; Ladynin, in: Alexander the Great and Egypt, 228;

Kartuschenfries mit (damals) zehn Kartuschen: ↓→

Darunter sechs kultische Szenen, alle unpubliziert.

11. Fragment aus Galerie C der Ibiskatakomben von Tuna el-Gebel.
D. Kessler, MDAIK 39, 1983, 120; Taf.24d; id., Tuna el-Gebel II, HÄB 43, 1998, 10; Ladynin, in: Alexander the Great and Egypt, 228;

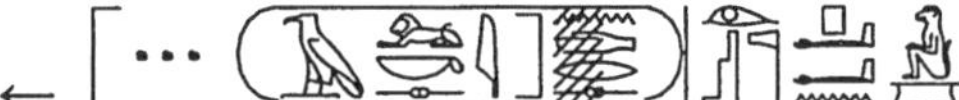

„Seine [Alexanders] vollständigen Namen finden sich noch einmal zusammen mit einer Anrufung des *Ḏḥwtj ꜥꜣꜥꜣ nb Ḫmnw nb [mdw-nṯr]* auf einem verwitterten Block mit dem Rest einer Szene des Vereinigens der beiden Länder“ (MDAIK 39, 120, unpubliziert).

Elephantine

12. Zusatz(?) auf Außenseite des Tors des mittleren Sanktuars des Chnumtempels.
Ricke, Tempel Nektanebos' II., Plan 6 (26); Taf.15 (a); Jenni, Dekoration des Chnumtempels, 34 (oben); 35 (Abb.7); Taf.11 (1562);

links Atefkrone; davor: ↓→

gegenüber: ←↓

rechts daneben Sonnenscheibe: darunter: ←

13. Granittor des Chnumtempels.
PM V, 227; De Morgan, Cat. des Mon., I, 109-112; Bickel, in: Jenni, Dekoration des Chnumtempels, 115-150; Taf.119-125;
A) Außenseite, Nordpfosten; Bickel, op.cit., Abb.2; Taf.119; LD IV,1 (b);
– unten (ursprünglich) drei Kartuschen; Bickel, op.cit., 122, Abb.4; ↓→

links: zerstört Mitte: rechts:

– darüber, 1. Szene von unten: König (rechts) mit Räuchergefäß vor Chnum; Bickel, op.cit., 122-3, Abb.5;

über König: ←↓

vor ihm: ←↓ hinter ihm: ←↓

über König Sonnenscheibe; unter ihr: ←

über Chnum: ↓→ (sic)

vor ihm, oben: ↓→ unten: ↓→

– 2. Szene von unten: König (rechts) mit zwei Salbgefäßen vor Anukis; Bickel, op.cit., 124-5, Abb.6;

über König: ←↓

vor ihm: ←↓ hinter ihm: ←↓

über König Sonnenscheibe; unter ihr: ←

über Anukis: ↓→

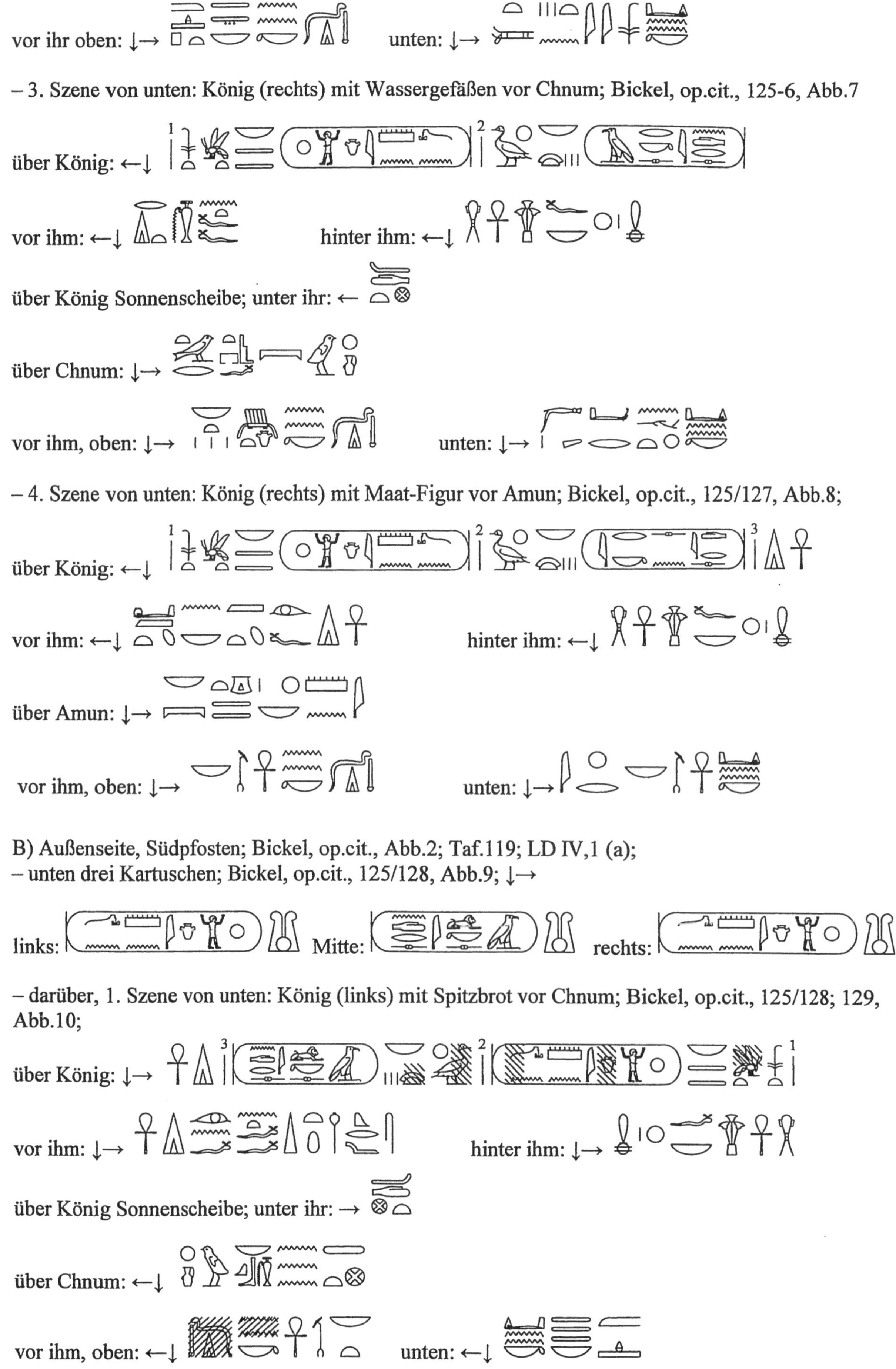

vor ihr oben: ↓→ unten: ↓→

– 3. Szene von unten: König (rechts) mit Wassergefäßen vor Chnum; Bickel, op.cit., 125-6, Abb.7

über König: ←↓

vor ihm: ←↓ hinter ihm: ←↓

über König Sonnenscheibe; unter ihr: ←

über Chnum: ↓→

vor ihm, oben: ↓→ unten: ↓→

– 4. Szene von unten: König (rechts) mit Maat-Figur vor Amun; Bickel, op.cit., 125/127, Abb.8;

über König: ←↓

vor ihm: ←↓ hinter ihm: ←↓

über Amun: ↓→

vor ihm, oben: ↓→ unten: ↓→

B) Außenseite, Südpfosten; Bickel, op.cit., Abb.2; Taf.119; LD IV,1 (a);
– unten drei Kartuschen; Bickel, op.cit., 125/128, Abb.9; ↓→

links: Mitte: rechts:

– darüber, 1. Szene von unten: König (links) mit Spitzbrot vor Chnum; Bickel, op.cit., 125/128; 129, Abb.10;

über König: ↓→

vor ihm: ↓→ hinter ihm: ↓→

über König Sonnenscheibe; unter ihr: →

über Chnum: ←↓

vor ihm, oben: ←↓ unten: ←↓

– 2. Szene von unten: König (links) mit Weingefäßen vor Satis (überwiegend zerstört); Bickel, op.cit., 128/130-1, Abb.11-12; LD IV, 1(a);

über König: ↓→

vor ihm: ↓→

hinter ihm: ↓→

über Satis ←↓

vor ihr, oben: ←↓

unten: ←↓

3. Szene von unten: König (links) mit Räuchergefäß vor Chnum; Bickel, op.cit., 131-2, Abb.13;

über König: ↓→

vor ihm: ↓→

hinter ihm: ↓→

über König Sonnenscheibe; unter ihr: →

über Chnum: ←↓

vor ihm, oben: ←↓

unten: ←↓

4. Szene von unten: König (links) mit Maatfigur vor Chnum; Bickel, op.cit., 131; 133-4, Abb.14;

über König: ↓→

vor ihm: ↓→

hinter ihm: ↓→

über König Sonnenscheibe; unter ihr: →

über Chnum: ←↓

vor ihm, oben: ←↓

unten: ←↓

C) Außenseite, Türsturz;
– Nordhälfte: König (rechts) gefolgt von Anukis, mit Weingefäßen vor Chnum und Satis; Bickel, op.cit., 134; Abb.17; Taf.122a;

über König: ←↓

vor ihm: ←↓

über Anukis: ←↓ vor ihr, oben: ←↓

unten: ←↓ ←↓

links neben Königsname Rest von Schlange auf Wappenpflanze; neben ihr: ↓→ [ ]

über Chnum: ↓→ [...] [...]

über Satis: ↓→ [...] vor ihr: ↓→ [...]

hinter ihr Kolumne. ↓→ [...] [...]

– Südhälfte: König (links), gefolgt von Satis, mit ausgestreckter Rechter vor Amun und Mut; Bickel, op.cit., 134-5; Abb.16; Taf.122,c;d

über König: ↓→

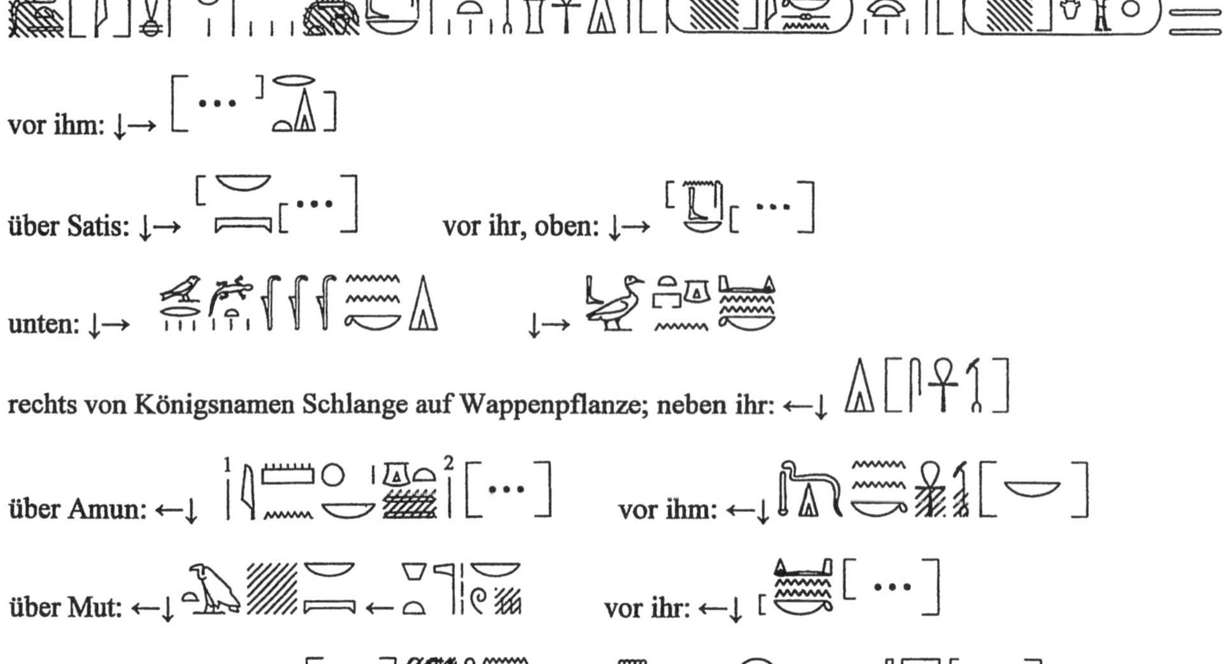

vor ihm: ↓→ [...]

über Satis: ↓→ [...] vor ihr, oben: ↓→ [...]

unten: ↓→ ↓→

rechts von Königsnamen Schlange auf Wappenpflanze; neben ihr: ←↓ [ ]

über Amun: ←↓ [...] vor ihm: ←↓ [ ]

über Mut: ←↓ ← vor ihr: ←↓ [...]

Kolumne hinter ihr: ←↓ [...] [...]

D) Innenseite, Nordpfosten; Bickel, op.cit., 138-143; Abb.21-24; LD IV,1 (c);

– rechts durchlaufende Kolumne; Bickel, op.cit., 142, Abb.24; 140, Abb.23; 138, Abb.21; Taf.124,a-b;

↓→ [ ] (?) [ ]

[ ] [...] [ ] [ ]

– links davon, 1. Szene von unten: sitzender ibisköpfiger Gott, nach rechts gewandt, mit Schreibbinse und Wassertöpfchen; Bickel, op.cit., 138, Abb.21; 141; Taf.124,a;

über ihm: ↓→

hinter ihm Kolumne: ↓→

2. Szene von unten: thronender Chnum mit Atefkrone; Bickel, op.cit., 139, Abb.22; 141;

Szene ist stark zerstört; über Chnum: → [ ] vor ihm: ↓→ [...]

3. Szene von unten: thronender Gott mit Weißer Krone; Bickel, op.cit., 140, Abb.23; 141; Taf.124,b;
über ihm: ↓→

4. Szene von unten: thronender Gott mit Doppelkrone; Bickel, op.cit., 142, Abb.24; 143; Taf.124,b;

über ihm: [ ] → ↓→

E) Innenseite, Südpfosten;
diese Seite ist fast vollständig zerstört, es ist nur ein kleiner Rest der untersten Szene erhalten: die Füße eines thronenden Gottes, nach links gewandt; Bickel, op.cit., 143, Abb.25;

vor ihm: ←↓ [...] hinter ihm: ←↓ [...]

F) An den Türsturz der Außenseite (s.o., C) schließt an der Nord- und Südseite noch kleinere Fragmente der Tempelfassade an:
Nordseite: Bickel, op.cit., Abb.2 (5; 6); Abb.18; p.135-7; Taf.122b; 123b;
Darstellung und Beischriften sind in deutlich späterer Zeit, vermutlich unter Ptolemaios IV. angebracht worden.
Südseite: Bickel, op.cit., Abb.2 (7; 13; 14); Abb.15; p.137; Taf.123a; 124c/d;
auch diese Fragmente dürften aus derselben Zeit stammen wie die der Nordseite.
Die spärlichen Reste der Dekoration des Türsturzes der Innenwand lassen sich nicht genau datieren, s. Bickel, op.cit., Abb.3 (5); Abb.27; p.144; Taf.123c.

Herkunft unbekannt

14. Relieffragment Besançon A.995-7-1.
Rondot, RdE 48, 1997, 274-276; Atzler, Antike Kunst 15.2, 1972, 120-121; Taf.38a;

links Oberteil einer Roten Krone; rechts davon zwei Kolumnen: ↓→

[...] [...]]
(sic)

hinter der Göttin Rest einer Kolumne: ↓→ [...]

rechts neben den beiden Kolumnen Schlange mit Roter Krone auf Wappenpflanze; ihr gegenüber Falke mit Atefkrone auf Serech (Horusname nicht erhalten);

hinter ihm: ←↓ 1 … 2 […]

über Königsname Rest von Flügelsonne: links davon: ←

NICHTKÖNIGLICHE PERSONEN

Sais

15. Stele Kairo CG 22182 (‚Satrapenstele'), in Kairo gefunden.
PM IV, 49; Brugsch, ZÄS 9, 1871, 1-13; Mariette, Mon. Div, pl.14; Kamal, Stèles ptolémaiques et romaines, CG, Kairo 1904-05, 168-171; pl.LVI; Wilcken, ZÄS 35, 1897, 81-87; Urk II, 11-22; Anderson, Sphinx 15, 1911/12, 100-104; Goedicke, BES 6, 1984, 33-54; Kaplony-Heckel, in: TUAT I.6, 1985, 613-619; G. Grimm, Alexandria, Mainz 1998, 36 (Abb.33); Ritner, „The Satrap Stele", in: W.K. Simpson (ed.), The Literature of Ancient Egypt, New Haven 2003, 392-397; Ladynin, CdE 80, 2005, 87-113; D. Schäfer, Makedonische Pharaonen und hieroglyphische Stelen, Löwen 2011, 31-203; Taf.2-6; Morenz, in: H.-W. Fischer Elfert, S. Richter (edd.), Literatur und Religion im Alten Ägypten, Leipzig 2011, 110-125; Ockinga, in: P. McKechnie / J. Cromwell (edd.), Ptolemy I and the Transformation of Egypt, 404-282 BCE, Leiden 2018, 166-198; Moje, Lokalregenten, 271; Fotos M. Römer;

im Bildfeld oben Flügelsonne mit Uräen; neben Uräen: ← →

darunter: ← →

in der linken Hälfte des Bildfeldes präsentiert der König (links) Feldhieroglyphe vor falkenköpfigem Gott mit Doppelkrone;
über König: ↓→

5 4 (sic) 3 2 1

vor ihm: ↓→ hinter ihm: ↓→

über Gott: ←↓ 1 2 3

in der rechten Hälfte präsentiert der König fünf Gefäße vor Göttin mit Roter Krone;
über König: ←↓

1 2 3 (sic) 4 5

vor ihm: ←↓ hinter ihm: ←↓

über Göttin: ↓→ 3 2 1

Haupttext unter Bildfeld: →

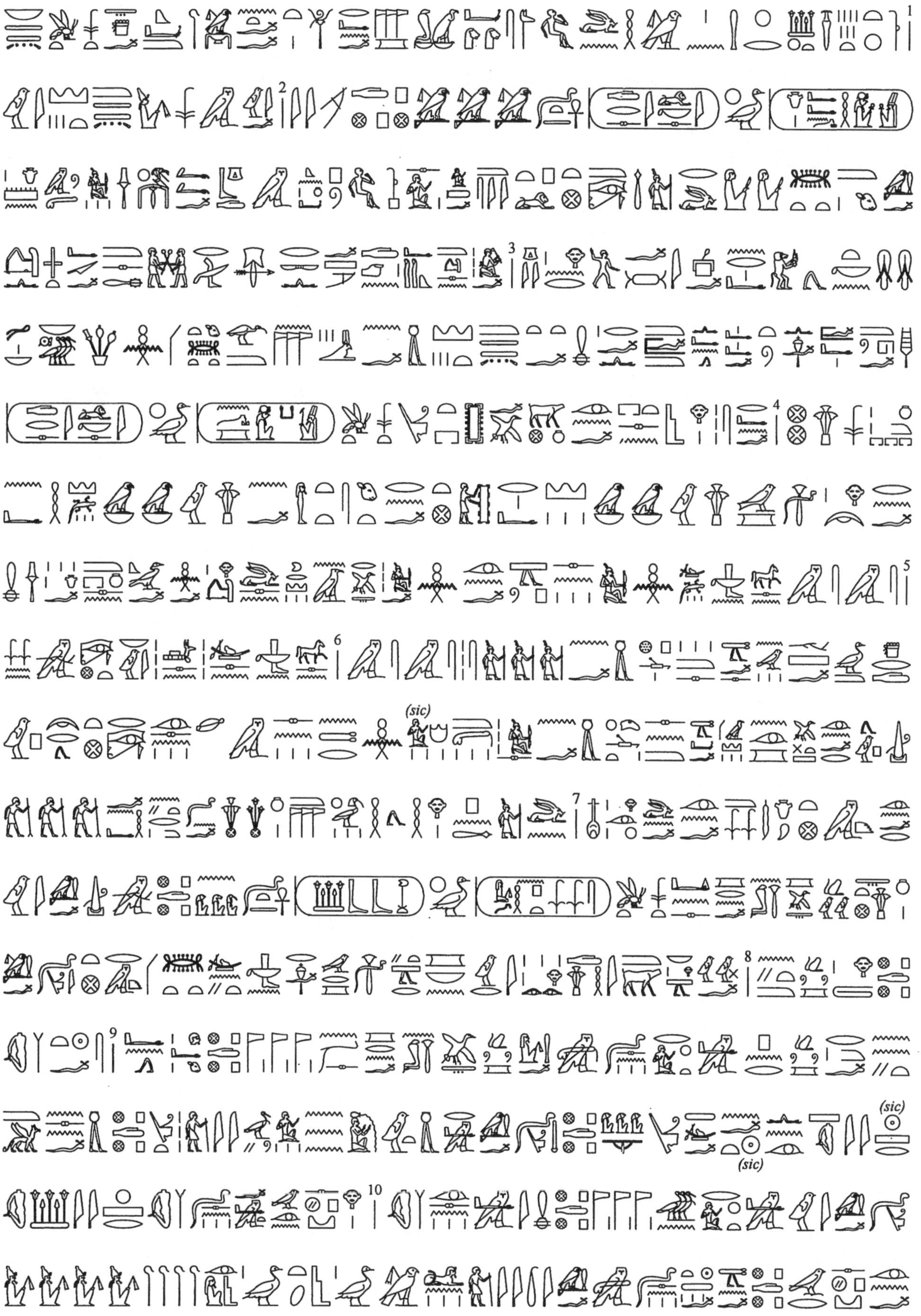

Memphis

16. Stele H5-2636 aus der Katakombe der Apismütter mit demotischer Aufschrift aus Jahr 9 (308) über Arbeiten am Sarkophag der Apismutter.
Smith u.a., The Mother of Apis Inscriptions, 91-95; Fig.12; pl.XXVII (31);

17. Stele H5-2639 aus der Katakombe der Apismütter mit demotischer Aufschrift (Datum nicht erhalten) über Transport des Sarkophags der Apismutter.
Smith u.a., The Mother of Apis Inscriptions, 95-96; pl.XXVIII (32);

18. Stelenfragment H5-2624a aus der Katakombe der Apismütter mit demotischer Aufschrift aus Jahr 9 [308], 2. *prt*.
Smith u.a., The Mother of Apis Inscriptions, 96-97; pl.XXVI.b (33);

19. Stele H5-2605 aus der Katakombe der Apismütter mit demotischer Aufschrift aus Jahr 9 [308], 3. *3ḫt*, mit Personenliste.
Smith u.a., The Mother of Apis Inscriptions, 97-100; Fig.13-14; pl.XXIXa (34);

20. Papyrus Louvre 2412 + Paris BN 226a mit Urkunde über Pfründe aus Jahr 13 [305/304].
Zauzich, Schreibertradition, 69-71 (94); Pezin, BIFAO 87, 1987, 269-273; pl.XLVIII-L;

Hawara

21. Demotischer Papyrus Chicago OIM 25259 mit Ehevertrag aus Jahr 7, 2. *3ḫt* [311/310].
G. Hughes / R. Jasnow, Oriental Institute Hawara Papyri. Demotic and Greek Texts from an Egyptian Family Archive, Chicago 1997, 19-22; pl.14-19;

Hermopolis

22. Demotischer Papyrus Loeb 3 mit Urkunde über Darlehen aus Jahr 12, 1. *prt* [305].
W. Spiegelberg, Die demotischen Papyri Loeb, München 1931, 7-9; Taf.4;

23. Demotische Papyri Loeb 4-32; 35; 57-58; 73 mit Briefen, einer Rechnung (Nr.28) und einer Quittung (Nr.31).
W. Spiegelberg, Die demotischen Papyri Loeb, München 1931, 11-66; 68; 88-90; 106; Taf.4-19; 21; 31-32; 38; Seidl, SAK 6, 1978, 177-184; Lüddeckens, in: LÄ IV, 854-857;

Diese Papyri stammen aus den Jahren 1 (Nr.27), 2 (Nr.15; 16; 19; 57; 58), 4 (Nr.17), 6 (Nr.20), 7 (Nr.23), 8 (Nr.7; 8; 9; 21; 31), 9 (Nr.5; 12; 13; 14; 18; 26) 10 (Nr.4; 6; 11; 22; 35). Da in einigen dieser Dokumente die gleichen Personen vorkommen wie im Papyrus Loeb 3, der sicher in die Zeit Alexanders IV. gehört, hat Spiegelberg vermutet, dass auch sie in diese Zeit gehören.

Theben

24. Papyrus London BM 10252, Kol.19, 23-34.
Urk VI, 2-3; U. Verhoeven, Untersuchungen zur späthieratischen Buchschrift, OLA 99, 2001, 75-79; Taf.4;

Kolophon des Schreibers aus Jahr 11 Alexanders IV., in dem vermerkt wird, dass er eine Vorlage benutzt hat, die sein Vater im Jahr 17, 4. *3ḫt*, 25 Nektanebos' I. geschrieben hatte: →

25. Kolophon des hieratischen Papyrus Bremner-Rhind (BM 10188), aus Jahr 12 Alexanders IV.

Spiegelberg, RecTrav 35, 1913, 35-40; R. Faulkner, The Papyrus Bremner-Rhind, BAe III, Brüssel 1933, 32-34; id., JEA 23, 1937, 10-12; M. Smith, Traversing Eternity, Oxford 2009, 120-123; →

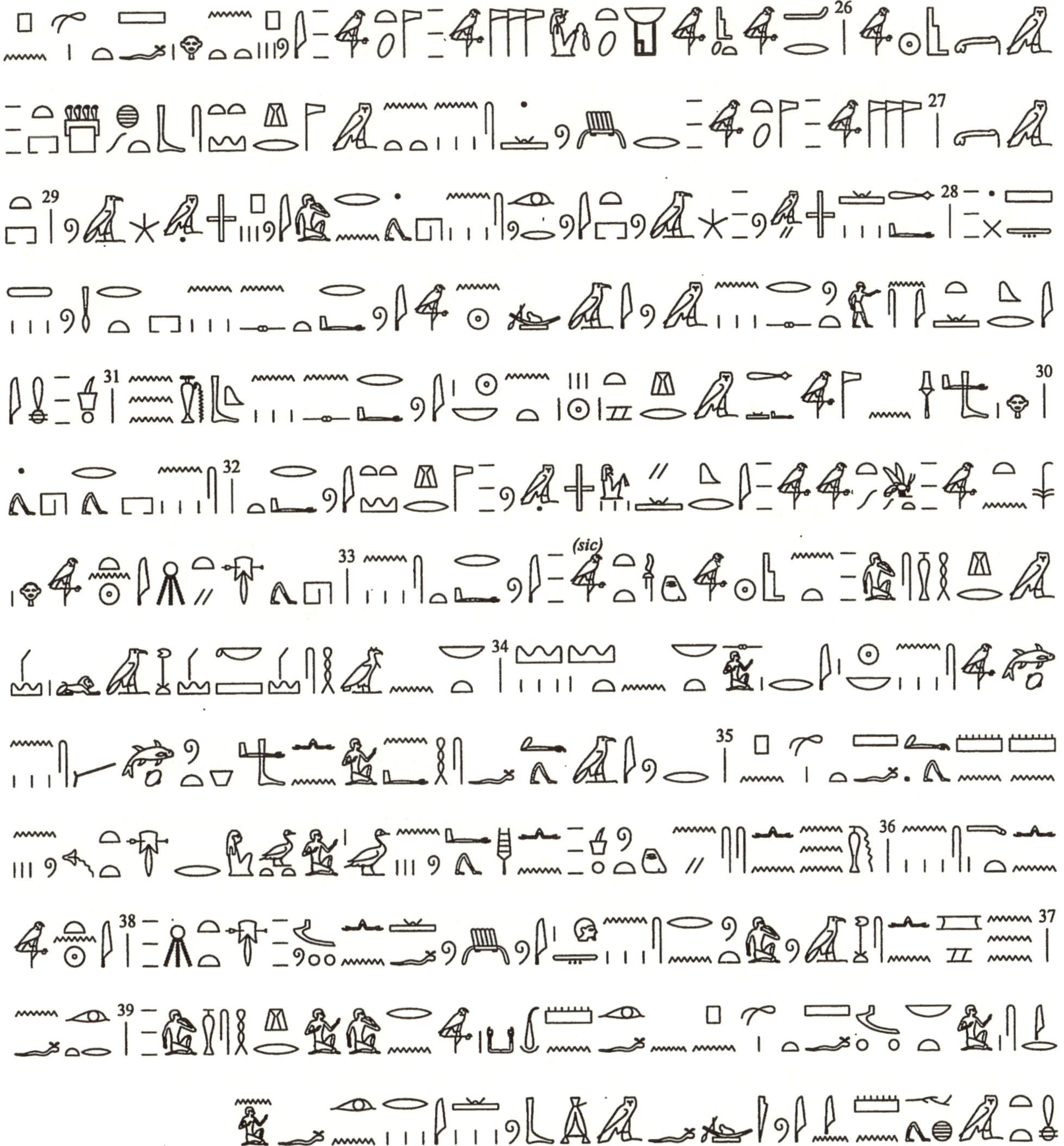

26. Demotischer Papyrus Rylands X mit Ehevertrag aus Jahr 2 [315], 3. *3ḫt*.
Griffith, Cat. of the Demotic Pap., I, pl.XXXII; III, 114-122; Lüddeckens, Ägyptische Eheverträge, 22 (Nr.10);

27. Demotischer Papyrus Brüssel E.8256b mit Steuerquittung aus Jahr 2, 3. *3ḫt*, 2 [10.1. 315].
M. Depauw, The Archive of Teos and Thabis from Early Ptolemaic Thebes, Turnhout 2000, 201-204 (Nr.9); pl.27 (Mitte);

28. Demotischer Papyrus Brüssel E.8256e mit Schreiben über Steuerbefreiung aus Jahr 2, 1. *šmw*, 22 [29.7. 315].
M. Depauw, The Archive of Teos and Thabis from Early Ptolemaic Thebes, Turnhout 2000, 194-197 (Nr.7); pl.26 (unten);

29. Demotischer Papyrus Kairo JE 89362 = Philadelphia 2 mit Kaufurkunde für ein Haus aus Jahr 3, 1. *šmw*.
Reich, [314] Mizraim 3, 1936, 9-17; pl.I-II; M. el-Amir, A Family Archve from Thebes, Kairo 1959, 7-12; pl.3-4; Zauzich, Schreibertradition, 12;

30. Demotischer Papyrus Brüssel E.8253 mit Urkunde über den Verkauf eines Hauses aus Jahr 4 [313], 4. *prt*.
M. Depauw, The Archive of Teos and Thabis from Early Ptolemaic Thebes, Turnhout 2000, 110-125 (Nr.2/2a); pl.12-16;

31. Demotischer Papyrus Brüssel E.8256d mit Schreiben über Steuerbefreiung(?) aus Jahr 5, 3. *ꜣḫt*, 10 [7.1. 312].
M. Depauw, The Archive of Teos and Thabis from Early Ptolemaic Thebes, Turnhout 2000, 205-208 (Nr.10); pl.27 (unten);

32. Graffito Medinet Habu Nr.86 mit Segenswunsch aus Jahr 5, 3. *prt*, 1 [8.5. 312].
H.-J Thissen, Die demotischen Graffiti von Medinet Habu, DS 10, 1989, 145-146;

33. Demotischer Papyrus London BM 10027 mit Besitzübertragungsurkunde für ein Haus aus Jahr 6 [311], 2. *prt*.
C. Andrews, Catalogue of Demotic Papyri in the British Museum, IV, London 1990, 64-66 (24); pl.1; 51-53;

34. Demotischer Papyrus Brüssel E.8254 mit Urkunde über den Verkauf eines Hauses aus Jahr 6 [311], 3. *šmw*.
M. Depauw, The Archive of Teos and Thabis from Early Ptolemaic Thebes, Turnhout 2000, 126-161 (Nr.3); pl.17-24;

35. Demotischer Papyrus Brüssel E.8255b, Steuerquittung aus Jahr 6, 3. *šmw*, 20 [4.10. 311].
M. Depauw, The Archive of Teos and Thabis from Early Ptolemaic Thebes, Turnhout 2000, 168-180 (Nr.4); pl.25 (oben); Birk, Türöffner, 31-34 (II.2.3.1);

36. Demotischer Papyrus Brüssel E.8255a, Steuerquittung aus Jahr 6, 3. *šmw*, 30 [4.10. 311].
M. Depauw, Thc Archive of Teos and Thabis from Early Ptolemaic Thebes, Turnhout 2000, 181-188 (Nr.5); pl.25 (unten);

37. Demotischer Papyrus Brüssel E.8255c, Steuerquittung aus Jahr 7, 4. *prt*, 6 [12.6. 310].
M. Depauw, The Archive of Teos and Thabis from Early Ptolemaic Thebes, Turnhout 2000, 189-193 (Nr.6); pl.26 (oben);

38. Demotischer Papyrus Brüssel E.8256a, Steuerquittung aus Jahr 7, 4. *prt*, 20 [26.6. 310].
M. Depauw, The Archive of Teos and Thabis from Early Ptolemaic Thebes, Turnhout 2000, 198-200 (Nr.8); pl.27 (oben);

39. Demotischer Papyrus Kairo JE 89363 = Philadelphia 3 mit Kaufurkunde für ein Haus aus Jahr 10 [307], 1. *prt*.
Reich, Mizraim 7, 1938, 14-15; pl.1-2; M. el-Amir, A Family Archve from Thebes, Kairo 1959, 13-16; pl.5-6; Zauzich, Schreibertradition, 12;

40. Demotischer Papyrus Philadelphia 4 mit Abtretungsurkunde für ein Haus aus Jahr 10 [307], 1. *prt*.
Reich, Mizraim 7, 1938, 15 (IV); pl.3-4; M. el-Amir, A Family Archive from Thebes, Kairo 1959, 17-21; pl.7-8; Zauzich, Schreibertradition, 74 (96);

41. Demotischer Papyrus Brüssel E.8255d mit Privatbrief aus Jahr 11, 3. *prt*, 2 [8.5. 306].
M. Depauw, The Archive of Teos and Thabis from Early Ptolemaic Thebes, Turnhout 2000, 209-224 (Nr.11); pl.28;

42. Demotischer Papyrus Brüssel E.8256c mit Verzichtserklärung aus Jahr 11, 1. *šmw*, 25 [30.7. 306].
M. Depauw, The Archive of Teos and Thabis from Early Ptolemaic Thebes, Turnhout 2000, 225-230 (Nr.12); pl.28 (rechts);

43. Graffito Medinet Habu Nr.235 mit Segenswunsch aus Jahr 12, 3. *prt*, 3 [8.5. 305].
H.-J Thissen, Die demotischen Graffiti von Medinet Habu, DS 10, 1989, 142-145;

44. Demotischer Papyrus Louvre 2440 mit Abtretungsurkunde für ein Haus aus Jahr 13 [304], 3. *ꜣḫt*.
Zauzich, Schreibertradition, 12-14;

45. Demotischer Papyrus Louvre 2427 mit Abtretungsurkunde für ein Haus aus Jahr 13 [304], 3. *ꜣḫt*.
Zauzich, Schreibertradition, 74-75 (97)

46. Holztafel Paris BN 1892 mit Steuerquittung aus Jahr 3, 3. *šmw*, 20 [25.9. 315]
Unpubl., s. M. Depauw, The Archive of Teos and Thabis from Early Ptolemaic Thebes, Turnhout 2000, 65, n.199; Trismegistos Nr.112526;

Edfu

47. Modell des Gottes Ihi Kairo JE 45895 mit demotischer Aufschrift über die Laufbahn von jemandem, der im Jahr 1 Artaxerxes' III geboren wurde und im Jahr 5 „der Griechen“ [= Alexanders des Großen] Türhüter wurde und weitere 15 Jahre Priester war.
N. Tomoum, The Sculptor's Models of the Late and Ptolemaic Periods, Kairo 2005, 117 (36); Vleeming, Graffiti, 373-4 (2085)

Ain Manawir (Oase Charga)

48. Ostrakon OMan 4991 mit Scheidungsurkunde aus Jahr 11 [306], 2. *prt*.
Chauveau / Agut-Labordère in: www.achemenet.com/fr/tree/?/sources-textuelles/textes-par-langues-et-ecriture/egyptien-hieroglyphique-et-demotique/ostraca-d-ayn-manawir, Seite 9;

49. Ostrakon OMan 6997 mit Urkunde über Verkauf von Wasserrechten aus Jahr 2 [315], 2. *prt*.
Chauveau / Agut-Labordère in: www.achemenet.com/fr/tree/?/sources-textuelles/textes-par-langues-et-ecriture/egyptien-hieroglyphique-et-demotique/ostraca-d-ayn-manawir, Seite 18.

82. 4. Jahrhundert insgesamt

KÖNIGLICHE DENKMÄLER

Athribis

1. Drei Fragmente (u.a. Kairo JE 46095 A / B) von Kapelle oder Kiosk namens ‚Kammer der 70' (*ꜥt n sfḫw*).
PM IV, 66; Daressy, ASAE 17, 1917, 185-193; Drioton, ASAE 38, 1938, 109-116; Rowe, ibid., 525-529; Vernus, Athribis, 135-171 (141); pl.XX-XXI (+ Lit.); J.-Cl. Goyon, Les dieux-gardiens et la genèse des temples, BdE 93, 1985, 226-31; Fig.32-34; 400; 420-4, Fig.53-54; pl.XLII-XLIV; Arnold, Temples of the Last Pharaohs, 108; Leclère, Les villes, 253;

Die Inschrift von Fragment III steht auf der Rückseite einer wiederverwendeten Stele Ramses' II. (s. KRI II, 306-7; Vernus, op.cit., 35-7), die Fragmente I und II sind in Tell Sidi Nasr gefunden worden.
Die Inschriften sind in der Hauptsache eine Aufzählung von 74 der 77 Schutzgötter (oder Dämonen) von Pharbaitos, die auch aus mehreren anderen Quellen bekannt sind (s. dazu Vernus, op.cit., 137-165; Goyon, op.cit., I, 183-397: II, 146-224), hier allerdings stark verkürzt, meist auf das erste Wort beschränkt. Die Dämonen Nr.1-71 und 74 stehen auf Fragment III, Nr.76 auf Fragment II und Nr.77 auf Fragment I.

Fragment III (ASAE 38, 1938, pl.XIX-XX; Vernus, op.cit., 136, Fig.2; Goyon, op.cit., pl.XLIV):
links stehender Schutzgott mit Geierkopf, rechts von ihm zentral ein überdimensionales , darin ein (unverständliches) Kryptogramm: unten der -Käfer, der ein trägt, flankiert von Horus und Thot mit *ꜥnḫ*- und *wꜣs*-Zeichen; darüber → . Um das *ḥwt-ꜥꜣt* herum eine Liste der Schutzgötter von Pharbaitos: ← (bzw. ←↓):

1: 2: 3: 4: 5: 6:
7: 8: 9: 10: 11: 12:
13: 14: 15: 16: 17: 18:
19: 20: 21: 22: 23: 24:
25: 26: 27: 28: 29: 30:
31: 32: 33: 34: 35: 36:
37: 38: 39: 40: 41:
42: 43: 44: 45:

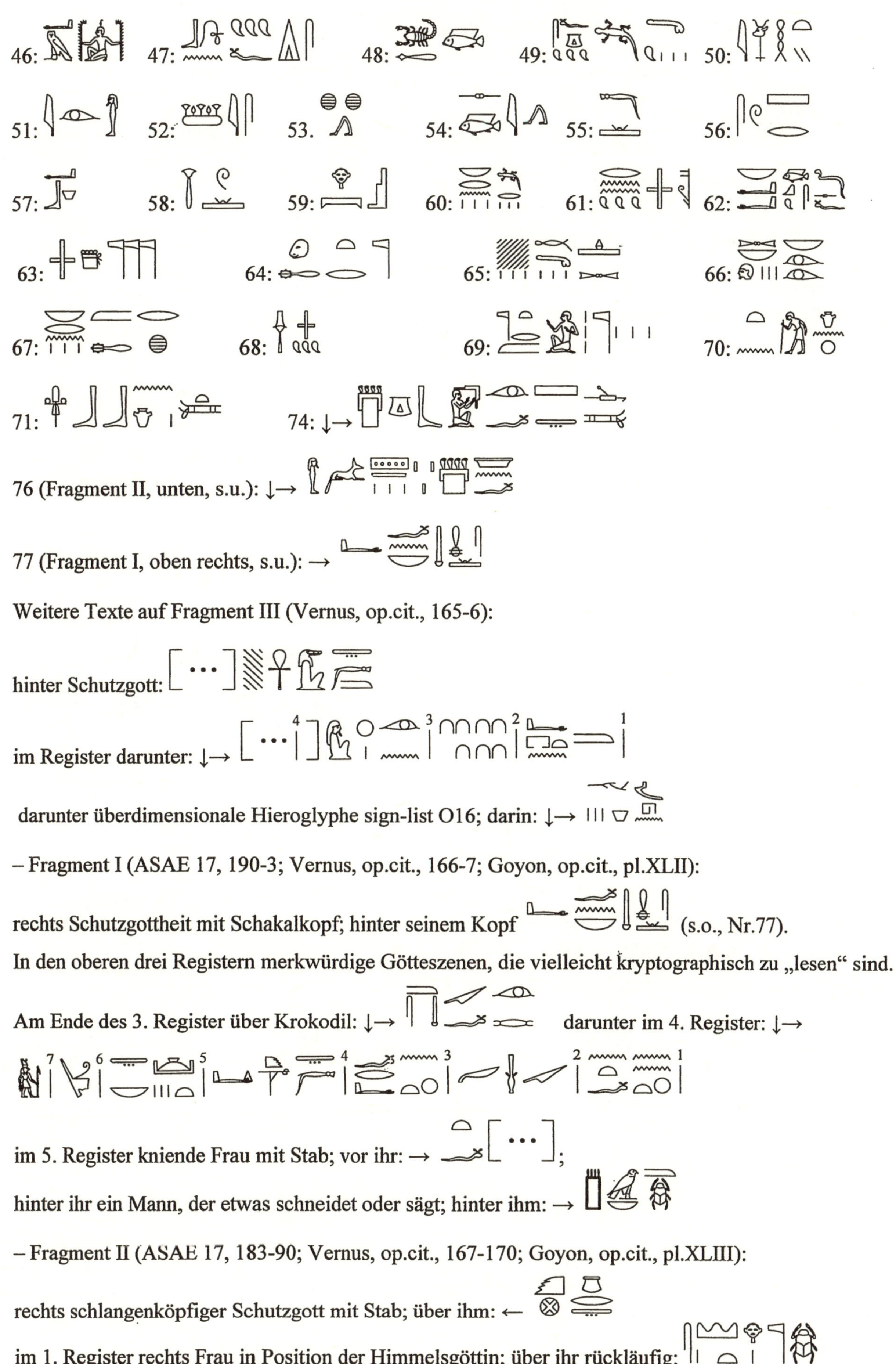

46: 47: 48: 49: 50:

51: 52: 53. 54: 55: 56:

57: 58: 59: 60: 61: 62:

63: 64: 65: 66:

67: 68: 69: 70:

71: 74: ↓→

76 (Fragment II, unten, s.u.): ↓→

77 (Fragment I, oben rechts, s.u.): →

Weitere Texte auf Fragment III (Vernus, op.cit., 165-6):

hinter Schutzgott: [...]

im Register darunter: ↓→ [...] 4 3 2 1

darunter überdimensionale Hieroglyphe sign-list O16; darin: ↓→

– Fragment I (ASAE 17, 190-3; Vernus, op.cit., 166-7; Goyon, op.cit., pl.XLII):

rechts Schutzgottheit mit Schakalkopf; hinter seinem Kopf (s.o., Nr.77).

In den oberen drei Registern merkwürdige Götteszenen, die vielleicht kryptographisch zu „lesen" sind.

Am Ende des 3. Register über Krokodil: ↓→ darunter im 4. Register: ↓→

7 6 5 4 3 2 1

im 5. Register kniende Frau mit Stab; vor ihr: → [...];

hinter ihr ein Mann, der etwas schneidet oder sägt; hinter ihm: →

– Fragment II (ASAE 17, 183-90; Vernus, op.cit., 167-170; Goyon, op.cit., pl.XLIII):

rechts schlangenköpfiger Schutzgott mit Stab; über ihm: ←

im 1. Register rechts Frau in Position der Himmelsgöttin; über ihr rückläufig:

links davon eine Reihe von Göttern ohne Beischriften.

Im 2. Register nur links Beischriften: unter einer Szene mit zwei gabenbringenden (Nil)Göttern:

→ ; links davon eine Inschrift, deren Anordnung und Sinn unklar ist: ↓→

Zu einem Deutungsversuch vgl. Vernus, op.cit., 168.

Die Inschriften in den Registern 3-5 könnten an den Text am Ende des 2. Registers anschließen oder, wohl wahrscheinlicher, an einen jetzt weggebrochenen Text hinter der Schutzgottheit:
3. Register: →

4. Register: →

5. Register: → [...] (folgen 5 Götter, die sich an der Hand halten); dahinter:

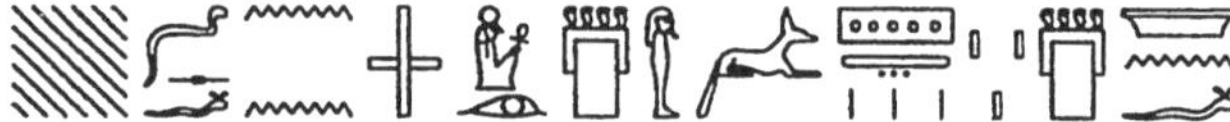

Saft el-Henna

2. Naos Ismailiya 2248, in El-Arisch gefunden.
PM IV, 1; F.Ll. Griffith, The Antiquities of Tell el-Yahûdîyeh, EEF 7, London 1890, 70-4; pl.XXIII-XXVI; Goyon, Kêmi 6, 1936, 1-42; Davoli, Saft el-Henna, 51-2 (25); I. Schumacher, Der Gott Sopdu, Herr der Fremdländer, OBO 79, 1988, 179-184; Schneider, in: A. Brodbeck (ed.), Ein ägyptisches Glasperlenspiel, Berlin1998, 207-42; Sternberg, in: TUAT III.5, 1995, 1006-17; A.-S. von Bomhard, The Naos of the Decades, Oxford 2008, 30, Fig.31; 243-4;

a) rechte Außenseite (links vom Betrachter, „paroi A"); →

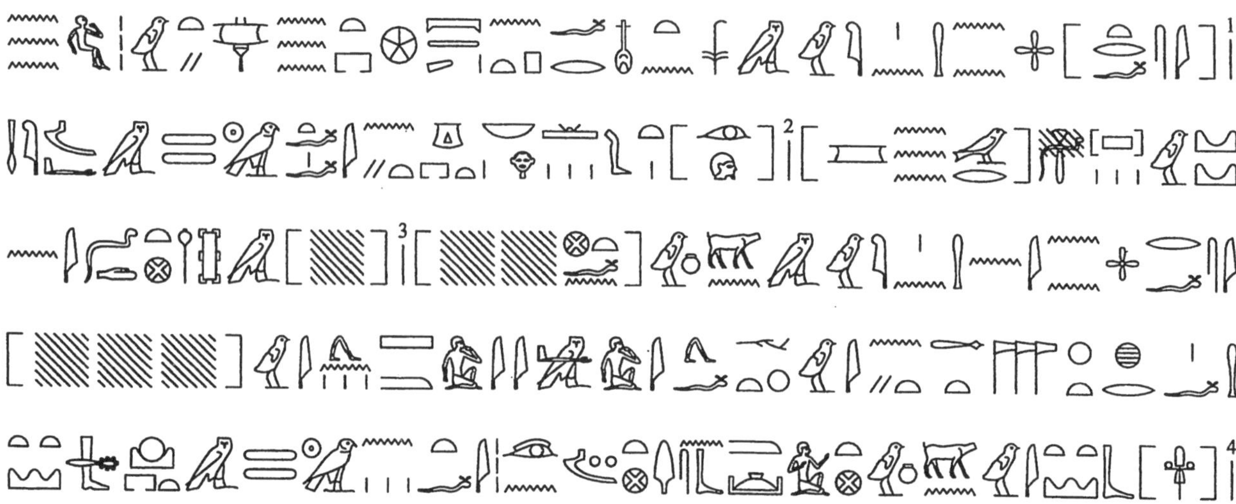

b) Rückseite (zur Lesefolge s. Schneider, op.cit., 210): →

(sic)

19

20

21

22

23

(sic)

24

25

26

27

(sic)

28

29

30 31 32 33 34 (sic) (sic) 35 36 37

c) linke Außenseite (rechts vom Betrachter, „paroi B“, nach Goyon), nur Reste; ←

1 2 3

Die Abschrift von Griffith unterscheidet sich in vielen Punkten von der bei Goyon.

d) Innenseiten:

Die Tafel V, auf der Goyon die Dekoration der Innenseite wiedergegeben hat, fehlt offenbar in den meisten Ausgaben von Kêmi 6, s. jetzt aber Bomhard, The Naos of the Decades, 30, Fig.31 sowie Griffith, in: Naville, Mound of the Jews, pl.XXIII.
Die relativ geringfügigen Reste enthalten nur wenige Bruchstücke von Beischriften.

KÖNIGSFAMILIE

Behbeit el-Hagar

3. Torso einer Schreitfigur eines Sohnes Nektanebos' II. (ehemals?) in Privatsammlung.
Clère, RdE 6, 1951, 135-56; pl.I; Capart, CRAIBL 1947, 272-6; Chevereau, Prosopographie, 155-6 (229); A. Kuhrt, The Persian Empire, A Corpus of Sources from the Achaemenid Period, 2010, 414-5 (78,I); Vittmann, Zeit der Perserherrschaft, 406; Agut-Labordiere, Transeuphratène 35, 2008, 24; Ladynin, in: K. Nawotka u.a. (edd.), Alexander the Great and the East, Wiesbaden 2016, 9-18;

auf Rückenpfeiler: ↓→

auf linker Seite, hinter dem Bein: ←↓

Belqas

4. Sarkophag Kairo CG 29317 der Königsmutter *Wḏ3-Šw* aus Masara bei Belqas (Delta).
PM IV, 45; Edgar u.a., ASAE 8, 1907, 276-280; Maspero / Gauthier, Sarcophages, II, 109-14; Mysliwiec, BIFAO 81 (Suppl.), 1981, 92 (5); Manassa, Sarcophagi, 5; 17; pl.10; De Meulenaere, ZÄS 90, 1963, 92-3; Vittmann, CdE 49, 1974, 49; id., Or 44, 1975, 386; Engsheden, CdE 81, 2006, 66-68; Zecchi, Osiris Hemag, 26-7 (16); A. Dodson / D. Hilton, The Complete Royal Families of Ancient Egypt, London 2004, 256-7; Panov, Inscriptions of the Late Period, 93 (2.8); Fotos CLES;

– Kopfseite; Maspero / Gauthier, op.cit., 110-111; pl.XXXIII (2);

Zeile oben: →

darunter rechts Rest einer Darstellung der Geburt der Sonne; links davon: ↓→

– linke Seite; Maspero / Gauthier, op.cit., 111-112; pl.XXXIII (1);

Zeile oben: →

darunter Darstellungen und 28 Kolumnen Beischriften nach Art der Unterweltsbücher, s. dazu Manassa, Sarcophagi, 44-50 (mit Parallelen).

In Kol.20-22 wird die Tote (in der 3. Person maskulin) in den Text eingefügt: ↓→

– Fußseite; Maspero / Gauthier, op.cit., 113; pl.XXXIII (3);

oben Fragment der Sonnenbarke und Reste von Beischriften; darunter: ←↓

5. Uschebtifragmente der Königsmutter *Wḏ3-Šw*, (ursprünglich) wohl aus Masara bei Belqas.
Daressy, ASAE 8, 1907, 280-281; Newberry, Funerary Statuettes, 375; Aubert, Statuettes, 245; Schneider, in: Fs de Meulenaere, 160; 166, Fig.3 (UC 38083); Bourriau, JEA 77, 1991, 162 (377); Vittmann, CdE 49, 1974, 49; Leroy / Devauchelle, RdE 69, 2019, 259-261;

UC 38083: ↓→ [...]

CG 48489: ↓→ [...]

im Irak gefundener Uschebti (RdE 69, 259-61): ↓→ [...]

Herkunft unbekannt

6. Sarkophag Berlin 7 des Generalissimus *Nḫt-nb.f* (Enkel einer Schwester Nektanebos' I.).
Ausf. Verz. Berlin 1899, 272; H.Brugsch, Geographische Inschriften altägyptischer Denkmäler, I, 1857, Taf.XXX; Urk II, 24-26; Panov, Inscriptions of the Late Period, 96-114; Abklatsche WB 1807; 2016-19.
Der Sarkophag ist sehr dicht (und schwer lesbar) mit Texten v.a. aus den Unterweltsbüchern dekoriert; Titel, Beiworte und Filiationsangaben des Besitzers um den Rand der Sargwanne;
rechts: ←

(?)

links: →

(?)

(?)

(?)

(?)

(?)

7. Statuette eines Löwen mit Opferplatte der Königsschwester *Mrjt-Ḥp* in Privatbesitz.
Doetsch-Amberger, GM 31, 1979, 19-23; Taf.1-2;
um die Platte, Beginn Mitte Vorderseite

rechte Seite: → RS reS

linke Seite: ← liS RS

Vorne sind die Inschriften durch getrennt, auf der Rückseite ist das beiden gemeinsam.

8. Granitfragment (von Grab oder Sarkophag?) derselben *Mrjt-Ḥp*.
Daressy, RecTrav 14, 1893, 185 (LXXXV); de Meulenaere, ZÄS 90, 1963, 90-1; Engsheden, CdE 81, 2006, 62, n.5; 68; Panov, Inscriptions of the Late Period, 81-82;

horizontal: [...] [...]
vertikal:

1 [...] 2 3

NICHTKÖNIGLICHE PERSONEN

Unterägypten allgemein

9. Naophor Kairo CG 722 des *P3-dj-Ḥr* (aus Aphroditopolis?).
PM VIII, 952; Bouriant, RecTrav 8, 1886, 169 (47); Borchardt, Statuen und Statuetten, III, 57-8; Bl.133; ESLP, 149; Foto CLES;
auf Rückenpfeiler: ↓→

1

2 [...]

[...] (?) (?)

10. Sarkophag Berlin 29 des Generalissimus *P3-dj-3st*, Sohn des *P3-šrj-n-t3-jḥt*.
Berlin, Ausf. Verz., 270; J. H. Brugsch, Recueil des monuments égyptiens, Leipzig 1862, I, pl.XXXIII (Deckel); Dümichen, Der Grabpalast des Patuamenap in der thebanischen Nekropolis, III, Leipzig 1894, Taf.25-26 (seitenverkehrt); H. Schäfer / W. Andrae, Die Kunst des alten Orients, Berlin 1925, 442; Manassa, Sarcophagi, pl.287-9; 301-2; Yoyotte, MDAIK 16, 1958, 414-6; Chevereau, Prosopographie, 158-60 (233); Perdu, RdE 42, 1991, 265-6; eigene Abschrift;

oben auf dem Deckel die Göttin *Št3yt* entsprechend dem Eingangsbild der 5. Höhle des Höhlenbuchs; über ihr: ↓→ (rückläufig)

neben dem widderköpfigen Gott auf der linken Hand der Göttin: ↓→

darunter, rechts neben der Göttin (vgl. D. Werning, Das Höhlenbuch, Wiesbaden 2011, 238/239): ↓→

(sic)

unter ihrer rechten Hand: ↓→

unter ihrem rechten Arm (links neben der Göttin): ←↓

(?)

auf der Kopfseite des Deckels zentral ein Textblock; ↓→

darunter: ←→

Auf der Kopfseite der Wanne unter der oberen Randzeile (s.u.) drei Schlangen und zwei Boote (vgl. Amduat, 1. Stunde, mittleres Register), ohne Beischriften;
darunter rechts drei Register mit je vier Frauen mit herabhängenden Armen, ohne Beischriften;
links daneben Kolumne: ↓→

links daneben drei Register mit je drei Männern mit anbetend erhobenen Händen; ihre Namen (vgl. Amduat, 1. Stunde, unteres Register; Hornung Amduat, I, 16; II, 31) vor ihnen: ↓→

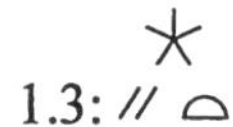

1.3: 1.2: 1.1:

2.6: 2.5: 2.4:

3.9: 3.8: 3.7:

links daneben Kolumne: ↓→

links daneben drei Register mit je vier feuerspeienden Uräen; ihre Namen (vgl. Amduat, 1. Stunde, unteres Register; Hornung, Amduat, I, 14-15; II, 29-30) über ihnen: ↓→

1.4: 1.3: 1.2: 1.1:

2.4: 2.3: 2.2: 2.1:

3.4: 3.3: 3.2: 3.1:

links von ihnen: ↓→

links davon drei Register mit kniend anbetenden Gestalten, im oberen Register mit Köpfen von Krokodilen, im mittleren von Schakalen, im unteren von Menschen; ihre Namen (vgl. Amduat, 1. Stunde, oberes Register; Hornung, Amduat, I, 6-7; II, 13-14) vor ihnen: ↓→

1.3: 1.2: 1.1:

2.3: 2.2: 2.1:

3.3: 3.2: 3.1:

Auf der Fußseite der Wanne oben Morgen- und Abendbarke bei Übergabe der Sonne zwei Göttinnen (Westen und Osten); ohne Beischriften;
darunter 6 + 6 Götter mit Szeptern;

Zeile über 6 Göttern links: → 

Zeile über 6 Göttern rechts: ←

um oberen Rand der Sargwanne laufende Zeile mit Fragmenten aus dem mittleren Register der 1. Stunde des Amduat; dazwischen Titel und Namen des Besitzers; um rechte Hälfte: ←

dto., linke Seite: →

rechte Seite der Sargwanne: Dämonen mit Beischriften darüber, unten 12, oben 13; untere Reihe, 1. von rechts, mit Löwen- und Krokodilskopf und Federkrone, mit zwei Messern: ↓→

2. v.r., krokodilsköpfig, mit zwei Messern: ↓→

3.v.r., mit - Zeichen als Kopf und zwei Messern: ↓→

4. v.r., löwenköpfig, mit zwei Messern: ↓→

5. v.r., stierköpfig, mit einem Messer: ↓→

6. v.r., löwenköpfig, mit einem Messer: ↓→

7. v.r., paviansköpfig, mit einem Messer: ↓→

8. v.r., löwenköpfig, mit zwei Messern: ↓→

9. v.r., schlangenköpfig, mit einem Messer: ↓→

10. v.r., löwenköpfig, mit zwei Messern: ↓→

11. v.r., menschenköpfig, mit einem Messer: ↓→

12. v.r., krokodilsköpfig, mit einem Messer: ↓→

obere Reihe:
1. von rechts, menschenköpfig , mit zwei Messern: ↓→

2. v.r., schakalköpfig, mit einem Messer: ↓→

3. v.r., vogelköpfig, mit einem Messer: ↓→

4. v.r., hockender Pavian mit zwei Messern: ↓→

5. v.r., löwenköpfig, mit einem Messer: ↓→

6. v.r., katzenköpfig, auf einem Schemel hockend, mit einem Messer: ↓→

7. v.r., menschenköpfig, mit zwei Messern: ↓→

8. v.r., mit zwei Schlangen als Kopf, mit einem Messer: ↓→

9. v.r., löwenköpfig, mit vier Uräen darauf, mit einem Messer: ↓→

10. v.r., krokodilsköpfig, mit zwei Messern: ↓→

11. v.r., schakalköpfig, mit zwei Messern: ↓→

12. v.r., menschenköpfig, mit zwei Messern: ↓→

13. v.r., löwenlöpfig, mit einem Messer: ↓→

linke Seite der Sargwanne: Dämonen mit Beischriften darüber, oben 13, unten 12; untere Reihe:
1. von links, stehende Frau mit Uräus, mit zwei Messern: ←↓

2. v.l., krokodilsköpfig, mit zwei Messern: ←↓

3. v.l., geierköpfig mit zwei Federn und zwei Messern: ←↓

4. v.l., schakalköpfig, mit zwei Messern: ←↓

5. v.l., löwenköpfig, mit einem Messer: ←↓

6. v.l., krokodilköpfig, mit Doppelfederkrone und einem Messer: ←↓

7. v.l., menschenköpfig, mit Feder auf Kopf und einem Messer: ←↓

8. v.l., stierköpfig, mit zwei Messern: ←↓

9. v.l., krokodilsköpfig, mit zwei Federn und einem Messer: ←↓

1 2 3 4 (?) (?)

10. v.l., falkenköpfig, mit einem Messer: ←↓

1 2 3 4

11. v.l., widderköpfig, mit zwei Messern: ←↓

1 2 3 4

12. v.l., schlangenköpfig, mit einem Messer: ←↓

1 2 3 4

obere Reihe:

1. von links: stierköpfig, mit einem Messer: ←↓

1 2 3 4

2. v.l., hundsköpfig, mit zwei Messern: ←↓

1 2 3 4

3. v.l., doppelköpfig, ohne Messer: ←↓

1 2 3 4

4. v.l., menschenköpfig, ohne Messer: ←↓

1 2 3 4

5. v.l., krokodilsköpfig, ohne Messer: ←↓

1 2 3 4

6. v.l., menschenköpfig und drei Uräen auf dem Kopf, mit einem Messer: ←↓

1 2 3 4

7. v.l., insektenköpfig, mit einem Messer: ←↓

1 2 3 4

8. v.l., paviansköpfig, mit zwei Messern: ←↓

9. v.l., menschenköpfig, mit einem Messer: ←↓

10. v.l., stierköpfig, mit vier Hörnern und zwei Messern: ←↓

11. v.l., falkenköpfig, mit zwei Messern: ←↓

12. v.l., paviansköpfig, mit zwei Messern: ←↓

13. v.l., drei Schlangen als Kopf, mit zwei Messern: ←↓

11. Uschebtis des Generalissimus *Pꜣ-dj-ꜣst*, u.a. in Alexandria, in einem Grab in Kom esch-Schugafa bei Alexandria gefunden.
Botti, in: Th. Schreiber, Die Nekropole von Kôm esch-Schukâfa, Leipzig 1908, 343-4; Aubert, Statuettes, 252; Chevereau, Prosopographie, 158 (233, II);

nach Legrain, Collection Hoffmann, 74 (255):

(folgt „Fragment du Chapitre VI").

12. Sarkophag BM 33 (967) der *ꜥnḫ(t)*, Tochter des *Pꜣ-dj-ꜣst*.
BM Guide 1909, 261-2; Sharpe, Inscriptions, I, 23 (B); Piehl, Inscr. III, pl.XLIII (Z); 31-2; Buhl, Late Egyptian Sarcophagi, 59 (E, a 22); 60 (Fig.25); Chevereau, Prosopographie, 159 (233, III); Spencer, in: W.V. Davies (ed.), Studies in Egyptian Antiquities. A Tribute to T.G.H. James, BM OP 123, 1999, 18 (Fig.4a); 19; 20 (Fig. 5c); A. Wiese, Antikenmuseum Basel und Sammlung Ludwig: Die ägyptische Abteilung, Mainz 2001, 200 (Nr.140);

vorn auf Deckel: ↓→

Naukratis

13. Untersatz (für Altar?) Kairo TN 1/6/24/6 des *Nḫt-nb.f*.
PM IV, 50; Daressy, RecTrav 22, 1900, 140-141 (CLXXI); Jansen-Winkeln, ZÄS 124, 1997, 108-115; Leclère, Les villes, 134 (oben);

die beiden symmetrischen Inschriften läufen um den Sockel, Beginn Mitte der Seite A; →

←

Es wäre möglich, dass die gleichfalls aus Naukratis stammende Statue Kairo JE 41301 (Daressy, ASAE 17, 1917, 23-4; Mendes II, 199; pl.26 [67]) dem Vater des *Nḫt-nb.f* gehörte, s. ZÄS 124, 115.

Terenuthis / Kom Abu Billu

14. Theophor Vatikan 159 des *Ḥr-r.j* (Kopf und Füße modern ergänzt), einen Pavian mit Mondscheibe auf einem Sockel tragend.
Turajeff, ZÄS 46, 1909, 74-77; Spiegelberg, ZÄS 49, 1911, 130-131; Botti/ Romanelli, Sculture, 31-32 (39); Tav.XXXIV-XXXV; De Meulenaere, in: Fs Grapow, 219-20; Otto, Biogr. Inschr., 173-74 (Nr.39); Limme, CdE 47, 1972, 101-102 (5); Clère, in: Hommages Sauneron, I, 347-62; Rößler-Köhler, Individuelle Haltungen, 294-5 (Nr.90); Farina, Sphinx 18, 1914/15, 70; Fotos Museum;
auf dem Sockel des Götterbildes, vorn: ↓→

auf dem Rückenpfeiler: ↓→

Buto

15. Uschebtis des Gouverneurs und Generals *Ḏd-ḥr*.
De Meulenaere, CdE 31, 1956, 252, n.6; Panov, Inscriptions of the Late Period, 38-39;

– Wien 5285;
W. Wreszinski, Aegyptische Inschriften aus dem K.K. Hofmuseum in Wien, Leipzig 1906, 185:

– Ein offenbar anderer Uschebti, der unter derselben Inventarnummer registriert ist; nach Abschrift von Bergmanns (zitiert bei Panov, op.cit., 38):

– Uschebti in Privatsammlung;
E. Gubel E. (ed.), Van Nijl Tot Schelde / Du Nil à l'escaut. Bruxelles, 1991, 220-1 (274);

Sais

16. Naophor Wien 62 des *Gmj-n.f-Ḥr-bꜢk*.
PM VIII, 819-20; von Bergmann, ZÄS 20, 181882, 37-41; W. Wreszinski, Aegyptische Inschriften aus dem K.K. Hofmuseum in Wien, Leipzig 1906, 140-44 (II.4); W. Seipel (ed.), Gott - Mensch - Pharao, Ausstellungskatalog Wien 1992, Nr.158; E. Rogge, Statuen der Spätzeit, CAA Wien 9, Mainz 1992, 105-16; O. Perdu (ed.), La Crépuscule des pharaons, Ausstellungskatalog Musée Jacquemart-André, Paris 2012, 58-9 (14); WB-Abklatsch 1853;

Rückenpfeiler:

Die Inschrift ist komplex in Zeilen und Kolumnen gegliedert, wobei einzelne Wörter oder Zeichen teilweise für mehrere Kolumnen zu lesen sind. In diesen Fällen ist das angegeben oder das Zeichen in spitzen Klammern wiederholt worden. Im Zweifel ist das Faksimile im CAA zu konsultieren. Auch die Zeilenzählung nach der Einteilung dort.

→ (jeweils vor Kol.4-6 zu lesen):

→ (jeweils vor Kol.9-11 zu lesen):

(jeweils vor Kol.13-15 zu lesen):

auf Dach des Naos: (als *Njtt nbt* vor Kol.26-29 bzw. 32-34 zu lesen)

rechte Seite Naos: ↓→

darunter: →

linke Seite Naos: ←↓

darunter: ←

17. Fragment vom Unterteil einer Stehfigur Zagreb 40 (672) des *P3-jrj-k3p* (aus Sais?).
PM VIII, 921; Wiedemann, RecTrav 8, 1886, 66-67 (6); J. Monnet Saleh, Les antiquités égyptiennes de Zagreb, Paris 1970, 55-57 (40); El-Sayed, Documents relatifs à Sais, 243-4 (§ 23); Pressl, Beamte und Soldaten, 259-60 (F 10.2); Perdu, RdE 49, 1998, 183 (8,a): Jansen-Winkeln, Sentenzen und Maximen, 41 (133); I. Uranič, Aegyptiaca Zagrabiensia, Zagreb 2007, 84-5 (108);
um Sockel (Beginn [Mitte Vorderseite], rechts: →

dto., links: ←

auf Rückseite: ↓→

auf linker Seite: ←↓

18. Fragmente eines Sarkophags desselben *P3-jrj-k3p* in Kairo (Deckel, verbaut), Neapel (MAN 1070: Teil von Fußseite und linker Seite), BM London (EA 1387: rechter Teil Kopfseite; EA 66: Rest, Hauptteil der Wanne).

PM IV, 48; 71; Sharpe, Inscriptions, I, 40-1; II, 76; BM Guide 1909, 240 (882, 883); Piehl, RecTrav 1, 1870, 198; Daressy, ASAE 9, 1908, 140 (Fragment Kairo); Brugsch, Thes., 1443 (51); El-Sayed, Documents relatifs à Sais, 243-4 (§ 23); Mysliwiec, BIFAO 81 (Suppl.), 1981, 93 (X); 98-9 (fig.4-5); R. Cantilena (ed.), La collezione egiziana del Museo Archeologico di Napoli, 1989, 66-7 (15); Chevereau, Prosopographie, 136-7 (199); Pressl, Beamte und Soldaten, 259-60 (F 10.1+3); Perdu, RdE 49, 1998, 183-4 (8,b); Manassa, Sarcophagi, 16; pl.10 (liS); pl.35 (Kopfseite); eigene Abschriften;

Deckel, in Kairo verbaut (Daressy, ASAE 9, 140); Titel und Filiation des Besitzers:

Wanne (BM 66; BM 1387; Neapel MAN 1070), Titel und Filiation des Besitzers:
Kopfseite links (BM 66, Mysliwiec, op.cit., Fig.5), Zeile oben über Szene: →

Kopfseite rechts (BM 66 + 1387, Mysliwiec, op.cit., Fig.5-4), Zeile oben über Szene: ←

Kopfseite links (BM 66, Mysliwiec, op.cit., Fig.5; Sharpe, op.cit., I,40; eigene Fotos), in Szenenbeischrift unter Zeile: ↓→

rechte Seite, Zeile oben: ←

(folgt Tb Spr.56)

darunter Szenen und Texte nach Art der Unterweltsbücher (vgl. Manassa, Sarcophagi, 15, oben); darin genannt:

←↓

linke Seite, Zeile oben: →

(folgt Tb Spr.59)

Fußseite, Zeile oben, rechts (Neapel MAN 1070): ←

dto., links (Neapel MAN 1070 + BM 66): →

Innenseite, linke Seite, Zeile oben (Beginn Mitte Kopfseite, BM 66 + Neapel MAN 1070): ←

dto., rechte Seite: →

Behbeit el-Hagar

19. Fragment eines Sarkophag, vermutlich aus Behbeit, in Moschee in Kairo verbaut.
PM IV, 73; Daressy, ASAE 12, 1912, 284;
links kniende Isis mit Flügeln, vor ihr Horussöhne mit Schlange auf Kopf; darüber Inschrift:

[...] (?) [...]

Sebennytos

20. Sarkophage Kairo JE 48446 des *ʿnḫ-Ḥr* und JE 48447 seines Vaters *Šb-Mnw* (beide sehr ähnlich, insgesamt unpubliziert).
Abou Seif, ASAE 24, 1924, 91-96; Piankoff, ASAE 40, 1940, 666-7; pl.LXXII; id., Livre du Jour et de la Nuit, 52-4; 63; G. Roulin, Le livre de la nuit, OBO 147, 1996, I,23; II,84-96 ; 105-111; H. Jenni,

Das Dekorationsprogramm des Sarkophages Nektanebos' II., AH 12, 1986, 3; Manassa, Sarcophagi, 69; pl.43; 51; 60; 67; 76-77; 84; 89; 127; 138; 140; 144; 152 (JE 48446); pl.44; 54B; 62B; 121; 125; 149 (JE 48447); eigene Kollation.

Vater und Sohn tragen immer nur den Titel eines *ḥm-nṯr Jnj-ḥrt*. Filiationsangaben sind selten außer für die Mutter des *ꜥnḫ-Ḥr* namens *Jmj(t)-pt*.

Besitzer JE 48446: ↓→

Besitzer JE 48447: ↓→

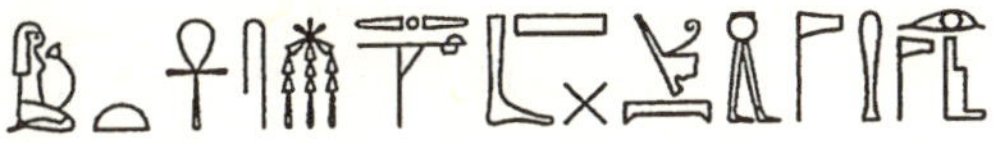

(jeweils auf Kopfseite der Sarkophage).

Die Zuweisung der Sarkophage in der Literatur an Vater und Sohn ist z.T. falsch, vgl. Abou Seif, ASAE 24, 96 und Manassa, Sarcophagi, 69.

Tell Tibilla

21. Fragment einer Stehfigur Kopenhagen AEIN 86 (aus Tell Tibilla? / Ro-nefer?).
PM VIII, 917; Koefoed-Petersen, Inscr. Ny Carlsberg, 15; id., Catalogue des statues et statuettes égyptiennes, Kopenhagen 1950, 65; pl.120; M. Jørgensen, Ny Carlsberg Glyptotek, Egypt IV, 2009, 130-32; Perdu, in: Gs Yoyotte, 887-906;

auf Rückenpfeiler: ↓→

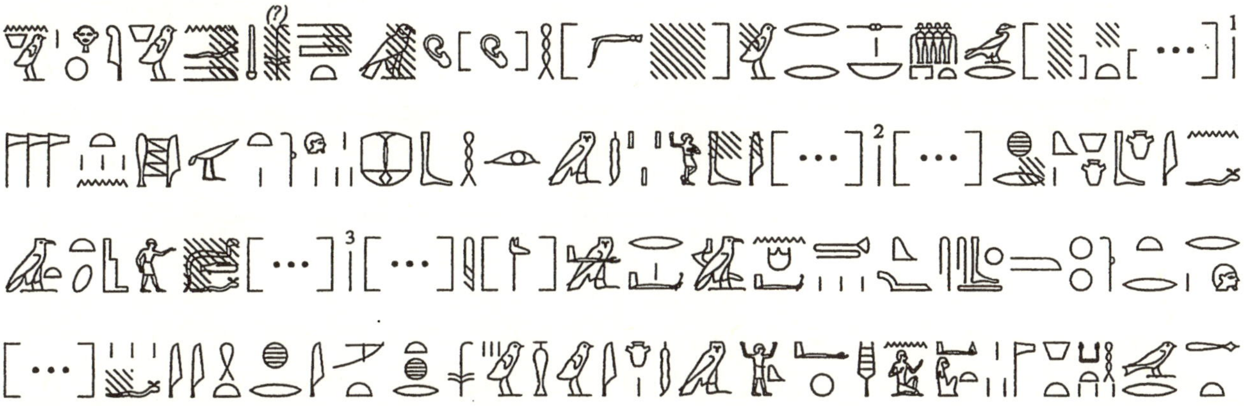

auf linker Seite: ←↓

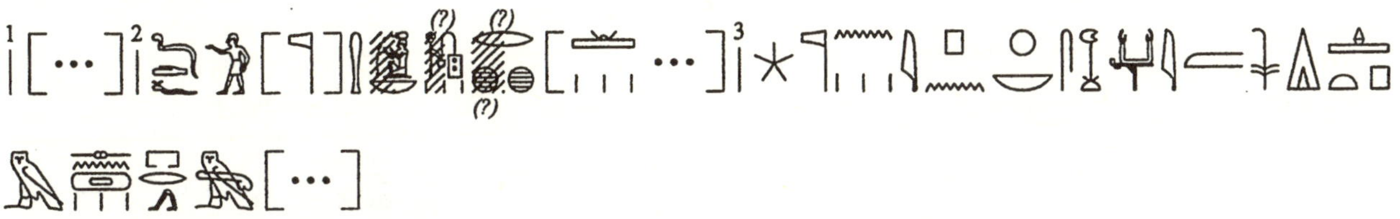

Mendes

22. Statuensockel Stockholm NME 77 des *Ns-Wsrt*.
PM IV, 37; Piehl, RecTrav 3, 1881, 30-31; Burchardt, ZÄS 47, 1910, 111-5; de Meulenaere, in: Fs Grapow, 222-3; Wild, BIFAO 60, 1960, 62; 64-5; pl.Ib; Mendes II, 198 (58); pl.23; Jansen-Winkeln, Sentenzen und Maximen, 41 (124); Zivie-Coche, in: E. Frood / A. McDonald (edd.), Decorum and Experience. Essays in Ancient Culture for John Baines, Oxford 2013, 93-99;

auf der Oberseite des Sockels, vorn: →

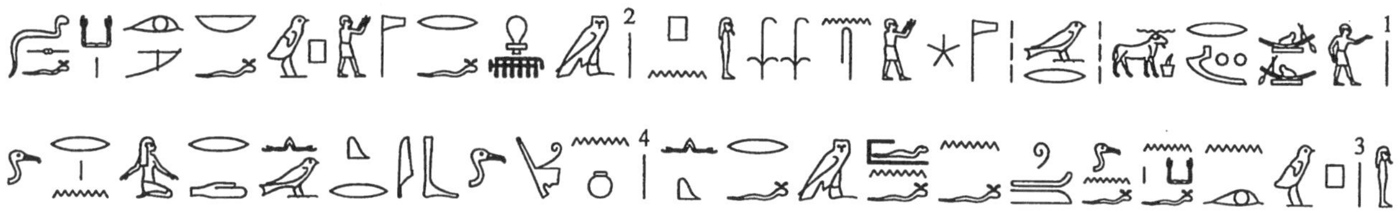

um den Sockel, Beginn Vorderseite: →

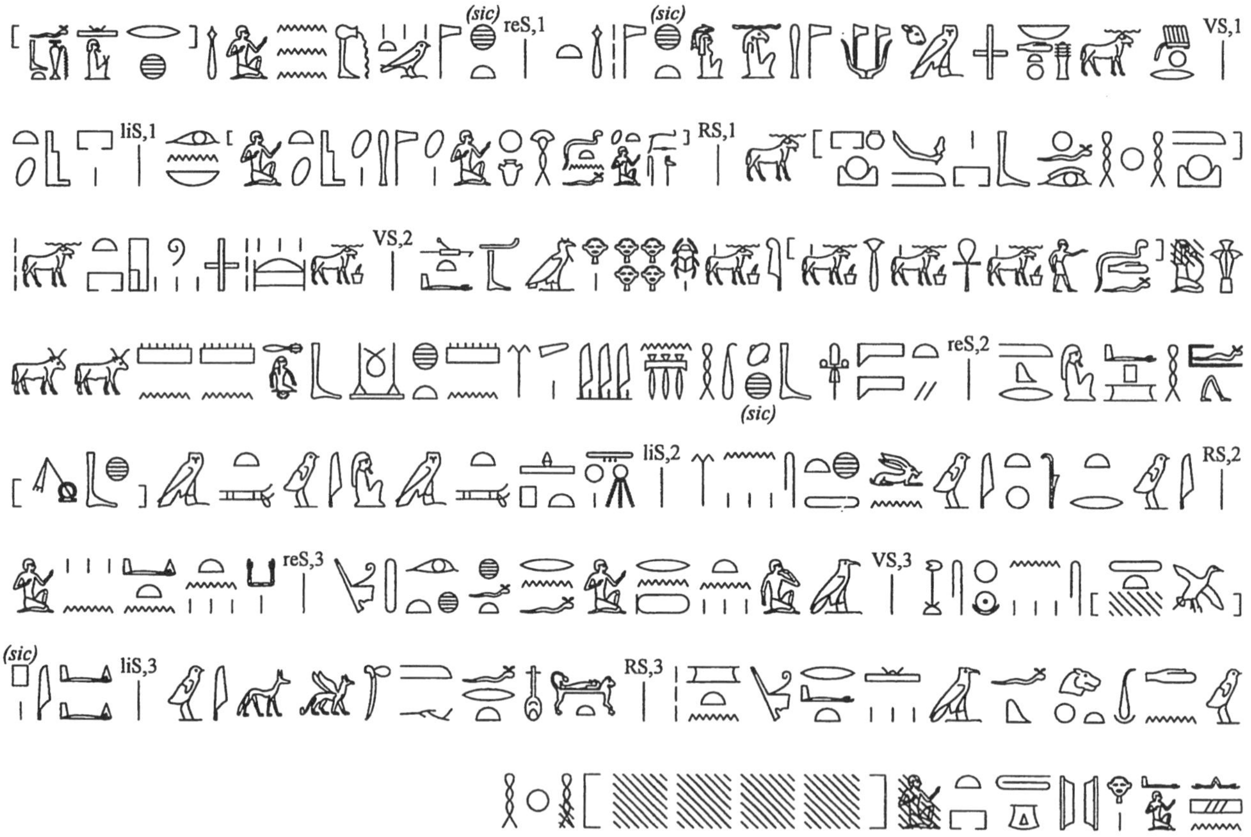

23. Statuensockel Stockholm NME 74 der *Smst*.
PM IV, 37; Piehl, RecTrav 3, 1882, 27-9; Wild, BIFAO 60, 1960, 50, n.2; Mendes II, 198 (57); pl.23; Fotos Museum;

auf Oberseite Sockel: ↓→

um den Sockel, rechte Hälfte, Beginn Mitte Vorderseite: →

reS

RS

um den Sockel, linke Hälfte: ←

liS

RS

24. Uschebtis des *mr wꜥbw Sḫmt Ns-bꜣ-nb-Ḏdt* in mehreren Sammlungen (u.a. Amsterdam 8856; Kairo JE 35442; Leiden; London BM 54532; Rouen AEg. 74; Stockholm MME 1969.76; Uppsala VM 93; 94).
Aubert, Statuettes, 255; pl.66; Mendes II, 203 (100); W. van Haarlem, CAA Allard Pierson Museum Amsterdam, II, 1990, 257-260; S. Aufrere, Collections égyptiennes, Rouen 1987, 86-87; 198 (102); Schneider, Shabtis, II, 184-5; pl.126; III, pl.61 (5.3.1.164); G. Janes, Shabtis. A Private View, Paris 2002, 189-91 (96) (mit Lit.);

Leiden 5.3.1.164: → (sic)

darunter: ↓→

nach Janes, op.cit., 189-90: → (?) (sic)

darunter: ↓→ (?) (?) (?) (sic)

Amsterdam, Allard Pierson Museum 8856: →

2 (sic) 1

4 3

(etc., Uschebtispruch in 12 Z.) 5

Tell el-Moqdam (Leontopolis)

25. Kniefigur mit Altar Leiden AST 71 des Generals *Pꜣ-dj-Mꜣj-ḥsꜣ*.
Boeser, Leiden, VII, 3(6); Taf.XIII; Stricker, OMRO 34, 1953, 46-7; Fig.8a; Jansen-Winkeln, OMRO 77, 1997, 87-92; Chevereau, Prosopographie, 199; Nr.315; Yoyotte, BIFAO 52, 1952, 183, n.2; id., EPHE 96, 1987-88, 157 = Opera Selecta, 451-2; de Meulenaere, in: C. Berger (ed.), Hommages à Jean

Leclant, IV, BdE 106, 1994, 66; A. Klasens, Egyptische Kunst uit de collectie van het Rijksmuseum van Oudheden te Leiden, 1962, 27; pl.53; Abklatsch WB Nr.1267; Laube, Ä&L 30, 2020, 149;

auf dem Rückenpfeiler:

oben eine halb zerstörte Darstellung thronender Götter; darunter: ←

darunter: ←↓

(sic)

auf der Opfertafel: → ←

[…]

Die zweite Gruppe links (*Wsjr*) und rechts (*qbḥw*) sind jeweils in das *ḏd-mdw* gestellt.

26. Sarkophag Philadelphia 16134 des Generals *P3-dj-M3j-ḥs3*.
Mariette, Mon. div., 21; pl.63.e; Brugsch, DG, 1026; Buhl, in: Studia orientalia Joanni Pedersen Septuagenario, Kopenhagen 1953, 50-53; pl.II; Chevereau, Prosopographie, 199; Nr.315; Yoyotte, BIFAO 52, 1952, 183, n.2; Fotos CLES;

auf dem Deckel zwei Kolumnen;

links: ↓→

rechts: ←↓

27. Sarkophag Kairo CG 29321 des *Ns-M3j-ḥs3*.
Maspero / Gauthier, Sarcophages, II, 131-4; pl.XL; Yoyotte, BIFAO 52, 1952, 183, n.2 ; 184; Guermeur, Les cultes d'Amon, 197-8;

in der Mitte des Deckels: →

(?) (?) (sic)

Derselbe Mann ist auch in Memphis bezeugt, s.u., 82.65-66.

Athribis

28. Zwei Fragmente eines Sockels mit Vertiefung für eine Statue:

a) Fragment der vorderen Hälfte (Aufbewahrung unbekannt);
PM IV, 66; Brugsch, Thes., 1414-5 (a); Daressy, ASAE 16, 1916, 54-56; id., BIFAO 11, 1914, 236; Vernus, Athribis, 177-180;

b) Fragment Wien 5157 des Teils hinten links;
PM VIII, 921 (801-768-280); E. Rogge, Statuen der Spätzeit, CAA Wien 9, Mainz 1992, 130-37.

Der Sockel ist auf allen vier Seiten dekoriert:
oben eine um den Sockel laufende symmetrische Zeile, Beginn Mitte Vorderseite; darunter eine ‚Zeile' von Sternen, unter ihr stehende Personen mit senkrechten Beischriften vor ihnen;

A) linke Hälfte des Sockels; Zeile oben,: ←

Vorderseite, links (vom Betrachter gesehen rechts): stehender Mann, nach links gewandt; vor ihm: ←↓

linke Seite: vorn Frau mit zwei Sistren, nach links gewandt; vor ihr: ←↓

hinter ihr Mann (nur Kopf erhalten); vor ihm: ←↓

dahinter Lücke unbekannter Größe, dann zwei Männer und zwei Frauen, ebenso nach links gewandt;

vor 1. Mann: ←↓

vor 2. Mann: ←↓

vor 1. Frau: ←↓

vor 2. Frau: ←↓

Rückseite: in der linken Hälfte zwei Männer, nach links gewandt;

vor 1. Mann: ←↓

vor 2. Mann: ←↓

B) rechte Hälfte des Sockel; Zeile oben: →

Vorderseite, rechts (vom Betrachter gesehen links): stehende Frau, nach rechts gewandt; vor ihr: ↓→

rechte Seite: drei Männer, nach rechts gewandt;

vor 1. Mann: ↓→

vor 2. Mann: ↓→

vor 3. Mann: ↓→

Rückseite: rechte Hälfte fast vollständig weggebrochen;
ganz links noch Rest einer Frau, nach rechts gewandt; keine Beischriften erhalten.

NB. Brugsch, op.cit., spricht merkwürdigerweise von *drei* Fragmenten statt von drei beschrifteten Seiten *eines* Fragments, wie es sich aus Daressys Beschreibung klar ergibt. Dafür unterscheidet Brugsch die Blickrichtungen der Inschriften, und daraus ergibt sich unzweideutig deren Disposition auf den Seiten des Fragments: ‚gauche' und ‚droite' bei Daressy beziehen sich daher auf die Blickrichtung der Statue, nicht auf die des Betrachters. Im Übrigen unterscheiden sich die Abschriften von Brugsch und Daressy teilweise nicht unbeträchtlich (besonders auf der rechten Seite), eine Kollation wäre dringend erforderlich.

29. Oberteil (Kopf) Statue Bologna KS 1835 des *Mrj-Ḥr-jtj.f.*
S. Pernigotti, La statuaria egiziana nel Museo Civico Archeologico di Bologna, 1980, 69-70; Tav. XX.2; XCIV-XCV (Nr.32); Vernus, Athribis, 180 (146bis); pl.XXV;

im Oberteil des Rückenpfeilers links falkenköpfiger Gott mit Szepter, gegenüber anbetender Mann;

über Gott: ↓→ über Mann: ←↓

30. Magische Statue Florenz 1011 (E.1788).
Vernus, Athribis, 181-2 (147); pl.XXVI-XXVII; von Kaenel, Prêtres-ouâb, 223-4 (42);

auf Rückenpfeiler: ↓→

Die Seiten der Statue sind mit magischen Texten beschriftet entsprechend Metternichstele Z.38-43 und 101-120.
Die Statue 75.119 gehört vielleicht zur selben Familie.

31. Torso eines stehenden Naophors Wien 5806a des *Ṯ3j-ʿn-m-ḥr-jm.w.*
PM VIII, 780 (801-733-470); E. Rogge, Statuen der Spätzeit, CAA Wien 9, Mainz 1992, 125-9;

auf Rückenpfeiler (Kol.1-4) und linker Seite des Rückenpfeilers (Kol.5): ↓→

32. Sockel einer Statue Kairo TN 22/10/48/18 des *P3j.f-t3w-Jmn* aus Benha.
Vernus, MDAIK 37, 1981, 483-7; Taf.80; Rößler-Köhler, Individuelle Haltungen, 277-8 (Nr.82a);

oben ← [...] darunter: ↓→

33. Grab und Sarkophag desselben *P3j.f-t3w-jmn rn.f nfr T3j-ʿn-m-ḥr-jm.w*.
Gauthier, Mon. Piot 25 (1-2), 1921, 171-88; Vernus, Athribis, 171-3 (143); Meulenaere, Surnom, 12 (36); Chevereau, Prosopographie, 127-8 (183);

Der große Kalksteinsarkophag war auf allen Seiten eingemauert. Um ihn läuft ein Inschriftenband, an der Kopfseite beginnend: →

33a. Zu einer Statue desselben Mannes aus Tyros s. den Nachtrag, p.740.

34. Torso Moskau I.1.a.7702 (4067).
Berlev / Hodjash, Sculpture Pushkin Museum, 365-7 (119); Vernus, Athribis, 183-5 (149);
auf Rückenpfeiler: ↓→

35. Torso einer Stehfigur BM 121 [des *Psmṯk-snb*?].
Vernus, Athribis, 185-6 (150); pl.XXVIII-XXIX;

auf Rückenpfeiler, oben: → darunter: ↓→

36. Fragment aus Basalt (ehemals) in russischer Sammlung (desselben Mannes?).
Vernus, Athribis, 186-7 (151);
ein Mann und eine Frau stehend dargestellt; vor Mann: →

37. Ring und Siegel des *Psmṯk-snb*.
Ring:
Naville, Mound of the Jew, pl.XVIII (14); Newberry, Scarabs, pl.38 (23); Vernus, Athribis, 187 (152);

→

Siegel:
H. Brugsch, Recueil des monuments égyptiens, I, Leipzig 1862, pl.X(6); id., Thes., 1415; Vernus, Athribis, 189 (154);

← ←↓

38. Kopfloser kniender Naophor des *Nfr-jb-Rꜥ* in Sammlung Chatsworth Bakewell.
Vernus, Athribis, 187-8 (153); Fotos CLES (Inschriften kaum lesbar);
linker Pfosten des Naos (vom Betrachter gesehen rechts);

←↓

dto rechts: ↓ →

auf Rückenpfeiler: ↓→

auf Sockel: →

39. Granitsarkophag des Generals *Jrj-Ḥr-wḏ3-n-nfw* aus der Nekropole von Athribis bei Mahager Qesna im Museum Kairo (Museumsgarten).
F. Gomaà / E. Hegazy, Die neuentdeckte Nekropole von Athribis, ÄUAT 48, 2001, 52-80; Abb.65-70; Taf.XVIII-XXII; de Meulenaere, BiOr 59, 2002, 304-5;

Deckel des Sarkophags; Gomaà / Hegazy, op.cit., 56-60; Abb.66; Taf.XIX.a; Z.1-4: →

1 2 3 (?) 4

(folgt Tb 89)

Z.16-21: →

17 19 18 20

(folgt Tb 1B) 21

„rechte Seite" der Wanne; Gomaà / Hegazy, op.cit., 60-69; Abb.67; Taf.XVIII.a; XX;
Zeile oben: →

unter der Zeile Szenen mit Beischriften;

zentral ein Baum; über ihm: →

rechts daneben kniet ein Mann mit erhobenen Armen, hinter ihm ein Mann, der etwas in seine Hand gibt und eine Frau mit ausgestrecktem rechtem Arm;

über Kniendem: ←

über der Szene senkrechte Beischriften; über Kniendem: ←↓

1 2 3 4

5 6 7 8

über Mann rechts von ihm: ←↓

9 10 11 12

über Frau dahinter: ←↓ 13 14

hinter dieser Szene mit Vater und Mutter ein Boot mit vier Männern und einer Frau in der Mitte; über dem Bug des Bootes: ←↓

15 16 (?) 17

über 1. Mann: ←↓

18 19 20 (sic) 21

über 2. Mann: ←↓

22 (sic) 23 24

über Frau: ←↓ 25 26

über 3. Mann: ←↓

über 4. Mann: ←↓

über Heck des Bootes: ←↓

links vom Baum kniet ebenfalls ein Mann mit erhobenen Armen, hinter ihm ein Mann, der etwas in seine Hand gibt und einer mit ausgestrecktem linkem Arm;

über Kniendem: →

über der Szene senkrechte Beischriften; über Kniendem: ←↓

Es wäre möglich, dass die schadhafte Stelle in Kol.1 gar nicht beschriftet worden ist.

über Mann dahinter: ↓→

über Mann links davon: ↓→

hinter dieser Szene Mann vor Altar kniend, hinter ihm Mann räuchernd und libierend;

über Altar: ↓→ über knienden Mann: ↓→

darüber Beischrift zur ganzen Szene: ↓→

über räucherndem und libierendem Mann: ↓→

„linke Seite" der Wanne; Gomaà / Hegazy, op.cit., 70-74; Abb.68; Taf.XVIII.b; XXI;
Zeile oben: ←

Darunter zentral Barke, die von Schakalen gezogen wird, darin rechts Isis, links Nephthys, zwischen ihnen Mann mit Doppelkrone, der einem falkenköpfigen Gott mit Atefkrone ein *ʿnḫ*-Zeichen an die Nase hält; darüber Flügelsonne; links und rechts jeweils zwei Männer und zwei Frauen anbetend.

vor Vierergruppe rechts: ←↓ über ihnen: ←↓

vor Vierergruppe links: ↓→

über ihnen: ↓→

im untersten Register rechts und links jeweils sechs sitzende Personen mit Seitenzopf; über ihnen:

links: → rechts: ←

Kopfseite der Wanne; Gomaà / Hegazy, op.cit., 74-78; Abb.69; Taf.XXII; XX, oben; XXI, oben;
Zeile oben, rechts: ←

dto., links: → [...]

darunter in der rechten Hälfte Djed-Pfeiler, der von Nephthys rechts davon angebetet wird; hinter ihr stehender Mann;

links von Djed-Pfeiler: ←↓ rechts davon: ←↓

über Nephthys: ←

über Mann: ←↓ 1 2 3 4

in der linken Hälfte Abydosfetisch, von Isis links davon angebetet, hinter ihr stehender Mann;

rechts von Abydosfetisch: ↓→ [ ] links davon: ↓→ [ ]

über Isis: →

über Mann: ↓→ 4 3 2 1

Fußseite der Wanne; Gomaà / Hegazy, op.cit., 78-80; Abb.70; Taf.XIX.b;

symmetrische Zeile oben: ← →

darunter emblematische Darstellung mit ‚Sedfestgruppe'; zentral zwei Schakale auf Standarte;

hinter Schakal rechts: ←↓

hinter Schakal links: ↓→

NB. Die hieroglyphischen Wiedergaben im Text von Gomaà / Hegazy und in den Abbildungen enthalten eine Reihe von Fehlern, die sich (vor allem auf der linken Seite) nur teilweise nach den Fotos korrigieren lassen.

Im Grab gab es außer dem Sarkophag nur wenige beschriftete Funde:

– einen Uschebti eines (*Wsjr n*) *Jrt-Ḥr-r.w* (Gomaà / Hegazy, op.cit., 49; Abb 28);

– einen Fingerring mit unklarer Aufschrift (ibid., 48; Abb.53 [932]; Taf.XVII);

– eine Fayencestatuette des Nefertem (ibid., 49-50; Abb.29; Taf.XVII);

auf Rückenpfeiler: ↓→ [...]

– vier Kanopenkrüge (ibid., 50-51; Abb.62-63; Taf.XVII);

mit Menschenkopf: ↓→

mit Schakalkopf: ↓→

mit Falkenkopf: ←↓

mit Paviankopf: ←↓

(?)

40. Fragment eines Naophors Alexandria 403.

Vernus, Athribis, 206-7; pl.XXXV-XXXVI; ESLP, 90 (Datierung); Fotos CLES;

auf Rückenpfeiler: ↓→

[…] […] (sic) […]

[…] […] (?)

[…]

Imet (Nebescheh)

41. Stehfigurtorso Kairo JE 38545 + Fragment des Astronomen *Ḥr-3ḫbjt*.

PM IV, 9; Daressy, ASAE 16, 1916, 1-5; Griffith, in: Petrie, Tanis 2, pl.X (13.a-b); Neugebauer-Parker, Astronomical Texts, III, Text, 214-6; Otto, Biogr. Inschr., 128 (Nr.51); Rößer-Köhler, Individuelle Haltungen, 293-4 (89); von Känel, Prêtres-ouâb, 201-3 (30); E. Graefe, Untersuchungen zur Wortfamilie *bj3*, Diss. Köln, 1971, 121 (221); Brunner, in: H. Gese (ed.), Wort und Geschichte. Festschrift für Karl Elliger, Kevelaer 1973, 27-8; 29; Derchain, CdE 64, 1989, 74-89; Jansen-Winkeln, ZÄS 125, 1998, 9-10; Panov, Inscriptions of the Late Period, 193-195; eigene Kollation;

auf Rückenpfeiler: ↓→

(sic) (sic)

(?) [ ]

(sic)

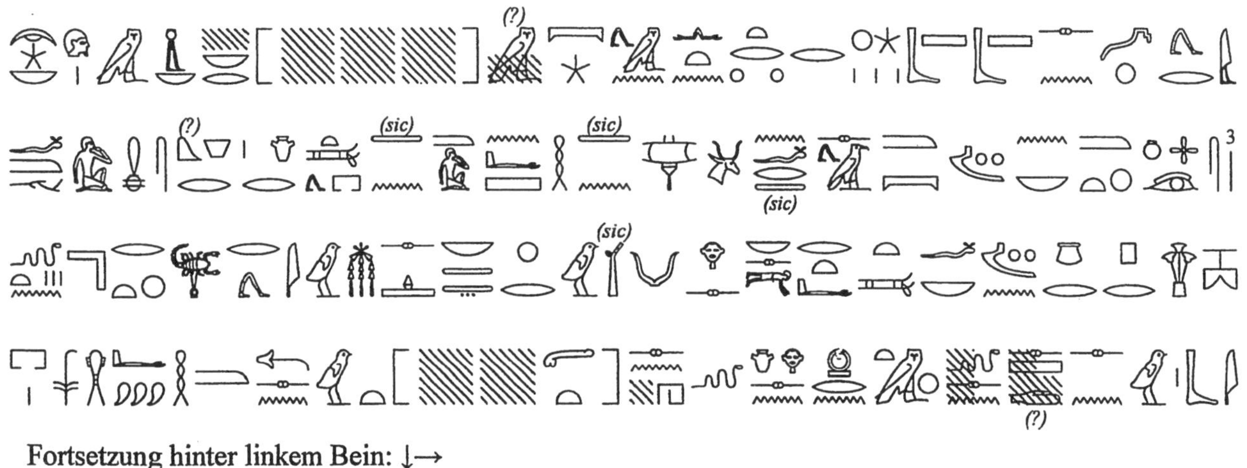

Fortsetzung hinter linkem Bein: ↓→

4

5

Zwischen dem unteren Ende von JE 38545 und dem in Tanis 2, pl.X (13) wiedergegebenen Endstück müssen *mindestens* drei Gruppen fehlen, denn in Z.5 muss nach *jm3ḫw ḫr W3ḏyt* der Name des Vaters folgen (mindestens eine Gruppe), und das Ende der Kolumne lässt eigentlich nur eine Ergänzung zu der häufigen Phrase *ḥpj ḥr w3t nfrt ḫp(pt) jm3ḫw ḥr.s* zu.

42. Torso eines stehenden Naophors des *Ns-Mnw* Kairo CG 617.

Borchardt, Statuen und Statuetten, II, 163-4; G. Vittmann, Altägyptische Wegmetaphorik, Wien 1999, 63 (5.30); eigene Kollation.

Die Inschrift um den Rand des Naos (vermutlich eine symmetrische Opferformel, in der Mitte oben beginnend) ist schwer beschädigt, nur die untere Hälfte ist erhalten, aber kaum lesbar.

links (vom Betrachter gesehen): ↓→ […] (?) (?) (?) […]

Fortsetzung unten (rückläufig) → ←

rechts: ←↓ […] (vieles unsicher)

auf Rückenpfeiler: ↓→

(?) 1

[…] (?)

(sic) (sic) 2

[…] (?) (?)

Pharbaitos

43. Uschebtis des *Ḥr-nḫt* in mehreren Sammlungen (u.a. Berlin 28228; MMA 10.130.1045; Turin 2658) mit weitgehend unverständlichem Uschebtispruch.
G. Janes, Shabtis. A Private View, 204-5 (103, mit Lit.); →

44. Fragment (Mittelstück unterhalb der Gürtellinie bis etwa zu Knien) einer Schreitfigur des Generals *P3-dj-Wsjr*, vermutlich aus Pharbaitos.
Unpubl., s. Chevereau, RdE 41, 1990, 227 (Doc. 237bis); Fotos CLES;

a) linke Seite, hinter dem linken Bein, am rechten Rand (vieles unklar): ↓→

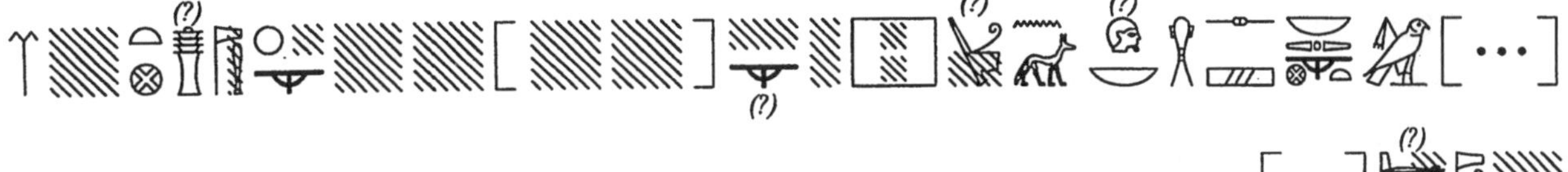

b) am Unterteil der Seitenfläche hinter dem linken Bein, rechts durch Kolumne a) begrenzt; →

c) auf Rückenpfeiler; am oberen Ende des Fragments (x+) drei Zeilen: →

darunter drei Kolumnen (vieles unklar): ↓→

Tell Basta (Bubastis)

45. Kopflose Kniefigur Rennes 98.5.1 des *P3-jrj-k3p* (aus Bubastis?).
Perdu, JEA 84, 1998, 123-49; pl.XVI-XVIII;
auf Rückenpfeiler: ↓→

Fortsetzung auf Sockel: →

reS (?) VS

liS (?) RS

auf Oberseite des Sockels: →

2 1

Die dichte Gruppierung der Zeichen übereinander musste teilweise aufgelöst werden.

46. Fragment (Naos und Hände) eines Naophors des Wezirs *Psmṯk-snb* (ehemals) im Handel, mit löwenköpfiger Göttin im Naos.
PM VIII, 922; Perdu, EA&O 42, 2006, 45; fig.5; 48, fig.8;
um Rand des Naos, links (vom Betrachter gesehen);

[…] ↓→ →

rechts (dto.):

← ←↓ […]

Letzte Gruppe hinter dem Namen ganz unsicher. Auf dem Rückenpfeiler (unpubl.) soll auch der Name des Vaters stehen.

Letopolis

47. Fragment einer Stehfigur des Wezirs *Psmṯk-snb* in Privatsammlung.
Unpubl., s. Perdu, EA&O 42, 2006, 46, mit fig.6;

Der Besitzer führt u.a. die Wezirstitel *mr nwt tꜣjtj zꜣb* (Kol.2), die Beiworte *smʿr psḏt Ḫm* „der die Neunheit von Letopolis bekleidet“ (Kol.1) und *ns shr tꜣ (r) ḏr.f* „Zunge, die das ganze Land beruhigt“ (Kol.4), und in Kol.3 geht es um eine Einrichtung „zur Geburt des Gottes im Beisein(?) der Gottesmutter“ (Kol.3: *r msj nṯr r-ʿ mwt-nṯr*).

Heliopolis

48. Stehender Naophor Louvre E.17379 des Wezirs *Psmṯk-snb*. (s.u., 82.54)
Perdu, EA&O 42, 2006, 43 ; fig.3; Yoyotte, BIFAO 54, 1954, 92-3 (6a); Vandier, Bulletin des Musées de France 1950, 28-30; eigene Fotos;
um Naos, reS (vom Betrachter gesehen):

← ←↓ (?)

dto., liS: →

um Sockel, Beginn Mitte Vorderseite; rechte Hälfte: →

RS reS

dto., linke Hälfte: ←

liS RS

Rückenpfeiler:
im trapezförmigen Oberteil stehende Isis (links) gegenüber stehendem Gott mit Atefkrone;

vor *st*-Kopfaufsatz der Isis: → vor ihren Beinen: ↓→ vor Gott: ←

über ihnen: → darunter zwei Kolumnen: ↓→

1

2

49. Magische Statue (stehender Stelophor) Turin Suppl. 9 + Florenz 8708 des Wezirs *Psmṯk-snb*, beide im 17. Jh. in Rom gefunden.
L. Kákosy, Egyptian Healing Statues, Catalogo Turin 1999, 37-67; pl.I-XV; A. Roullet, The Egyptian and Egyptianizing Monuments of Imperial Rome, EPRO 20, 1972, 121 (226); Perdu, EA&O 42, 2006, 44;
Titel und Namen des Besitzers:
auf der rechten Seite der Stele (vor magischem Text B); Kákosy, op.cit., 42, Z.1; pl.II; ↓→

auf der linken Seite der Stele (vor magischem Text A); Kákosy, op.cit., 43-4, Z.1; pl.III; ←↓

auf rechtem Arm; Kákosy, op.cit., 45-7, Z.1-2; pl.X; ↓→ [ ] [ ] 2

auf linkem Arm; Kákosy, op.cit., 48-50, Z.1; pl.XI; ←↓ [ ]]

auf linker Seite der Statue, bei kniender Figur; Kákosy, op.cit., 62-3; pl.III;

↓→

50. Stehfigur Berlin 7737 des *Ḥrjj*, Sohn des Wezirs *Jꜥḥ-msjw-mn-m-ḥwt-ꜥ3t*.
Berlin, Ausf. Verz., 257; Bissing, Denkmäler, Nr.71b; Tulli, in: Misc. Gregoriana, 223, fig.11; Yoyotte, BIFAO 54, 1954, 87-91 (5); ESLP, 84; 107; Zecchi, Osiris Hemag, 30-31 (21); eigene Kollation (teilweise); Fotos CLES (z.T. nach altem Abguss);

auf Vorderseite des Gewandes: ↓→

(sic)

auf Rückenpfeiler oben Mann (rechts) anbetend vor Osiris und Isis;

darunter: → (?) darunter zwei Kolumnen: ↓→

(sic)

Die untere Hälfte der Statue wurde im Krieg zerstört, die obere ist aus mehreren Fragmenten wieder zusammengesetzt worden.

51. Naophortorso Vatikan 177 des *Psmṯk*.
Botti / Romanelli, Sculture, 40-1; Tav.XXXIII (Nr.41); Yoyotte, BIFAO 54, 1954, 94-6; Vandier, RdE 17, 1965, 99; Fotos Museum;

auf Sockel der Statue (Reste auf Vorderseite und linker Seite): ←

[…] liS […]

auf Türpfosten des Naos, links (vom Betrachter): ↓→ […]

dto., rechts: ←↓ […]

auf rechter Seite des Naos oben zwei anbetende Männer;

vor Mann links: ↓→ vor Mann rechts: ↓→ [...]

darunter ein weiterer Mann, Beischrift zerstört;

unten stehende Frau; vor ihr: ↓→ hinter ihr: ↓→

auf linker Seite des Naos oben zwei anbetende Frauen; Beischrift zur vorderen zerstört;

vor der hinteren: ←↓ ; darunter weitere Frau, Beischrift zerstört;

unten stehende Frau; vor ihr: ←↓ hinter ihr: ←↓

auf Rückenpfeiler: ↓→

52. Zwei Reliefs aus Grab des *Ṯ3-nfr*, Alexandria 380 und Kairo JE 29211.
G. Maspero, Le musée égyptien, II, 1907, 84-6; pl.XXXIX-XLI (Alexandria); 77; pl.XXXII-XXXIV (JE 29211); Bissing, Denkmäler, Taf.101 (Alexandria); Ransom Williams, JEA 5, 1918, 280-4; pl.XL; Yoyotte, BIFAO 54, 1954, 97-8 (9); id., CdE 29, 1954, 278-80; ESLP, 110; Fotos CLES;

Relief Alexandria 380: Links Grabbesitzer auf Stuhl sitzend, ihm gegenüber eine Gruppe von vier + zwei Musikern, dazwischen ein Mann, der ein Getränk schöpft;
vor Grabbesitzer: ↓→

vor schöpfendem Mann: ←

Relief Kairo JE 29211: Links Grabbesitzer auf Stuhl sitzend, ihm gegenüber ein Schreiber an der Spitze eine Gruppe von Gabenträgern;

vor Grabbesitzer: ↓→

vor Schreiber: ←

53. Relief Kairo JE 41432 aus Grab des *Nj-ꜥnḫ-Rꜥ*.
PM IV, 61; Kamal, ASAE 10, 1910, 154; Gauthier, ASAE 21, 1921, 32-3; pl.II; Yoyotte, BIFAO 54, 1954, 98 (10); A. Wagdy, Die saitische Nekropole in Heliopolis, Kairo 2020, 95; Taf.XVIII.d;

links Grabbesitzer auf Hocker sitzend, ihm gegenüber Jagdszene im Papyrusdickicht;

vor Grabbesitzer: ↓→

54. Reliefs Baltimore WAG 22.97 + 22.375 aus Grab des *P3-dj-Wsjr* mit Trinkszene.
G. Steindorff, Catalogue of the Egyptian Sculpture in the Walters Art Gallery, Baltimore 1946, 80; pl.56 (Nr.273); ESLP, 109-10 (Nr.87); pl.82-83; Fotos CLES;

oberer Rand eines Reliefs; links Mann (nach rechts gewandt) mit Blumenstrauß;

vor ihm: ↓→

in der Mitte Mann, nach links gewandt; vor ihm: ←↓

rechts davon Gruppe von Musikern; über Harfenspieler links: ←

Memphis

55. Torso eines Naophors Kairo CG 682 (JE 29872) des Wezirs *Psmṯk-snb* aus Mitrahina.
PM III², 867; Daressy, RecTrav 14, 1893, 177-8 (LXXII); Borchardt, Statuen und Statuetten, III, 26-7; Bl.124; El-Sayed, BIFAO 82, 1982, 187-204; pl.XXVIII-XXXI; ESLP, 105; 106; Yoyotte, BIFAO 54, 1954, 93-4; id., RdE 30, 1978, 148-9 (6); Bothmer / de Meulenaere, in: L. Lesko (ed.), Egyptological Studies in Honor of Richard A. Parker, 1986, 7, n.17 (Datierung); Perdu, EA&O 42, 2006, 42; eigene Kollation;

auf Naos, oben: ←

← Fortsetzung rechts (vom Betrachter): ←↓

links: ↓→

auf Rückenpfeiler oben Anbetungsszene: Mann (rechts) kniet anbetend vor thronendem Atum;

vor Atum: →

über und hinter Anbeter: ← ←↓

darunter: →

unter den drei waagerechten Zeilen fünf Kolumnen: ↓→

56. Stehfigur Vatikan 22692 (163/164) des *P3-šrj-n-t3-jḥt* (aus Memphis?).
PM VIII, 770; Wiedemann, RecTrav 6, 1885, 121-2; Botti / Romanelli, Sculture, 41-3; Tav.XXXIV-XXXVI (42); D. Wildung, Imhotep und Amenhotep, MÄS 36, 1977, 42-44 (§ 20); Taf.VI; Zecchi, Osiris Hemag, 18-20 (Doc.11); de Meulenaere, Surnom, 9 (24); W. Peremans, Prosopographia Ptolemaica, III, 1956, 118-9 (5891); Guermeur, Les cultes d'Amon, 363-4; ESLP, 105;

in der Spitze des Rückenpfeilers stehender Mann; vor ihm: ↓→ [...];
darunter auf Rückenpfeiler drei Kolumnen: ↓→

um Sockel, rechte Hälfte (Mitte Vorderseite bis Mitte Rückseite): →

um Sockel, linke Hälfte (dto.): ←

57. Kopfloser Naophor Kairo CG 1085 des *Pꜣ-ḫꜣꜥ.s*.
PM III², 862; Mariette, Mon.div., bl.34c; Daressy, RecTrav 15, 1893, 157 (5); Borchardt, Statuen und Statuetten, IV, 49-50; Yoyotte, in: Aubert, Statuettes, 249; Cheverau, Prosopographie, 183-4 (282); Panov, Inscriptions of the Late Period, 134-135;

auf dem Rückenpfeiler: ↓→

Die Abschriften von Mariette, Daressy und Borchardt unterscheiden sich nicht unbeträchtlich. In Z.1 sollte man *wꜣḏ qd nfr bjt* erwarten.
Zum Begräbnis des *Pꜣ-ḫꜣꜥ.s* in Abusir el-Meleq s.u., 82.102.

58. Naophor des *Ḏd-Ḥr* in Privatsammlung Mexico City.
Klotz, BIFAO 114, 2014, 296-312; pl.1-4;

um den Rand des Naos, rechte Hälfte (vom Betrachter gesehen links):

dto., linke Hälfte:

auf dem Rückenpfeiler: ↓→

59. Torso einer Gruppenfigur mit drei Frauen Louvre E.32648.
Unpubl., eigene Abschrift; (Richtungsangaben nach Blickrichtung der Statue)

zwischen rechter und mittlerer Frau: ←↓

zwischen mittlerer und linker Frau: ←↓

auf Schmalseiten der Rückenplatte (Oberseite und rechte Seite, linke Seite zerstört): → / ↓→

60. Sarkophagdeckel des Generalissimus *Ḥr* im Magazin in Giza (Nr.358).
PM III², 311; LD III, 277 (a); LD Text I, 126; Bakry, RSO 46, 1971, 100-103; pl.III; IV; Abd el-Aal, GM 173, 1999, 13-20; Chevereau, Prosopographie, 151 (223); de Meulenaere, in: La XXVIe dynastie, 128 (7);

in der Mitte des Deckels (Fußteil bei Lepsius noch vorhanden): ↓→

61. Uschebtis eines Generals (*ḥrj mšʿ*) *P3-ḫ3ʿ-s* in mehreren Museen und Sammlungen aus einem Grab in Giza.
Chevereau, Prosopographie, 184, (283); Aubert, Statuettes, 253; Schneider, Shabtis, I, 228; J.-C. Grenier, Les statuettes funéraires du Museo Gregoriano Egizio, Vatikan 1996, 55-7 (86); pl.XXXVII; nach Vatikan 19365 (Grenier, op.cit., 56): →

62. Fragment eines Naos im Museo Archeologico Verona 30297 (aus Serapeum?), auf dem Kultstatuen mit Material und Maßen wiedergegeben werden.
Curto / Clère, OrAnt 12, 1973, 96-7; 100-105; Tav.XV-XVII;

Darstellungen und Inschriften sind teilweise verwittert oder beschädigt, und Clère hat das Objekt nicht im Original sehen können. Seine Wiedergabe ist daher unvollständig und ohne Angabe der Position der Inschriften.
Eine vollständige Publikation ist durch A. Engsheden vorgesehen.

63. Sitzfigur des (Gottes) Imhotep Louvre N.4541, gestiftet von *W3ḥ-jb-Rʿ*.
D. Wildung, Imhotep und Amenhotep, MÄS 36, 1977, 37-8 (§ 15); Taf.III;
auf Rückenpfeiler: ↓→

auf Papyrusrolle: ↓→

64. Stele Marseille 46 des *Pꜣ-qꜣ-ꜥꜣ* aus Sakkara.
Wildung, Imhotep und Amenhotep, 40-2 (§ 19); Taf.V;

im Bildfeld rechts stehend anbetender Mann vor Altar, ihm gegenüber Gott mit Stierkopf, hinter ihm zwei Götter mit Szepter, der hintere in Naos;

über Anbeter: ← (sic)

über stierköpfigem Gott: → ↓→

über mittlerem Gott: → ↓→

über Gott in Naos: →

unter Bildfeld: →

(?)

65. Siegelabdruck Kairo JE 41862 des *Ns-Mꜣj-ḥsꜣ* aus dem „Palast des Apries".
Meydum and Memphis III, 42; pl.XXXV/XXXVI (7);Yoyotte, BIFAO 52, 1952, 184, n.2;

←

66. Fragment (Mittelstück) eines knienden Naophors desselben *Ns-Mꜣj-ḥsꜣ* Neapel 1063.
PM III[2], 867-8; Wiedemann, RecTrav 8, 1886, 68 (10); R. Cantilena (ed.), La collezione egiziana del Museo Archeologico di Napoli, 1989, 48-9 (2.6); Yoyotte, BIFAO 52, 1952, 184, n.2; Thirion, RdE 39, 1988, 136; Fotos Museum;

um den Naos des Ptah (Zeile oben und oberer Teil der Kolumne links weggebrochen):
[oben und] rechter Pfosten (vom Betrachter gesehen links): ↓→

[...]

linker Pfosten: ←↓ [...] (?) (sic) (der Name der Mutter ist fraglich)

auf Rückenpfeiler: ↓→

(sic) [...] [...] [...]

Die Passage *ḥtp ḥr mꜣꜥt* in Kol.1 scheint korrigiert worden zu sein. *Ns-Mꜣj-ḥsꜣ* war in Tell Moqdam bestattet, s.o., 82.27.

67. Block aus Grab des Generals *Pꜣ-dj-Mꜣj-ḥsꜣ*, Sohn der *Tꜣ-dj-Wsjr* in Sakkara, in Nordfriedhof bei Tetipyramide gefunden (urspünglich aus Gräbern an der Serapeumstraße?). Ockinga, BACE 21, 2010, 94-6; Fig.4;

unten eingefasste Zeile: ←

darüber die Unterteile von zweimal zwei hockenden Figuren, jeweils gegeneinander gekehrt;

zwischen ihnen, links: ↓→ [...] rechts: ←↓ [...]

68. Fragment einer Stehfigur Neapel 1064 desselben Generals *Pꜣ-dj-Mꜣj-ḥsꜣ* (aus Memphis?). PM VIII, 990 (801-801-130); R. Cantilena (ed.), La collezione egiziana del Museo Archeologico di Napoli, 1989, 56 (3.12; Abb.); Ockinga, BACE 21, 2010, 96; Foto C. Craciun; Abklatsch Wb Nr.1710.
auf Rückenpfeiler: ↓→

Einige Zeichen haben ungewöhnliche Formen; dasjenige nach *jb.f ḥr* in Kol.2 ist nicht adäquat wiederzugeben, man vgl. das Foto im Katalog Neapel 1989. Es ist möglich, aber nicht sehr wahrscheinlich, dass *Pꜣ-dj-Mꜣj-ḥsꜣ* identisch ist mit dem gleichnamigen General aus Tell Moqdam, s.o., 82.26.

69. Zwei Architekturfragmente aus Sakkara, ohne Kontext im Friedhof nördlich der Teti Pyramide gefunden.
Ockinga, BACE 21, 2010, 89-98;

Block TNM:B18:
aus Breitseite rechts Oberteil eines Mannes, der in der rechten Hand ein Segel (*ṯꜣw*-Zeichen) hält; links von ihm: ←↓

auf Schmalseite: ↓→ [...] [...] [...] [...]

Block TNM:B23:
Neun Kolumnen(anfänge) von Tb Spr.145 sind erhalten, zwischen Kol.X+2 und x+3 ein Tor mit *ḫkr*-Fries; ↓→

x+5 [...] x+4 [...] x+3 (sic) x+2 [ ] x+1

x+10 x+9 x+8 x+7 x+6 [...]

70. Naophor Berlin 14765 des *Jꜥḥ-msjw*.
Erman, ZÄS 38, 1900, 114-23; Wildung, Rolle äg. Könige I, 79-83; 99-100; Taf.VI-VII; id., Imhotep und Amenhotep, MÄS 36, 1977, 33-35 (§ 13); de Meulenaere, Surnom, 5-6 (Nr.12); id., in: La XXVIe dynastie, 131-2 (27; zur Datierung); Rößler-Köhler, Individuelle Haltungen, 276-7 (Nr.81); Leahy, in: Gs Quaegebeur, I, 382; Guermeur, Les cultes d'Amon, 66-68 (6); Panov, Inscriptions of the Late Period, 117-130;
um den Naos, linke Hälfte (vom Betrachter aus gesehen):

Beginn oben: → [ ] Fortsetzung links ↓→

[ ]

Fortsetzung unten: ←

dto., rechte Hälfte; oben: *jmꜣḫw ḫr* ← [ ] Fortsetzung rechts: ←↓

[ ]

Fortsetzung unten: → [ ]

auf Rückenpfeiler, ganz oben: → [ ] darunter: ↓→

(?) 1

71. Kopfloser Naophor desselben *Jꜥḥ-msj* im Museo Archeologico von Baia, in Pozzuoli (Puteoli) bei Neapel gefunden, aber zweifellos aus Memphis.
Cozzolino, in: R. Pirelli (ed.), Egyptological Studies for Claudio Barocas, Neapel 1999, 25-31; pl.2; St. de Caro, Egittomania, Iside e il mistero, Mailand 2006, 68; 81; Panov, Inscriptions of the Late Period, 115-116; Vittmann, Rupture and Continuity, 98, n.41;

vorn auf dem Naos, oben: →

links: ↓→

rechts: ←↓

auf dem Rückenpfeiler: ↓→

Die Ablehnung der Identität dieses *Jꜥḥ-msj* mit dem Besitzer von Berlin 14765 durch Cozzolino, op.cit., 30-31, ist nicht überzeugend.

72. Naophor Kairo CG 726 des *Psmṯk-zꜣ-Njtt* aus Mitrahina.
PM III[2], 867; Borchardt, Statuen und Statuetten, III, 60-62; Bl.134; ESLP, 78-9; pl.61-2 (Nr.65); E. Terrace / H. Fischer, Treasures in the Cairo Museum, London 1970, 169-172; Pirelli in: F. Tiradritti, Die Schatzkammer Ägyptens. Die berühmte Sammlung des Ägyptischen Museums in Kairo, München 2000, 368 (Datierung); Josephson, GM 184, 2001, 16-7; fig.2-3 (dto.); G. Vittmann, Rupture and Continuity, 98; Fotos CLES;

um den Sockel: →

um den Naos, linke Hälfte: ↓→ →

dto., rechte Hälfte: ← ←↓ (zentral nur einmal geschrieben)

Fortsetzung unten: →

auf Rückenpfeiler: ↓→

73. Fragment eines Naophors London BM 2341 des(selben?) *Psmṯk-zꜣ-Njtt*.
Unpubl., PM VIII, 812 (801-748-235); Fotos CLES; Datierung unsicher;

in Naos stehende Neith mit Szepter; nur noch Teile der Inschrift um Naos erhalten; über und rechts (vom Betrachter aus gesehen) der Neith:

← ←↓

Fortsetzung unten: →

oben und links von Neith (die zentrale Gruppe *ḥtp* nur eimal geschrieben):

↓→ →

74. Sargboden Uppsala 156 des Generals *Ṯ3j-Ḥr-p3-t3*.
PM III[2], 291; Daressy, ASAE 3, 1902, 158-9; Cheverau, Prosopographie, 171 (255).

(folgt Kap. 172 [Pleyte] der „Chapitres supplémentaires“ des Totenbuchs).

Am Ende des Textes:

75. Bestattung des *Ḥr-jrj-ꜥ3* (II) im Grab des Bokchoris in Sakkara.
– Sarkophag (inkl. Fragment BM 1729); Pernigotti, in: E. Bresciani u.a., La galleria di Padineit, Tomba di Boccori, Pisa 1983, 53-68; Fig.8-9; Tav. VI; XI; ↓→

(sic)

– Hieratisch-demotisches Graffito auf Kalksteinblock (C); Bresciani u.a., La galleria di Padineith, 32; Vleeming, Demotic Graffiti, 325, Nr.1943;

A) [...] *ḥm-nṯr*(?) *Ḥr*(?) [...]; B) [...] *B3stt-i.ir-dj-s*(?) [...] C) [...] *Pr-ʿ3 ʿ.w.s.*(?) [...]

– magischer Ziegel; Pernigotti, in: Bresciani u.a., La galleria di Padineith, 87-9; Fig.18; →

– Uschebtis; Silvano, in: Bresciani u.a., La galleria di Padineith, 107 (1); Fig.23-27;

↓→ oder

↓→ u.ä.

– Mumienbinden; Pernigotti, in: Bresciani u.a., La galleria di Padineith, 97; Fig.22; id., EVO 3, 1980, 101; 102 (2-3); Tav.II-III; 105 (16);

Totenbuchsprüche für →

76. Reste der Bestattungen der Familie des *Ḥr-jrj-ꜥꜣ* (II) im Grab des Bokchoris in Sakkara.

– Mumienbinden der Ehefrau(?) *Nfr-Sḫmt*; Pernigotti, in: Bresciani u.a., La galleria di Padineith, 99; id., EVO 3, 1980, 101; 102 (4); Tav.IV; 105 (15);

←↓

– Mumienbinden und Uschebtis des Bruders, des *jtj-nṯr Jj-m-ḥtp*, Sohn der *Bꜣstt-j.jrj-dj-s*; Pernigotti, in: Bresciani u.a., La galleria di Padineith, 97; id., EVO 3, 1980, 101; 104-5 (8); Silvano, in: Bresciani u.a., La galleria di Padineith, 107-8 (2); Schneider, Shabtis, II, 156-7 (5.3.1.9); III, pl.57; 118;

– Mumienbinden und Uschebtis des Sohnes *Pꜣ-šrj.n-tꜣ-jḥt* (II), Sohn der *Nfr-Sḫmt*; Pernigotti, in: Bresciani u.a., La galleria di Padineith, 100;

Mumienbinde: id., EVO 3, 1980, 101; 105 (12); Tav.I; ↓→

Uschebtis: Silvano, in: Bresciani u.a., La galleria di Padineith, 110 (6); Fig.33;

(folgt verderbte Version von Tb Spr. V)

– Mumienbinden des Sohnes, des *jtj-nṯr ḥm-nṯr* [...] *Ḏd-ḥr*, Sohn der *Nfr-Sḫmt*; Pernigotti, in: Bresciani u.a., La galleria di Padineith, 100; id., EVO 3, 1980, 101; 106 (22);

– Mumienbinden des Sohnes *Šdj-sw-Nfrtm*; Pernigotti, in: Bresciani u.a., La galleria di Padineith, 99;

Die Bestattung des Enkels *Ḥr-jrj-ꜥꜣ* IV (Sarkophag: Pernigotti, in: Bresciani u.a., La galleria di Padineith, 77-80; Fig.13; Tav.VIII; XIII; Uschebtis: Silvano, in: Bresciani u.a., La galleria di Padineith, 110 (7); Fig.34) müßte auf jeden Fall schon in frühptolemäische Zeit fallen.

77. Sarkophag London BM EA 23 des *sntj Ḥp-mn rn.f nfr Ḫnzw-tꜣj.f-nḫt*.
PM IV, 72; Description, V, 24-25; Sharpe, Inscriptions, I, 44-5; BM Guide 1909, 229-30 (826); W. Hayes, Royal Sarcophagi of the XVIII Dynasty, Princeton 1935, 153-4; De Meulenaere, Surnom, 17 (53); Chevereau, Prosopographie, 180 (278); Perdu, RdE 49, 1998, 184 (9); Yoyotte, Opera selecta, 193 (E); 208 (E); Limme, CdE 47, 1972, 100-101; eigene Fotos und partielle Kollation;

– Fußseite (vgl. Description, V,24); zentral kniende Isis, nach rechts gewandt; über ihr Zeile: →

rechts von ihr sechs Kolumnen: ↓→

links von ihr sechs Kolumnen: ↓→

– rechte Seite (vgl. Sharpe, op.cit., I,44); Zeile oben: ←

darunter links stehender Mann, nach rechts gewandt; über ihm: ↓→

hinter ihm: ↓→

vor ihm: ↓→

rechts zwei stehende Männer; über dem vorderen: ←  vor ihm: ←↓

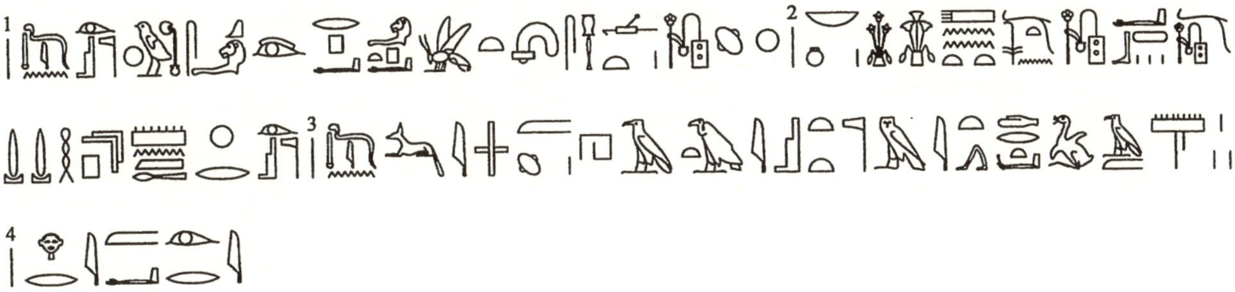

über dem hinteren: ←↓  vor ihm: ←↓

hinter ihm: ←↓

Zwischen den Figuren rechts und links ein größerer Textblock von neun Zeilen mit einer sehr verderbten Version von Tb Spr.72: →

(sic) (sic) (?)

(sic) (sic)

(sic)

(sic)

(?)

(sic)

– linke Seite (vgl. Sharpe, op.cit., I,45); Zeile oben: →

darunter zentral ein Paar *Wḏ3t*-Augen über Fassade; rechts davon ein stehender Mann;

über ihm: ←↓ vor ihm: ←↓

hinter ihm (vgl. Hayes, op.cit., Text 37): ←↓

in der linken Hälfte zwei stehende Männer, nach rechts gewandt, der vordere mit Schakalkopf, der hintere mit Menschenkopf;

über dem vorderen: ↓→ vor ihm: ↓→

über dem hinteren: ↓→ vor ihm: ↓→

hinter ihm: ↓→

– Kopfseite (vgl. Description, V,24); Zeile oben: ←

darunter zentral kniende Nephthys, nach links gewandt; vor ihr: ←↓

hinter ihr: ←↓

(unbeschrieben)

innen auf Boden der Sarkophagwanne eine Göttin mit ausgebreiteten Armen, eingefasst von zwei Kolumnen (Wiedergabe nach Description, V,24);

Kolumne innen, über dem Kopf (vgl. Hayes, op.cit., Text 50; 55): →

Kolumne innen, rechts (vgl. Hayes, op.cit., Text 40): ←↓

Kolumne innen, links (vgl. Hayes, op.cit., Text 52):

Kolumne außen, über dem Kopf: →

Kolumne außen, rechts (vgl. Hayes, op.cit., Text 40): ←↓

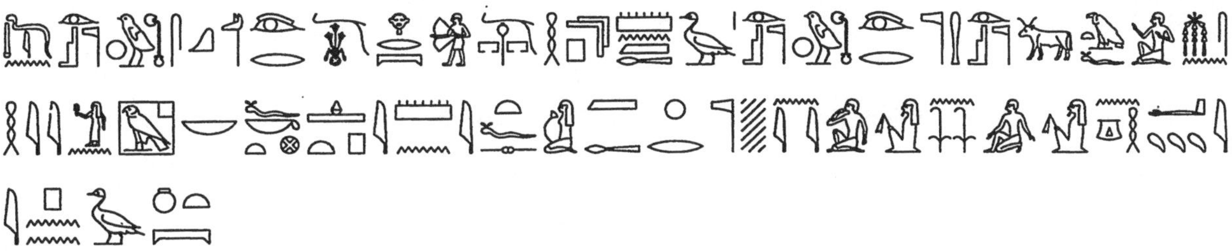

Kolumne außen, links (vgl. Hayes, op.cit., Text 52): ↓→

am unteren Ende: →

(?) (?) (?)

Die inneren Seitenwände sind mit Götterfiguren einer Art ‚Gliedervergottung' dekoriert, die Auswahl entspricht weitgehend der von Tb Spr.42. Die Reihe beginnt an der Kopfseite und läuft von rechts nach links (rechte Seite der Wanne, Figuren nach rechts blickend):

1) Gott mit Menschenkopf; über ihm: ↓→ 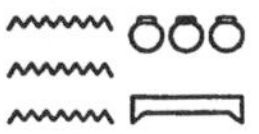 vor ihm: ↓→

(sic)

2) Gott mit Falkenkopf und Sonnenscheibe; über ihm: →  vor ihm: ↓→

3) Göttin mit Hathorkrone; über ihr: →  vor ihr: ↓→

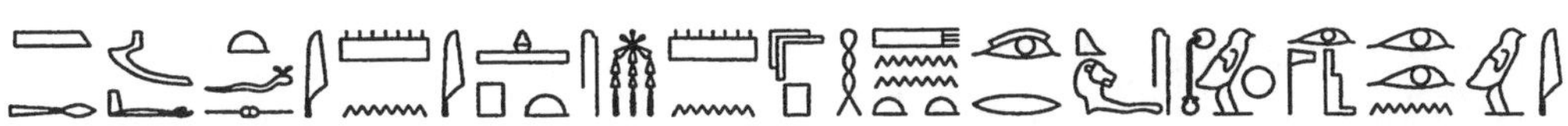

4) Gott mit Schakalkopf; über ihm: ↓→  vor ihm: ↓→

5) Gott mit Falkenkopf und Doppelkrone; über ihm: ↓→ vor ihm: ↓→

6) Gott mit Schakalkopf; über ihm: → vor ihm: ↓→

7) Göttin mit Skorpion auf dem Kopf; über ihr: → vor ihr: ↓→

8) Göttin mit Hathorkrone; über ihr: → (?) vor ihr: ↓→

9) Gott mit Widderkopf und Atefkrone; über ihm: → vor ihm: ↓→

10) Göttin mit Roter Krone; über ihr: → vor ihr: ↓→

2

(?)

Die Fortsetzung beginnt wieder an der Kopfseite und läuft von links nach rechts (linke Seite der Wanne, Figuren nach links blickend):

11) Drei Götter mit Szeptern; über ihnen: ← vor ihnen: ←↓

12) Mann mit Weißer Krone und Uräus; über ihm: ← vor ihm: ←↓

13) Mumie mit Szepter und Atefkrone; über ihm: ← vor ihm: ←↓

[ ]

14) Widderköpfiger Gott mit Sonnenscheibe; über ihm: ← vor ihm: ←↓

[…]

15) Löwenköpfige Göttin; über ihr: ← vor ihr: ←↓

16) *Wḏ3t*-Auge auf Kasten; über ihm: ← vor ihm: ←↓

17) Göttin mit *nw*-Topf auf dem Kopf; über ihr: ← vor ihr: ←↓

18) Mumienförmiger Gott im Naos; über ihm: ← vor ihm: ←↓

20) Drei Schlangen mit *ꜥnḫ*-Zeichen vor sich; keine Beischrift über ihnen; vor ihnen: ←↓

1 2

78. Reliefs Kairo JE 10976 und 10978 aus dem Grab des *Nfr-sšm-Psmṯk*, in Haus in Kom el-Fakhry verbaut gefunden.

PM III[2], 852; Mariette, Mon. div., 10; pl.35; G. Maspero, Le musée égyptien, II, 1907, 77-79; pl.XXXII-XXXIII (10976); 79-80; pl.XXXV-XXXVI (10978); Malek, JEA 64, 1978, 140; Yoyotte, CdE 29, 1954, 278, n.9; E. Terrace / H. Fischer, Treasures in the Cairo Museum, London 1970, 174-5 (10978); M. Desti (ed.), Des dieux, des tombeaux, un savant. Katalog Boulogne 2004, 154-5 (79);

– JE 10976: sitzender Mann (links), ihm gegenüber Gabenbringer;

vor sitzendem Mann: ↓→

– JE 10978: sitzender Mann (links), ihm gegenüber sieben Personen mit Schmuckstücken;

vor sitzendem Mann: ↓→

über kniendem Schreiber: ←

rechts davon drei Gruppen aus je zwei sich zugewandten Personen, die Schmuckstücke halten;

über ihnen jeweils: ←

79. Uschebtis Kairo CG 48210-48224 des *Jrt-ḥr-r.w ḏd n.f Z3-sbk*.
Newberry, Funerary statuettes, 301; Perdu, RdE 49, 1998, 182;
neun waagerechte Zeilen, beginnend mit:

(so nach Newberry; folgt Uschebtispruch).

O. Perdu hat hingegen auf einem Uschebti im Handel den Beinamen des *Jrt-Ḥr-r.w* nicht als gelesen, sondern „clairement sous la forme", er dürfte also *Z3-Sbk* lauten.

80. Torso einer Stehfigur desselben *Jrt-ḥr-r.w*, ehemals in Sammung Béhague.
PM VIII, 873; Perdu, RdE 49, 1998, 250-254;

auf Rückenpfeiler, oben: →
darunter: ↓→

81. Deckel eines Sarkophags Kairo TN 21/11/14/7 des *Ṯ3j-Ḥp-jm.w* aus Sakkara.
Unpubl., s. Perdu, RdE 49, 1998, 185 (10,a); s. den Nachtrag auf p. 740

82. Uschebtis desselben *Ṯ3j-Ḥp-jm.w* in verschiedenen Sammlungen.
Perdu, RdE 49, 1998, 185 (10,b; mit weiterer Lit.); Chappaz, Les figurines funéraires, 124-5 (159); Rondot, in: Les collections égyptiennes dans les musées des Saône-et-Loire, 1988, 126-7 (59);

(folgt Uschebtispruch) →

83. Sarkophag Kairo CG 29302 des *Ḏd-ḥr* aus Sakkara.
Maspero, Sarcophages, I, 73-86; pl.VI-VIII; Perdu, RdE 49, 1998, 186 (11); Mysliwiec, BIFAO 81 (Suppl.), 1981, 93; Manassa, Sarcophagi, 16; pl.4-5; 8-9; 11-12; 14-15; 17-33; 36-40;
auf Deckel (Maspero, op.cit., 74): ↓→

(folgen Tb-Sprüche, u.a. Tb 89 und 92)

Die Inschrift oben an der rechten Seite der Wanne (Maspero, op.cit., 79; pl.VIII) enthält alle Titel des Toten und seines Vaters: ←

Die Sarkophagwanne ist überwiegend mit Darstellungen und Texten entsprechend der ‚Unterweltsbücher' dekoriert (vgl. Manassa, op.cit., 14-15).

84. Uschebti desselben *Ḏd-ḥr* 1997 im Handel Paris.
unpubl., s. Perdu, RdE 49, 1998, 186 (11);

85. Sarkophag Louvre D.8 des *Ḏd-ḥr* aus Sakkara.
PM III^2, 765-66; Brugsch, Thes., 948; id., DG, 1232-33; LR IV, 80 (LXIV); Encyclopédie photographique de l'art, 1: Les antiquités égyptiennes du Musée du Louvre Louvre, Paris 1935, 142-5; Lieblein, Namen-Wörterbuch, Nr.1192; Yoyotte, RdE 15, 1963, 118; Mysliwiec, BIFAO 81, (Suppl.), 1981, 92-3; W. Westendorf, Das alte Ägypten, 1968, 210-1; Guermeur, Les cultes d'Amon, 28-30; Manassa, Sarcophagi, I, 18(-66); II, pl.6-7; 13; 20-31; 36-40; G. Roulin, Le livre de la nuit, OBO 147, 1996, I, 23-4; II, 160-164; Yoyotte, Les trésors des Pharaons, 209; De Meulenaere, in: La XXVIe dynastie, 130 (16).

Der Sarkophag ist weitestgehend unpubliziert und an schwer zugänglicher Stelle untergebracht, die Innenseiten von Deckel und Wanne sind gar nicht einzusehen. Hier werden daher nur die zugänglichen ausführlicheren Titel- und Filiationangaben des Besitzers wiedergegeben. Zur Dekoration und Beschriftung mit Darstellungen und Texten entsprechend der ‚Unterweltsbücher' vgl. Manassa, loc.cit.

auf dem Deckel, am Beginn der Inschriften: ↓→

In den anderen Inschriften des Deckels wird der Titel *ḥm-nṯr Jmn-Rʿ ḫntj ḥwwt-nṯrw* einmal auch geschrieben.

linke Seite, um den oberen Rand der Wanne (Beginn Mitte Vorderseite): →

dto., unter der Zeile, Kol. 24-32: ↓→

27 26 25 (sic) 30 29 28 32 31

rechte Seite, um den oberen Rand der Wanne (Beginn Mitte Vorderseite): ←

reS

dto., unter der Zeile, Kol. 4-13: ←↓

5 6 7 8 9 10 11 (sic) 12 13

dto., Kol. 23-27: ←↓

24 25 (sic) (sic) 26 27

86. Sarkophag Wien ÄS 1 des *Ns-Šw-Tfnt* aus Sakkara (aus demselben Grab wie CG 29304-29305).
PM III², 507; von Bergmann, RecTrav 6, 1885, 131-165; De Meulenaere, in: J. Osing / E. Nielsen (edd.), The Heritage of Ancient Egypt. Studies in Honour of Erik Iversen, Kopenhagen 1992, 84-7; Manassa, Sarcophagi, 19; pl.2-3; 13; 17; 19-31; 36-40; eigene Fotos;

Titulatur und Filiaton des Besitzers:
– auf dem Deckel (nach RecTrav 6, 160):
links vom Falken: ←

rechts vom Falken: →

darüber: ↓→

Auf dem Deckel stehen noch die Tb-Sprüche 89 und 90.

– auf der Wanne:
Außenseite, rechte Seite, oben: ←

dto., linke Seite, oben: →

Kopfende oben, linke Hälfte: →

dto., rechte Hälfte: ←

Fußende oben, linke Hälfte: →

dto., rechte Hälfte: ←

Fußende, mittleres Register, neben Figur rechts: ←

dto., neben Figur links: →

Die Außenseite der Wanne ist sonst überwiegend mit Darstellungen und Beischriften entsprechend der Unterweltsbücher dekoriert, vgl. im einzelnen Manassa, op.cit., 21-66.

Innenseite der Wanne, oben, rechte Hälfte: →

dto., linke Hälfte: ←

am Kopfende zentral Nephthys, mit ausgebreiteten Flügeln auf der Goldhieroglyphe hockend; links von ihr: ←↓

rechts von ihr: ↓→

rechte Seite, unter Titelzeile, von rechts:

1. geflügelte Schlange; über ihr: →

2. Schakal mit Wedel auf Standarte: über ihm: →

3. geflügelte Frau, nach links gewandt; über ihr: ←

4. ihr gegenüber die vier Horuskinder auf Standarte;

über ihnen: ↓→

5. geflügelte Frau mit Skorpion auf Kopf, nach rechts gewandt; über ihr: →

linke Seite, unter Titelzeile, von links:

1. geflügelte Schlange; über ihr: ←

2. großes *wḏ3t*-Auge; über ihm: ←

3. geflügelte Frau, nach rechts gewandt; über ihr: →

4. ihr gegenüber die vier Horuskinder auf Standarte;

über ihnen: ←↓

5. geflügelte Frau mit Thron auf Kopf, nach links gewandt; über ihr: ←

auf Boden der Wanne die Westgöttin, nach rechts gewandt;

rechts von ihr: ↓→

links von ihr: ↓→ (sic)

Im Sarkophag befand sich noch ein Brett der Rückseite des Holzsarges (jetzt Wien ÄS 11), auf dem eine noch ausführlichere Titulatur des Sarkophagbesitzers steht.
Brugsch, DG, 203-4; Von Bergmann, op.cit., 131-2; 163-5; W. Wreszinski, Aegyptische Inschriften aus dem K.K. Hofmuseum in Wien, Leipzig 1906, 176-179; Guermeur, Les cultes d'Amon, 255-6;

Die Abschriften von Brugsch, von Bergmann und Wreszinski unterscheiden sich an mehreren Stellen. ↓→

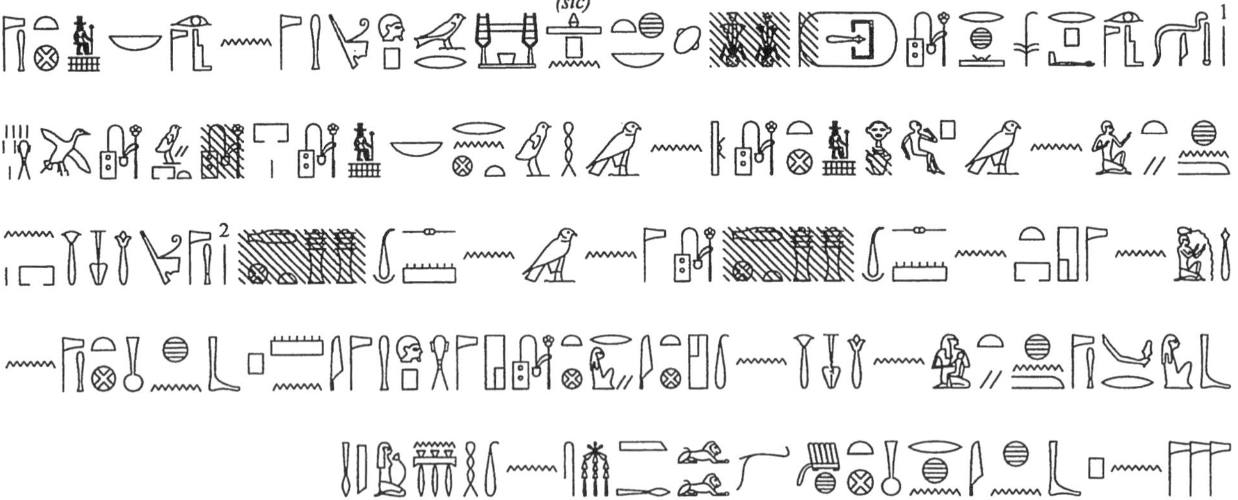

(zum folgenden Anruf an den Toten vgl. PT 640 – 641)

87. Uschebtis des *Ns-Šw-Tfnt*.
Aubert, Statuettes, 251; pl.63; H. Schlögl, Corpus der ägyptischen Totenfiguren der öffentlichen Sammlungen Krakaus, Krakau 2000, 267 (17); H. Schlögl / A. Brodbeck, Ägyptische Totenfiguren aus öffentlichen und privaten Sammlungen der Schweiz, OBO SA 7, 1990, 291-2 (199);

Krakau, Universitätssammlung 10.589, auf Vorderseite:

→ ↓→

88. Sarkophag London BM EA 30 des *mr rwt Ns-jzwt* aus Grab LG 84 („Campbell's tomb").
PM III², 290; Buhl, Late Egyptian Sarcophagi, 147; 149, Fig.84; Sharpe, Inscriptions, I, 74-77; BM Guide 1909, 229 (825); Zivie-Coche, Giza au premier millénaire, 286; Manassa, Sarcophagi, 20;

Etwas ausführlichere prosopographische Angaben finden sich an folgenden Stellen:

Deckel, Kol.6-5, oben: ↓→ 5 6

Deckel, Kol.12-13, oben: ←↓

Deckel, Kol.6-5, Mitte: ↓→

Deckel, Kol.12-13, Mitte: ←↓

Deckel, Kol.7-5, unten: ↓→

(?) (?)

Deckel, Kol.11-13, unten: ←↓

Wanne, rechte Seite, links: Mann, nach rechts gewandt, präsentiert Maat-Figürchen vor 11 Gottheiten;

über ihm: ↓→

Wanne, linke Seite, rechts: Mann, nach links gewandt, präsentiert Maat-Figürchen vor 11 Gottheiten;

über ihm: ←↓

89. Sarkophagfragment London BM 525 des *mr rwt Ns-jzwt* aus Grab LG 84 („Campbell's tomb").
PM III[2], 290-1; Sharpe, Inscriptions, II, 30; Piehl, Inscr. hier., III, pl.43-44 (A); D. Wildung, Imhotep und Amenhotep, MÄS 36, 1977, 38-9 (§ 16); Limme, CdE 47, 1972, 96-97; Zivie-Coche, Giza au premier millénaire, 286-7; pl.47; A.J. Spencer, in: W.V. Davies (ed.), Studies in Egyptian Antiquities. A Tribute to T.G.H. James, BM OP 123, 1999, 17-8; Fig.4b; eigene Fotos;

Kolumne in der Mitte der Vorderseite: ↓→

(sic)

90. Sarkophag Kairo CG 29301 des Generals (*mr mšꜥ*) *ꜥnḫ-Ḥp* aus Sakkara.
PM III[2], 612; Maspero, Sarcophages, I, 1-73; pl.I-V; Chevereau, Prosopographie, 175 (263); Manassa, Sarcophagi, 20;
Die reichhaltigen Inschriften dieses Sarkophags enthalten (Teile von) Totenbuchsprüche(n) (1; 9; 26; 30; 42; 47; 54; 56; 70; 72; 89; 90; 100; 125; 147; 148; 161; 162) und Szenen entsprechend der Unterweltsbücher (vgl. Manassa, loc. cit.), dazu funeräre Reden von Göttern und des Toten (Verklärungen, Gebete etc.).

Auf dem Deckel rechts zwei Kolumnen mit einer ausführlichen Opferformel (Maspero, op.cit., 9): ↓→

dto. links eine lange Serie biographischer Beiworte (ibid., 9-10; eigene Kollation): ↓→

(sic)

Nur in dieser Inschrift erscheint eine ausführliche Titulatur des *ʿnḫ-Ḥp* als *rpʿt ḥ3tj-ʿ mr mšʿ wr ḫ3wtj*, in den übrigen Texten des Sarkophags wird er durchgehend als *ḥm-nṯr mr mšʿ* bezeichnet.

Weitere kurze biographische Ausdrücke auf der Sargwanne an folgenden Stellen:

– in einem Gebet an Osiris (Maspero, op.cit., 37):

šzp.k wj r jmntt m ḥtp

– in einem Anruf an Osiris (ibid., 43):  (folgt Gebet und biographische Phrasen:)

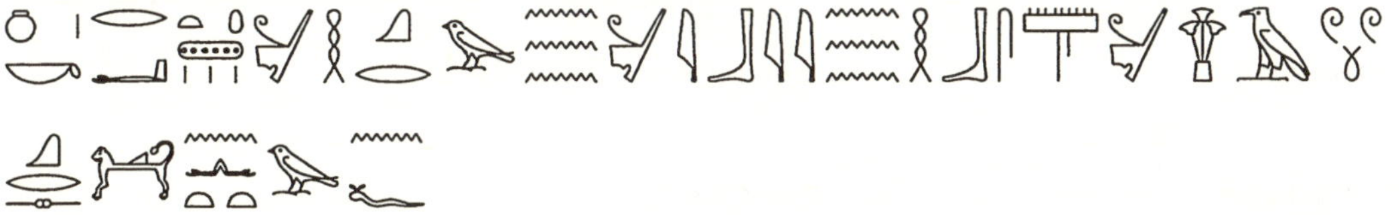

– am Ende einer Verklärung des Toten (ibid., 49):

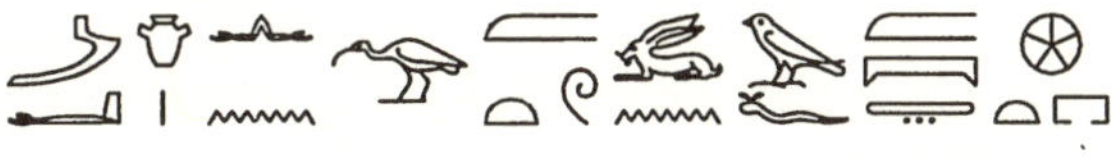

– in einem Anruf an die Götter der Nekropole (ibid., 62):

91. Sarkophag BM EA 1504 des *Gmj-Ḥp* aus Grab LS 7 in Sakkara.
PM III[2], 503; LD Text, I, 144; Spencer, in: W.V. Davies (ed.), Studies in Egyptian Antiquities. A Tribute to T.G.H. James, BM OP 123, 1999, 19-21; pl.1-2; Manassa, Sarcophagi, 69; pl.45; 52-53; 55-57; 61; 63-5; 72; 81; 86-8; 92-3; 98-103; 106-107; 111-112; 118-20; 123-124; 130-5; 137; 139; 145-146; 149; 151; 160-161; 163;

Der Sarkophag ist mit Szenen und Beischriften aus dem Amduat dekoriert, s. Manassa, op.cit.

Der Besitzer wird meist nur als bezeichnet, aber er führt daneben noch eine Reihe anderer, z.T. ungewöhnlicher Titel (alles nach den Abschriften von Manassa):
Manassa, op.cit., pl.98:

(sic)

(sic)

ibid., pl.134:

ibid., pl.103:

ibid., pl.107:

In dieser Inschrift (pl.107) wird *Gmj-Ḥp* noch einmal *mr mšꜥ wr* genannt.

Der häufigste Priestertitel ist *ḥm-nṯr Bꜣstt ḥrj-jb Jwnw* (ibid., pl.93; 98-100; 102-103; 111; 134), der Titel *ḥm-nṯr ꜣst Ḫnzw* [...] (offenbar jeweils mit einem ungelesenen Zeichen nach *Ḫnzw*) kommt ein weiteres Mal auf pl.57 vor, *ḥm-nṯr Wꜣḏyt nb*(*t*) *Jjw* auch auf pl.57 und 103.

Merkwürdig ist auch (ibid., pl.99; 100).

92. Sarkophag Kairo CG 29304 des Generals *Ḏd-ḥr* aus Sakkara.
PM III[2], 507; Maspero, Sarcophages, I, 114-161; De Meulenaere, in: J. Osing / E. Nielsen (edd.), The Heritage of Ancient Egypt. Studies in Honour of Erik Iversen, Kopenhagen 1992, 84-7; Manassa, Sarcophagi, 70; Chevereau, Prosopographie, 157-8 (232);

Besitzer:

(z.B. Maspero, op.cit., 117),

einmal auch (ibid., 133).

Die Inschriften des Sarkophags bestehen aus Totenbuchsprüchen (Spr.33-36; 81; 83-84; 86-90) und sonstigen funerären Standardtexten, v.a. Beischriften zu Göttern und Schutzgeistern und ihre Reden.

93. Sarkophag Kairo CG 29305 desselben Generals *Ḏd-ḥr* (von einem *P3-jnj-mw* usurpiert) aus Sakkara (beide Sarkophage nebeneinander in derselben Sargkammer gefunden).
PM III², 507; Maspero, Sarcophages, I, 161-218; pl.XIV-XVIII; De Meulenaere, in: J. Osing / E. Nielsen (edd.), The Heritage of Ancient Egypt. Studies in Honour of Erik Iversen, Kopenhagen 1992, 84-7; H. Jenni, Das Dekorationsprogramm des Sarkophages Nektanebos' II., AH 12, 1986, 2; Manassa, Sarcophagi, 70; 180-191; pl.41-42; 46; 54; 62; 71; 75; 80; 85; 92; 94-97; 108-110; 117; 128-129; 138; 140; 150; 166-169;

Besitzer:

(Maspero, op.cit., 164); andere Titelkombinationen:

(ibid.; 174; 175); (ibid., 195); (ibid., 203);

(ibid., 202); (ibid., 194) bzw. (ibid., 203).

Vorbesitzer:

(ibid., 183; 184) bzw. (ibid., 202);

(ibid., 174; 175); (ibid., 183; vgl. 184)

(ibid., 183)

Die Inschriften des Sarkophags bestehen v.a. aus Tb-Spr (71; 89; 91; 154) und Auszügen aus den Unterweltsbüchern, s. Manassa, op.cit.

94. Sarkophag Kairo TN 20/1/21/1-2 der *B3t-jjtj*, Mutter des Generals *Ḏd-ḥr*.
PM III², 507; Buhl, Late Egyptian Sarcophagi, 135-6; fig.77; Piehl, Inscr., I, 61-63; pl.LXVI-LXVIII (H); Ch. Leitz u.a. (edd.), Catalogue of the Late and Ptolemaic Period Anthropoid Sarcophagi in the Grand Egyptian Museum, Kairo 2018, 161-183;

in oberer Hälfte des Deckels zentral unter Perücke geflügelter menschenköpfiger Ba, nach rechts blickend; ohne Beischrift;
darunter geflügelte Göttin, nach rechts blickend; neben ihre Kopf,

links: →

rechts: ←

links davon (Blickrichtung des Betrachters) drei Figuren untereinander, nach rechts gewandt:

oben geflügelte Schlange mit Weißer Krone; über ihr: →

darunter Isis mit *ṯ3w*-Hieroglyphe in der Hand; vor ihr: ↓→

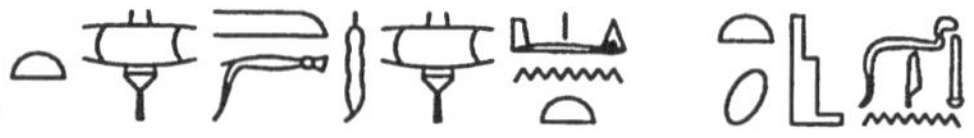

darunter Mumie mit Atefkrone; vor ihr: ↓→

rechts davon entsprechend drei Figuren untereinander, nach links gewandt:

oben geflügelte Schlange mit Roter Krone; über ihr: ←

darunter Nephthys mit *ṯ3w*-Hieroglyphe; vor ihr: ←↓

darunter Göttin mit Obelisk auf dem Kopf; vor ihr: ←↓

Darunter die Hauptinschrift mit acht Kolumnen, je vier ↓→ und ←↓ ausgerichtet, mit (Auszügen von) Tb-Sprüchen: Tb 89, 26, 1B / 172 (Pleyte) sowie 100 / 129. Jeweils zu Beginn der vier Kolumnen Name und Filiation der Besitzerin:

95. Begräbnis und Sarkophag MMA 14.7.1a-b des *Wrš-nfr* in Sakkara.
PM III^2, 504; Arnold, in: C. Berger / B. Mathieu, Etudes sur l'Ancien Empire et la nécropole de Saqqâra, dédiées à Jean-Philippe Lauer, OM 9, 1997, 36-9; 51-4; Ransom-Williams, BMMA 9, 1914, 112-20; fig.1-5; Clère, MDAIK 16, 1958, 30-46; Taf.V; Vernus, Athribis, 246 (208); Manassa, Sarcophagi, 277; 480-481; eigene Fotos;

Besitzer (Kopfseite, obere Zeile; eigene Abschrift), rückläufig: →

Die Sarkophagwanne ist mit einer nahezu vollständigen Abschrift des Amduat dekoriert (nur die 8. Stunde fehlt), der Deckel mit der Großen Litanei der ‚Sonnenlitanei' und der berühmten Darstellung des Universums (s. Clère, op.cit.).

96. Sarkophag Louvre D.9 des Rechnungsschreibers *Ḏd-ḥr* aus Sakkara.
PM III², 766; Sharpe, Inscriptions, II, 1-21; Encyclopédie photographique de l'art, 1: Les antiquités égyptiennes du Musée du Louvre Louvre, Paris 1935, 146-154; D. Wildung, Imhotep und Amenhotep, MÄS 36, 1977, 57-8; Guermeur, Les cultes d'Amon, 54-6; G. Roulin, Le livre de la nuit, OBO 147, 1996, I, 24; II, 105-111; 123; 133-4; 159-166; Manassa, Sarcophagi, 70(-192); pl.48; 50; 54-57; 59; 63-65; 69; 71-74; 80-84; 91; 94-96; 98-106; 108-109; 111-116; 126; 128; 130-136; 138; 141-143; 145-148; 153; 155-166; eigene Fotos;

Bei Sharpe, loc.cit., sind die Dekoration der Oberseite des Deckels und der Außenseiten der Wanne vollständig (allerdings seitenverkehrt) wiedergegeben. Im Folgenden werden daher nur die Inschriften der Unterseite des Deckels und der Innenseiten der Wanne in extenso gegeben.

– Oberseite des Deckels (vgl. Sharpe, op.cit., II.1-4:
oben 16 Kol. (↓→) mit Tb 154;
darunter 18 Kol. mit Tb 89 und weiteren Sprüchen. Titel, Name und Filiation des Toten werden in Kol.1, 5, 6, 7, 8, 9, 10, 13-14, 15-16 angeführt, besonders ausführlich in Kol.1: ↓→

und in Kol.13-14: ↓→

13

14

Ebenso mit nur geringen orthographischen Varianten in Kol. 15-16.

– Unterseite des Deckels:
in der Mitte Göttin Nut mit Sonnenscheibe; links von ihr: ↓→

1

2

rechts von ihr: ←↓

1

2

(sic)

– Sarkophagwanne außen:
Darstellungen und Beischriften aus den Unterweltsbüchern, v.a. dem Amduat, daneben auch Pfortenbuch (Szene 33), Buch von der Nacht und Sonnenlitanei, vgl. Sharpe, loc.cit. und Manassa, loc.cit.
– Sarkophagwanne innen, Kopfende, Zeile oben: →

darunter zentral Nephthys, mit ausgebreiteten Flügelarmen auf Goldhieroglyphe hockend, flankiert von je einem *wḏ3t*-Auge auf Standarte; rechts von ihr: ↓→

links von ihr: ↓→

linke Seite: zehn Götter, nach links gewandt, mit *ꜥnḫ*-Zeichen in der erhobenen rechten und der herabhängenden linken Hand; von links:
1. schakalköpfig; vor ihm: ←↓

2. paviansköpfig; vor ihm: ←↓

3. falkenköpfig; vor ihm: ←↓

4. menschenköpfig; vor ihm: ←↓

5. menschenköpfig; vor ihm: ←↓

6. menschenköpfig; vor ihm: ←↓

7. menschenköpfig; vor ihm: ←↓

8. menschenköpfig; vor ihm: ←↓

9. menschenköpfig; vor ihm: ←↓

10. schakalköpfig; vor ihm: ←↓

Zeile über diesen Göttern: ←

(?)

rechte Seite: zehn Götter, nach rechts gewandt, mit ʿnḫ-Zeichen in der erhobenen rechten und der herabhängenden linken Hand; von rechts:

1. schakalköpfig; vor ihm: ↓→

(sic)

2. menschenköpfig; vor ihm: ↓→

(sic)

3. schakalköpfig; vor ihm: ↓→

4. menschenköpfig; vor ihm: ↓→

5. menschenköpfig; vor ihm: ↓→

6. menschenköpfig; vor ihm: ↓→

7. menschenköpfig; vor ihm: ↓→

8. menschenköpfig; vor ihm: ↓→

9. menschenköpfig; vor ihm: ↓→

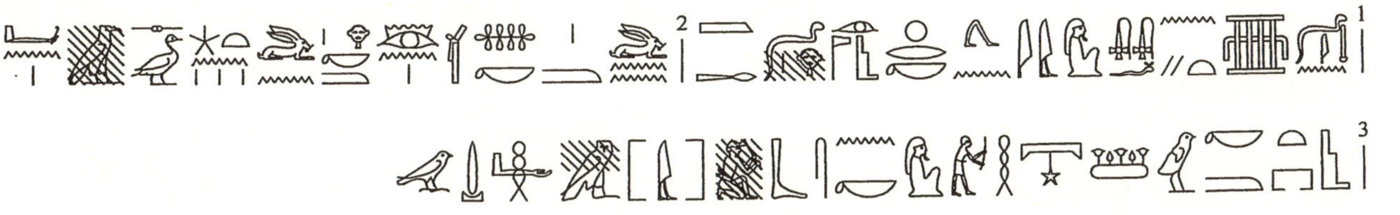

10. schakalköpfig; vor ihm: ↓→

Zeile über diesen Göttern: →

Fußende, Zeile oben: →

(sic)

darunter zentral Isis mit ausgebreiteten Flügelarmen auf Goldhieroglyphe hockend, flankiert von zwei Schakalen, die auf einer Standarte liegen;
über Schakal rechts: ←↓

rechts davon: ↓→

über Schakal links: ↓→

links davon: ↓→

97. Deckel und Fragmente der Wanne des Sarkophags Kairo CG 29309 + Genf MAH 18050 + 27806 + MMA 04.2.539 des *Wsr-mȝʿt-Rʿ* aus Sakkara.

Maspero / Gauthier, Sarcophages, II, 20-42; pl.IX-XII; Jenni, in: A. Brodbeck (ed.), Ein ägyptisches Glasperlenspiel, Berlin 1998, 93-161; Chevereau, Prosopographie, 192-3 (293); Manassa, Sarcophagi, 194;

Der Besitzer führt folgende Titel:

(Maspero /Gauthier, op.cit., 22-25; 33; 36-38; 40-41)

(ibid., 22; 40-41); (u.ä., ibid., 22; 40-41)

bzw. (ibid., 22-25; 27; 29-30; 32-34; 36-40)

(u.ä., ibid., 23-24; 29; 34; 36-37; 40-41)

(ibid., 23-24; 29; 34; 36-37; 40-41); (ibid., 23-25; 29; 34; 36-37; 40-41)

(ibid., 23-25; 29; 34; 36-37; 40-41); (u.ä., ibid., 23-25; 29; 34; 36-37; 40-41)

(ibid., 22; 24-26; 34; 36-38; 40-41)

(u.ä., ibid., 23-24; 26-27; 34; 36-38; 40-41)

(u.ä., ibid., 23-24; 26-27; 34; 37-38; 40-41)

(u.ä., ibid., 23-24; 26-27; 34; 38; 41)

(u.ä., ibid., 23-24; 26; 29-30; 33; 36-41)

(ibid., 24-27; 29-30; 32; 34; 36-37; 40-41)

Der Vater *Ḏd-Ḫnzw-jw.f-ʿnḫ* hat die Titel:

(ibid., 22-25; 27; 29; 40-41); (ibid., 23-24; 29; 40-41)

(ibid., 23; 29); (ibid., 24; 29; 40-41);

(ibid., 24; 29; 40-41); (ibid., 24-25; 29; 40-41)

Die Mutter ist die (u.ä.)

Auf dem Deckel des Sarkophags stehen die Tb-Sprüche 89; (ohne Nr.); 2; 3; 91-92; 68; 9; 71, s. dazu Jenni, op.cit., 145-153, auf der Wanne Auszüge aus dem Amduat (1.-3. Stunde, s. ibid., 130-139), der Sonnenlitanei (ibid., 140-143) und dem ‚Buch von der Erde' (ibid., 144).

98. Grab des *P3-šrj-n-t3-jḥt* in Sakkara.
PM III[2], 592; M. Betrò, I testi solari del portale di Pascerientaisu (BN 2), Pisa 1990; Vittmann, AfO 40/41, 1993/94, 166-9; J. Assmann / A. Kucharek, Ägyptische Religion: Götterliteratur, Berlin 2018, 301-303; 815-823;

Nur das Eingangsportal des Grabes ist dekoriert und beschriftet;

– linke Seite:
Darstellung auf Architrav (Betrò, op.cit., 7): rechts Mann vor Opfertisch sitzend, links anbetender Mann;
zwischen ihnen: ←↓ 1 2 3 4

auf linkem Türpfosten (Betrò, op.cit., 27-50; Foto auf Vorsatzblatt): ↓→

1 (?)

2 (?)

3

– rechte Seite:
Darstellung auf Architrav (Betrò, op.cit., 7; Tav.II): links Mann vor Opfertisch sitzend, rechts anbetender Mann;
zwischen ihnen: ↓→

auf rechtem Türpfosten (Betrò, op.cit., 53-80; Tav.II-IV): ↓→

(sic)

Zu diesen Texten vgl. J. Assmann, Der König als Sonnenpriester, 1970.

Fayyum

99. Intaktes Begräbnis des *Ḥr-wḏ3* in Hawara.
PM IV, 102; W.M.F. Petrie, Kahun, Gurob and Hawara, London 1890, 8-11; 18-20; pl.VII; XXIV; id., Ten Years' Digging in Egypt 1881-1891, London 1891, 92-5:

– Satz Kanopen: Petrie, Kahun, Gurob and Hawara, pl.XXIV (28-31); M. Zecchi, Hieroglyphic Inscriptions from the Fayyum, II, 2006, 68-9 (108); ↓→

– Uschebtis (in 17 Typen) in vielen Sammlungen;
Janes, Shabtis. A Private View, Paris 2002, 194-7 (99, mit Lit.); Zecchi, Hieroglyphic Inscriptions from the Fayyum, II, 64-8 (107); W. van Haarlem, CAA Allard Pierson Museum, 2, Shabtis, 1990, 261-264 (9485); H. Schlögl / A. Brodbeck, Ägyptische Totenfiguren aus öffentlichen und privaten Sammlungen der Schweiz, OBO SA 7, 1990, 287-289 (197);

nach Zürich L 358 (Schlögl / Brodbeck, loc.cit.): →

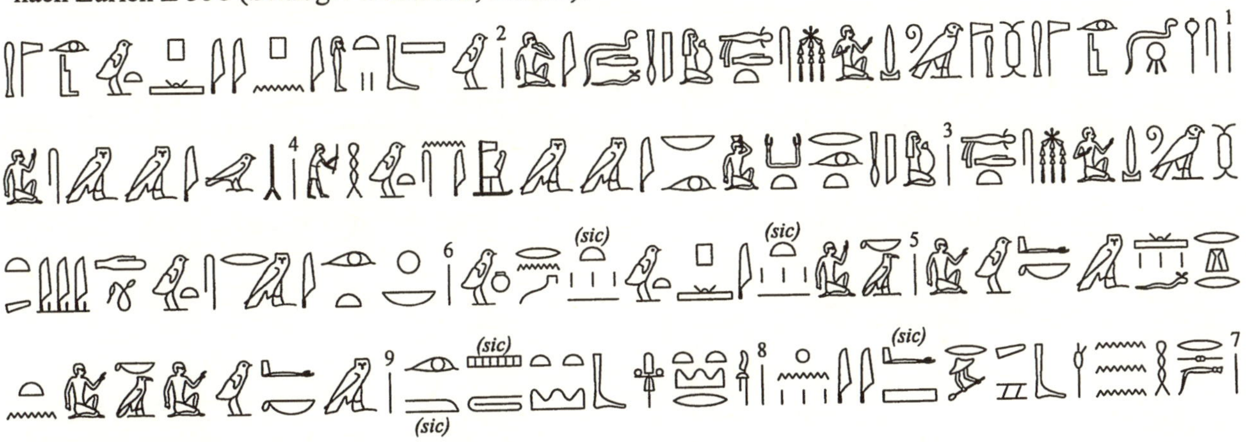

– Ring Kairo CG 12928;
G. Reisner, Amulets, 1958, 53; pl.XXVII; Zecchi, op.cit., 69 (109);

→

Herakleopolis

100. Stele Neapel 1035 (‚Stele von Neapel'), in Pompei gefunden.
Tresson, BIFAO 30, 1930, 369-91; pl.I-III; Perdu, RdE 36, 1985, 89-113; M. Lichtheim, Ancient Egyptian Literature, III: The Late Period, 1980, 41-4; ead., Maat in Egyptian Autobiographies and Related Studies, OBO 120, 1992, 95-6; Limme, in: K. Veenhof (ed.), Schrijvend Verleden, Leiden 1983, 1983, 324-9; von Känel, Prêtres-ouâb, 120-5 (56); Jansen-Winkeln, Sentenzen und Maximen, 39 (109); Panov, Inscriptions of the Late Period, 143-146; Verhoeven, in: Ägypten - Griechenland - Rom, Ausstellungskatalog Frankfurt 2005, 593-4 (166); Sternberg, Quellentexte, 121-124;

oben ‚kryptographische' Zeile für  (Original mit vorhandenen Typen nicht darstellbar, vgl. Urk II, 1 und Tresson, op.cit., pl.I);

darunter: →

101. Torso eines Naophors Kairo JE 47109 des *Zm3-t3wj-t3j.f-nḫt*.
PM IV, 121; Daressy, ASAE 21, 1921, 141-3; Mokhtar, Ihnasya el-Medina, BdE 40, 1983, 129-30; Forgeau, BIFAO 84, 1984, 185 (76); Perdu, RdE 40, 195; Fotos Museum;

unten auf Sockel des Naos, rechte Hälfte (vom Betrachter gesehen): ←

[…] (Lesung fraglich)

dto., linke Hälfte: →

linker Türpfosten des Naos (vom Betrachter gesehen): ↓→ […]

rechter Türpfosten (dto.): ←↓ […]

auf Rückenpfeiler, auf Trapez oben: → ←

darunter: ↓→

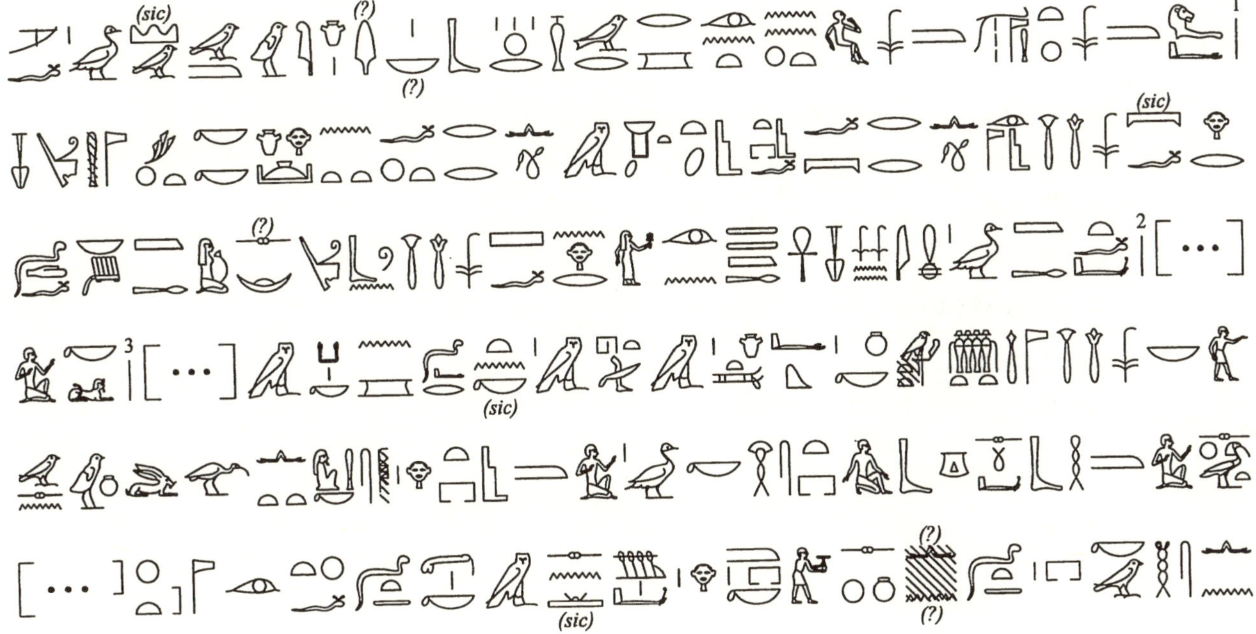

102. Begräbnis des *P3-ḫ3ʿ-s* in der Nekropole von Abusir el-Meleq.
– Uschebtis in mehreren Sammlungen (mit T-förmiger Aufschrift):
Aubert, Statuettes, 249; pl.64; Schneider, Shabtis, II, 206; pl.135 (5.3.1.268); G. Janes, Shabtis. A Private View, Paris 2002, 163-4 (85); H. Schlögl / A. Brodbeck, Ägyptische Totenfiguren, OBO SA 7, 1990, 279-86 (196);

nach Zürich I 24: ↓→ →

Zu einer Statue desselben Mannes aus Memphis s.o., 82.57.

103. Gegenstände aus dem Begräbnis des *ʿnḫ-m-m3ʿt* in einer Privatsammlung in Brüssel
Limme, in: Gs Quaegebeur, II, 1169-80; Bruwier, in: E. Gubel (ed.), A l'ombre de Babel, Ausstellungskatalog Brüssel 1995, 11-15 (Nr.V-XI);

Von der Grabausstattung ist nur die Inschrift der Pah-Sokar-Osiris-Statuette vollständig wiedergegeben (Limme, op.cit., 1170, Fig.2; Bruwier, op.cit., 13):

Vorderseite: ↓→

Rückseite: ↓→

Von den Inschriften auf den anderen Gegenständen: Sarg, Goldschmuck der Mumie, Kanopenkasten und Uschebtis sind nur die prosopographischen Daten publiziert:

Besitzer: var. var. (*ʿnḫ-m-m3ʿt* [?])

seine Titel:

(*z3-mrj.f*), (*ḥḳ3-ʿrq*),

bzw. (*ḏb3 nb.f m Nn-nswt*),

(*ḥrj-sšt3 n Nn-nswt*),

(*ḥrj-sšt3 n N3rf*),

u.ä. (*ḥm-nṯr n Ḥrj-š.f sḏm nḥt*, Kurzform),

(*ḥrj-sšt3 ʿbw*[?]-*nṯr*)

Vater des Besitzers:

(u. Var.: *Hr.s-n.f*)

seine Titel: *Z3-mrj.f*, *ḏb3-nb.f*, *ḥrj-sšt3 n Nn-nswt*, *ḥrj-sšt3 n N3rf*, *ḥm-nṯr n Ḥrj-š.f sḏm nḥt*, *ḥm-nṯr*

Mutter des Besitzers:

(u. Var.: *Jmj-pt*)

Hermopolis

104. Uschebtis des *Psmṯk* im RMO Leiden und in Sammlung Janes.
Schneider, Shabtis, II, 204; pl.132; III, pl.74 (5.3.1.259); G. Janes, Shabtis. A Private View, Paris 2002, 175-6 (91);

auf Vorderseite: ↓→

105. Unterteil eines stehenden Theophors (mit Pavian) BM EA 69486 des *Wn-nfr*.
Auktionskatalog Ägyptische Kunst, Münzen und Medaillen AG, Basel, 16.6. 1981, 19 (41); Taf.13; B. Geßler-Löhr, Die heiligen Seen ägyptischer Tempel, HÄB 21, 1983, 242; Jansen-Winkeln, Sentenzen und Maximen, 42 (139); eigene Fotos;

auf Rückenpfeiler: ↓→

(?) 3

(sic)

[...]

Achmim

106. Stele Louvre C.112 des *Ḥr* (aus Achmim oder Abydos?).
Von Kaenel, Prêtres-ouâb, 107-111 (49); Munro, Totenstelen, 147; 317; pl.52 (Abb.176); Piehl, Inscr. I, 20-22; pl.XVII-XVIII(D); Pierret, Recueil, II, 33; Spiegelberg, RecTrav 21, 1899, 18; eigene Fotos; oben Flügelsonne, darunter zwei Bildfelder;
im oberen die Sonnenbarke, die von zwei Schakalen nach links gezogen wird;

vor Schakalen: ← zwischen ihnen und Sonnenbarke: ←↓

1 2 3 4 5

hinter Sonnenbarke: ←

im unteren Bildfeld rechts anbetender Mann, ihm gegenüber Sonnengott, zwischen ihnen Altar; hinter Sonnengott Osiris, Horus und Isis, vor Osiris weiterer Altar;

über Sonnengott: ↓→ 2 1

über Anbeter: ←↓ 1 2 3 vor ihm: ←

über Osiris: ↓→ (sic) 4 3 2 1

vor ihm: ↓→ 2 1

über Horus: ↓→ über Isis: ↓→

darunter Haupttext: →

2 (sic) 1

3

4 (?)

5

107. Naophortorso Neapel 241834 eines *Jrt-Ḥr-r.w*, bei Cumae (Italien) gefunden.
Cozzolino, in: R. Pirelli (ed.), Egyptological Studies for Claudio Barocas, Neapel 1999, 21-25; pl.1;
auf Rückenpfeiler: ↓→

108. Stele Louvre E.20341 (ehemals Guimet 2842) des *Ḏd-ḥr*.
PM VIII.4, 422-3 (803-075-247); Munro, Totenstelen, 146; 318; Taf.52 (175); A. Moret, Catalogue du Musée Guimet, Galerie égyptienne, Paris 1909, 88-91; pl.XXXIX;

oben Flügelsonne; darunter Sonnenbarke, die von zwei Schakalen (links) gezogen wird;
vor, über und hinter der Darstellung: ←↓

darunter symmetrische Szenen:
in der linken Hälfte anbetender Mann (links) vor Sonnengott, in der rechten Hälfte anbetender Mann (rechts) vor Osiris und Isis;

über Sonnengott: ←↓

über Anbeter links: ↓→

über Osiris: ↓→

über Isis: ↓→

über Anbeter rechts: ←↓

Haupttext unter Bildfeld: →

109. Steinstele Bologna KS 1940 des *Wnn-nfr*.
E. Bresciani, Le stele Egiziane del Museo Civico Archeologico di Bologna, Bologna 1985, 104-5; (Nr.43); 185 (Tav.57);

im Bildfeld rechts anbetender Mann vor Altar, gegenüber drei Götter;

über Anbeter: ←

über falkenköpfigem Gott mit Sonnenscheibe: ↓→

über Gott mit Doppelkrone: ↓→ über Mumie mit Atefkrone: ↓→

unter Bildfeld: →

Die Schiffsdeterminative in Z.4 haben die hieratische Form.

110. Oberteil einer Kalksteinstele Florenz 7638 des *Ḏd-ḥr*.
S. Bosticco, Museo archeologico di Firenze. Le Stele egiziane di epoca tarda, Rom 1972, III, 53-54 (41); Munro, Totenstelen, 318-9; 112; 132-3; 136; 152; Taf.52 (Abb.177); Foto CLES;

oben Flügelsonne, darunter zwei Schakale mit Szeptern; zwischen ihnen: ↓→
rechts Sonnengott, gegenüber anbetender Mann; dazwischen: ↓→

links Sonnenbarke, gegenüber anbetender Mann; dazwischen: ←↓

Abydos

111. Pyramidion Avignon A.30 des *Ns-Mnw*.
Moret, RecTrav 35, 1913, 203-5; De Meulenaere, JEOL 20, 1968, 9-10; pl.IV; S. Aufrère (ed.), Egypte & Provence, Civilisation survivances et „Cabinetz de Curiosotez", Avignon 1985, 79-81;

auf der einzigen dekorierten Seite im oberen Drittel Darstellung: links thronender Osiris, ihm gegenüber anbetend Mann und Frau;

über Osiris: ↓→

über Mann: ←↓

über Frau: ←↓

unter Bildfeld Inschrift von neun Zeilen: →

112. Pyramidion St. Petersburg 2260 des *Rr* und seiner Frau *Njtt-jqrt*.
De Meulenaere, JEOL 20, 1968, 5-7; pl.II; Fotos Museum;

– Ostseite:
oben Himmelshieroglyphe; darunter der Sonnengott in der Barke, nach links gewandt; unten vier anbetende Paviane;

zwischen ihnen: ↓→

– Westseite:
oben Himmelshieroglyphe; darunter hockt ein Mann zwischen West- (links) und Osthieroglyphe und hebt die Sonnenbarke hoch; keine Beischriften;

– Südseite: oben Himmels- und Horizonthieroglyphen, darunter kniend anbetender Mann, nach rechts gewandt;

über ihm: →

vor ihm: ↓→

hinter ihm: ↓→

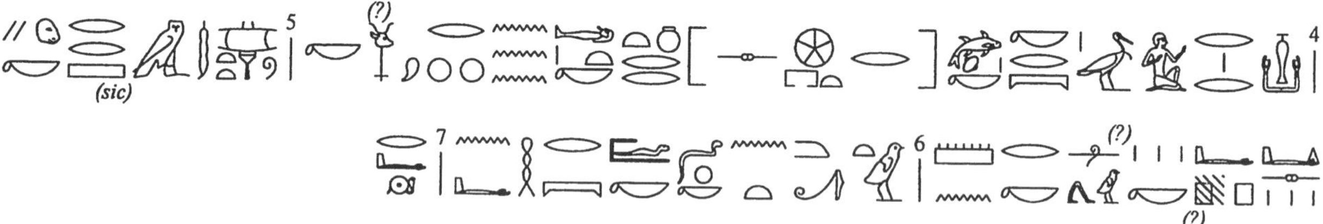

– Nordseite: oben Himmels- und Horizonthieroglyphen, darunter kniend anbetende Frau, nach rechts gewandt;

über ihr: →

vor ihr: ↓→

hinter ihr: ↓→

(?) (sic) (sic)

113. Kalksteinstele Kairo CG 22054 des *Ṯ3-nḫt*.
A. Kamal, Stèles ptolémaïques et romaines, Kairo 1904-5, 51-4; pl.XVII; Piehl, Inscr., I, 66-7; LXXI-LXXIII (K); Otto, Biogr. Inschr., 129 (Nr.65); Rößler-Köhler, Individuelle Haltungen, 318-9 (Nr.106);

Munro, Totenstelen, 302; De Meulenaere, in: K. Veenhof (ed.), Schrijvend Verleden, Leiden 1983, 316-23; M.-Th. Derchain-Urtel, Priester im Tempel, GOF IV.19, 1989, 74; 275; Jansen-Winkeln, Sentenzen und Maximen, 32 (32); Frandsen, in: Gs Quaegebeur, 984; Engsheden, LingAeg 13, 2005, 48; eigene Kollation;

im Stelenrund links und rechts zwei liegende Schakale mit Wedel und *wḏ3t*-Auge darüber; hinter ihnen auf beiden Seiten ein Würfelhocker;

vor und hinter ihm, rechts: ←↓

vor und hinter ihm, links: ↓→

darunter ein Bildfeld: rechts Mann vor Altar räuchernd und libierend, ihm gegenüber Osiris, Sokar-Osiris, Schu, Tefnut, Harendotes, Upuaut, Isis, Nephthys und Anubis;

vor Mann: ←↓ (sic)

über Osiris: ↓→ vor ihm: ↓→

über Sokar: ↓→ (?) vor ihm: ↓→

über Schu: ↓→ vor ihm: ↓→

über Tefnut: ↓→ vor ihr: ↓→

über Harendotes: ↓→ vor ihm: ↓→

über Upuaut: ↓→ vor ihm: ↓→

über Isis: ↓→ vor ihr: ↓→

über Nephthys: ↓→ vor ihr: ↓→ (?)

über, vor, hinter Anubis: ↓→

darunter Haupttext: →

Alle Kartuschen sind den Zeilen senkrecht eingeschrieben.

Theben

114. Osirophor Kairo JE 37442 + (New York MMA 07.228.33 >) Richmond L-27-41-6 des *P3-dj-jmn-rᶜ-nb-W3st* aus der Cachette von Karnak.
PM II², 159 / 165; ESLP, 45; pl.35-6 (Nr.38); De Meulenaere, CdE 68, 1993, 63, n.16; 64 (Datierung); database Cachette de Karnal, CK 336; eigene Abschrift;

vorn auf dem Gewand: ↓→

rechte Seite (vor dem rechten Bein): ↓→

linke Seite (hinter dem linken Bein): ↓→

Oberseite des Sockels: →

um den Sockel (Beginn Mitte Vorderseite):

– rechte Seite: →

– linke Seite: ←

Rückenpfeiler: ↓→

115. Würfelhocker Kairo TN 15/12/24/1 des *Jrt-Ḥr-r.w* (Sohn des *P3-dj-jmn-rʿ-nb-W3st*) aus der Cachette von Karnak.

PM II², 285; Pernigotti, Aegyptus 54, 1974, 150-6; Taf.V-VI; G. Vittmann, Priester und Beamte im Theben der Spätzeit, Wien 1978, 77; de Meulenaere, CdE 68, 1993, 64 (Datierung); database Cachette de Karnak, CK 1049; eigene Abschrift;

Vorderseite: →

Fortsetzung um Sockel: →

←

Rückenpfeiler: ↓→

(?)

116. Würfelhocker Kairo JE 37196 des *Ḏd-Ḫnzw-jw.f-ʿnḫ* aus der Cachette von Karnak.
Bresciani, SCO 25, 1976, 13-21; Jansen-Winkeln, CdE 78, 2003, 35-42; Graefe, Gottesgemahlin, II, 67, n.226; Coulon, BIFAO 101, 2001, 142-143; database Cachette de Karnak, CK 143;

Vorderseite: →

(sic)

Die Zeilen sind so hoch, dass oft zwei normale Gruppen übereinander stehen. Diese sind dann nebeneinander gestellt worden. Einge Zeichen (z.B. die Altäre in Z.2) konnten nicht originalgetreu wiedergegeben werden.

Rückseite: ↓→

(sic) (sic)

um den Sockel: →

RS reS 1,VS

2,VS liS

RS reS

3 liS

117. Stehfigur New York MMA 08.202.1 des *ʿnḫ-pꜣ-ḫrd* aus der Cachette von Karnak.
ESLP, 102-3; pl.77-78; de Meulenaere, CdE 68, 1993, 45-50; database Cachette de Karnak, CK 987.

Rückenpfeiler: ↓→

auf linker Seite: ←↓

auf der Oberseite des Sockels, neben und vor dem rechten Fuß:

↓→

→

dto., neben und vor dem linken Fuß:

↓→

→

118. Würfelhocker Kairo JE 37853 desselben *ʿnḫ-pꜣ-ḫrd* aus der Cachette von Karnak.
de Meulenaere, CdE 68, 1993, 51-55; Jansen-Winkeln, Sentenzen und Maximen, 36 (79); database Cachette de Karnak, CK 523;

um Sockel: →

auf Vorderseite: →

119. Würfelhocker Kairo TN 8/12/24/3 des *Ḥr-z3-3st*, Bruders des *ʿnḫ-p3-ḫrd* aus der Cachette von Karnak.
de Meulenaere, CdE 68, 1993, 55-59; database Cachette de Karnak, CK 675;

auf Vorderseite: →

auf Rückenpfeiler: ↓→

120. Würfelhocker Glasgow Burrell Collection 13.233 (ehemals Kairo JE 37868) des *Ns-mnw* (Sohn [oder Vater?] des *ʿnḫ-p3-ḫrd* von 82.117-118) aus der Cachette von Karnak.
de Meulenaere, CdE 68, 1993, 59-62; database Cachette de Karnak, CK 556;

auf Vorderseite: ↓→

um Sockel (Beginn Vorderseite): →

auf Rückenpfeiler: ↓→

121. Würfelhocker New York, Pierpont Morgan Library 10 des *Ṯ3-nfr* aus der Cachette von Karnak.

ESLP, 95-6; pl.72-3 (Nr.76); Raven, OMRO 61, 1980, 21 (A); database Cachette de Karnak, CK 971; Fotos CLES;

auf Rückenpfeiler: ↓→

Sockel, rechte Hälfte und Rückseite (Beginn Mitte Vorderseite): →

Sockel, linke Hälfte (dto.): ←

122. Kniefigur desselben *Ṯ3-nfr* Kairo JE 36976 > Nr.398 der ehemaligen Sammlung Omar Pacha aus der Cachette von Karnak (später im Handel).

Collection du feu Omar Pacha Sultan, Paris 1929, pl.LIX (Nr.398); Perdu, in: L. Coulon (ed.), La cachette de Karnak, BdE 161, 2016, 466-9; 481; De Meulenaere, BiOr 60, 2003, 324; database Cachette de Karnak, CK 117; Fotos CLES;

um den Sockel, rechte Seite und Rückseite; Beginn Mitte Vorderseite: →

dto., linke Seite: →

auf Rückenpfeiler: ↓→

123. Würfelhocker Kairo JE 37861 des *Ḏd-ḥr* (Bruder des *Ṯ3-nfr*) aus der Cachette von Karnak.

PM II[2], 159; Jansen-Winkeln, Biographische und religiöse Inschriften, 94-6; 372 (Nr.17); Taf.37; ESLP, 96; 103; Goyon. Trésors d'Egypte, 66-68; 120 (Nr.17); database Cachette de Karnak, CK 545; Raven, OMRO 61, 1980, 22 (C);

Vorderseite: →

Oberseite (Z.1) und Vorderseite (Z.2-3) des Sockels: →

124. Stehfigur Kairo TN 8/12/24/5 desselben *Ḏd-ḥr* aus der Cachette von Karnak.
PM II[2], 159; Jansen-Winkeln, Biographische und religiöse Inschriften, 97-100; 373; Taf.38- 39; de Meulenaere, BIFAO 86, 1986, 144-5; Raven, OMRO 61, 1980, 21-22 (B); database Cachette de Karnak, CK 641;

auf dem Gürtel: → (sic)

auf der linken Seite: ←↓

auf dem Rückenpfeiler: ↓→

125. Ptah-Sokar-Osiris-Figur der *ȝst-wrt* (Schwester von *Ṯȝ-nfr* und *Ḏd-ḥr*) Leiden AH 9.
Raven, OMRO 59-60, 1978-79, 276-80; id., OMRO 61, 1980, 22-5; pl.2;
um den Sockel: →

auf der Oberseite des Sockels: →

auf Vorder- und Rückseite der Statuette: ↓→

126. Totenbuch-Papyrus Leiden AMS 41 (T 16) derselben *ȝst-wrt*.
Leemans, Mon. Eg., III, livr.24-27, 1867-76; Raven, OMRO 61, 1980, 28-9; pl.4;

Besitzerin:

127. Ptah-Sokar-Osiris Leiden AH 10 („Leiden 29") der *Tȝ-nt-jȝt* (Tochter der *ȝst-wrt*).
Raven, OMRO 59-60, 1978-79, 276-80 („Leiden 29"); id., OMRO 61, 1980, 24; 25-6; pl.2;
um den Sockel: →

auf der Oberseite des Sockels: →

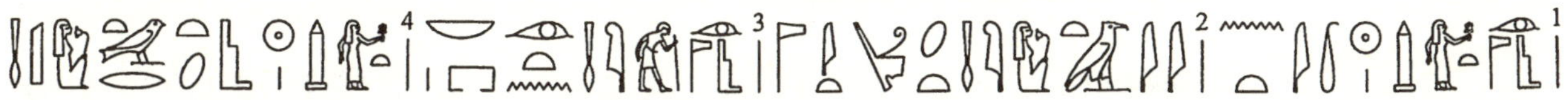

auf Vorder- und Rückseite der Statuette: ↓→

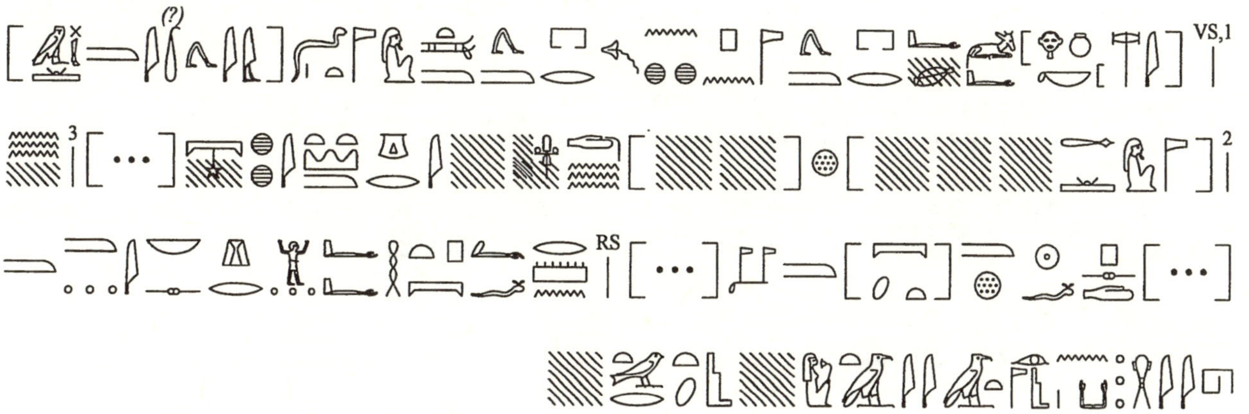

128. Hypocephalus Leiden AMS 62 derselben *Tꜣ-(nt-)jꜣt*.
Raven, OMRO 61, 1980, 24; 26-7; pl.3;

Besitzerin: →

var.  und

129. Würfelhocker Kairo JE 37354 des *Ḏd-ḥr* aus der Cachette von Karnak.
PM II[2], 158; Jansen-Winkeln, Biographische und religiöse Inschriften, 77-88; 366-9; Taf. 31-34; Goyon u.a., Trésors d'Egypte, 74-76; 125-129; ESLP 100; 103; Panov, Inscriptions of the Late Period, 136-142; database Cachette de Karnak, CK 369;

a) Vorderseite: ↓→

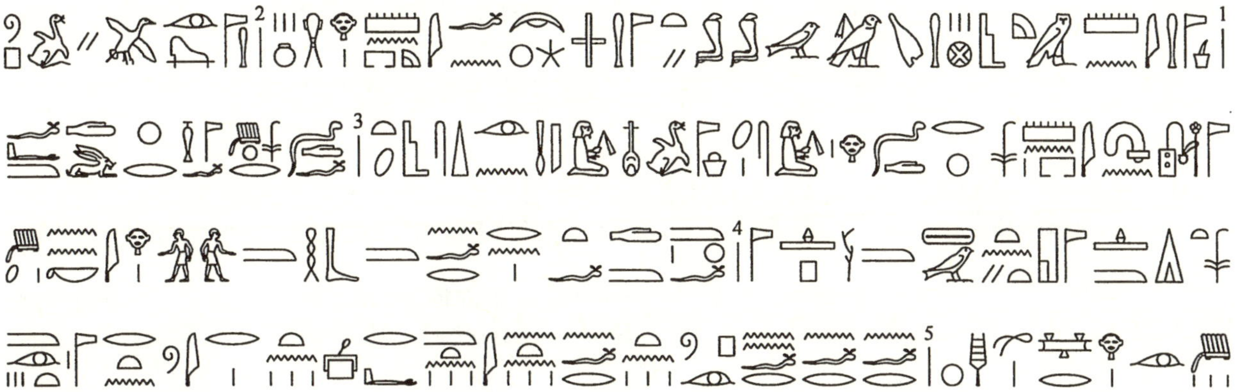

b) rechte Seite: →

c) linke Seite: ←

d) Rückseite: ↓→

e) um den Sockel, rechts (Beginn Mitte Vorderseite): →

f) um den Sockel, links (dto.); ←

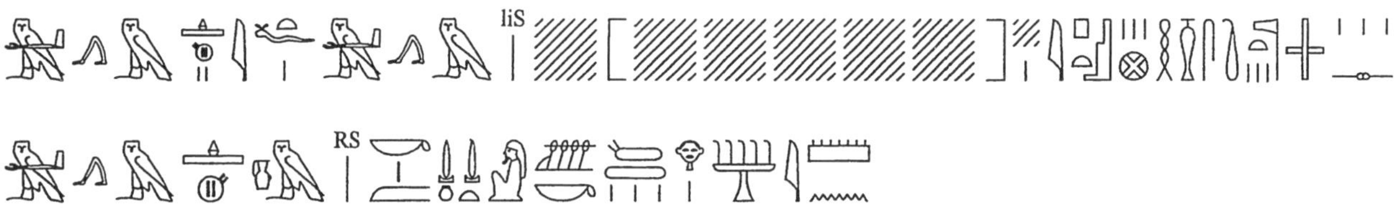

130. Würfelhocker Kairo JE 37514 des *P3-dj-Jmn-nb-nswt-t3wj* aus der Cachette von Karnak. Jansen-Winkeln, Biographische und religiöse Inschriften, 58-62; 358-9; Taf.25-26; de Meulenaere, BiOr60, 2003, 323; Vittmann, in: M. Hasitzka u.a. (edd.), Das alte Ägypten und seine Nachbarn. Festschrift zum 65. Geburtstag von Helmut Satzinger, Krems 2003, 166-174; 182; Database Cachette CK 830;

a) auf der Vorderseite, zentral: ↓→

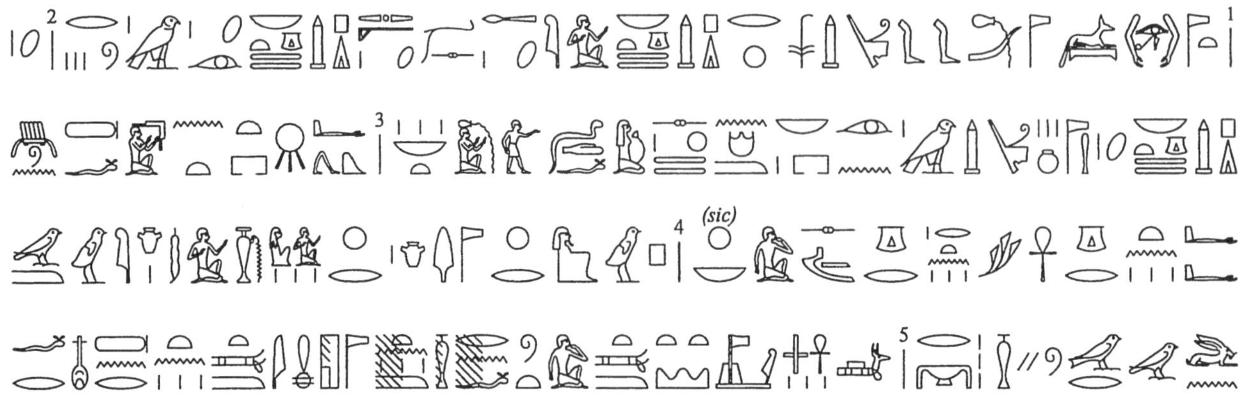

b) links und rechts davon 4 + 3 anbetende Männer in kleinem Format mit Beischriften; links vier Männer übereinander, von denen die beiden mittleren nicht erhalten sind;

vor 1. von oben: ↓→ 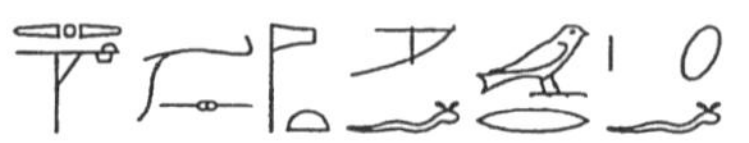 vor [2. v.o.]: ↓→ [...]

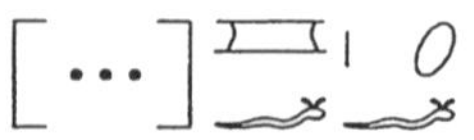

vor [3. v.o.]: [...] vor 4. v.o.: ↓→

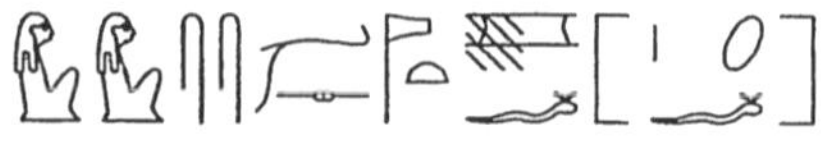

rechts drei entsprechende Männer übereinander;

vor 1. v.o.: ←↓  vor 2. v.o.: ←↓

vor 3. v.o.: ←↓

unter 3. Mann v.o. keine weitere Figur, sondern nur zwei Kolumnen Text: ←↓

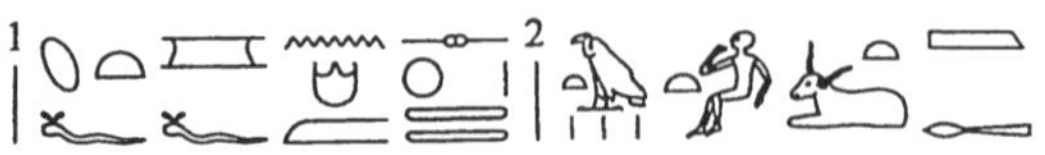

auf Rückenpfeiler: ↓→

131. Würfelhocker Kairo JE 37864 des *Pꜣ-ḫꜣrw-Ḫnzw.rn.f nfr Ḥꜣḥꜣt* aus der Cachette von Karnak.

Jansen-Winkeln, Biographische und religiöse Inschriften, 224-28; 422-24; Taf.74-75 (35); Goyon u.a., Trésors d'Egypte, 55-56; 106-107 (12); database Cachette CK 549;

Der Haupttext ist verteilt auf Vorderseite (a), rechte Seite unten (b), linke Seite unten (c) und Oberseite Sockel (d): →

Fortsetzung auf Oberseite Sockel (d): ↓→

e) auf Rückenpfeiler: ↓→

f) um den Sockel: →

g) rechte Seite oben: Amun, Mut und Chons, stehend nach rechts gewandt;

über Amun: ↓→

über Chons: ↓→ über Mut: ↓→

h) linke Seite oben: Osiris, Isis und Harsiese, stehend nach links gewandt;

über Osiris: ←↓ über Isis: ←↓ über Harsiese: ←

132. Sitzfigur Kairo JE 37881 des *Ššnq* aus der Cachette von Karnak.
PM II[2], 148; Jansen-Winkeln, Biographische und religiöse Inschriften, 68-76; 363-5; Taf.29-30; id., Sentenzen und Maximen, 36 (80); Goyon u.a., Trésors d'Egypte, 44-5; 94-7 (Nr.5); Hornemann, Types, III, Nr.745; Wild, BIFAO 69, 1970, 94, n.6 (zitiert Bothmer); Coulon / Masson, in: L. Coulon (ed.), Le culte d'Osiris, BdE 153, 2010, 138 (5a); De Meulenaere, in: S. Pernigotti / M. Zecchi (edd.), Fayyum Studies 1, 2004, 12, n.23; Leroux, Les recommandations aux prêtres, 196-8; 305-10; 450; database Cachette de Karnak, CK 577;

a) vorn auf dem Gewand: ↓→

b) auf rechter Brust: ↓→

c) auf linker Brust: ↓→

d) Vorderseite Sitz - Oberseite Sockel, links:

↓→ ←↓

e) dto., rechts: ↓→

f) rechte Seite Sitz: ↓→

g) linke Seite Sitz: ←↓

h) Rückseite, die beiden mittleren Kolumnen: ↓→

rechts davon: ←↓

links davon: ↓→

i) Vorderseite Sockel: ↓→

j) um den Sockel: →

3,reS

liS RS

133. Würfelhocker Kairo JE 37993 des *ʿnḫ-pꜣ-ḫrd* aus der Cachette von Karnak. Jansen-Winkeln, Biographische und religiöse Inschriften, 101-107; 374-377; Taf.40-42 (Nr.19); ESLP, 131; de Meulenaere, BiOr 60, 2003, 324; database Cachette de Karnak, CK 530;

a) Oberseite:

rechts: ↓→ links ↓→

b) Vorderseite:

Zeile oben: →

darunter sechs kurze Kolumnen, durch Linien eingefasst: ↓→

5 4 3 2 1

6

unmittelbar darunter: →

links davon: ↓→

2 1

rechts davon: ←↓ 1 (sic) 2

c) rechte Seite: →

3 2 1 (sic)

5 4

8 7 6

d) linke Seite: ←

e) Rückseite: Kol.1-4 auf breitem Rückenpfeiler mit Trennlinien, Kol.5 links daneben; ↓→

f) um Sockel, Beginn Vorderseite: →

g) auf Oberseite des Sockels: →

134. Stehender Theophor Boston 35.1484 des *ꜥnḫ-pꜣ-ḫrd* aus dem Muttempel von Karnak. PM II[2], 262; M. Benson / J. Gourlay, The Temple of Mut in Asher, London 1899, 69; 93; 274-5; pl.XXVII.5; 366-7 (XXXI); ESLP, 84; 100; D. Wildung, Imhotep und Amenhotep, MÄS 36, 1977, 39-40 (§ 17); Taf.IV; Klotz, in; Ch. Thiers (ed.), Documents de Théologies Thébaines Tardives, Cenim 3, 2009, 123-125;

Rückenpfeiler: ↓→

135. Fragment einer Stehfigur des *K3p.f-ḥ3-Ḫnzw* Tübingen 1648.
PM VIII, 770; E. Brunner-Traut / H. Brunner, Die ägyptische Sammlung der Universität Tübingen, Mainz 1981, 47; Taf.140;

Vorderseite: ↓→

Rückenpfeiler: ↓→

136. Stehender Naophor Kairo JE 38064 + Kopf Brooklyn 55.175 des *Wsjr-wr* aus der Cachette von Karnak.
PM II², 160; Bresciani, SCO 9, 1960, 109-18; Tav.II; Bothmer, BMA 4, 1962, 43-51 = E. Cody (ed.), Egyptian Art. Selected Writings of Bernard V. Bothmer, Oxford 2004, 158-65; ESLP, 105-6; pl.79 (83); O. Perdu (ed.), Le Crépuscule des pharaons, Ausstellungskatalog Musée Jacquemart-André, Paris 2012, 82-3 (25); database Cachette de Karnak, CK 532; Fotos CLES;

auf Oberseite des Sockels: →

um den Sockel, rechte Hälfte (Beginn Mitte Vorderseite): →

dto., linke Seite: ←

auf dem Rückenpfeiler:
oben im Trapez ein thronender Osiris mit dem *wr*-Vogel unter dem Thron (= Besitzer *Wsjr-wr*);
darunter sechs kurze Zeilen und zwei Kolumnen:

→ darunter: ↓→

auf der linken Seite, hinter linkem Bein: zwei Kolumnen, von rechts zu lesen; die zweite, linke Kolumne ist teilweise in zwei Kolumnen (2a und 2b) unterteilt: ←↓

Zu *Wsjr-wr* vgl. auch unten, 82.189.

137. Würfelhocker Wien 9639 des *Ḥr-n-tꜣ-bꜣt*.
PM VIII, 852; Satzinger, in: M. Schade-Busch (ed.), Wege öffnen, Festschrift für Rolf Gundlach, ÄUAT 35, 1996, 258-63; Taf.19; W. Seipel, Götter, Menschen, Pharaonen, Ausstellungskatalog Speyer 1993, 234-5 (148); De Meulenaere, JEOL 34, 1995/6, 83, Anm.34;

Vorderseite: →

auf Rückenpfeiler: ↓→

(sic)

um den Sockel: →

138. Schreiberfigur JE 37327 des *Wsr-Ḫnzw* aus der Cachette von Karnak, gestiftet von seinem Sohn *W3ḥ-jb-Rʿ-ḫwj*.

Jansen-Winkeln, Biographische und religiöse Inschriften, 34-41; 346-7; Taf.15-17 (Nr.8); de Meulenaere, BiOr 60, 2003, 322; database Cachette de Karnak, CK 829; Leroux, Les recommandations aux prêtres, 162-3;

a) auf dem Gürtel: →

b) um den Sockel, rechte Hälfte (Beginn Mitte Vorderseite): →

c) dto., linke Hälfte: ←

d) Oberseite des Sockels: →

e) auf dem Rückenpfeiler: ↓→

f) auf dem Papyrus: ↓→

139. Würfelhocker Kairo JE 37432 des *W3ḥ-jb-Rʿ-ḫwj* (vermutlich Sohn des *Wsr-Ḫnzw*) aus der Cachette von Karnak.
database Cachette de Karnak CK 294; de Meulenaere, BiOr 60, 2003, 322; eigene Kollation;

Vorderseite:

links stehender Mann mit Doppelfederkrone; über ihm: →

unter ihm: ↓→

gegenüber anbetender Mann; über ihm: ←↓

unter ihm: ←↓

dazwischen Kolumne: ↓→

rechte Seite oben: →

linke Seite oben: ←

auf Rückseite drei Kolumnen; zentral: ↓→

links: ↓→

rechts: ↓→

auf Oberseite: ←↓ → ↓→

Die Inschriften dieser Statue sind teilweise schwer lesbar, da sehr grob gearbeitet und öfter von Sand verklebt.

140. Würfelhocker London BM 48039 des *W3ḥ-jb-Rʿ-ḫwj* (Sohn des *Wsr-Ḫnzw*) aus der Cachette von Karnak.
database Cachette de Karnak CK 1206; de Meulenaere, BiOr 60, 2003, 322; eigene Kollation;

Mitte Vorderseite: ↓→

Mitte und rechte Seite: →

Mitte und linke Seite (Fortsetzung): ←

Rückenpfeiler: ↓→

141. Würfelhocker Kairo JE 36905b des *Mnṯw-m-ḥ3t* aus der Cachette von Karnak.
PM II[2], 155; Legrain, BIFAO 12, 1912, 93-4 (VI); El-Sayed, BIFAO 87, 1987, 171-5; pl.XXIX-XXXI; Leclant, Mon. theb., 272, n.4; database Cachette de Karnak, CK 242; eigene Abschrift;

Vorderseite: →

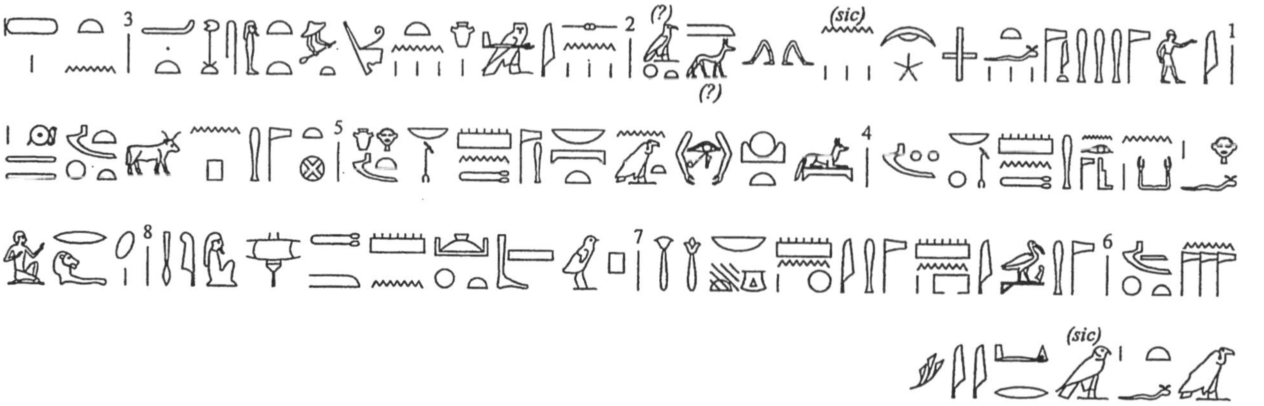

Rückenpfeiler: ↓→

um den Sockel: →

142. Würfelhocker Kairo JE 37342 des *R-ḥ3t* (Sohn oder Vater des *Mnṯw-m-ḥ3t*) aus der Cachette von Karnak.

PM II[2], 158; Legrain, BIFAO 12, 1916, 92-93 (V); El-Sayed, BIFAO 87, 1987, 175; database Cachette de Karnak, CK 393; eigene Abschrift;

auf der Oberseite:

über der linken Hand falkenköpfiger Gott mit Doppelfederkrone; vor ihm: ↓→

über der rechten Hand Göttin mit Uräus und Hathorkrone; vor ihr: ←↓

Vorderseite: →

Rückenpfeiler: ↓→

um den Sockel: →

143. Würfelhocker Kairo TN 9/6/24/3 des *K3p.f-ḥ3-Mnṯw* aus der Cachette von Karnak. Jansen-Winkeln, Biographische und religiöse Inschriften, 108-113; 378-380; Taf.43-44 (Nr.20); De Meulenaere, BiOr 60, 2003, 324; database Cachette de Karnak, CK 169;

a) Vorderseite: →

b) Rückenpfeiler: ↓→

c) um den Sockel (Beginn Vorderseite): →

144. Würfelhocker Kairo JE 37128 des *Ns-Ḫmnjw* aus der Cachette von Karnak.
Jansen-Winkeln, Biographische und religiöse Inschriften, 108-109; 114-118; 381-382; Taf.45-46 (Nr.21); de Meulenaere, BiOr 60, 2003, 324; El-Sayed, ASAE 75, 1999-2000, 173-182; pl.1-3 (4); database Cachette de Karnak, CK 353;

a) Vorderseite: →

b) Rückseite: ↓→

c) um den Sockel: →

d) rechte Seite: ←↓

e) linke Seite: ←↓

145. Würfelhocker Kairo JE 37170 des *Jmn-m-jpt* aus der Cachette von Karnak.
Jansen-Winkeln, Biographische und religiöse Inschriften, 108-109; 119-123; 383-386; Taf.47-48; (Nr.22); De Meulenaere, BiOr 60, 2003, 324; Klotz, in: C. Thiers, Documents de Théologies Thébaines Tardives (D3T 3), 2015, 102, n.61; database Cachette de Karnak, CK 348;

Die Hieroglyphen auf dieser Statue sind teilweise bis zur Unkenntlichkeit entstellt und können so nicht wiedergegeben werden. Im folgenden also oft ‚normalisierte' Formen.

a) Oberseite, links: ←

b) Oberseite, rechts: ↓→

c) Vorderseite: →

d) Rückenpfeiler: ↓→

146. Würfelhocker Kairo JE 36945 des *J.jry* aus der Cachette von Karnak.
Jansen-Winkeln, Biographische und religiöse Inschriften, 165-168; 400-401; Taf.58-59 (Nr.26); id., Sentenzen und Maximen, 35 (Nr.62); de Meulenaere, BiOr 60, 2003, 324; id., BIFAO 86, 1986, 139-140 (b); ESLP, 100; 153; database Cachette de Karnak CK 204;

a) Vorderseite: →

b) Rückseite: ↓→

(sic)

c) um den Sockel: →

reS VS

liS RS

d) rechte Seite, über anbetender Frau: ↓→

147. Würfelhocker Kairo JE 37843 (/38696) des *Wsjr-wr* aus der Cachette von Karnak.
Jansen-Winkeln, Biographische und religiöse Inschriften, 89-93; 370-371; Taf.35-36 (Nr.16); id., Sentenzen und Maximen, 36 (Nr.78); de Meulenaere, BiOr 60, 2003, 323; database Cachette de Karnak CK 501;

a) auf Vorderseite: →

b) um den Sockel: →

c) auf Rückenpfeiler: ↓→

d) Oberseite Sockel, rechts: ↓→

e) dto., links: ↓→

148. Kniender Theophor Kairo JE 38019 desselben *Wsjr-wr* aus der Cachette von Karnak.
Goyon u.a., Trésors d'Egypte, 56-57; 108; database Cachette de Karnak CK 590;
auf der Brust links stehende Osirismumie mit Atefkrone, gegenüber stehender Mann mit Stab;

dazwischen: ↓→

um den Sockel (Beginn Vorderseite): →

Rückenpfeiler: ↓→

149. Würfelhocker Kairo JE 36985 aus der Cachette von Karnak.
database Cachette de Karnak CK 282; Vittmann, AfO 40/41, 1993/94, 167; id.,in: M. Hasitzka u.a. (edd.), Das alte Ägypten und seine Nachbarn. Festschrift zum 65. Geburtstag von Helmut Satzinger, Krems 2003, 169, n.42; eigene Abschrift;

auf Vorderseite: →

Die Statue ist sonst unbeschriftet, auch der Rückenpfeiler ist frei.

150. Würfelhocker Kairo JE 37146 des *Ns-pꜣwtj-tꜣwj* aus der Cachette von Karnak.
Jansen-Winkeln, ZÄS 140, 2013, 12; Taf.VI- VIII; Birk, Türöffner, 15-17 (II.2.1.1); database Cachette de Karnak CK 416; de Meulenaere, in: Gs Quaegebeur, II, 1120-1123;

Vorderseite: →

Rückenpfeiler: ↓→

151. Osirophore Stehfigur Kairo JE 37343 des *Ḥr.s-n.f* (Sohn des *Ns-pꜣwtj-tꜣwj*) aus der Cachette von Karnak.
Coulent, BIFAO 101, 2001, 146-152; Birk, Türöffner, 22-25 (II.2.1.3); database Cachette de Karnak CK 346; de Meulenaere, in: Gs Quaegebeur, II, 1121, n.14;

auf Schärpe, Vorderseite: ↓→

Rückseite: ↓→

auf rechtem Seitensteg des Rückenpfeilers: ↓→

vor dem rechten Bein Figur eines Mannes mit erhobener rechter Hand und Blume in der linken;

über und hinter ihm: ↓→

hinter linkem Bein ein kleinerer und ein größerer Mann;

über kleinerem: ←↓ (sic)

über größerem: ←↓

auf Rückenpfeiler: ↓→

[...]

152. Würfelhocker mit plastischer Osirisfigur auf Vorderseite Kairo JE 37134 des *Wsjr-wr* (Sohn des *Ḥr.s-n.f*) aus der Cachette von Karnak.
Coulon, BIFAO 101, 2001, 137-145; El-Sayed, ASAE 75, 1999-2000, 183-191; pl.4-5 (5); database Cachette de Karnak, CK 405;

Vorderseite, neben der Osirisfigur:
rechts (vom Betrachter gesehen):

↓→

links: ↓→

um den Sockel: ↓→

reS VS liS RS

auf Rückenpfeiler: ↓→

153. Stele Louvre E.15565 = Musée Rodin Co.5779 der *Ns-Ḫnzw*.
Munro, Totenstelen, 230; Taf.13, Abb.47; Ugetti, RdE 67, 2016, 169; pl.XI; Birk, Türöffner, 25-32 (II.2.2);

oben Flügelsonne; unter ihr: ← →

im Bildfeld darunter zwei Szenen, getrennt durch zentrale Kolumne:

↓→

im linken Bildfeld links anbetende Frau vor falkenköpfigem Sonnengott;

über Frau: ↓→ 4 3 2 1 (?)

vor und über Sonnengott: ←↓ ←

im rechten Bildfeld rechts anbetende Frau vor Atum mit Doppelkrone;

über Frau: ←↓ 1 2 3 4

über Atum: ↓→ 2 1

Haupttext unter Bildfeld: →

2 1

3

(sic) 5 4

7 6

(sic)

Zum Text Tb 15c vgl. Stewart, Bulletin of the Institute of Archaeology 6, 1967, 54-5; J. Assmann, Ägyptische Hymnen und Gebete, Zürich 1975, 141-2 (36); id., MDAIK 27, 1971, 1-20.

154. Würfelhocker Kairo JE 37129 des *ꜥnḫ-pꜣ-ḫrd* aus der Cachette von Karnak.
Jansen-Winkeln, Biographische und religiöse Inschriften, 63-67; 360-362; Taf.27-28 (Nr.13); de Meulenaere, BiOr 60, 2003, 323; database Cachette de Karnak, CK 394;

a) Oberseite: links: ↓→ rechts: ↓→

b) Vorderseite: →

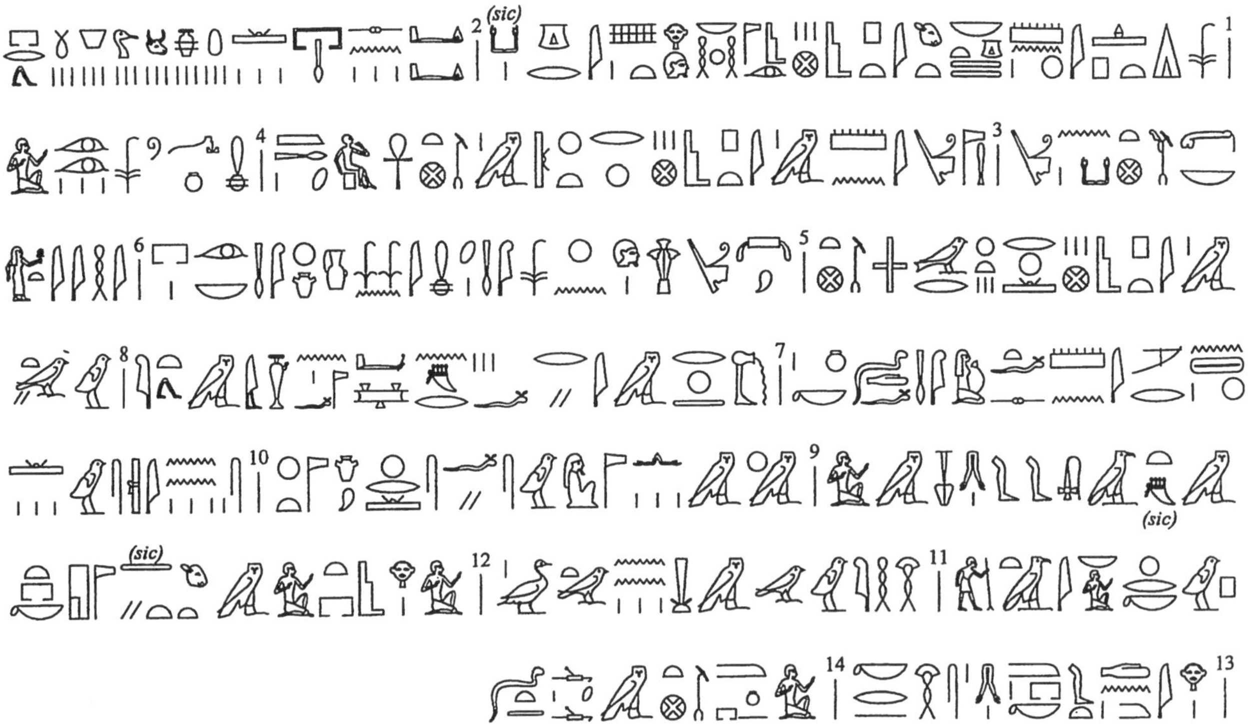

c) Rückseite: ↓→

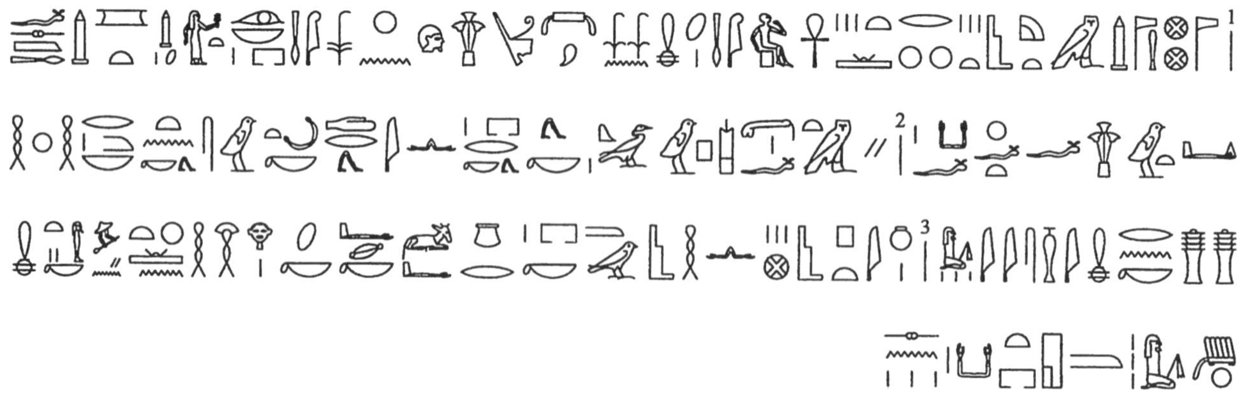

d) um den Sockel: →

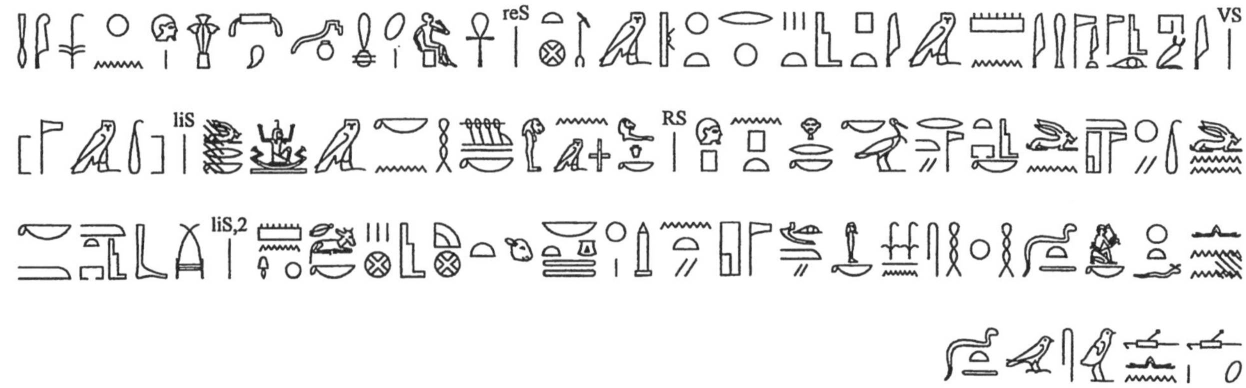

Auf der linken Seite ist der als liS,2 bezeichnete Teil über der Begrenzungslinie der Zeile nachgetragen worden.

155. Würfelhocker Kairo JE 37143 desselben *ʿnḫ-pꜣ-ẖrd* aus der Cachette von Karnak.
Jansen-Winkeln, MDAIK 60, 2004, 93-98; Taf.10-11; Selim, BIFAO 110, 2010, 275; 282-3; de Meulenaere, BiOr 60, 2003, 323; database Cachette de Karnak, CK 403;

Vorderseite: →

Fortsetzung auf OS Sockel:

Fortsetzung auf der linken und rechten Seite oben: →

Rückenpfeiler: ↓→

um den Sockel: ↓→

156. Situla Kairo CG 3450 desselben *ʿnḫ-pꜣ-ẖrd* (vermutlich aus Theben).
Bouriant, RecTrav 7, 1886, 119-120; F. von Bissing, Metallgefäße, CG, Wien 1901, 13-17;

Titel, Namen und Filiation des Besitzers werden vollständig wiedergegeben in der Beischrift vor, über und hinter dem betenden Mann im oberen Bereich (Bissing, op.cit., 14; RecTrav 7, 119 [2]):

←↓

Dieselben Angaben auch im Inschriftenband im unteren Bereich: →

157. Stehfigur Kairo JE 37330 des *Nḫt-Mnṯw* aus der Cachette von Karnak.
Legrain, ASAE 7, 1906, 41-42; de Meulenaere, in: Gs Quaegebeur, II, 1124-1130; Fig.2-4; Birk, Türöffner, 81-85 (III.1.1); database Cachette de Karnak CK 375;

um den Sockel: ↓→

auf Rückenpfeiler: ↓→

158. Würfelhockerfragment Kairo TN 18/12/28/15 des *ꜥnḫ-pꜣ-ẖrd* (Sohn des *Nḫt-Mnṯw*) aus der Cachette von Karnak.
Birk, Türöffner, 85-89 (III.1.1.1); database Cachette de Karnak CK 581;

Vorderseite:
im Bildfeld oben rechts kniet anbetender Mann vor hockendem Gott (vermutlich Osiris);

über dem Mann: ← (unsicher, bei Birk weggelassen); darunter: →

Viele Lesungen unsicher, Fläche ist stark von Sand verklebt.

auf Rückenpfeiler: ↓→

um den Sockel, rechte Hälfte (Beginn Mitte Vorderseite): →

dto., linke Hälfte: ←

159. Würfelhocker der 18. Dynastie Kairo TN 4/6/24/3 aus der Cachette von Karnak, usurpiert von demselben *ʿnḫ-pꜣ-ẖrd*.
Database Cachette CK 582; de Meulenaere, CdE 71, 1996, 89; Birk, Türöffner, 85; 86;
Die ersten fünf Zeilen der Vorderseite sind im Namen des ersten Besitzers *Ḏḥwtj-msjw* angebracht;
die Zeile darunter in etwas anderen Hieroglyphen: → (Ende der Zeile sehr unsicher);
Rückseite: ↓→

um den Sockel: →

160. Sockel aus Holz London BM 14340 des 2. Amunpropheten *ʿnḫ.f-n-Ḫnzw*, vermutlich von Götterstatuette.
Taylor, GM 116, 1990, 97-102; Birk, Türöffner, 89-90;
auf den vier Seitenflächen (Seite 1 und 3 die Langseiten): →

161. Würfelhocker Beni Suef 1645 (Kairo JE 37322) des *Ns-p3wtj-t3wj* aus der Cachette von Karnak.
Birk, Türöffner, 90-95; Taf.20-21; (III.1.3.1); Birk, Denkmäler des Nespautitaui, 6-30; Abb.1-16; database Cachette de Karnak CK 279;

Oberseite, auf linker Schulter: ←↓

dto., auf rechter Schulter: ↓→

Vorderseite mt Bat-Emblem: →

rechte Seite: Abydosfetisch und vier andere Standarten, ganz rechts Upuaut; darüber: ↓→

linke Seite: Sokarbarke auf Sockel; darüber: ←↓

Rückenpfeiler: ↓→

162. Würfelhocker desselben *Ns-p3wtj-t3wj* 1982 im Handel (Paris, Drouot, 07.05.1982).
Birk, Türöffner, 96-97;Taf.23 (III.1.3.2); Birk, Denkmäler des Nespautitaui, 56-58; Abb.22-23;

auf der Vorderseite: ↓→

auf Rückenpfeiler: ↓→

163. Stele Toronto 907.18.841 desselben *Ns-p3wtj-t3wj* aus Theben (West).
Spiegelberg, RecTrav 35, 1913, 40; Millet, in: G. Knoppers / A. Hirsch (edd.), Egypt, Israel and the Ancient Mediterranean World. Studies in Honor of Donald B. Redford, PÄ 20, 2004, 303-6; pl.; Birk, Türöffner, 97-100 (III.1.3.3); Birk, Die Denkmäler des Nespautitaui, 30-53; Abb.17-19;

Vorderseite (A): →

Rückseite (C): →

Diese fünf Zeilen werden seitlich durch je eine Kolumne begrenzt:

links: ↓→ rechts: ←↓

rechte Seite (B): ↓→

linke Seite (D): ←↓

164. Horusstele Karnak-Nord 1491 desselben *Ns-p3wtj-t3wj*(?).
PM II[2], 12; Varille, Karnak I, FIFAO 19, Kairo 1943, 23; pl.LXXIII-IV; H. Sternberg-El Hotabi, Untersuchungen zur Überlieferungsgeschichte der Horusstelen, ÄgAbh 62, Wiesbaden 1999, I, 108–110; 117; II, 45; Birk, Türöffner, 100-101; Birk, Die Denkmäler des Nespautitaui, 53-56; Abb.20-21;
Vorder- und Rückseite der Horusstele enthalten Auszüge des magischen Spruches „A" (entsprechend Z. 103-106 bzw. 109-116 der ‚Metternichstele'),

endend mit →

auf rechtem Rand (D): ↓→

[…] […]

auf linkem Rand (C): ←↓ […] […]

165. Fragment (ohne Kopf und Unterteil) eines stehenden Osirophors Kairo TN 18/12/28/10 des *Ns-Mnw* (Bruder des *Ns-p3wtj-t3wj*) aus der Cachette von Karnak.
Birk, Türöffner, 103-106; Taf.24-25 (III.1.3.5); database Cachette de Karnak CK 510;

auf der Schärpe des Besitzers, Vorderseite: ↓→ (sic)

Rückseite: ↓→

Rückenpfeiler: ↓→ […]

rechter Seitensteg Rückenpfeiler: ↓→

linker Seitensteg Rückenpfeiler: ↓→

166. Fragment eines Holzsargs (?) aus der Sekundärbestattung des 3. Amunpropheten *Ns-pȝwtj-tȝwj* in TT 196.
Graefe, Das Grab des Padihorresnet, MonAeg IX, 2003, I, 124; II, Taf.48 (Nr.54); Birk, Türöffner, 123-124; ←↓

167. Kniender Naophor Karnak CS X 349/13 des *Ns-Mnw* aus dem Hof des 10. Pylons in Karnak.
Goyon, Karnak VII, 281-7; Birk, Türöffner, 231-234 (V.1.1);
auf Rückenpfeiler: ↓→

Die Inschriften von drei weiteren Statuen dieser Familie sind schon in JWIS IV, 210-211 (53.347-349) aufgeführt worden:

– Würfelhocker Kairo CG 48633 des *Mnṯw-m-ḥȝt*, Sohn des *Ns-Mnw*; Birk, Türöffner, 234-239 (V.1.2.1); zum Text s. JWIS IV, 53.347;
– Würfelhocker Allard Pierson Museum Amsterdam 8843 des *Ḥr*, Sohnes des *Mnṯw-m-ḥȝt*; Birk, Türöffner, 242-246 (V.1.3.1); zum Text s. JWIS IV, 53.349;
– Stehfigur Athen L.471 (1589) des [...], Sohnes des *Ḥr*(?); Birk, Türöffner, 246-248 (V.1.3.2); zum Text s. JWIS IV, 53.348.

168. Würfelhocker Kairo JE 38046 des *Sr-Ḏḥwtj* aus der Cachette von Karnak.
Birk, Türöffner, 239-242 (V.1.2.2); database Cachette de Karnak CK 626; Fotos CLES (1789);
Vorderseite: ↓→

um den Sockel: →

169. Stehender Theophor Kairo JE 37979 des *Ḥr* aus der Cachette von Karnak.
Unpubl., s. database Cachette de Karnak, CK 489; Birk, Türöffner, I, 241-242;

Vorderseite, auf dem Sockel unter der Götterfigur: ↓→

Rückenpfeiler: ↓→

um Sockel: →

auf der rechten Seite: ↓→

auf der linken Seite unten stehender Mann mit erhobener Rechter;

über und vor ihm: ←↓ rechts davon zwei Kolumnen: ←↓

170. Gruppenfigur Kairo JE 36576 des *P3-šrj-t3-jsw(t)* aus der Cachette von Karnak.
Jansen-Winkeln, Biographische und religiöse Inschriften, 136-164; 393-399; Taf.54-57; Guermeur, BIFAO 104, 2004, 245-288; database Cachette de Karnak, CK 5;

a) Vorderseite, auf bzw. neben den Figuren: ↓→
1. auf weiblicher Figur rechts:

2. auf Sitz, neben ihrem rechten Bein:

3. auf mittlerer männlicher Figur:

4. auf Sitz, neben seinem rechten Bein:

5. auf männlicher Figur links:

b.0) auf rechter Seite des Sitzes (statt neben rechtem Bein): ↓→

b) rechte Seite des Sitzes, Beginn in der Mitte der Oberseite der Rückenplatte, fortgesetzt auf rechtem Seitensteg, dann auf rechter Seite des Sitzes: ↓→

c) linke Seite des Sitzes, Beginn in der Mitte der Oberseite der Rückenplatte, fortgesetzt auf linkem Seitensteg, dann auf linker Seite des Sitzes: ←↓

d) Rückseite, Z.1-7: ↓→

e) Rückseite, Z.8-24: ←↓

12

13

14

15

16

17

18

19

20

Die Inschriften der Statue sind ein weiteres Mal anhand von Fotos und Abdrücken verglichen worden. Dennoch bleiben zahlreiche Lesungen unsicher.

171. Theophore Stehfigur (Kairo JE 37353 >) Alexandria Nationalmuseum 121 des *P3-ḫ3rw-Ḫnzw* aus der Cachette von Karnak, eine Stehfigur des Amun vor sich haltend. Selim, SAK 32, 2004, 368-74; Taf.21-22; database Cachette de Karnak, CK 422; Fotos CLES; um den Sockel, linke Hälfte (Beginn Mitte Vorderseite): ←

dto., rechte Hälfte: →

unter rechtem Arm: ↓→

unter linkem Arm: ←↓

Oberseite des Sockels, vor linkem Fuß des Besitzers: →

dto., vor rechtem Fuß des Amun: ←↓

Rückenpfeiler: ↓→

172. Stehfigur Kairo JE 37860 des *P3-ḫ3rw-Ḫnzw* aus der Cachette von Karnak.
El-Toukhy, Bulletin of the Egyptian Museum 2, 2005, 61-64; database Cachette de Karnak, CK 544; Fotos CLES;

auf rechter Brust graviert stehende Göttin mit Hathorkrone; hinter ihr auf rechtem Oberarm: →

auf linker Brust falkenköpfiger Gott mit Doppelfederkrone; hinter ihm auf linkem Oberarm: ←

um den Sockel, Beginn Mitte Vorderseite (zentral:); rechte Hälfte: →

linke Hälfte: ←

Rückenpfeiler: ↓→

auf der linken Seite, hinter dem linken Bein, eine stehende Frau mit erhobener rechter Hand;

über ihr: ←↓

unten vor ihr: ←↓

173. Würfelhocker Kairo JE 38020 des *Ns-Mnw* aus der Cachette von Karnak.
database Cachette de Karnak CK 592; eigene Abschrift;
Vorderseite: →

Rückseite (Fortsetzung von Vorderseite): ↓→

um den Sockel (Beginn Vorderseite): →

Nach CLES gehört dem Besitzer auch das Würfelhockerfragment Kairo CG 1148. In der Tat entsprechen sich auf beiden Statuen die Namen von Besitzer und dessen Vater und Mutter, aber es sind alles sehr häufige Namen, und die Titel scheinen verschieden zu sein.

174. Bronzesitula Louvre E.12658 des *ʿnḫ-pꜣ-ḫrd* aus Dra Abu'l-Naga.
PM I[2], 607; Gauthier, BIFAO 6, 1908, 145-6; pl.IV; Un siècle de fouilles francaises en Egypte 1880-1980, Ausstellungskatalog Louvre, Paris 1981, 292-3; F. Gombert-Meurice / F. Payraudeau (edd.), Servir les dieux d'Egypte, Ausstellungskatalog Grenoble 2018, 224-5 (113); A. Pries, Die Stundenwachen im Osiriskult, SPR 2, 2011, I, 68; 74-77; 106-117; II, 9-11;

im Bildfeld links vor Altar sitzender Mann; über ihm: ↓→

rechts davon ein Block von 7 Kolumnen mit einer entstellten Version des Spruchs zur ‚Libation durch den Sem-Priester' (auch einzelne Hieroglyphen z.T. verunstaltet): ↓→

rechts davon ein nach links gewandter stehender Mann, der räuchert und auf einen Opfertisch libiert;

über ihm: ←↓

vor ihm: ←↓

175. Naophor Kairo JE 38016 des *Pꜣ-ḫꜣrw-Ḫnzw* aus der Cachette von Karnak.
PM II², 160; H. Selim, MDAIK 56, 2000, 361-9; Taf.40-42; de Meulenaere, CdE 64, 1989, 67-8 (zur Datierung); database Cachette de Karnak, CK 587;

Vorderseite des Naos:

oben Flügelsonne; neben ihr: ←→

auf den Türpfosten:

links: ↓→ rechts: ←↓

um den Sockel, Beginn Vorderseite links: →

Fortsetzung auf Oberseite Sockel: →

auf Rückenpfeiler: ↓→

(sic)

NB. Auf der linken Seite des Sockels scheinen über und v.a. unter der eingefassten Zeile noch weitere Hieroglyphen in kleineren Maßstab zu stehen, die in der Publikation nicht erwähnt werden.

176. Situla Louvre N.908,C (AF 404) desselben *P3-ḫ3rw-Ḫnzw*.
Pierret, Recueil, II, 121; De Meulenaere, CdE 64, 1989, 67; M. Etienne (ed.), Les portes du ciel, Ausstellungskatalog Paris 2009, 251 (201); eigene Abschrift;

im dekorierten Feld links ein vor einem Opfertisch sitzender Mann, nach rechts gewandt; rechts von ihm ein Block von elf Kolumnen: ↓→

(?)

rechts von diesem Textblock ein stehender Mann räuchernd und libierend;

über ihm: ←↓

vor ihm: ←↓ und

Möglicherweise stammt die Inschrift auf dem (vermutlich sekundär angebrachten) Sockel einer Bronzestatuette der Mut (Kairo CG 38917bis, s. JWIS IV, 1063-4 [60.570]) ebenfalls von diesem *P3-ḫ3rw-Ḫnzw*.

177. Kniender Theophor Nationalmuseum Alexandria 119 (Kairo JE 36990) des *P3-dj-ʿs(t)* aus der Cachette von Karnak.
database Cachette de Karnak, CK 201; de Meulenaere, CdE 64, 1989, 66-67; Fotos CLES;

auf Rückenpfeiler: ↓→

Fortsetzung auf Sockel: →

Dieselben Personen werden auch auf dem unpublizierten Stelenfragment London BM EA 936 genannt, s. CdE 64, 66-67. Ein gleichfalls unpubliziertes Stelenfragment aus TT 179 gehört einer Schwester dieses *P3-dj-ʿst*, s. PM I², 814 und CdE 64, 67.

178. Würfelhocker Kairo JE 37173 des *P3-ḫ3rw-Ḫnzw* aus der Cachette von Karnak.
El-Sayed, Memnonia 10, 1999, 185-190; pl.L-LI; LIV; database Cachette de Karnak CK 412;

auf Vorderseite (Kol. 1-4 eingefasst): ↓→

(Fortsetzung rechts von Kol.1:)

Fortsetzung auf Sockel: →

auf Rückenpfeiler: ↓→

179. Kanopenkasten Turin 2426 der *3st-m-3ḫbjt*, wohl aus Grab des Anch-Hor.
Fabretti u.a., Museo di Torino, I, 341-2 (2426); de Meulenaere, CdE 64, 1989, 65-67; Fotos Museum;

Der Schrein ist rundum dekoriert und beschriftet, aber stark beschädigt, und die Beischriften sind oft verkürzt und fehlerhaft.

Besitzerin:

180. Holzstele London BM 8456 des *P3-dj-ʿs ḏd.tw n.f Jj-m-ḥtp*, Bruder der *3st-m-3ḫbjt*, aus dem Grab des Anch-Hor.
HTBM 11, 34, pl.64/65; Munro, Totenstelen, 229-30; Taf.12 (Abb.50);

oben Flügelsonne; darunter: ← →

im linken Bildfeld Mann (links) anbetend vor Re;

über und hinter Anbeter: ↓→

über und hinter Re: ←↓

im rechten Bildfeld Mann (rechts) anbetend vor Atum;

über und hinter Anbeter: ←↓

über und hinter Atum: ↓→

Kolumne zwischen Bildfeldern: ↓→

Haupttext unter Bildfeld: →

181. Kniender Naophor Kairo JE 38041 des *Jrt-Ḥr-r.w*, ein weiterer Bruder der *3st-m-3ḫbjt*, aus der Cachette von Karnak.
Birk, Türöffner, 232; de Meulenaere, CdE 64, 1989, 64-67; database Cachette de Karnak, CK 620; Fotos CLES;
um den Sockel: →

auf der Oberseite des Sockels: →

auf Rückenpfeiler: ↓→

182. Stehender Naophor Kairo JE 37993bis des *Pꜣ-ḫꜣrw-Ḫnzw* (Vater der *ꜣst-m-ꜣḫbjt* und des *Pꜣ-dj-ꜥs*) aus der Cachette von Karnak.
Selim, in: Fs Altenmüller, 399-407; Taf.49-56; database Cachette de Karnak, CK 531; de Meulenaere, CdE 64, 1989, 66-7;

auf Rückenpfeiler: ↓→

Fortsetzung auf Rückseite Sockel: →

auf linker Seite des Rückenpfeilers, oben: ↓→

auf Oberseite des Sockels, neben linkem Fuß (a: ↓→), Fortsetzung vor linkem Fuß (b: →) und neben rechtem Fuß (c: ↓→):

183. Würfelhocker Kairo JE 36989 des *Pꜣ-dj-Jmn-nb-nswt-tꜣwj* aus der Cachette von Karnak.
database Cachette de Karnak, CK 295; Fotos CLES; eigene Abschrift;

um den Sockel: →

Fortsetzung auf Vorderseite: ↓→

auf Rückenpfeiler: ↓→

184. Stele Turin 1573 des *P3-dj-Jmn-nb-nst-t3wj*, vermutlich aus Grab des Anch-Hor.
Fabretti u.a., Museo di Torino, I, 158 (1573); Munro, Totenstelen, 237; Taf.18 (Abb.64); de Meulenaere, CdE 64, 1989, 66-67; Foto Museum,

im Stelenrund Flügelsonne und Skarabäus, eingefasst von zwei gekrönten Uräus-Schlangen;

über Schlange rechts (mit Roter Krone): →

ihr gegenüber zwei anbetende Paviane; vor dem vorderen: ←↓ vor dem hinteren: ←↓

über Schlange links (mit Atefkrone): ←

ihr gegenüber zwei anbetende Paviane; vor dem vorderen: ↓→ vor dem hinteren: ↓→

darunter vier Register; im oberen Sonnenbarke; rechts davon Ba-Vogel und kniender Mann anbetend;

über Mann: ← vor ihm: ← vor Ba-Vogel: ←↓

in Sonnenbarke hinter Sonnengott in *mḥn*-Schlange drei Götter; über ihnen: ↓→

vor ihm drei Göttinnen; über ihnen: → zwei Götter im Bug ohne Beischrift;

im zweiten Register acht Gottheiten, nach rechts gewandt; vor ihnen stehend anbetender Mann;

über ihm: ←↓ 1 2 3 vor ihm: ←

über Horus: ↓→ über Nephthys: ↓→ über Isis: ↓→ über Osiris: →

über Anubis: → über Hathor: ↓→ vor ihr: ↓→

über Upuaut: → über Tait: ↓→

im dritten Register zentral fünf Kartuschen, flankiert von gekrönten Schlangen; in den Kartuschen:

Mitte und links: ↓→

rechts davon: ←↓

rechts davon kniend anbetender Mann; über ihm: ← vor ihm: ←↓

1 2 3 (?) (?)

links davon kniend anbetender Mann; über ihm: ↓→ vor ihm: ↓→

darunter Haupttext (viertes Register): →

185. Situla aus Bronze Wien ÄS 491 des *Ptḥ-ḥtp*.

von Bergmann, ZÄS 20, 1882, 42-3; A. Dedekind, Geschichte der kaiserlichen Sammlung altägyptischer Objekte in Wien, Wien 1907, 25; Götter – Menschen – Pharaonen. 3500 Jahre ägyptische Kultur, Ausstellungskatalog Katalog Speyer 1993, 260 (Nr.185); Ausstellung des Kunsthistorischen Museums Wien in Japan, Ausstellungskatalog Tokio 1999, 116 (Nr.76); eigene Fotos; Fotos CLES;

sitzender Mann mit Stab, nach rechts gewandt; über und hinter ihm: ↓→

gegenüber stehender Mann, nach links gewandt räuchernd und libierend; vor, über und hinter ihm: ←↓

unter der rechten Hand des Mannes: ←↓

186. Würfelhocker Kairo JE 38013 des *Ḥr* aus der Theben Cachette Karnak.
Abdelraheim, in: Fs Altenmüller, 1-6; Taf.1-4; Goyon u.a., Trésors d'Egypte, 69-71; 121-123 (Nr.18); database Cachette de Karnak, CK 584; eigene Kollation;

Vorderseite, zentral: ↓→

links davon stehend anbetender Mann, nach rechts gewandt; über (1-2) und unter (3) ihm: ↓→

(sic)

rechts davon stehend anbetender Mann, nach links gewandt; über (1-2) und unter (3) ihm: ←↓

linke Seite: ←

(?)

Der Name der Mutter wird hier irrtümlich als *T3-šrjt-Mnw* (statt *T3-šrjt-Ḫnzw*) angegeben.

rechte Seite: →

(?)

Fortsetzung darunter: ↓→

Zu Z.1-3 vgl. die von M. Doresse, RdE 25, 1973, 124ff. gesammelten Phrasen zu *Jmn-Jpt-n-Ṯ3mt*, v.a. (G).

rechts davon stehende Frau anbetend; über ihr: →

unter dem Textblock links zwei stehend anbetende Frauen;

vor der ersten: ↓→

vor der zweiten: ↓→

Rückenpfeiler: ↓→

187. Würfelhocker Kairo JE 36977 des *Jrj-jrj*, Sohn des *Ḥr*.
Goyon u.a., Trésors d'Egypte, 72-73; 124 (Nr.19); database Cachette de Karnak CK 168;

Vorderseite:
oben rechts kniend anbetender Mann, nach links gewandt, gegenüber hockend Osiris, Horus, Isis und Nephthys; ohne Beischriften; darunter: →

auf Vorderseite des Sockels: →

Rückenpfeiler: ↓→

(sic)

188. Demotische Stele IFAO Nr.1 aus Jahr 10 (Vermutlich) Nektanebos' I. oder II.
Devauchelle, BIFAO 82, 1982, 145-147; pl.XX(A); A. Farid, Fünf demotische Stelen, Berlin 1995, 266-267 (30); Vleeming, Some Coins, 93 (132);

El-Kab

189. Naophortorso des *Wsjr-wr* Kairo JE 89121.
Capart, Fouilles de El Kab, III, 106 (B-G); 108 (10); pl.47(A); Vittmann, SAK 5, 1977, 257, n.39; A. Spalinger, The Private Feast Lists of Ancient Egypt, ÄA 57, 1996, 22, n.119; 85 (36, mit n.63); Jansen-Winkeln, Biographische und religiöse Inschriften, 12 (8);

Vorderseite des Naos, oben und rechts (vom Betrachter gesehen): ← / ←↓

dto., links: ↓→ / →

Rückenpfeiler: ↓→

unter den beiden Kolumnen: →

rechte Seite des Naos: ↓→

Oberseite und linke Seite des Naos: ←↓

Oberseite des Sockels: ↓→

um den Sockel, rechts (Beginn Mitte Vorderseite; beiden gemeinsam): →

dto., links: ←

Ausland

190. Statuenfragment des *Pꜣj.f-ṯꜣw-Jmn* aus Tyros.
Unpubl., s. de Meulenaere, Surnom, 12 (36), n.46; Vernus, Athribis, 173 (144);

Derselbe Mann oben 82.32-33.

Herkunft unbekannt

191. Stehfigur Brooklyn 52.89 (aus dem Delta?).
PM VIII, 765-6 (801-727-060); ESLP, 100-102; pl.76 (Nr.80); Five Years of Collecting Egyptian Art, Ausstellungskatalog Brooklyn 1957, 14-15; pl.30-31; R. Bianchi u.a. (edd.), Cleopatra's Egypt, Ausstellungskatalog Brooklyn 1988, 116-7 (Nr.24); O. Perdu (ed.), La Crépuscule des pharaons, Ausstellungskatalog Musée Jacquemart-André, Paris 2012, 96-7 (Nr.36); Josephson, Egyptian Royal Sculpture, 11; pl.4d (Nektanebos I.); Guermeur, Les cultes d'Amon, 304-6;

auf Rückenpfeiler:
Oben drei größere Götterfiguren (a), darunter drei kurze Kolumnen mit ihren Beiworten (b), dann in einer Zeile der auf den Besitzer bezogene Ausdruck (c: *imꜣḫw ḫr, ḥzjj n, špsj n*), der jeweils vor den Götternamen zu lesen ist, darunter wieder drei Kolumnen (d) mit biographischen Beiworten, Anruf an die Lebenden und biographischen Sätzen. Man kann daher in drei Kolumnen lesen: ↓→

192. Statuenoberteil Boston 1972.397 des *ꜥnḫ-Ššnq* (Ankauf 1972).
PM VIII, 862 (801-763-095); Lillesø, SAK 6, 1978, 106, n.11; Leahy, in: Fs Griffiths, 151 (25); Fotos CLES;

auf Rückenpfeiler: ↓→

193. Drei Uschebtis des Generals *P3-šrj-n-t3-jḥt*, u.a. in Rouen und Amiens.
Perdu, RdE 42, 1991, 264-6;

Rouen AEg. 95 mit T-förmiger Inschrift auf Vorderseite:

194. Sarkophag Berlin 49 des *T3j-Ḥp-jm.w*.
Berlin, Ausf. Verz., 270-2; J. Dümichen, Der Grabpalast des Patuamenap, III, Leipzig 1894, Taf.V-XXIV (seitenverkehrt); Manassa, Sarcophagi, 68-9; pl.47 (= Dümichen, op.cit., Taf.V-IX); 90 (= Dümichen, op.cit., Taf.X-XV); 122 (= Dümichen, op.cit., Taf.XVI-XX); 154 (= Dümichen, op.cit., Taf.XXI-XXIV); vgl. auch Manassa, op.cit., pl. 53; 55-7; 61; 63-5; 70; 72-4; 81-3; 93; 99-103; 107; 111-6; 123; 130-5; 137; 139; 145-8; 157-8; 160-6; H. Jenni, Das Dekorationsprogramm des Sarkophages Nektanebos' II., AH 12, 1986, 2;

Die Sarkophagwanne ist außen mit einer recht vollständigen Version des ‚Amduat' und einigen Anrufen aus der ‚Sonnenlitanei' beschriftet, der Deckel mit funerären Sprüchen, u.a. aus dem Totenbuch. Der Besitzer des Sarkophags wird in diesen Texten (auch im Amduat) verschiedentlich genannt, mit vollständiger Titulatur z.B. in Kol.4 der Oberseite des Deckels (ähnlich Kol.1-2): ↓→

Die vier Priesterämter (alle offenbar in recht seltenen Kulten) sowie die Namen haben kleinere Schreibungsvarianten, der Amtstitel *zš nswt ḥsb jḫt nb* kommt auch einmal (Dümichen, op.cit., pl.XIX) verkürzt als vor. Oft wird der Sargbesitzer auch nur durch + Namen bezeichnet.

Möglicherweise war er ein Sohn des Besitzers des Sarkophags London BM 1504 (s.o., 049), vgl. LD Text, I, 144, n.2 und Spencer, in: W.V. Davies (ed.), Studies in Egyptian Antiquities. A Tribute to T.G.H. James, BM OP 123, 1999, 21, n.12.

Die Priesterämter dieses *T3j-Ḥp-jm.w* sind denen des gleichnamigen Besitzers des Sarkophagdeckels Kairo TN 21/11/14/7 (s. 82.81, mit Nachtrag) verdächtig ähnlich, und beide haben zudem eine Mutter mit demselben Namen. Allerdings fehlt der wichtige Titel des *mr zšw d3d3t* auf dem Berliner Sarkophag, vgl. Perdu, RdE 49, 1998, 185, n.35.

Nachträge

71.9. Kalksteinblock („Schenkungsstele“) Kairo JE 35883 (jetzt GEM 5653) aus Serapeum.
Unpubl., s. Meeks, Donations, 683 (F.1) [irrtümlich JE 35889]; eigene Abschrift.

Der Block (62 x 34 cm) ist im Querformat dekoriert. Oben Flügelsonne, darunter rechts stehender König mit Feldhieroglyphe, nach links gewandt, vor ihm ein Altar; gegenüber sitzende Isis und stehender Nefertem, dahinter Apisstier mit Sonnenscheibe auf Sockel. Die Figuren sind schlecht gearbeitet, die Beischriften, mit schwarzer Tusche nur aufgemalt, sind weitgehend unverständlich.

über König: ←↓

Im JE und bei Meeks wird der Block Nepherites I. zugeschrieben, also der Königsname *Bꜣ-n-Rꜥ Mrjj-nṯrw* (Thronname des Nepherites) gelesen. Das Tier sieht allerdings keineswegs wie ein Widder (sign-list E10) aus, das Zeichen unter *nṯrw* ähnelt nicht *mrj*, und das *Rꜥ* von *Bꜣ-n-Rꜥ* fehlt ganz.

über Altar: ↓→ vor Isis: ↓→

vor Nefertem: ↓→ über Apis: →

Unter Apis, auf dem Rand, ein demotischer Segenswunsch: Osiris soll Leben spenden.

75.41a. Im Nilometer von Roda verbauter Block (Nr.782).
Abdelwahed u.a., SAK 45, 2016, 15; Taf.3/III

2 senkrechte Kartuschen nebeneinander: ←↓ [...]

75.54a. Auf drei Seiten beschriftetes Fragment eines Türpfostens.
El-Masry, MDAIK 64, 2008, 226-9; Fig.10 (6-8); Taf.33;

Seite A (Fig.6; Taf.33): ←↓

1 [...] ... 2 [...]

[...]

Seite B (Fig.7):

Teil eines Reliefs: oben thronende Figur, keine Beischrift erhalten; darunter offenbar Götterbilder mit beigeschriebenen Maßen und Materialien;

rechts Schakal auf Standarte; über ihm: → (?) (?) vor ihm: ↓→

links davon Widder; über ihm: ↓→ (Lesung fraglich)

rechts Kolumne: ↓→ (?) (?) [...]

Seite C (Fig.8): Rest einer Königsfigur, nach rechts gewandt; hinter ihm: ↓→

77.149. Stehender Theophor Kairo JE 37140 (jetzt GEM 6524) des *P3-dj-Jmn-nb-nst t3wj*, Sohn des *Ns-Mnw* aus der Cachette von Karnak.
Unpubl., s. PM II[2], 157; Legrain, ASAE 7, 1906, 42-3; 186; ESLP, 182; de Meulenaere, CdE 35, 1960, 96-97; id., in: Gs Quaegebeur, II, 1127, n.33; Database IFAO CK 297; eigene Abschrift.

Die Inschriften sind teilweise sehr schwer lesbar, einige Stellen bleiben unsicher; für eine wirklich zuverlässige Abschrift wären Abklatsche erforderlich.

Um Sockel der Statue: →

RS [ ] reS [...] VS

[...] (?) liS

um Sockel der Gottesfigur, Beginn wohl Mitte Vorderseite;

rechte Hälfte: → [...] reS [...] VS

linke Hälfte: ← VS [...] liS [...]

auf der Brust, oberhalb des Gewands:

links: ←↓ rechts: ↓→

auf Rückenpfeiler: ↓→

(sic)

linke Seite des Gewands: ↓→

2 (?) 1

(?) 3

(?) 5 4

rechte Seite des Gewands: ↓→

2 (?) 1

3

77.149a. Stehfigur Kairo JE 36714 des *Ns-Mnw*, des Vaters des *P3-dj-Jmn-nb-nst t3wj* (77.149) aus der Cachette von Karnak.

Unpubl., s. database Cachette de Karnak, CK 89; eigene Abschrift;

auf Rückenpfeiler:

oben, über zwei Kolumnen: → darunter: ↓→

auf linker Seite: ←↓

rechts neben linkem Fuß: ↓→

(sic)

Fortsetzung vor rechtem Fuß: ↓→

(?) (?)

80.9. Opferszenen am Vestibül beim 6. Pylon.

1. Ganz oben Rest einer Szene: nur Füße von König und Gott erhalten, keine Beischriften;

2. Darunter König (links) mit Lattich vor ithyphallischem Amun;

über König: ↓→

vor ihm: ↓→ [...]

links oben Sonnenscheibe mit Uräen; darunter: ↓→

über Amun: ←↓ 1 2 3

3. Unten König (links) mit Papyrussträußen vor Amun;

über König: ↓→ 3 2 1 vor ihm: ↓→

hinter ihm: ↓→ links oben Sonnenscheibe mit Uräen; unter ihr: →

über Amun: ←↓ 1 2

vor ihm: ←↓ hinter ihm: ←↓ […]

82.33a. Sockel einer Kniefigur Beirut DGA 92 372 aus der spätrömischen Nekropole von Tyros.
A. Pétigny, Bulletin d'archéologie et d'architecture Libanaises 12, 2008, 273-287;

um den Sockel laufende Zeile, Beginn Mitte Vorderseite; rechte Hälfte: →

linke Hälfte: ←

Die Publikation enthält leider keine Abbildungen, und die Angaben des Autors zu Lesefolge und Schriftrichtung sind widersprüchlich.

82.81. Sarkophagdeckel Kairo TN 21/11/14/7 des *T3j-Ḥp-jm.w* aus Sakkara.
Titel des *T3j-Ḥp-jm.w* nach eigener Abschrift:

(u.ä., öfter)

bzw.

Indizes

In den Zitaten wird zunächst auf die entsprechende Seitenzahl verwiesen, darauf folgt in Klammern Kapitel und laufende Nummer (durch einen Punkt getrennt) innerhalb des jeweiligen Kapitels.

1. Denkmäler in Museen

Aberdeen, Marischal College
1421: 463 (77.164)

Alexandria, Griechisch-römisches Museum
380: 623 (82.52)
403: 617 (82.40)
14309: 124 (72.1)
20959: 324-5 (75.149)
Altarbasis (Nr.445): 125 (72.6)
Architekturfragment: 431 (77.105)
Stehfigur: 459-60 (77.161)

Alexandria, Nationalmuseum
119: 726-7 (82.177)
121: 722-3 (82.171)
JE 25774: 191-7 (75.31)

Amiens, Musée de Picardie
Uschebtis: 444 (77.125)

Amsterdam, Allard Pierson Museum
8856: 605 (82.24)
8797: 451 (77.142)
9485: 666 (82.99)

Ann Arbor, Michigan University
P.3523: 74 (63.158)
P.3525a: 74 (63.158)
P.3525b/c: 74 (63.158)

Avignon, Musée Calvet
A.30: 675-6 (82.111)

Baia, Museo Archeologico
Naophor: 632 (82.71)

Baltimore, WAG
22.97: 624 (82.54)
22.119: 347 (77.8)
22.152-153: 102 (69.10)
22.201: 341 (77.1)
22.375: 624 (82.54)
51.257: 322 (75.134)

Bayonne, Musée Bonnat
498: 315 (75.122)

Beirut, Nationalmuseum
Osirophor: 100 (69.7)

Beirut, Direction Générale des Antiquités
92 372: 619 + 740 (82.33a)

Beni Suef
1645: 714 (82.161)

Berlin, Ägyptisches Museum
7: 587-8 (82.6)
29: 589-96 (82.10)
49: 735 (82.194)
2095: 163 (73.4)
2113-14: 119-120 (71.11)
2127: 319 (75.126)
2137: 64 (63.130)
2143, s. 338, Anm.
2280: 268 (75.82)
3076-3079: 72-3 (63.154)
3110: 73 (63.155)
3423: 45 (63.78)
4548: 6 (63.2)
7283: 112-3 (69.38)
7493: 68 (63.142)
7707: 83-4 (65.11)
7737: 622 (82.50)
8811: 125 (72.5)
11577: 379 (77.40)
13536: 74 (63.160)
13539: 74 (63.160)
13540: 74 (63.160)
13571: 115 (70.1)
13572: 75 (63.161)
13582: 75 (63.161)
13609-13611: 463 (77.166)
13633: 458 (77.156)
14399: 394 (77.70)
14463: 88 (66.12)
14765: 631-2 (82.70)
15631: 75 (63.161)

(Berlin, Ägyptisches Museum)
15830: 327 (75.163)
15831: 327 (75.162)
18502: 108 (69.26)
20120: 71 (63.152)
21596: 310-11 (75.116)
23584: 74 (63.160)
23593: 74 (63.160)
23594: 75 (63.161)
23698: 75 (63.161)
23805: 463 (77.165)
28228: 619 (82.43)
30508: 467 (79.2)

Besançon, Musée des Beaux-Arts
A.995-7-1: 567-8 (81.14)

Bologna, Museo Civico Archaologico
KS 289: 4 (62.2)
KS 1835: 609 (82.29)
KS 1870: 200-201 (75.36)
KS 1940: 674 (82.109)

Boston, MFA
29.732: 126 (72.8)
35.1484: 695-6 (82.134)
37.377: 100 (69.5)
1972.397: 736 (82.192)
75.11: 531 (80.8)
90.233: 361 (77.24)
98.700: 114 (69.44)

Brooklyn
35.659: 68 (63.143)
36.614: 354-5 (77.21)
37.258: 381 (77.44)
37.353: 64 (63.131)
37.734 E: 66 (63.136)
47.218.151: 115 (70.2)
52.89: 735 (82.191)
55.175: 696-7 (82.136)
56.152: 316-7 (75.123)
57.21.1: 513 (79.19)
57.21.3: 305 (75.104)
L.68.10.1: s. 86.226.24
77.50: 121 (71.19)
86.226.24: 436 (77.119)

Brüssel, Musées royaux
E.4877: 350 (77.13)
E.6941 A/B: 113 (69.42)
E.7532: 307 (75.107)
E.8252: 515 (79.34)
E.8253: 574 (81.30)
E.8254: 574 (81.34)
E.8255a: 574 (81.36)
E.8255b: 574 (81.35)
E.8255c: 574 (81.37)
E.8255d: 575 (81.41)
E.8256a: 574 (81.38)
E.8256b: 573 (81.27)
E.8256c: 575 (81.42)
E.8256d: 574 (81.31)
E.8256e: 573 (81.28)
O 2784: 114 (69.44)

Cambridge FWM
E.5.1909: 316 (75.123)
48.1901: 452 (77.145)
75.1949: 149 (72.48)

Chicago, OIM
8629: 128 (72.16)
10589: 553-6 (80.16)
17481: 326 (75.153)
19422: 68 (63.146)
25257: 514 (79.32)
25259: 571 (81.21)

Cleveland, Museum of Art
3955.20: 65-66 (63.134)
1914.662: 107 (69.23)
1920.1989: 432 (77.114)

Como, Museo Archeologico
Uschebti: 325-6 (75.152)

Edinburgh, Royal Scottish Museum
Uschebti: 433 (77.114)

Figeac, Musée Champollion
E2: 431 (77.102)

Florenz, Museo Egizio
854: 28 (63.40)
1011: 609 (82.30)
2568: 103-4 (69.12)
7638: 674-5 (82.110)
8708: 621-2 (82.49)

Frankfurt a.M., Städtische Bibliothek
Menat: 18 (63.13)

Genf, MAH
18050: 663-4 (82.97)
27806: 663-4 (82.97)

Glasgow, Burrell Collection
13.233: 683 (82.120)

Glasgow, Hunterian Art Gallery
Fragment Rückenpfeiler: 379 (77.39)

Greenock, Mc Lean Museum,
1987.415: 357; 359 (77.24)

Hannover, Kestner Museum
1935.200.693: 120-121 (71.16)
Relief S.1095 (Kriegsverlust): 305 (75.104)
Sistrumgriff (Kriegsverlust): 19 (63.15)

Ismailiya
610: 375 (77.37)
655: 198 (75.34)
686: 198 (75.33)
2174: 375 (77.37)
2248: 578-85 (82.2); vgl. 374 (77.36), Anm.
Gewicht: 177 (75.28)

Jerusalem, Rockefeller-Museum
34.7857: 147 (72.42)

Jerusalem, Bible Lands Museum
BLMJ 1979: 27 (63.32)

Kairo, Ägyptisches Museum
CG 617: 618 (82.42)
CG 661: 269 (75.84)
CG 681: 126 (72.10)
CG 682: 624-5 (82.55)
CG 722: 588 (82.9)
CG 726: 633 (82.72)
CG 1078: 214 (75.51)
CG 1080: 127 (72.11)
CG 1085: 626 (82.57)
CG 1086: 369 (77.31)
CG 1148: 724 (82.173, Anm.)
CG 3450: 711-2 (82.156)
CG 12099: 432 (77.113)
CG 12928: 667 (82.99)
CG 17030: 390-1 (77.61)
CG 17031: 354 (77.21)
CG 22054: 676-9 (82.113)
CG 22182: 568-70 (81.15)
CG 23115 (GEM 2731): 435 (77.118)
CG 29301: 652-3 (82.90)
CG 29302: 644-5 (82.83)
CG 29304: 654-5 (82.92)
CG 29305: 655 (82.93)
CG 29306: 436-8 (77.120)
CG 29307: 438-9 (77.122)
CG 29309: 663-4 (82.97)
CG 29315: 449-51 (77.141)
CG 29317: 586 (82.4)
CG 29321: 606-7 (82.27)
CG 30871-2: 447 (77.137)
CG 30899: 151 (72.58)
CG 30900: 151 (72.58)
CG 30901: 151 (72.58)
CG 30902: 151 (72.58)
CG 30903: 151 (72.58)
CG 31046: 67 (63.139)
CG 31049: 67 (63.139)
CG 31238: 67 (63.140)
CG 31239: 67 (63.139)
CG 31241: 67 (63.139)
CG 48210-24: 644 (82.79)
CG 48484: 118 (71.6)
CG 48489: 587 (82.5)
CG 48538: 307 (75.107)
CG 48539-41: 432-3 (77.114)
CG 50042: 50 (63.91)
CG 50054: 153 (72.66)
CG 50058: 3 (61.8, Anm.)
CG 50059: 3 (61.7)
CG 50060: 2 (61.6)
CG 50062: 3 (61.9)
CG 50095: 319 (75.130)
CG 50097: 151 (72.59)
CG 50099: 151 (72.59)
CG 50105: 151 (72.59)
CG 50107: 151 (72.59)
CG 50144: 327 (75.161)
CG 50145: 327 (75.161)
CG 50151: 327 (75.159)
CG 50152: 327 (75.159)
CG 50157: 327 (75.160)
CG 50158: 327 (75.159)
CG 50160: 327 (75.162)
CG 53758-53800: 101 (69.9)
CG 69324: 16 (63.9)
CG 70012: 348-9 (77.9)
CG 70013: 368 (77.28)
CG 70014: 392 (77.66)
CG 70015: 349 (77.10)
CG 70016: 362-3; 365 (77.25)
CG 70017: 392-3 (77.68)
CG 70018: 216 (75.57); 393-4 (77.69)
CG 70019: 229 (75.61)
CG 70020: 168 (75.3)
CG 70021: 177-191 (75.29)
CG 70022: 172 (75.9)
JE 10976: 643 (82.78)
JE 10978: 643-4 (82.78)
JE 15005 s. CG 69324
JE 20014: 106 (69.18)
JE 25980 s. TN 25/10/24/1
JE 29211: 623 (82.52)

(Kairo, Ägyptisches Museum)
JE 29872 s. CG 682
JE 34002: 168-170 (75.4)
JE 35353-99: 101 (69.9)
JE 35442: 605 (82.24)
JE 35553: 128 (72.17)
JE 35883: 119 + 737 (71.9)
JE 36434: 453 (77.147)
JE 36435: 453 (77.147, Anm.)
JE 36532 s. CG 48489
JE 36576: 718-22 (82.170)
JE 36712: 525 (80.8)
JE 36714: 454 + 739 (77.149a)
JE 36715: 454 (77.148)
JE 36905b: 700-1 (82.141)
JE 36945: 704-5 (82.146)
JE 36976: 684 (82.122)
JE 36977: 733 (82.187)
JE 36985: 707 (82.149)
JE 36989: 729 (82.183)
JE 36990 s. Alexandria Nationalmuseum 119
JE 37050: 19 (63.18)
JE 37075: 454-7 (77.150)
JE 37128: 703 (82.144)
JE 37129: 709-10 (82.154)
JE 37134: 708 (82.152)
JE 37140: 454 + 738-9 (77.149)
JE 37143: 711 (82.155)
JE 37146: 707 (82.150)
JE 37170: 704 (82.145)
JE 37173: 727 (82.178)
JE 37196: 681 (82.116)
JE 37322 s. Beni Suef 1645
JE 37327: 698-9 (82.138)
JE 37330: 712 (82.157)
JE 37342: 701-2 (82.142)
JE 37343: 707-8 (82.151)
JE 37353 s. Alexandria Nationalmuseum 121
JE 37354: 687-90 (82.129)
JE 37429: 559 (80.20)
JE 37432: 699 (82.139)
JE 37442: 679-80 (82.114)
JE 37514: 690-1 (82.130)
JE 37542: 128-9 (72.18)
JE 37843: 705-6 (82.147)
JE 37853: 682-3 (82.118)
JE 37860: 723-4 (82.172)
JE 37861: 684-5 (82.123)
JE 37864: 691-2 (82.131)
JE 37868 s. Glasgow, Burrell Collection
JE 37881: 692-4 (82.132)
JE 37979: 718 (82.169)
JE 37989: 558 (80.19)
JE 37993: 694-5 (82.133)
JE 37993bis: 729 (82.182)
JE 38013: 732-3 (82.186)
JE 38016: 725-6 (82.175)
JE 38019: 706 (82.148)
JE 38020: 724 (82.173)
JE 38023: 87 (66.3)
JE 38041: 728-9 (82.181)
JE 38046: 717 (82.168)
JE 38050: 19 (63.19)
JE 38064: 696-7 (82.136)
JE 38167: 173 (75.13)
JE 38545: 617-8 (82.41)
JE 38696 s. JE 37843
JE 39561 s. CG 50054
JE 40003: 385-7 (77.51)
JE 41301: 597 (82.13, Anm.)
JE 41432: 623-4 (82.53)
JE 41534: 127 (72.12)
JE 41677: 434-5 (77.117)
JE 41862: 629 (82.65)
JE 43279: 172 (75.10)
JE 43469: 94
JE 43770: 311 (75.117)
JE 43978: 562 (81.9)
JE 45895: 575 (81.47)
JE 46095 A/B: 576-8 (82.1)
JE 46341: 545-52 (80.14)
JE 46438: 175 (75.21)
JE 47109: 668-9 (82.101)
JE 47291: 309-10 (75.115)
JE 48439: 70 (63.151)
JE 48446/48447: 602-3 (82.20)
JE 48855: 6-9 (63.4)
JE 53866: 381 (77.45)
JE 54470: 430 (77.101)
JE 57173: 164 (73.7)
JE 59119: 383 (77.49)
JE 67346: 145 (72.33)
JE 67919: 148 (72.45)
JE 72130: 209-14 (75.50)
JE 85621: 309 (75.111)
JE 86024: 118 (71.7)
JE 86754: 16 (63.10)
JE 87190: 117 (71.1)
JE 87298: 215 (75.52)
JE 89076: 389 (77.59)
JE 89121: 733-5 (82.189)
JE 89361: 559 (80.21)
JE 89362: 574 (81.29)
JE 89363: 574 (81.39)
JE 91435: 432 (77.109)
JE 98501-98520: 458 (77.157)
JE 98807: 104-5 (69.14)
TN 21/11/14/7: 644 + 740 (82.81)

TN 27/4/15/3 s. JE 38167
TN 4/6/19/1: 553 (80.15)
TN 13/1/21/10: 116 (70.4)
TN 20/1/21/1-2: 655-6 (82.94)
TN 31/12/22/1: 402 (77.79)
TN 1/6/24/6: 597 (82.13)
TN 4/6/24/3: 713 (82.159)
TN 9/6/24/3: 702 (82.143)
TN 16/6/24/2: 125-6 (72.7)
TN 9/7/24/6: 453 (77.147)
TN 25/10/24/1: 228-9 (75.60)
TN 2/12/24/3 s. JE 40003
TN 8/12/24/3: 683 (82.119)
TN 8/12/24/5: 685 (82.124)
TN 15/12/24/1: 680-1 (82.115)
TN 11/1/25/15: 395 (77.71)
TN 13/1/25/6: 388 (77.57)
TN 28/5/25/5: 311 (75.117)
TN 31/5/25/9: 517 (80.7)
TN 18/12/28/10: 716-7 (82.165)
TN 18/12/28/15: 712-3 (82.158)
TN 27/7/33/1: 305 (75.103)
TN 22/3/37/2: 240 (75.70)
TN 22/10/48/18: 610 (82.32)
TN 30/8/64/2: 176 (75.26)
Täfelchen: 6 (63.3)
Fragment eines Türpfostens: 174 (75.19)
Nemset-Vase: 406 (77.91)
Block aus Behbeit: 343 (77.1)
Untersatz aus Bahriya: 511-2 (79.17)
pPhiladelphia 4: 575 (81.40)

Kairo, IFAO
Nr.1: 733 (82.188)
Papyrus IFAO 901: 458 (77.153)
Papyrus IFAO 902: 458 (77.154)

Kairo, Koptisches Museum
Naos: 206 (75.40)

Kansas City, Nelson-Atkins Museum of Art
53.13: 149 (72.47)

Kopenhagen, Ny Carlsberg Glyptothek
AEIN 86: 603 (82.21)
AEIN 101: 321-2 (75.132)
AEIN 1061: 561-2 (81.8)
AEIN 1065: 348 (77.8, Anm.)

Krakau, Universitätssammlung
10.589: 650 (82.87)

Lausanne, Musée des Beaux-Arts
7: 462-3 (77.163)

Leiden, RMO
AH 9: 686 (82.125)
AH 10: 686-7 (82.127)
AMS 41 (T 16): 686 (82.126)
AMS 62: 687 (82.128)
AST 71: 605-6 (82.25)
NNK (V.20): 151-2 (72.63)
Uschebti 5.3.1.164: 605 (82.24)
Uschebti 5.3.1.252: 451 (77.142)
Uschebti 5.3.1.259: 670 (82.104)

Lille, Institut de Papyrologie
22-24: 326 (75.154)
26: 151 (72.62)
242: 90 (66.20)

Liverpool, National Museums
M 13933: 466 (79.1)

London, British Museum
ANE 89585: 114 (69.44)
ANE 129596 A: 114 (69.44)
EA 10: 345-6 (77.6)
EA 22: 201-2 (75.37)
EA 23: 636-43 (82.77)
EA 30: 650-1 (82.88)
EA 33: 596-7 (82.12)
EA 66: 601-2 (82.18)
EA 121: 611 (82.35)
EA 523 + 524: 390-1 (77.61)
EA 525: 651 (82.89)
EA 933: 466-7 (79.2)
EA 938: 516-7 (80.4)
EA 998: 202 (75.38)
EA 1005: 362; 364 (77.25)
EA 1013: 191 (75.30)
EA 1078-1080: 362-5 (77.25)
EA 1099: 81 (65.3)
EA 1106: 366-7 (77.26)
EA 1230: 268 (75.81)
EA 1387: 601 (82.18)
EA 1421: 431 (77.106)
EA 1504: 654 (82.91)
EA 1693: 405-6 (77.88)
EA 1697: 511 (79.16)
EA 1710: 406 (77.90)
EA 1729: 634-5 (82.75)
EA 1731-32: 308 (75.108)
EA 1825: 125 (72.4)
EA 2341: 633 (82.73)
EA 5583: 121 (71.17)
EA 8456: 728 (82.180)
EA 8471: 109 (69.30)
EA 8472: 110 (69.31)

(London, British Museum)
EA 8473: 110 (69.32)
EA 10027: 574 (81.33)
EA 10120: 71 (63.153)
EA 10188: 572-3 (81.25)
EA 10252: 571-2 (81.24); vgl. dazu 327 (75.158)
EA 10450: 73 (63.155)
EA 10449: 73 (63.154)
EA 10792: 3 (61.8)
EA 10846: 153 (72.65)
EA 14340: 713 (82.160)
EA 15692: 432 (77.110)
EA 17159: 432 (77.111)
EA 17162: 28 (63.41)
EA 24247: 148 (72.46)
EA 24267: 308 (75.109)
EA 24741: 432 (77.111)
EA 37496: 27 (63.31)
EA 38212: 460-1 (77.162)
EA 41517: 99 (69.3)
EA 48039: 699-700 (82.140)
EA 48929: 25 (63.23)
EA 54532: 605 (82.24)
EA 54828: 309 (75.114)
EA 69486: 670-1 (82.105)
EA 89132: 26-7 (63.30)
134979: 90 (66.18)
Goldmünze: 338 (76.15)
Granitblock: 6 (63.1)

London, UC (Petrie Museum)
8960-61: 433 (77.114)
13098: 5 (62.5)
14502: 110-1 (69.34)
14506: 104 (69.13)
14517: 431 (77.104)
14522: 452-3 (77.146)
14538: 207 (75.42)
15512: 309 (75.112)
15991: 332 (76.7)
16437: 28 (63.39)
16439: 308 (75.109)
16440: 208 (75.47)
16441: 208 (75.48)
33944: 113 (69.41)
33953-54: 113 (69.40)
38083: 587 (82.5)
Skarabäus: 121 (71.18)

Los Angeles, County Museum of Art
L.79.80.89: 433 (77.114)
M.80.198.72: 148 (72.45)

Luxor, Museum of Ancient Egyptian Art
Stele aus Jahr 10: 257 (75.77)

Lyon, Musée des Beaux-Arts
Statuensockel: 329 (75.169)
1969-199: 452-3 (77.146)

Madrid, Archäologisches Nationalmuseum
Altarträgerstatue: 173-4 (75.15)

Mainz, Akademie(?)
17: 93 (66.28)

Mallawi; Museum of Egyptian Antiquities
200: 18-19 (63.14)
480: 68 (63.145)
482: 68 (63.145)
483: 68 (63.145)
484: 109 (69.29)
484.C: 69 (63.147)
486: 109 (69.29)
605: 556 (80.17)

Manchester, Rylands Library
pRylands 9: 68 (63.144)
pRylands X: 573 (81.26)

Marseille, Musée d'Archéologie
46: 629 (82.64)

Montreal, Museum of Fine Arts
941.B.1: 341-2 (77.1)

Moskau, Puschkin Museum
Papyrus 135: 458 (77.155)
I.1.a.4006: 2 (61.5)
I.1.a.4431: 2 (61.4)
I.1.a.4985 (1387): 113 (69.39)
I.1.a.5320 (4171): 313-4 (75.120)
I.1.a.5738: 431 (77.107)
I.1.a.7702 (4067): 610-11 (82.34)
I.1.a.7852: 88 (66.11)
I.1.b.39 (3174): 120 (71.15)
I.1.d.419: 79 (63.176)
I.1.d.424: 79 (63.176)
IG 5825: 74 (63.159)
Ostrakon: 328 (75.166)

München, Museum ägyptischer Kunst
GL 82: 312-3 (75.119)
ÄS 1198: 433 (77.114)
ÄS 1313: 331 (76.4)
ÄS 2346-2347: 355 (77.22)
ÄS 7152: 387 (77.53)

pLoeb 1: 75 (63.160)
pLoeb 3: 571 (81.22)
pLoeb 4-32; 35: 571 (81.23)
pLoeb 41: 80 (64.2)
pLoeb 43: 80 (64.3)
pLoeb 44-51: 69-70 (63.150)
pLoeb 57-58: 571 (81.23)
pLoeb 68: 73 (63.155)
pLoeb 73: 571 (81.23)
Fliese: 5 (62.4)
Reliefs aus Qantir: 176 (75.24)

Neapel, Museo Archeologico Nazionale
459: 307-8 (75.107)
1035: 667-8 (82.100)
1063: 629-30 (82.66)
1064: 630 (82.68)
1070: 601-2 (82.18)
2327: 512-3 (79.18)
241834: 672 (82.107)

New York, MMA
04.2.539: 663-4 (82.97)
07.228.33 s. Richmond L-27-41-6
08.202.1: 682 (82.117)
08.205.1: 433-4 (77.115)
10.130.1045: 619 (82.43)
11.154.1: 441-4 (77.124)
12.182.4b: 348 (77.8)
12.182.4c: 342-3 (77.1)
14.7.1a-b: 656 (82.95)
23.6.75: 4 (62.2)
27.2.1: 163 (73.5)
34.2.1: 379 (77.41)
50.85 (Metternichstele): 380-1 (77.42)
1996.91: 312 (75.118)

New York, Pierpont Morgan Library
10: 684 (82.121)

Oxford, Ashmolean Museum
1947.295: 64-5 (63.132)
1974.368: 65 (63.133)
1984.87-89: 5 (62.6)

Paris, Bibliothèque Nationale
216-217: 71 (63.153)
219a: 559 (80.22)
226a: 571 (81.20)
223: 71-2 (63.153)
241: 151 (72.61)
1892: 575 (81.46)

Paris, Cabinet des Médailles
Vase: 83 (65.8)

Paris, Musée Guimet (ehemals)
E.G. 1748: 329 (75.169)

Paris, Louvre
465: 99 (69.2)
667: 127 (72.14)
2412: 571 (81.20)
2427: 575 (81.45)
2440: 575 (81.44)
A.26: 118-9 (71.8)
A.27: 126 (72.9)
A.29: 304 (75.99)
A.88: 448-9 (77.140)
AF 404 s. N.908,C
AF 2913: 28 (63.37)
AF 6942: 413 (77.96)
AF 9761: 72 (63.153)
AF 11685: s. E.17450
AF 13416: 149 (72.50)
AO 2634: 81 (65.2)
AS 514: 98 (69.2)
AS 515: 26 (63.28)
AS 516: 26 (63.28)
AS 517: 98 (69.2)
AS 518: 26 (63.28)
AS 519: 26 (63.29)
AS 520: 26 (63.28)
AS 521: 26 (63.29)
AS 522: 26 (63.29)
AS 527: 99 (69.2)
AS 561: 81 (65.1)
AS 565: 98 (69.2)
AS 572: 81 (65.1)
AS 574: 87 (66.6)
AS 577: 81 (65.1)
AS 578: 81 (65.1)
AS 582: 98 (69.2)
AS 583: 98 (69.2)
AS 585: 98 (69.2)
AS 587: 98 (69.2)
AS 588: 98 (69.2)
AS 589: 98 (69.2)
AS 590: 98 (69.2)
B.33: 207 (75.45)
C.112: 671-2 (82.106)
C.317: 41 (63.63)
C.318: 317-9 (75.124)
D.8: 645-6 (82.85)
D.9: 657-63 (82.96)
D.37: 191-7 (75.31)

(Paris, Louvre)
D 60: 81 (65.1)
E.1778: 27 (63.35)
E.3231a: 72 (63.153)
E.3231b/c: 73 (63.156)
E.4900: 148 (72.43)
E.5339: 118 (71.6)
E.5355: 29 (63.43)
E.5441: 123 (71.28)
E.5888: 105 (69.16)
E.7128: 72 (63.153)
E.8066: 464 (78.5)
E.9293: 73 (63.155)
E.9294: 73 (63.155)
E.10507: 26 (63.28)
E.10512: 81 (65.1)
E.10783: 328-9 (75.167)
E.10970: 561 (81.7)
E.11220: 395-6 (77.74)
E.12658: 724-5 (82.174)
E.14221: 28 (63.38)
E.15066: 176 (75.22)
E.15565: 709 (82.153)
E.17379: 620-1 (82.48)
E.17408: 148 (72.45)
E.17409: 118 (71.6)
E.17450: 111 (69.36)
E.18967: 326 (75.155)
E.20341: 672-3 (82.108)
E.22355: 305 (75.105)
E.22752: 304 (75.101)
E.24646: 309 (75.113)
E.25492: 171 (75.8)
E.27124: 305 (75.102)
E.30890: 467 (79.2)
E.32648: 627 (82.59)
IM 15: 43 (63.70)
IM 17: 319 (75.125)
IM 42: 63 (63.127)
IM 67: 445 (77.131)
IM 131 s. C.318
IM 137: 62 (63.124)
IM 138: 62-3 (63.125)
IM 1244: 52 (63.96)
IM 1248: 39 (63.56)
IM 2857: 52 (63.97)
IM 3131: 39 (63.54)
IM 3355: 150 (72.53)
IM 3337: 319 (75.127)
IM 3372: 444 (77.127)
IM 3735: 43 (63.70)
IM 3999: 48 (63.84)
IM 4000: 63 (63.128)
IM 4001: 61 (63.121)
IM 4003: 60 (63.117)
IM 4008: 46 (63.80)
IM 4011: 57 (63.107)
IM 4013: 37 (63.50)
IM 4016: 42 (63.66)
IM 4017: 40 (63.58)
IM 4018: 42 (63.64)
IM 4025: 53 (63.98)
IM 4027: 60 (63.119)
IM 4029: 58 (63.110)
IM 4032: 54 (63.101)
IM 4033: 47-8 (63.83)
IM 4037: 45-6 (63.79)
IM 4038: 51 (63.95)
IM 4039: 17-18 (63.12)
IM 4040: 56-7 (63.105)
IM 4044: 55-6 (63.103)
IM 4045: 50 (63.87)
IM 4046: 43-4 (63.72)
IM 4052: 60-1 (63.120)
IM 4054: 37-8 (63.51)
IM 4056: 58 (63.111)
IM 4057: 40 (63.59)
IM 4060: 58 (63.109)
IM 4063: 44 (63.76)
IM 4068: 42 (63.67)
IM 4072: 46 (63.81)
IM 4076: 44-5 (63.77)
IM 4080: 57-8 (63.108)
IM 4086: 38-9 (63.52)
IM 4087: 50-1 (63.93)
IM 4092: 122 (71.21)
IM 4095: 63 (63.126)
IM 4096: 43 (63.71)
IM 4097: 46-7 (63.82)
IM 4098: 53 (63.99)
IM 4099: 58-9 (63.112)
IM 4101: 122 (71.22)
IM 4103: 122 (71.23)
IM 4104: 50 (63.88)
IM 4107: 55 (63.102)
IM 4108: 105-6 (69.17)
IM 4109: 49 (63.85)
IM 4111: 54 (63.100)
IM 4114: 121-2 (71.20)
IM 4116: 41 (63.62)
IM 4118: 40 (63.61)
IM 4120: 59 (63.115)
IM 4121: 59 (63.114)
IM 4125: 44 (63.75)
IM 4129: 39 (63.57)
IM 4133: 1-2 (61.2)
IM 4134: 59 (63.116)
IM 4149: 59 (63.113)

IM 4150: 61-2 (63.123)
IM 4169: 61 (63.122)
IM 4184: 123 (71.25)
IM 4187: 16-17 (63.11)
IM 4188: 39 (63.53)
IM 4198: 98 (69.1)
IM 4199: 445 (77.132)
IM 4207: 44 (63.74)
IM 4213: 56 (63.104)
IM 4214: 63 (63.129)
N.402: 383-4 (77.50)
N.423: 384 (77.50)
N.424: 387 (77.52)
N.503: 4 (62.2)
N.908,C: 726 (82.176)
N.2263: 27 (63.35)
N.2430: 465 (78.9)
N.2439: 515 (79.33)
N.3461.672-752: 444 (77.125)
N.4541: 628 (82.63)
P 509: 99 (69.2)
SN 1: 122 (71.24)
SN 7: 445 (77.130)
SN 14: 445 (77.133)
SN 25: 444 (77.129)
SN 31: 49-50 (63.86)
SN 55: 60 (63.118)
SN 64: 51 (63.94)
SN 72: 50 (63.89)
SN 74: 43 (63.68)
SN 88: 50 (63.92)

Paris, Musée Rodin
1420: 171 (75.7)
5779 s. Louvre E.15565

Paris, Sorbonne
1276-77: 90 (66.19)

Philadelphia, University Museum
C.B.S. 10: 81 (65.4)
C.B.S. 9208: 88 (66.9)
E.14317: 143-4 (72.32)
E.16134: 606 (82.26)
E.16322: 69 (63.148)

Qatar Museums
STM.AN.EG.0207: 125 (72.6a)

Rennes, Musée des Beaux-Arts
98.5.1: 619-20 (82.45)

Richmond, Museum of Fine Arts
L-27-41-6: 679-80 (82.114)

Rom, Antiquarium del Commune
2411: 152-3 (72.64)

Rom, Museo Nazionale Romano
52045: 342; 343 (77.1)
115259: 102-3 (69.11)

Rom, Palazzo dei Conservatori
26 + 32: 349-50 (77.12)

Rouen, Musée des Beaux-Arts
AEg. 74: 605 (82.24)
AEg. 95: 736 (82.193)

San Francisco, de Young Memorial Museum
54664: 329 (75.168)

Stockholm, Medelhavsmuseet
NME 74: 604-5 (82.23)
NME 77: 603-4 (82.22)
MME 1969.76: 605 (82.24)

St. Petersburg, Eremitage
2260: 676 (82.112)
2507a: 512-3 (79.18); vgl. 309 (75.114)

St. Petersburg (Florida), Museum of Fine Arts
Vase: 26 (63.27)

Straßburg, l'Institut d'Egyptologie
1592: 303 (75.96)
pBN 1: 515 (79.35)
pBN 2: 80 (64.1)
pBN 4-5: 69 (63.150)

Teheran, Nationalmuseum
152: 82 (65.5)
165: 88 (66.7)
166: 82 (65.5)
201: 82 (65.5)
234: 82 (65.5)
293: 82 (65.5)
312: 82 (65.5)
391: 82 (65.5)
447: 82 (65.5)
4112 (Statue Darius): 13-16 (63.8)

Teheran, Rezā-Abbāsi-Museum
Vase: 89 (66.14)

Toledo, Museum of Art
Papyrus Libbey: 465 (78.8)

Toronto, Royal Ontario Museum
907.18.841: 715-6 (82.163)
909.80.303-304: 345 (77.5)

Tübingen, Sammlung der Universität
1648: 696 (82.135)

Turin, Museo Egizio
228-231: 71-2 (63.153)
240: 72 (63.153)
242: 72 (63.153)
1445: 149 (72.49)
1446: 312 (75.117, Anm.)
1469: 146 (72.38)
1573: 730-1 (82.184)
1751: 350-3 (77.15)
2122-2128: 71-2 (63.153)
2426: 727 (82.179)
2509: 433 (77.114)
2658: 619 (82.43)
3028: 325 (75.150)
Suppl. 9: 621-2 (82.49)

Uppsala, Gustavianum
156: 634 (82.74)
VM 93; 94: 605 (82.24)
2 Uschebtis: 101 (69.9)

Vatikan, Museo Gregoriano Egizio
13 s. 22671
21 / 23: 173 (75.14)
158: s. 22690
159: 598 (82.14)
163/164 s. 22692
177: 622-3 (82.51)
19365: 628 (82.61)
19384: 438 (77.121)
22671: 303 (75.97)
22690: 29-32 (63.44)
22692: 625-6 (82.56)

Venedig, Sammlung St. Markus
Vase: 87 (66.5)

Verona, Museo Archeologico
30297 (Naos): 628 (82.62)

Wien, Kunsthistorisches Museum
1: 647-50 (82.86)
11: 650 (82.86)
62: 599-600 (82.16)
76: 458-9 (77.159)
491: 731-2 (82.185)
3873: 447 (77.138)
5157: 607-9 (82.28)
5285: 598-9 (82.15)
5806a: 609-10 (82.31)
9639: 697-8 (82.137)

Wien, Nationalbibliothek
D 10150: 75 (63.161)
D 10151: 90 (66.21)
D 10152-53: 75 (63.161)
D 12026: 69 (63.146)

Wuppertal, früheres Uhrenmuseum Abeler
Goldring: 149 (72.52)

Yale, University Art Gallery
1.7.1954 (YBC 2123): 83 (65.6)
1957.7.11: 100 (69.6)

Zagreb, Archäologisches Museum
597-2: 447-8 (77.138)
669: 107-8 (69.24)
672 (40): 600 (82.17)

Zürich, Archäolog. Sammlung der Universität
1007: 451 (77.142)
I 24: 669 (82.102)
L 358: 666-7 (82.99)

2. Könige und Mitglieder der Königsfamilie

27.1: Kambyses
Horusname *Zmꜣ-tꜣwj*
1 (61.1-2)
Thronname *Mstjw-Rꜥ*
1 (61.1-2); 30 (63.44); 32 (63.45)
Eigenname *Kmbwṯ*
1-2 (61.1-5); 29-30 (63.44); 32 (63.45)
in demotischen Datierungen: 2-3 (61.6-9);

27.2: Petubastis Seheribre
Horusname *Smn-tꜣwj*
4 (62.1)
Nebtiname [...] *Sḥḏ-r'-prw*
4 (62.1)
Thronname *Shr-jb-Rꜥ*
4-5 (62.1-5; 62.7)
Eigenname *Pꜣ-dj-Bꜣstt*
4-5 (62.1-4)

27.3: Darius I.
Horusname: nicht belegt;
Nebtiname *Zꜣ-Jmn Stp.n-Rꜥ m-ḫnw jfdw.sn*
22 (63.21)
Goldhorusname *nb ḏnbw mrjj nṯrw nṯrwt nbw nw Tꜣ-mrj*
22 (63.21)
Thronname *Stwt-Rꜥ*
22 (63.21)
'Thronname' *Mrjj-Jmn-Rꜥ (nb Hbt nṯr ꜥꜣ wsr ḫpš)*
23 (63.21)
Eigenname *(Jn)Trywš* (u.ä.)
6 (63.1-4); 8 (63.4); 10 (63.5); 12 (63.5-6); 14-29 (63.8-15; 17-23; 25-29; 31-43); 31 (63.44); 33 (63.45); 37-8 (63.50-52); 42 (63.66); 44-5 (63.72; 76-78); 46 (63.80); 47-8 (63.82-83); 49 (63.85-86); 50-52 (63.93-96); 68 (63.142); 70-1 (63.151-152); 75 (63.162); 77-9 (63.164-167; 169-170; 172-174); 85 (65.17);
in demotischen Datierungen:
66-7 (63.137-141); 68 (63.144); 69-70 (63.147-148; 150); 71-5 (63.153-161); 79 (63.175-176)

27.4: Psametik IV.
Eigenname *Psmṯk*
in demotischen Datierungen: 80 (64.1-3)

27.5: Xerxes I.
Eigenname *Ḫšyꜣršꜣ*
81-3 (65.1-9); 84-5 (65.12-17); 86 (65.19)
in demotischen Datierungen:
85 (65.18)

27.6: Artaxerxes I.
Eigenname *ꜣrtḫšsš*
87-9 (66.4-15); 90-1 (66.22-24)
in demotischen Datierungen:
89 (66.16-17); 90 (66.19-21); 92-3 (66.26)

27.7: Darius II.
Eigenname *Trjwš*
nur in demotischen Datierungen belegt:
94-6 (67.1-2)

27.8: Artaxerxes II.
Eigenname *ꜣrtḫšsš* (u.ä.)
nur in demotischen Datierungen belegt:
97 (68.1)

Darius I., II. oder III.:
Eigenname *Tꜣrywhwš*
107 (69.22)

Inaros, Fürst der Bakaler
Jrt-Ḥr-r.w pꜣ wr n nꜣ Bkꜣl
93 (66.27)

28.1: Amyrtaios / Psametik
Eigenname *Jmn-jrj-dj-s* bzw. *Psmṯk*
nur in demotischen Datierungen als *Psmṯk* belegt:
115-6 (70.1; 70.3)

29.1: Nepherites I.
Horusname *Wsr-ꜥ*
117 (71.2-3); 119 (71.8)
Nebtiname *Mrj-mꜣꜥt*
117 (71.2-3)
Goldhorusname *Stp-nṯrw*
117 (71.1-3); 119 (71.8)
Thronname *Bꜣ-n-Rꜥ Mrjj-nṯrw*
117 (71.1-2); 119 (71.8); 119 (71.11); 120 (71.13-14); 121 (71.17-18); 122 (71.23); 737 (71.9)[?]
Eigenname *Nꜣj.f-ꜥꜣw-rd(w)*
117 (71.1-2; 4); 118-9 (71.6-8); 119 (71.11); 120-1 (71.15-17); 122 (71.21; 71.23); 152 (72.63, Z.8)
in demotischen Datierungen:
123 (71.26-28)

29.2: Hakoris
Horusname *ʿ3-jb Mrj-t3wj*
124-5 (72.2-3); 125 (72.5; 6a); 126 (72.7-9); 127 (72.13); 128 (72.16); 129 (72.19); 142-3 (72.30-31); 147 (72.42); 148 (72.44)
Nebtiname *Qnw*
124 (72.1-2); 125 (72.6a); 126 (72.7-9); 129 (72.18-19); 147 (72.41)
Goldhorusname *Sḥtp-nṯrw*
124 (72.1-2); 125 (72.6a); 126 (72.8-10); 129 (72.18-19); 142 (72.30); 147 (72.41); 148 (72.46);
Thronname *Ḫnm-m3ʿt-Rʿ Stp.n-Ḫnmw / Jnj-ḥrt*
124-5 (72.1-3); 125 (72.6-6a); 126 (72.8-10); 127 (72.12-13); 128 (72.15-16); 129 (72.18-20); 131-2; 134 (72.21); 137 (72.22); 139 (72.23; 26); 140 (72.28); 143-5 (72.31-33); 146 (72.36); 147 (72.40); 148 (72.43); 148 (72.46); 149 (72.48-50); 155 (73.2)
Eigenname *Hkr / Hgr*
124-5 (72.1-6a); 126-7 (72.8-11); 127-131; 134-9 (72.14-24); 139 (72.26); 140 (72.28-29); 142-5 (72.30-33); 145-6 (72.36); 146 (72.38); 147 (72.40-42); 148 (72.45-46); 149 (72.48-49); 149 (72.51); 152 (72.63); 155 (73.2);
in demotischen Datierungen:
150-2 (72.53-61; [62]); 153-4 (72.65-67)

29.3: Psammuthis
Horusname *ʿ3 pḥtj Mʿr-zpw*
130-1; 133-4 (72.21 = 73.1); 155 (73.2); 160-1; 163 (73.3); 163 (73.4-5)
Thronname *Wsr-Rʿ Stp.n-Ptḥ*
131; 133 (72.21 = 73.1); 159-61; 163 (73.3); 163 (73.4); 164 (73.6-8)
Eigenname *P3-šrj(-n)-Mwt*
130-1; 133; 135 (72.21 = 73.1); 155 (73.2); 157; 159-61 (73.3); 163-4 (73.4-6);
in demotischen Datierungen:
164 (73.9-10)

29.4: Nepherites II. (?)
Horusname *ʿ3-jb*
165 (74.1)
Thronname *B3-n-Rʿ Mrjj-nṯrw*
165 (74.1)
Eigenname *N3j.f-ʿ3w-rd(w)*
165 (74.1)

30.1: Nektanebos I.
Horusname *Ṯm3-ʿ*
167 (75.2); 168-9 (75.3-4); 172 (75.9-11); 173-4 (75.13-17); 175 (75.21); 177 (75.28); 177; 179; 181; 189-90 (75.29); 191 (75.30); 198 (75.33); 200-202 (75.36-37); 206 (75.40); 208 (75.46); 210 (75.50); 215 (75.52); 218 (75.59); 229 (75.60-61); 234 (75.66); 241-254 (75.72-73); 256-7 (75.76-77); 263-4 (75.78); 268-70 (75.81-85); 271 (75.89); 285 (75.91); 294-5; 298-300 (75.92); 303 (75.97); 304 (75.99-100); 305 (75.102); 314 (75.121); 413 (77.98)
Nebtiname *Smnḫ-t3wj*
166-7 (75.1-2); 169 (75.4); 173 (75.14-15); 174 (75.17); 175 (75.21); 177 (75.28); 179 (75.29); 191 (75.30); 206 (75.40); 210 (75.50); 215 (75.52); 234 (75.66); 241-54 (75.72-73); 256 (75.76); 267 (75.79); 268-9 (75.81-84); 285 (75.91); 294-6; 298-300 (75.92); 303 (75.97); 304 (75.99-100); 305 (75.102);
Nebtiname *Qny* (vgl. Hakoris)
269 (75.85)
Goldhorusname *Jrj-mrj-nṯrw*
166-7 (75.1-2); 169 (75.4); 171 (75.8); 173 (75.14-15); 175 (75.21); 177 (75.28); 179 (75.29); 191 (75.30); 206 (75.40); 210 (75.50); 215 (75.52); 234 (75.66); 241-54 (75.72-73); 267 (75.79); 268-9 (75.81-85); 285 (75.91); 294-6; 298-300 (75.92); 304 (75.100);
Thronname *Ḫpr-k3-Rʿ*
166-72 (75.1-10); 173-4 (75.13-16); 174-6 (75.18-22); 176 (75.25-26); 177; 179-92 (75.28-31); 198-206 (75.34-41); 207 (75.43); 207-8 (75.45-47); 208-14 (75.49-50); 215-7 (75.52-58); 218; 221-2; 225; 228-32; 234-6 (75.59-67); 240-1 (75.69-72); 254-9; 261; 263-301 (75.73-93); 302-4 (75.95-101); 305 (75.103); 306-7 (75.106); 308-9 (75.108-110); 309 (75.112); 309-11 (75.114-116); 314 (75.121); 316 (75.123); 318 (75.124); 325 (75.149); 326 (75.155); 328-9 (75.167-168); 397 (77.76); 587 (82.6); 737 (75.41a; 75.54a)
Eigename *Nḫt-nb.f*
166-72 (75.2-10); 173-4 (75.13-15); 174-6 (75.18-22); 176 (75.24-26); 177; 179-91 (75.28-29); 192 (75.31); 198-202 (75.34-38); 203-6 (75.40); 207 (75.42-43); 207-8 (75.45-46); 208-15 (75.48-55); 216-18; 221-2; 225; 228-231 (75.57-63); 232-6; 239-41; 244; 249-50; 254-59; 261-69 (75.65-85); 270-1; 273-90; 292-302 (75.87-95); 303 (75.97); 304 (75.99-100); 305-9 (75.103-111); 309-11 (75.113-17); 314 (75.120-121); 316; 318 (75.123-124); 328 (75.164); 328 (75.167); 445-6 (77.134); 453 (77.147); 587 (82.6); 737 (75.41a; 75.54a)
in demotischen Datierungen:
319 (75.125-130); 321 (75.131); 323 (75.137-145); 324 (75.148); 326 (75.153-154); 326-7 (75.156-163); 328 (75.165-166)

30.2: Tachos
Horusname *Ḫꜥj-m-mꜣꜥt Sšm-tꜣwj*
330 (76.1-2); 331 (76.6); 332 (76.8); 334 (76.10); 338 (76.12)
Nebtiname *Mrjj-mꜣꜥt Sꜣḫ-prw-nṯrw*
334 (76.10)
Goldhorusname *Ḫwj-Bꜣqt wꜥf-ḫꜣswt*
334 (76.10)
Thronname *Jrj-mꜣꜥt-n-Rꜥ*
330-1 (76.1-4); 331-2 (76.6-7); 334 (76.10); 338 (76.12-14)
Eigenname *Ḏd-ḥr Stp.n-Jnj-ḥrt*
330-2 (76.1-7); 334-5 (76.10-11); 338 (76.12)
in demotischen Datierungen:
338 (76.17)

30.3: Nektanebos II.
Horusname *Mrj-tꜣwj* (*Mkj-Kmt*)
339; 341-3 (77.1); 344-5 (71.2-3); 348 (77.9); 349 (77.11); 353 (77.17); 353 (77.19); 354-5 (77.21); 361-2 (77.24); 364 (77.25); 366-7 (77.26); 368 (77.28 -29); 370-1 (77.34); 379 (77.40); 381 (77.43); 384-5 (77.50-51); 387-8 (77.53-55); 389 (77.59); 392 (77.66); 394 (70); 397-9 (77.75-77); 404 (77.84); 407-8 (77.93); 411 (77.94); 415-7; 420-1; 424-7 (77.99); 435 (77.118)
Nebtiname *Shrj-jb-nṯrw* (*tkn ḫꜣswt*)
344-5 (71.2-3); 348 (77.9); 364 (77.25); 370 (77.34); 379 (77.40); 382 (77.46); 384-5 (77.50-51); 387 (77.53-54); 389 (77. 59); 398 (77.76); 407-8 (77.93); 412 (77.94); 424; 427 (77.99); 430 (77.101); 435 (77.118)
Goldhorusname *Smn hpw* (*ḥwj psḏt pḏwt*)
344-5 (71.2-3); 355 (77.23); 364 (77.25); 372 (77.34); 378 (77.38); 379 (77.40); 382 (77.46); 384-5 (77.50-51); 387 (77.54); 389 (77.59); 390-1 (77.61); 398 (77.76); 407-8 (77.93); 412 (77.94); 425 (77.99); 430 (77.101); 435 (77.118)
Thronname *Snḏm-jb-Rꜥ Stp.n-Jnj-ḥrt* / *Stp.n-Ḥwt-ḥrw* (u.a. Gottesnamen)
339-43 (77.1); 345-50 (77.3-13); 353 (77.17); 353-4 (77.19); 354-5 (77.21-22); 358; 360-68 (77.24-28); 368 (77.30); 370-8 (77.34-38); 379-81 (77.40-44); 382-3 (77.46-48); 383-5 (77.50-51); 387 (77.52); 387-8 (77.54-57); 389 (77.58-9); 390-1 (77.61-63); 391-2 (77.65-66); 392-99 (77.68-76); 400-2 (77.78-79); 403 (77.81); 404-5 (77.84-86); 405-6 (77.88-90); 407-28; 430-1 (77.92-107); 432 (77.109); 434 (77.115); 434-5 (77.117-118); 436-7 (77.120); 453 (77.146); 463 (77.164)
Eigenname *Nḫt-Ḥr-Ḥbyt Mrjj*-Gottesname (*zꜣ*-Gottesname)
231 (75.64); 339-43 (77.1); 345-9 (77.3-10); 350-3 (77.12-17); 353-4 (77.19); 354-5 (77.21-23); 360-8 (77.24-28); 368-9 (77.30-32); 370-4 (77.34-36); 376-9; 381-85 (77.38-51); 387-8 (77.52-55; 57); 389 (77.58-59); 390-1 (77.61); 391 (77.63-64); 392 (77.66); 392-5 (77.68-72); 396-403 (77.74-82); 404-5 (77.84-86); 405-6 (77.88); 406-28 (77.90-100); 431 (77.103-106); 432-3 (77.109-114); 435 (77.117-118); 436; 438 (77.120); 446 (77.134); 447 (77.138); 452 (77.145); 454 (77.148); 459 (77.160); 460 (77.162); 463 (77.164); 738 (77.149)
in demotischen Datierungen:
444 (77.126); 445 (77.131-133); 447 (77.135-137); 457 (77.151); 458 (77.153-155); 458 (77.157-158); 463 (77.165-166)

30.4: Regionalkönig Wenamun
„Horusname" *Ṯmꜣ-ꜥ*
303 (75.95)
Thronname(n) *wꜥf ḫꜣswt wr* (*ꜥꜣ*) *ḫꜣswt*
303 (75.95)
Eigenname: *Wn-Jmn*
303 (75.95)

30. Dynastie: Mitglieder der Königsfamilie
Wḏꜣ-Šw, Königsmutter 586-7 (82.4-5)
Pꜣ-dj-Jmn, Ehemann der *Tꜣ-ḫꜣbs* 587-8 (82.6)
Mrjt-Ḥp, Schwester Nektanebos' I. 587-8 (82.6-8)
Nḫt-nb.f, Sohn des *Pꜣ-dj-Jmn* 587-8 (82.6)
Ns-bꜣ-nb-ḏdt, Ehemann der *Mrjt-Ḥp* 587 (82.6)
Tꜣ-ḫꜣbs, Tochter der *Mrjt-Ḥp* 587-8 (82.6)
Ṯꜣj-Ḥp-jm.w, Vater Nektanebos' II. 433-4 (77.115);
Ṯꜣj-Ḥp-jm.w, Sohn Nektanebos' II. 434 (77.116); 447 (77.138, Z.5); 585 (82.3 [?])
Ḏd-ḥr, Königssohn; Vater Nektanebos' I. 587 (82.6); 588 (82.8)
[…]*mw*, Mutter Nektanebos' I. 588 (82.8)

31.1: Artaxerxes III.
Eigenname *ꜣrtḫšsš*
464 (78.1, demotisch)

31.2: Chababasch
Thronname *Znn Stp.n-Ptḥ*
569-70 (81.15, Z.7; 17)
Eigenname *Ḫbbš* (*Mrjj-Rꜥ*)
464 (78.2); 464 (78.4-6); 569-70 (81.15, Z.7; 14; 17)
demotisch: 464 (78.3); 465 (78.8)

31.3: Darius III.
Eigenname *Trjwš*
511 (79.16, Z.4);
in demotischer Datierung: 465 (78.9)

Arg.1: Alexander der Große
Horusnamen:
Mkj Kmt 496; 509 (79.15)
Qnj 469 (79.5)
Ḥq3-qnj 468 (79.4); 471; 474-5; 477 (79.10)
Ḥq3 qnj tkn ḫ3swt 471 (79.10)
Ḥq3-ḥq3w nw t3 (r) ḏr.f 512 (79.17)
Tm3-ʿ 512 (79.18)
Nebtiname: *m3j wr pḥtj jṯj ḏww t3w ḫ3swt* 512 (79.17)
Goldhorusname: *K3 nḫt(?) ḫwj B3qt ḥq3 w3ḏ<-wr> šnj n jtn* 512 (79.17)
Thronname *Stp.n-Rʿ Mrjj-Jmn*
466 (79.2); 468-83 (79.4-13); 485-512 (79.15-17); 569 (81.15, Z.4);
Eigenname *3rksjndrs (z3-Jmn)*
466-7 (79.1-2); 468 (79.4); 469-70 (79.6-8); 471-80; 482-513 (79.10-20); 557 (80.18, Z.5); 572 (81.25, Z.2)
in demotischen Datierungen: 513-5 (79.21-35)

Arg.2: Philipp Arrhidaios
Horusnamen:
W3ḏ-t3wj 518; 524-5 (80.7)
K3-nḫt Mrj-m3ʿt 517 (80.5); 531; 535; 538 (80.8); 544 (80.12-13)
Nebtiname *Ḥq3-ḫ3swt* 518; 525 (80.7)
Goldhorusname *Mrj.w* 518 (80.7)
Mrjj rḫyt 525 (80.7)
Thronname *Stp.n-k3-Rʿ Mrjj-Jmn*
516 (80.1); 516-7 (80.3-4); 518-38 (80.7-8); 544 (80.9-10); 544 (80.13); 569 (81.15, Z.4 [!]); **739-40 (80.9)**
Eigenname *P(h)rjjpws*
516 (80.1); 516-7 (80.4); 517-38 (80.6-8); 544 (80.10-11); 544 (80.13); 556-7 (80.18, Z.1; 7); **739-40 (80.9)**
in demotischen Datierungen: 556 (80.17); 559 (80.21-22)

Arg.3: Alexander IV.
Horusname
Ḥwnw 561 (81.5)
Ḥwn(w) Wsr-pḥtj 560 (81.3); 569 (81.15, Z.1)
Nebtiname
Rdj n.f j3wt n jtj.f 562 (81.9)
Mrjj nṯrw rdj n.f j3wt n jtj.f 569 (81.15, Z.1)
Goldhorusname *Ḥq3 n t3 (r) ḏr.f*
562 (81.9); 569 (81.15, Z.1)
Thronname *Ḥʿʿ-jb-Rʿ Stp.n-Jmn*
560-1 (81.2-4); 561-2 (81.7-10); 563-6 (81.12-13); 568 (81.14); 569 (81.15, Z.1)
Eigenname *3rksjndrs*
560 (81.1-3); 561 (81.5-7); 562-6 (81.9-13); 569 (81.15, Z.1); 572 (81.24, Z.31-2; 81.25, Z.2);
in demotischen Datierungen: 570-1 (81.16-22); 573-5 (81.26-46; 81.48-49)

Könige älterer Epochen
Snofru (*Snfrw*): 440 (77.123)
Cheops (*Ḫwj.f-wj*): 52 (63.97); 66 (63.136)
Djedefre (*Ḏdj.f-Rʿ*): 52 (63.97); 440 (77.123)
Chefren (*Ḫʿw.f-Rʿ*): 52 (63.97);
Mykerinos (*Mn-k3(w)-Rʿ*): 113 (69.42)
Sahure (*S3ḥw-Rʿ*): 55 (63.102)
Pepi I (*Pjpj*).: 57 (63.105)

Thutmosis III.:
Horusname *K3-nḫt Ḫ3j-m-W3st*:
140-1 (72.30); 476 (79.10)
Nebtiname: *ʿ3 šfyt m t3w nb*: 140-1 (72.30)
Goldhorusname: *ʿ3 ḫpš ḥwj psḏt pḏwt*:
140-1 (72.30)
Thronname *Mn-ḫpr-Rʿ*:
140-1 (72.30); 476 (79.10)
Eigenname *Ḏḥwtj-msjw*:
140-1 (72.30); 476 (79.10)

Amenophis III.:
Thronname *Nb-m3ʿt-Rʿ*: 504 (79.15)
Eigenname *Jmn-ḥtpw*: 504 (79.15)

Ramses II. (*Rʿ-msj-sw*):
55 (63.102); 356-7 (77.24)

Merenptah (*Mrj.n-Ptḥ*):
54 (63.100, Z.4); 105 (69.17, Z.2)

Taharka:
130 (72.19)

Psametik II.
Horusname *Mnḫ-jb*: 23 (63.21)

Amasis:
Thronname *Ḫnm-jb-Rʿ*: 29 (63.44); 32 (63.45); 42 (63.64, Z.2); 316 (75.123)
Eigenname *Jʿḥ-msjw*: 33 (63.46); 42 (63.65); 320 (75.131)

Psametik III:
Thronname *ʿnḫ-k3-Rʿ*: 29 (63.44)

3. Nichtkönigliche Personen

Abkürzungen: M.d.: Mutter des/der; S.d.: Sohn des/der; T.d.: Tochter des/der; V.d.: Vater des/der

ꜣrywrtꜣ (pers. Ariyawrata), S.d. *Ỉrtms*
84 (65.14); 90 (66.22); 91 (66.24-25)

ꜣrtms (pers)
79 (63.172-173)

ꜣrṯm (pers.)
105 (69.14)

ꜣḫt-Bꜣstt-r.w
113 (69.39, Z.18)

ꜣḫtꜣbw (fem.)
84 (65.11)

ꜣst (fem.)
– 46 (63.81, Z.4)
– 629 (82.66) (?)

ꜣst-jrj-dj-s (fem.)
– 55 (63.102, Z.4; 6; 7-8; 8-9; 9-10)
– 62 (63.123, Z.4)
– 720 (82.170, d,7)

ꜣst-wrt (fem.)
– 51 (63.93, Z.8)
– 62 (63.124, Z.7)
– 623 (82.51)
– 626 (82.56, RS,2)
– 632 (82.70, RS,3); T.d. *Wꜣḥ-jb-Rꜥ*
– 683 (82.120, VS,3)
– 686-7 (82.125-128); T.d. *Ns-pꜣ-mdw*

ꜣst-m-ꜣḫbjt (fem.)
– 51 (63.95, Z.8)
– 54 (63.100, Z.6)
– 61 (63.121, Z.8)
– 101 (69.9)
– 319 (75.124, Z.14)
– 604 (82.22, So,liS,1)
– 722 (82.171, So)
– 725 (82.174)
– 727 (82.178-179); 729 (82.183); T.d. *Pꜣ-ḫꜣrw-Ḫnzw*

ꜣst-nfrt (fem.)
57 (63.107, Z.2)

ꜣst-rštj (fem.)
– 47 (63.82, Z.13)
– 51 (63.95, Z.7; 9)
– 53 (63.99, Z.4; 10)
– 61 (63.121, Z.11)
– 63 (63.127); T.d. *Wꜣḥ-jb-Rꜥ*
– 105 (69.15-16)
– 453 (77.147, Z.3)
– 598 (82.14, RS,2)
– 608 (82.28)
– 621 (82.48)
– 656 (82.95)
– 697 (82.137)

ꜣst-šrjt (fem.)
322 (75.133)

ꜣtj
50 (63.93, Z.5)

ꜣtywhy (pers. Athiyawahya)
– 79 (63.172-173)
– 84-5 (65.12-17)

Jj.wy-Bꜣstt (fem.)
555 (80.16, liS,17)

Jj-m-ḥtp
– 53 (63.98, Z.1)
– 59 (63.115); S.d. *Ptḥ-jrj-dj-s*
– 59 (63.116, Z.1); S.d. *Ḥp-r-jwj*
– 62 (63.124, Z.9); S.d. *ꜥnḫ-Ḥp-mn*
– 63 (63.125, Z.6)
– 76 (63.163, Z.30 [AR])
– 444 (77.126); S.d. *Ỉ.ir.f-ꜣw-n-Ptḥ*
– 445 (77.134, Z.9); S.d. *Wn-nfr* (d.Ä.)
– 446 (77.134, Z.22-23); S.d. *Wn-nfr* (d.J.)
– 608 (82.28); Beiname eines *Ḏd-ḥr*
– 636 (82.76)
– 728 (82.180); Beiname eines *Pꜣ-dj-ꜥs*

Jj.tj (fem.)
48 (63.83, Z.7)

Ỉ.iry
704-5 (82.146); S.d. *Kꜣp.f-ḥꜣ-Mnṯw*

Ỉ.Ḫnzw
104 (69.13)

Jjꜥnjꜣ(??)
44 (63.75, Z.5-6)

Jꜥḥ-jrj-dj-s
114 (69.44; 2 Personen?)

Jꜥḥ-jrj-dj-s (fem.)
60 (63.118, Z.2-3)

Jꜥḥ-wbn
59 (63.112, Z.2)

Jꜥḥ-msj
– 38 (63.51, Z.5)
– 39 (63.57, Z.2); S.d. *Psmṯk-zꜣ-Njtt*
– 40 (63.58, Z.1; 8); S.d. *Pꜣ-jw-n-Ḥr*
– 45 (63.78, Z.7)
– 50 (63.92); S.d. *<Pꜣ>-jw-n-Ḥr*
– 51 (63.94)
– 51 (63.95, Z.8)
– 55 (63.103, VS,7)
– 56 (63.103, liS,4); S.d. *Ḫnm-jb-Rꜥ-zꜣ-Ptḥ*
– 62 (63.124, Z.6); *rn.f ꜥꜣ Zmꜣ-tꜣwj-tꜣjf-nḫt*
– 105 (69.17, Z.5); S.d. *Wꜣḥ-jb-Rꜥ-mrjj-Ptḥ*
– 114 (69.44)
– 322 (75.133)
– 454-7 (77.150); S.d. *Ns-bꜣ-nb-Ḏdt*
– 631-2 (82.70-71); S.d. *Wꜣḥ-jb-Rꜥ-ꜣḫbjt*
– 632 (82.70, RS,3); S.d. *Tꜣ-whꜣ*
– 651 (82.88)
– 655 (82.92-93)
– 672 (82.107)
– 707 (82.149, VS,5)

Jꜥḥ-msj-zꜣ-Njtt
– 54 (63.101, Z.7)
– 70-1 (63.151-152); 75-8 (63.162; 163, Z.8; 164, Z.5; 165, Z.5; 166, Z.6; 167, Z.7; 169, Z.2; 170; Z.3)
– 114 (69.43)
– 316 (75.123) (26. Dyn.)

Jꜥḥ-msj-mn-m-Jnb-ḥḏ
– 51 (63.95, Z.4); 55-6 (63.103, VS,3-4; liS,8; 63.104, Z.5; 8); *rn.f nfr Ḥkꜣ-jrj-ꜥꜣ*; HPM
– 51 (63.95, Z.6-7); S.d. *Ḥrjj*

Jꜥḥ-msj-mn-m-ḥwt-ꜥꜣt
622 (82.50); Wezir

Jꜥḥ-msj-mrjj-Ptḥ
48 (63.83, Z.6)

J(w)-bw-rḫ.s (fem.)
110 (69.32)

Jw.f-ꜥꜣ
– 45 (63.77; Bildfeld; Z.1)
– 45 (63.78, Z.8)
– 681 (82.116)

Jpt-wrt (fem.)
674-5 (82.110)

Jmj(t)-pt (fem.)
– 603 (82.20)
– 670 (82.103)

Jmn-m-jpt
– 702 (82.143)
– 704 (82.145); S.d. *Kꜣp.f-ḥꜣ-Mnṯw*

Jmn-m-zꜣ.f
– 44 (63.75, Z.2); S.d. *Ḏd-Ptḥ-jw.f-ꜥnḫ*
– 44 (63.75, Z.3); S.d. *Ḏd-Ptḥ-jw.f-ꜥnḫ*

Jmn-ḥꜣpy
310 (75.115, RS,2)

Jmn-ḥn(?) (fem.)
103 (69.11)

Jmn-ḥr-pꜣ-mšꜥ
76 (63.163, Z.19)

Jmn-ḥtp
– 57 (63.107, Z.1); S.d. *Psmṯk*
– 57 (63.107, Z.1); V.d. *Psmṯk*
– 99 (69.3); S.d. *Wꜣḥ-jb-Rꜥ-mrjj-Njtt*
– 557 (80.18, Z.15); S.d. *Ns-pꜣwtj-tꜣwj*

Jnj-Jmn-nꜣj.f-nbw
60 (63.117, Z.2), Beiname *Nfr-jb-Rꜥ-zꜣ-Njtt*

Jnj-Ptḥ-nꜣj<.f>-nbw
37 (63.50, Z.6)

Jrt-r.w (fem.)
– 43 (63.72, Z.5-6)
– 58 (63.109, Z.5)
– 60 (63.120, Z.3); T.d. *Pꜣ-dj-Ptḥ*
– 62 (63.124, Z.5)

Jrt.w-r.w (fem.)
– 63 (63.128)
– 645 (82.83)

Jrt-Ḥr-r.w
– 556 (80.18, Z.3); 558 (80.19, VS,2: So); V.d. *ꜥnḫ-pꜣ-ẖrd*
– 557 (80.18, 14); S.d. *ꜥnḫ-pꜣ-ẖrd*
– 644 (82.79-80); Beiname *Zꜣ-Sbk*
– 672 (82.106, Z.16)

– 672 (82.107); S.d. *Jʿḥ-msjw*
– 674 (82.109, Z.1-2); S.d. *Ḥr-ʿn-wšbt*
– 675 (82.111); V.d. *Ns-Mnw*
– 675 (82.111, Z.4); S.d. *Ns-Mnw*
– 679-80 (82.114); V.d. *P3-dj-Jmn-Rʿ-nb-W3st*
– 680-1 (82.114, liS,3; 115); S.d. *P3-dj-Jmn-Rʿ-nb-W3st*
– 690 (82.130, VS,1); V.d. *P3-di-Jmn-nb-nswt-t3wj*
– 690 (82.130, b,rechts); S.d. *P3-di-Jmn-nb-nswt- t3wj*
– 708 (82.151); S.d. *Hr.s-n.f*
– 728 (82.181); S.d. *P3-ḫ3rw-Ḫnzw*

Jrjj(?)
43 (63.72, Z.6)

Jry-jry (fem.)
676 (82.112)

Jry-jry
732-3 (82.186-187); S.d. *Ḥr*

Jrj.f-ʿ3(w)-n-Ptḥ
– 37 (63.50, Z.4); S.d. *Ḏd-Ptḥ-jw.f-ʿnḫ*
– 37 (63.50, Z.5); S.d. *Ḏd-Ptḥ-jw.f-ʿnḫ*
– 37 (63.50, Z.7-8)
– 38 (63.51, Z.9); S.d. *P3-šrj-Sḫmt*
– 39 (63.52, Z.8)
– 48 (63.84, Z.2-3)
– 48 (63.84, Z.5); S.d. *Ḥk3-m-z3.f*
– 59 (63.112, Z.3-4)
– 59 (63.112, Z.4)
– 61 (63.121, Z.8)
– 444 (77.126)

Jrj-Mḥjt-wḏ3-(n-)nfw (fem.)
727 (82.177)

Jrj-Ḥp-z3-t3(?)
59 (63.116, Z.3)

Jrj-Ḥr-wḏ3-n-nfw
– 104 (69.13)
– 612-6 (82.39); S.d. *Ṯ3j-ʿn-m-ḥr-jm.w*; Beiname *Ḥr-wḏ3*

Jrj.tw-r.w (fem.)
– 57 (63.106, Z.2-3)
– 572 (81.25, Z.24)

ỉrsss (pers.??)
108 (69.25)

Jrtj-r.w (fem.)
– 110 (69.31)
– 724 (82.173)

Jrtj.w-r.w (fem.)
460-1 (77.162)

Jrtj-r-ṯ3j
– 453 (77.146, D; 147)
– 673 (82.108, Z.5); S.d. *Ḥr-rsnt*

Jrtj(?)-Ḥr-r.w
548 (80.14, Z.61); 556 (80.16, reS,13); S.d. *Ḏd-ḥr-p3-šdj*

ỉrtms (pers. Artames)
85 (65.16); 90 (66.22); 91 (66.24-25)

Jtm-jrj-dj-s (fem.)
30; 31 (63.44); 33; 35; 36 (63.46)

ʿn-m-ḥr
– 435 (77.118)
– 611 (82.34, Z.4)

ʿnḫ
– 38 (63.51, Z.7); S.d. *Šdj-Nfrtm*
– 52 (63.97, Z.6)

ʿnḫ-jrt-r.w (fem.)
63 (63.126); T.d. *Zm3-t3wj-t3j.f-nḫt*

ʿnḫ-Wn-nfr
– 38 (63.51, Z.6)
– 38 (63.51, Z.11); S.d. *Ns-Ptḥ*
– 57 (63.106, Z.4)
– 58 (63.109, Z.4-5)
– 58 (63.111, Z.3-4)
– 102 (69.10); S.d. *Ḥk3-jrj-ʿ3*

ʿnḫ-p3-ḫrd
– 556-7 (80.18, Z.2; 10); 558 (80.19, RS,2); S.d. *Jrt-Ḥr-r.w*
– 682-3 (82.117-118; 120[?]); S.d. *Ns-Mnw*
– 682 (82.118, liS); V.d. *Ns-Mnw*
– 694-5 (82.133); S.d. *P3-ḫ3rw-Ḫnzw*
– 695-6 (82.134); S.d. *Wn-nfr*
– 709-12 (82.154-156); S.d. *K3p.f-n-ḥ3-Ḫnzw*
– 712-3 (82.158-159); S.d. *Nḫt-Mnṯw*
– 724-5 (82.174); S.d. *Ḫnzw-jrj-dj-s*

ʿnḫ-Psmṯk
– 43 (63.72, Z.2)
– 43 (63.72, Z.5)
– 45 (63.77, Z.3; 63.78, Z.4); S.d. *W3ḥ-jb-Rʿ*
– 76 (63.163, Z.8-9)

(*ꜥnḫ-Psmṯk*)
– 381 (77.42, Z.87)
– 621 (82.48, RS,2); 625 (82.55, RS,1)
– 623 (82.52)

ꜥnḫ.f-n-Ḫnzw
– 619-20 (82.45)
– 713-4 (82.160-161; 715 (82.163); 716 (82.165); 2. AP

ꜥnḫ.f-n-Sḫmt
– 54 (63.100, Z.1); S.d. *Nfr-sšm-Psmṯk*
– 54 (63.100, Z.5)
– 57 (63.108, Z.1); S.d. *Psmṯk*
– 57 (63.108, Z.4-5)
– 102 (69.10)
– 103 (69.11)
– 644-5 (82.83)

ꜥnḫ-m-mȝꜥt (?)
669 (82.103); S.d. *Ḥr.s-n.f*

ꜥnḫ-m-ḫntjt
38 (63.51, Z.12)

ꜥnḫ-mȝꜥt-Jmn
111 (69.35)

ꜥnḫ-Mr-wr
326 (75.156)

ꜥnḫ-Nfr-jb-Rꜥ
107 (69.21); S.d. *Ḥr*

ꜥnḫ-Ḥp
– 111 (69.35)
– 434 (77.117)
– 437 (77.120); 439 (77.122)
– 609 (82.31, Z.3)
– 626 (82.57)
– 652-3 (82.90)
– 664 (82.98, liS,1)

ꜥnḫ-Ḥp-mn (fem.)
62 (63.124, Z.9)

ꜥnḫ-Ḥr
– 107 (69.23)
– 602-3 (82.20); S.d. *Šb-Mnw*

ꜥnḫ-Ḥr-pȝ-n-ȝst
106 (69.17, Z.7)

ꜥnḫ-Ḥkȝ
57 (63.107, Z.3)

ꜥnḫ.s (fem.)
– 45 (63.78, Z.9)
– 58 (63.110, Z.3); T.d. *Pȝ-šrj-(n-)Ptḥ*

ꜥnḫ-Sjȝ-jb
114 (69.44)

ꜥnḫ-Zmȝ-tȝwj
– 668 (82.101); S.d. [*Zmȝ-tȝwj*]-*tȝjf-nḫt*
– 669 (82.101); V.d. [*Zmȝ-tȝwj*]-*tȝjf-nḫt*

ꜥnḫ-Ššnq
– 47 (63.82, Z.1-2); S.d. *Ḥr-zȝ-ȝst*
– 47 (63.82, Z.2); S.d. *Ḥrjj*
– 47 (63.82, Z.2); Wezir
– 47 (63.82, Z.12)
– 50 (63.93, Z.3)
– 50 (63.93, Z.5-6)
– 51 (63.93, Z.9)
– 101 (69.8, Z.9)
– 736 (82.192)

ꜥnḫ-tȝ-ḥsȝt(?) (fem.)
557 (80.18, Z.14)

ꜥnḫt (fem.)
603 (82.20)

ꜥšȝ-jḫt
– 720; 722 (82.170, e,10; 24); S.d. *Ḫnzw-m-wjȝ*(?)
– 719-21 (82.170, a,5; b,0; d,4; e,16); S.d. *Pȝ-šrj-(n-)tȝ-jsw(t)*

Wȝḥ-jb-Rꜥ
– 43 (63.72, Z.7)
– 45 (63.77, Z.3; 63.78, Z.4)
– 55 (63.103, OS,2)
– 63 (63.127, Z.4)
– 458-9 (77.159-160)
– 465 (78.7, Z.2)
– 552 (80.14, Z.172; 159)
– 604 (82.22, So,RS,1); Beiname des *Ns-Wsrt*
– 614 (82.39, Z.31; Z.14)
– 628 (82.63); S.d. *Pȝ-nḥsj*
– 632 (82.70, RS,3)
– 691 (82.131, VS,6)
– 722 (82.171, So)

Wȝḥ-jb-Rꜥ-(m-ȝḫbjt)
– 48 (63.83, Z.4); S.d. *Jꜥḥ-msjw-mrjj-Ptḥ*
– 631 (82.70); V.d. *Jꜥḥ-msjw*
– 632 (82.70, RS,3); *rn.f nfr Pȝ-šrj-(n-)tȝ-jḫt*

Wȝḥ-jb-Rꜥ-m-ȝḫt
605 (82.23)

Wꜣḥ-jb-Rʿ-mrjj-Ptḥ
– 57 (63.105, Z.3-4)
– 105 (69.17, Z.5); S.d. *Nfr-sšm-Ḥr-mḫnt*
– 105 (69.17, Z.6); S.d. *Ḥr-[...]*

Wꜣḥ-jb-Rʿ-mrjj-Njtt
– 48 (63.83, Z.9)
– 99 (69.3)
– 322 (75.133)

Wꜣḥ-jb-Rʿ-nb-pḥtj
38 (63.51, Z.8)

Wꜣḥ-jb-Rʿ-ḫwj
– 698 (82.138); V.d. *Wsr-Ḫnzw*
– 698-700 (82.138, d; 82.139-140); S.d. *Wsr-Ḫnzw*

Wꜣḥ-jb-Rʿ-zꜣ-Ptḥ
114 (69.44)

Wꜣḥ-jb-Rʿ-zꜣ-Njtt
446 (77.134, Z.21-22); S.d. *Jj-m-ḥtp*

Wꜣḥ-jb-Rʿ-snb
– 51 (63.95, Z.5-6); 55 (63.103, VS,5); S.d. *Zmꜣ-tꜣwj-tꜣj.f-nḫt*
– 51 (63.95, Z.8); S.d. *Ḥrjj*
– 63 (63.126, Z.5); S.d. *Zmꜣ-tꜣwj-tꜣj.f-nḫt*

Wꜣḥ-jb-Rʿ-tnj
76 (63.163, Z.9)

Wꜣḥ-ḫw(?)
38 (63.51, Z.4)

Wꜣḏjt-m-ḥꜣt (fem.)
– 54 (63.101, Z.6); Fr.d. *Ḫnm-jb-Rʿ*
– 651 (82.89)

Wbn-n.s-jʿḥ (fem.)
669 (82.101, Z.2)

Wn(n)-nfr
– 38 (63.51, Z.6); S.d. *ʿnḫ-Wn-nfr*
– 46 (63.80, Z.3); S.d. *Pꜣ-šrj-n-Ptḥ*
– 311 (75.116, RS,3); (75.117); 329 (75.169, liS,2); V.d. *Ḥr-zꜣ-ꜣst*
– 322-3 (75.134-136); 324-6 (75.149-152); S.d. *Ḏd-Bꜣstt jw.f-ʿnḫ*
– 326 (75.156)
– 440-4 (77.123-125); S.d. *Pꜣ-jnj-mw*
– 445 (77.134, Z.9)
– 446 (77.134, Z.18); S.d. *Jj-m-ḥtp*
– 627 (82.58)
– 670 (82.105); S.d. *Ḏd-ḥr*
– 674 (82.109, Z.1); S.d. *Jrt-Ḥr-r.w*
– 696 (82.134)

Wr-[...] (fem.)
708 (82.151, RS)

Wrš-nfr
656 (82.95)

Wrk (fem.)
43 (63.72, Z.4)

Wsjr-wr
– 686-7 (82.127-128)
– 696-7 (82.136)
– 705-6 (82.147-148); S.d. *Pꜣ-dj-Jmn-jpt*
– 707 (82.150)
– 708 (82.152); S.d. *Hr.s-n.f*
– 709 (82.153, Z.2)
– 712 (82.157, RS,2)
– 734-5 (82.189); S.d. *Tꜣ-whr(t)*

Wsr-mꜣʿt-Rʿ
663 (82.97); S.d. *Ḏd-Ḫnzw-jw.f-ʿnḫ*

Wsr-Ḥp
53 (63.98, Z.3)

Wsr-Ḫnzw
– 571 (81.24, Z.24-5)
– 698 (82.138); 700 (82.140)

Wsk
38 (63.51, Z.9); S.d. *Nkꜣw-mn*

Wḏꜣ-Ḥr
101 (69.9)

Wḏꜣ-Ḥr-rsnt
– 29-36 (63.44-46); S.d. *Pꜣj.f-ṯꜣw-m-ʿ-Njtt*
– 41-2 (63.63, Z.6; 63.64, Z.3); S.d. *Ptḥ-m-ḥꜣt*
– 41 (63.63, Z.12); S.d. *Ḥr*
– 54 (63.101, Z.6); S.d. *Ḫnm-jb-Rʿ*
– 60 (63.119, Z.4)
– 113 (69.41)
– 465 (78.7)

Wḏꜣ-Ḫnzw
76 (63.163, Z.24)

Wḏꜣ-Šw (fem.)
605 (82.23)

Bꜣ-<nb->ḏdt
38 (63.51, Z.6)

B3t-jjtj fem.)
655-6 (82.92-94)

B3(t)-jwjtj (fem.)
121 (71.19)

B3stt-i.ir-dj-s (fem.)
– 321 (75.131, C); 322 (75.133)
– 634-6 (82.75-76)

B3stt-m-ḥ3b
100 (69.6)

B3stt-rštj (fem.)
735 (82.193)

B3k-n-rn.f
52 (63.96, Z.6)

B3k-n-Ḫnzw
76 (63.163, Z.25-26)

P3-jw-n-Ḥr
– 40 (63.58, Z.1)
– 50 (63.92)

P3-jnj-mw
– 440-3 (77.123-124)
– 655 (82.93)

P3-jrj-k3p
– 600-2 (82.17-18); S.d. *Nḫt-Ḥr-ḥb(jt)*
– 619-20 (82.45); S.d. *ʿnḫ.f-n-Ḫnzw*

P3-ʿnḫ(.j)
59 (63.114, Z.4-5)

P3-wn
– 60 (63.119, Z.2-3); S.d. *Mm*
60 (63.119, Z.6)
– 62 (63.124, Z.6); *rn.f ʿ3 T3j-Ḥp-jm.w*
– 121 (71.19); V.d. *Ḥr*
– 121 (71.19); V.d. *St3-jrt-bjnt*

P3-wn-ʿt
38 (63.51, Z.10)

P3-wn-ḥ3t.f
439 (77.122); *rn.f nfr Ḏd-ḥr*

P3-wrm
690 (82.130, b,rechts); S.d. *P3-di-Jmn-nswt-t3wj*

P3-mj(w)
63 (63.126, Z.3); S.d. *Ḏd-ḥr*

P3-n-3ḫbjt-wḏ3
313 (75.119, Z.2-3; liS,3-4)

P3-(n-)Jmn
– 113 (69.39)
– 631 (82.69)

P3(-n)-mw(-n)-Ḥp
57 (63.106, Z.3)

P3-(n-)Mnw
327 (75.156)

P3-n-Ḫmnw
104 (69.12, Z.3); S.d. *Ḥdb-Ḫnzw-r.w*

P3-(n-)ḫtj (?)
102 (69.10)

P3-(n-)Ḫnmw
108 (69.26)

P3-n-Sḫmt
39 (63.53)

P3-n-t3(-nt)-3ḫbjt-wḏ3
608 (82.28)

[P3-]nfr-ḥr
61 (63.121, Z.9)

P3-nḥsj
628 (82.63)

P3-hbj
462 (77.163, Z.5)

P3-ḥm-nṯr
– 38 (63.51, Z.16)
– 56 (63.103, reS,5)
– 57 (63.108, Z.3); S.d. *ʿnḫ.f-n-Sḫmt*
– 102 (69.10)

P3-ḥnw
– 702 (82.143, c: „*Ḥnpw*"?)
– 705 (82.146, d,2)

P3-ḥtr
– 113 (69.39, Z.15)
– 122 (71.20, Z.4)

P3-ḫ3ʿ-s
– 626 (82.57); 669 (82.102); S.d. *ʿnḫ-Ḥpj*
– 628 (82.61)

P3-ḫ3rw
– 53 (63.98, Z.6)
– 673 (82.108, Z.7)

P3-ḫ3rw-Ḫnzw
– 691 (82.131); *rn.f nfr Ḥ3(t)ḥ3t*; S.d. *Ḥr*
– 694-5 (82.133); V.d. *ʿnḫ-p3-ḫrd*
– 695 (82.133, OS So); S.d. *ʿnḫ-p3-ḫrd*
– 722-3 (82.171); S.d. *W3ḥ-jb-Rʿ*
– 723 (82.172); S.d. *Ns-b3-nb-ḏdt*
– 725-7 (82.175-177); S.d. *Psmṯk*
– 727 (82.178); S.d. *P3-dj-ʿst* (d.J.)
– 727-9 (82.179-182); S.d. *P3-dj-ʿst* (d.Ä.)

P3-ḫwj.sn
59 (63.112, Z.1); S.d. *Ns-Wn-nfr*

P3-s(h)rs
105 (69.15-16)

P3-šrj-(n-)3st
– 57 (63.107, liS)
– 123 (71.26)
– 315 (75.122, RS,2)

P3-šrj-(n)-jʿḥ
5 (62.5)

P3-šrj-(n-)Ptḥ
– 38 (63.51, Z.8)
– 38 (63.51, Z.14)
– 40 (63.61)
– 45 (63.77, Z.2; 63.78, Z.3); S.d. *ʿnḫ-Psmṯk*
– 45 (63.77, Z.5; 63.78, Z.5); S.d. *Ns-Ptḥ*
– 46 (63.80, Z.1); S.d. *Ḥr-m-3ḫt*
– 47 (63.82, Z.12)
– 47 (63.82, Z.13); S.d. *Psmṯk-mn*
– 53 (63.98, Z.5); *rn nfr* des *Ḥp-jwjw*
– 58 (63.110, Z.3)
– 60 (63.120, Z.1-2 [?]); S.d. *Ḥr*
– 66 (63.137, Z.4)

P3-šrj-Mwt
56 (63.103, liS,1-2)

P3-šrj-Mnw
462 (77.163); S.d. *Ḥr-nfr*

P3-šrj-(n-)Sḫmt
– 38 (63.51, Z.9)
– 45 (63.79, Z.4); S.d. *Nfr-jb-Rʿ-mrjj-Ptḥ*
– 46 (63.80, Z.4)
– 106 (69.19, Z.4)

P3-šrj-(n-)t3-jḥt
– 50 (63.93, Z.6[?])
– 320-2 (75.131-132); *rn.f nfr* des *P3-dj- Njtt*
– 589; 591 (82.10)
– 625-6 (82.56); *rn.f nfr Ḥr-wḏ3*; S.d. *Ḥrjj*
– 632 (82.70); *rn nfr* eines *W3ḥ-jb-Rʿ-3ḫbjt*
– 634 (82.75); *rn.f nfr P3-dj-Njtt*
– 636 (82.76); S.d. *Ḥr-jrj-ʿ3*
– 651 (82.89)
– 736 (82.193)

P3-šrj-(n-)t3-jsw(t)
– 664-5 (82.98); S.d. *ʿnḫ-Ḥp*
– 718-20 (82.170, a,3-4; b,1; d,1; e,10); S.d. *ʿš3-jḫt*
– 720 (82.170, d,5); S.d. *ʿš3-jḫt*

P3-šrj-[… }
38 (63.51, Z.13)

P3-q(3)-ʿ3w(?)
629 (82.64); S.d. *Ḥr-3ḫbjt*

P3-k3pw
– 62 (63.123, Z.3)
– 68 (63.142, Z.1[?])

P3-gmj(?)
38 (63.51, Z.15)

P3-ṯnfj
– 618 (82.42, Z.1[?])
– 734 (82.189, OS So)

P3-dj-3st
– 57 (63.106, Z.4)
– 58 (63.110, Bildfeld, 2; Z.2); S.d. *Dj-Ptḥ-j3w*
– 61 (63.122, Bildfeld; Z.2); S.d. *Ḥr-wḏ3*
– 61 (63.122, Z.4)
– 63 (63.128, Z.2-3)
– 100 (69.7)
– 114 (69.44)
– 324 (75.148)
– 589-97 (82.10-12); S.d. *P3-šrj-n-t3-jḥt*
– 599-600 (82.16)
– 734 (82.189, OS So); S.d. *P3-ṯnfj*

P3-dj-Jmn
– 57 (63.106, Z.4-5)
– 113 (69.39, Z.14)

P3-di-Jmn-(m-)jpt
– 691 (82.131, f); S.d. *P3-ḫ3rw-Ḫnzw*
– 705-6 (82.147-148)

Pꜣ-dj-Jmn-wsr-ḥꜣt
104 (69.12, Z.5)

Pꜣ-di-Jmn-nb-nswt-tꜣwj
– 454 (77.148-149); 738-9 (77.149-149a; S.d. *Ns-Mnw*
– 460-1 (77.162); V.d. *Ḥr*
– 461 (77.162); S.d. *Ḥr*
– 572 (81.25, Z.20-21); V.d. *Ns-Mnw*
– 690-1 (82.130); S.d. *Ns-Mnw*
– 690 (82.130, VS,1); S.d. *Jrt-Ḥr-r.w*
– 690 (82.130, VS,2); S.d. *Ḥr*
– 707 (82.149, VS,6)
– 723 (82.172, liS)
– 729 (82.183); S.d. *Pꜣ-dj-ꜥs(t)*
– 730 (82.184); S.d. *Ḏd-Ḫnzw-jw.f-ꜥnḫ*
– 730 (82.185)

Pꜣ-dj-Jmn-Rꜥ-nb-Wꜣst
– 109 (69.30); S.d. *Kꜣp.f-n-ḥꜣ-Mnṯw*
– 679-81 (82.114-115); S.d. *Jrt-Ḥr-r.w*

Pꜣ-dj-Jtm
106 (69.19, Z.3)

Pꜣ-dj-ꜥst
– 726-7 (82.176-178); 729 (82.183); S.d. *Pꜣ-ḫꜣrw-Ḫnzw*
– 728 (82.180); Beiname *Jj-m-ḥtp*; S.d. *Krwṯ*
– 728-9 (82.181-182)

Pꜣ-dj-Wsjr
– 104 (69.12, Z.5)
– 619 (82.44, b; c); S.d. *Ḥr-(m-)mꜣꜥ-ḫrw*
– 624 (82.54[?])

Pꜣ-dj-Wsjr-Wn-nfr
62 (63.123, Bildfeld,2; Z.2); S.d. *Pꜣ-kꜣpw*

Pꜣ-dj-Wsjr-pꜣ-Rꜥ
68 (63.142)

Pꜣ-dj-Bꜣstt
46 (63.81, Z.1); S.d. *Pꜣj.f-ṯꜣw-m-ꜥ-Bꜣstt*

Pꜣ-dj-(pꜣ-)mnḫ(-jb)
657-8; 660; 662 (82.96)

Pꜣ-dj-pꜣ-ḫrd
113 (69.39, Z.16)

Pꜣ-dj-Pp
– 39 (63.52, Z.9 [*Pꜣ-dj-P<p>*?])
– 624 (82.54)

Pꜣ-dj-Ptḥ
– 37 (63.50, Z.7); S.d. *Ḥr-jrj-ꜥꜣ*
– 46 (63.81, Z.2-3); S.d. *Pꜣ-dj-Bꜣstt*
– 48 (63.84, Z.3)
– 60 (63.120, Z.4)
– 61 (63.121, Z.11)

Pꜣ-dj-Mꜣj-ḥsꜣ
– 605-6 (82.25-26)
– 607 (82.27); 629-30 (82.65-66)
– 630 (82.67-68); S.d. *Tꜣ-j-Wsjr*

Pꜣ-dj-nꜣ-nṯrw
548; 550 (80.14, Z.70; 118); 555 (80.16, liS,15-6)

Pꜣ-dj-Njtt
– 320-2 (75.131-132); *rn.f nfr Pꜣ-šrj-(n-)tꜣ-jḥt*; S.d. *Ḥr-jrj-ꜥꜣ*
– 634 (82.75); *rn nfr* eines *Pꜣ-šrj-(n-)tꜣ-jḥt*

Pꜣ-dj-Nfr-ḥtp alias *Ns-Jnj-ḥrt*
559 (80.20)

Pꜣ-dj-Ḥr
– 111 (69.35)
– 113 (69.39, Z.22)
– 588-9 (82.9, Z.2)

Pꜣ-dj-Ḥr-ꜣḫbjt
105 (69.15-16); S.d. *Pꜣ-shrs*

Pꜣ-dj-Ḥr-pꜣ-ḫrd
676 (82.112)

Pꜣ-dj-Ḥr-m-ḥb
42 (63.64, Z.3); S.d. *Wḏꜣ-Ḥr-rsnt*

Pꜣ-dj-Ḥr-rsnt
55 (63.103, OS,2)

Pꜣ-dj-Ḥkꜣ
– 103 (69.11); S.d. *Nfr-sšm-Psmṯk*
– 645-6 (82.85)

Pꜣ-dj-Ḫwjt
607 (82.28)

Pꜣ-dj-Ḫnzw
– 439 (77.122)
– 514 (79.31)

Pꜣ-dj-s(w)
– 43 (63.72, Z.4)
– 61 (63.121, Z.7); S.d. *Snb.f*
– 63 (63.127)

Pꜣ-dj-štjt (*Pꜣ-dj-š<h>ddt* ?)
107 (69.20)

P3-dj-[…]
– 39 (63.52, Z.7)
– 624 (82.54)

P3-dbḥw
99-100 (69.4)

P3j.w-ḥ(w)tf (??)
110 (69.31)

P3j.f-ṯ3w-(m-ᶜ-)Jmn
– 610; 740 (82.32; 82.33; 82.33a); 735 (82.190); *rn.f nfr Ṯ3j-ᶜn-m-ḥr-jm.w*; S.d. *P3j.f-ṯ3w-(m-ᶜ-)Jmn*
– 610; 740 (82.32; 82.33; 82.33a); V.d. *P3j.f-ṯ3w-(m-ᶜ-) Jmn*

P3j.f-ṯ3w-m-ᶜ-B3stt
– 38 (63.51, Z.6[?])
– 38 (63.51, Z.10)
– 46 (63.81, Z.2)
– 49 (63.85, Z.4); *rn.nfr* eines […]
– 57 (63.107, Z.2)
– 607 (82.28[?])

P3j.f-ṯ3w-m-ᶜ-Njtt
– 29 (63.44); 33; 36 (63.46)
– 39 (63.52, Z.4 [? *P3j.f-<ṯ3w-m-ᶜ>Njtt*]); S.d. *Ḥr-3ḫbjt*
– 68 (63.142, Z.3)
– 465 (78.7, Z.1[?]);

P3j.f-ṯ3w-m-ᶜ-Ḫnzw
– 50 (63.92)
– 55 (63.102, Z.2); S.d. *Zm3-t3wj-t3j.f-nḫt*

P3j.s-pr-mḥ (fem.)
– 60 (63.119, Z.5)

P3…jᶜḥ
59 (63.113, Z.2)

P(3)jjpw (fem.)
628 (82.63)

Pjpj
76 (63.163, Z.20)

Pjpj-jᶜḥ(?)
77 (63.164, Z.6)

Pp
43 (63.72, Z.9)

Psmṯk
– 5 (62.5-6)
– 38 (63.51, Z.5); S.d. *Jᶜḥ-msjw*
– 38 (63.51, Z.13); S.d. *P3-šrj-*[…
– 38 (63.51, Z.14); S.d. *Ḥr-*[…]
– 38 (63.51, Z.15); S.d. *P3-gmj*
– 53 (63.99, Z.1; 10)
– 57 (63.106, Z.1); S.d. *Ḏd-B3stt-m-jrj-thj.f*
– 57 (63.107, Z.1); S.d. *Jmn-ḥtp*
– 57 (63.108, Z.2); S.d. *P3-ḥm-nṯr*
– 77 (63.166, Z.8)
– 106 (69.19, Z.2); S.d. *P3-dj-Jtm*
– 448 (77.140, Z.1
– 457 (77.152)
– 608 (82.28); S.d. *Ḏd-ḥr*
– 622 (82.51)
– 632 (82.70, RS,3)
– 670 (82.104)
– 723 (82.171); S.d. *P3-ẖ3rw-Ḫnzw*
– 725-6 (82.175-176)
– 731 (82.185); Beiname eines *Ptḥ-ḥtp*
– 739 ((77.149a); S.d. *Ššnq*

Psmṯk-m-3ḫt
– 47 (63.82, Z.1; 4; 10); S.d. *Ḥr-z3-3st*
– 47 (63.82, Z.11)

Psmṯk-mn
47 (63.82, Z.14)

Psmṯk-mn-m-P
52 (63.97, Z.2); S.d. *Ḥr-wḏ3*

Psmṯk-mrjj-Ptḥ
– 55 (63.102, Z.7)
– 62 (63.125, Z.5)

Psmṯk-mrjj-Njtt
– 39 (63.54)
– 45 (63.77, Z.7-8; 63.78, Z.7); Wezir

Psmṯk-z3-Njtt
– 39 (63.57, Z.3); V.d. *Jᶜḥ-msjw*
– 54 (63.101, Z.2); S.d. *Hn-3t(.j)*
– 54 (63.101, Z.7)
– 60 (63.119, Z.5)
– 113 (69.40; 69.42)
– 633 (82.72-73); S.d. *Ḏd-Ptḥ-jw.f-ᶜnḫ*

Psmṯk-[*z3-*]*Rᶜ*
43 (63.72, Z.8)

Psmṯk-snb
– 611 (82.34, Z.3; 82.36 [derselbe?]; 82.37)
– 611-2 (82.38)
– 620-2 (82.46-49); 624-5 (82.55) Wezir, S.d. *ᶜnḫ-Psmṯk*

Psmṯk-snfr-tꜣwj
107 (69.20)

Pšytr (pers. Name ?)
86 (65.19)

Ptḥ-jrj-dj-s
59 (63.115, Z.2-3)

Ptḥ-jrj-dj-s (fem.)
112 (69.38, Z.2)

Ptḥ-m-mꜣꜥ-ḫrw
– 38 (63.51, Z.4)
– 62 (63.124, Z.1); *rn.f ꜥꜣ Ns-Ptḥ*; S.d. *Ḥr*

Ptḥ-m-ḥꜣt
41 (63.63, Z.7); S.d. *Ḥr-ꜣḫbjt*

Ptḥ-nfr
102 (69.10); S.d. *Pꜣ-ḥm-nṯr*

Ptḥ-ḥtp
– 37 (63.50, Z.8)
– 38 (63.51, Z.4); S.d. *Ns-Wn-nfr*
– 38 (63.51, Z.7); S.d. *Dj-Ptḥ-jꜣw*
– 43 (63.68)
– 44 (63.74)
– 52 (63.96, Z.4-5)
– 63 (63.126, Z.6)
– 64-5 (63.131, Z.1; 132, Z.1; 5; 133, Z.1; 2)
– 106 (69.18, Z.1); S.d. *Nkꜣw-mrjj-nṯrw*
– 731 (82.185); Beiname *Psmṯk*

Fnt-Ḥr.k-r.s (??)
46 (63.80, Z.3); S.d. *Pꜣ-šrj-n-Ptḥ*

Mjj
76 (63.163, Z.22)

Mjmj (vgl. *Mm*)
– 62 (63.124, Z.3)
– 62 (63.125, Z.5)

Mwt-jrj-dj-s (fem.)
– 49 (63.85, Z.5)
– 707 (82.150, VS,5)

Mwt-Mnw (fem.)
730-1 (82.184)

Mm
– 47 (63.82, Z.3)
– 60 (63.119, Z.2); S.d. *Pꜣ-wn*
– 60 (63.119, Z.3)

Mnw-jrj-dj-s
465 (78.7, Z.2)

Mnṯw-m-ḥꜣt
– 700-1 (82.141); S.d. *R-ḥꜣt*
– 701-2 (82.142); V.d. *R-ḥꜣt* (oder derselbe wie in 82.141)
– 718 (82.169)
– 718 (82.169); S.d. *Ḥr*

Mrj-jb-Ptḥ
113 (69.39, Z.20)

Mrj-Jmn-jtj.s (fem.)
– 694-5 (82.133, b; e,3)
– 710-2 (82.154-156)

Mrj-Bꜣstt-jtj.s (fem.)
676 (82.112)

Mrj-Njtt-jtj.s (fem.)
599-600 (82.16)

Mrj-Nbw-jtj.s (fem.)
53 (63.98, Z.6)

Mrj-Ḥr-jtj.f
– 313 (75.119, Z.3)
– 607 (82.28); S.d. *Ḏd-ḥr*
– 609 (82.29)
– 609 (82.30, Z.1)

Mrjj-Ptḥ
– 38 (63.51, Z.8); S.d. *Pꜣ-šrj-(n-)Ptḥ*
– 106 (69.17, Z.7); S.d. *ꜥnḫ-Ḥr-pꜣ-n-ꜣst*
– 106 (69.17, Z.8)

Mr(j)t (fem.)
623 (82.51)

Mrj(t)-Mwt (fem.)
705 (82.146, b,2; c)

Mrmr(?)
76 (63.163, Z.17)

Nꜣj.f-ꜥꜣw-rd
116 (70.4)

Nj-ꜥnḫ-Rꜥ
624 (82.53)

Nj-kꜣ-Sbk(?)
100 (69.6)

Njtt-jjtj (fem.)
– 321 (75.131); 322 (75.133); (*ḏd.tw n.s T3-šrjt-n-t3-qrjt*)
– 589-91; 596 (82.10-11)

Njtt-jqrt (fem.)
– 41 (63.63, Z.14)
– 45 (63.77, Z.5; 63.78, Z.6); T.d. *Psmṯk-mrjj-Njtt*
– 676 (82.112)

Nʿ.s
319 (75.124, Z.13); S.d. *Ḥtp-Jmn*

Nb-3ḫt (fem.)
558 (80.19, VS,4); Fr. des *Ns-Jnj-ḥrt*

Nb-ḏnḥwj-ḥr-ḥjj.s (fem.)
664 (82.97)

Nb(t)-wḏ3t (fem.)
588 (82.9, Z.2)

Nb(t)-ḥ3yt (*Nbt-jḥy*?) (fem.)
597 (82.12)

Nbt-ḥwt-jwjtj (fem.)
449-51 (77.141-142)

Nbw-jjtj
– 50 (63.93, Z.4)
– 622 (82.50)
– 623 (82.52)

Nfr-jjw (fem.)
– 619 (82.44, b; c)
– 718; 720 (82.170, a,1-2; d,7; e,10); T.d. *Ḥtp-Jmn*

Nfr-jb-Rʿ
– 52 (63.97, Z.5); S.d. *Psmṯk-m-m-P*
– 66 (63.136)
– 611-2 (82.38)
– 632 (82.70, RS,3)

Nfr-jb-Rʿ-m-3ḫt
– 38 (63.51, Z.7)
– 55 (63.102, Z.9)

Nfr-jb-Rʿ-mn-m-Jnb-ḥḏ
56 (63.104, Z.7)

Nfr-jb-Rʿ-mrjj-Ptḥ
– 45-6 (63.79, Z.3; 5; 7)
– 62 (63.125, Z.4)

Nfr-jb-Rʿ-z3-Njtt
60 (63.117, Z.3); Beiname des *Jnj-Jmn-n3j.f-nbw*

Nfr-mnw
76 (63.163, Z.23)

Nfr-rnpt
108 (69.24)

Nfr-ḥr.s (fem.)
– 37 (63.50, Z.7); T.d. *P3-dj-Ptḥ*
– 48 (63.84, Z.3; 5[?]); T.d. *P3-dj-Ptḥ*
– 48 (63.84, Z.4)

Nfr-sḫt-ḥtp
100 (69.7); S.d. *P3-dj-3st*

Nfr-Sḫmt (fem.)
– 445-6 (77.134, Z.10)
– 631-2 (82.70-71); T.d. *Psmṯk*
– 636 (82.76)

Nfr-sšm-Psmṯk
– 54 (63.100, Z.4)
– 54 (63.100, Z.6); S.d. *ʿnḫ.f-n-Sḫmt*
– 103 (69.11)
– 643 (82.78)

Nfr-sšm-Ḥr-mḫnt
105 (69.17, Z.5)

Nfr-k3-Zkr
– 46 (63.80, Z.3); S.d. *P3-šrj-n-Ptḥ*
– 46 (63.80, Z.4); S.d. *P3-šrj-n-Sḫmt*

Nfr(t)-t3w (fem.)
598 (82.14, RS,3)

Nfrw (fem.)
665 (82.98, reS,1)

Nfrw-Sbk (fem.)
448 (77.140, Z.1)

Nḥm-sj-Rʿt-t3wj (fem.)
– 690 (82.130, a,2)
– 690 (82.130, b); T.d. *P3-di-Jmn-nswt-t3wj*
– 707 (82.149, VS,6)
– 739 (77.149a)

Nḫt-Mnṯw
712-3 (82.157-159); S.d. *Wsjr-wr*

Nḫt-nb.f
597 (82.13); S.d. *T3j.f-nḫt*

Nḫt-Ḥp
463 (77.163); S.d. *Ḥr-nfr*

Nḫt-Ḥr-ḥb(jt)
– 601-2 (82.18)
– 627 (82.59)
– 703 (82.144, e)
– 732-3 (82.186); V.d. *Ḥr*
– 732 (82.186); S.d. *Ḥr*

Nḫt-Spdw
600 (82.16); S.d. *P3-di-3st*

Ns-Jnj-ḥrt
– 558 (80.19, VS,3)
– 559 (80.20); s.o. *P3-dj-Nfr-ḥtp*

Ns-jzwt
– 650-1 (82.88); S.d. *Jʿḥ-msjw*
– 651 (82.89); S.d. *P3-šrj-n-t3-jḥt*

Ns-Jtm
381 (77.42, Z.87)

Ns-Wn-nfr
– 38 (63.51, Z.4)
– 59 (63.112, Z.2); S.d. *Jʿḥ-wbn*

Ns-Wsrt
603-4 (82.22, So,RS,1); Beiname *W3ḥ-jb-Rʿ*; S.d. *Z3-3st*

Ns-b3-nb-Ḏdt
– 42 (63.66-67)
– 59 (63.114, Z.3)
– 455 (77.150); V.d. *Jʿḥ-msjw*
– 457 (77.150); S.d. *Jʿḥ-msjw*
– 605 (82.24)
– 707 (82.149, VS,3); S.d. *Ns-Mnw*
– 707 (82.149, VS,5); S.d. *Jʿḥ-msjw*
– 723 (82.172, RS)

Ns-p3-m3j
152 (72.63, Z.10; 13; 72.64, So)

Ns-p3-mdw
684-6 (82.121-125)

Ns-p3-mḏw (?)
110 (69.32); S.d. *Ns-Ptḥ*

Ns-p3wtj-t3wj
– 557 (80.18, Z.15); HPA, V.d. *Jmn-ḥtp*
– 680 (82.114, liS,1); S.d. *P3-dj-Jmn-Rʿ-nb-W3st*
– 707 (82.150); S.d. *Wsjr-wr*
– 708 (82.151, RS); HPA
– 708 (82.151, reS); S.d. *Ḥr.s-n.f*
– 714-6 (82.161-164); 2. AP; S.d. *ʿnḫ.f-n-Ḫnzw*
– 717 (82.166); 3. AP

Ns-Ptḥ
– 38 (63.51, Z.11)
– 45 (63.77, Z.4; 63.78, Z.6)
– 55 (63.102, Z.5)
– 62 (63.124, Z.1-2); *rn ʿ3* eines *Ptḥ-m3ʿ-ḫrw*
– 62 (63.124, Z.3); S.d. *Ptḥ-m-m3ʿ-ḫrw*
– 62 (63.124, Z.8); S.d. *Ḥr*
– 63 (63.126, Z.2); S.d. *Ḏd-ḥr*
– 110 (69.32)

Ns-M3j-ḥs3
606-7 (82.27); 629-30 (82.65-66); S.d.*P3-dj-M3j-ḥs3*

Ns-m3ʿt
38 (63.51, Z.5)

Ns-Mnw
– 453 (77.147); S.d. *Jrtj-r-ṯ3j*
– 454 (77.148); 738-9 (77.149-149a); S.d. *Psmṯk*
– 572 (81.25, Z.19-20); S.d. *P3-di-Jmn-nswt-t3wj*
– 618 (82.42, Z.1); S.d. *P3-ṯnfj*
– 673 (82.108); S.d. *Jrtj-r-ṯ3j*
– 675 (82.111); S.d. *Jrt-Ḥr-r.w*
– 682-3 (82.117-119); S.d. *ʿnḫ-p3-ḫrd*
– 683 (82.120); S.d. *ʿnḫ-p3-ḫrd*
– 690 (82.130, VS,1); S.d. *P3-di-Jmn-nswt-t3wj*
– 690 (82.130, b,links); S.d. *P3-di-Jmn-nswt-t3wj*
– 707 (82.149, VS,4); S.d. *Ns-b3-nb-Ḏdt*
– 716-7 (82.165); 2. AP; S.d. *ʿnḫ.f-n-Ḫnzw*
– 717 (82.167); 3. AP
– 717 (82.168); 4. AP
– 724 (82.173); S.d. *Ḏd-ḥr*

Ns-nb-ʿnḫw (fem.)
681 (82.116, VS,4)

Ns-Nbt-ḥwt (fem.)
597 (82.13)

Ns-Ḥr-p3-Rʿ (fem.)
– 705-6 (82.147, a,4; c,2; 148)
– 708 (82.151)

Ns-Ḥr-p3-ẖrd (fem.)
– 696 (82.134)
– 705 (82.146, d,1)

Ns-Ḫmnjw
– 690 (82.130, b,links); S.d. *P3-di-Jmn-nswt-t3wj*
– 703 (82.144); S.d. *K3p.f-ḥ3-Mnṯw*

Ns-Ḫnzw (fem.)
– 709 (82.153); T.d. *Wsjr-wr*
– 717 (82.168)
– 727 (82.179); 728 (82.181) [= *Krwṯ*]
– 729 (82.182); Fr. des *P3-dj-ʿst*

Ns-Šw-Tfnt
– 76 (63.163, Z.10)
– 76 (63.163, Z.12)
– 76 (63.163, Z.13)
– 76 (63.163, Z.15)
– 647-50 (82.86-87); S.d. *Ṯ3j-Jnj-ḥrt-jm.w*

Ns-q3-šwtj
675 (82.111, oben; Z.7)

Ns-t3-jzt(?) (fem.)
698 (82.138)

Ns-t3-r(*w*) (?) (fem.)
725-6 (82.175-176)

Ns-Tfnt (fem.)
– 152 (72.63, Z.11; 13)
– 675 (82.111, Z.7)

Nk3w
– 38 (63.51, Z.14); S.d. *P3-šrj-Ptḥ*
– 53 (63.99, Z.4); *rn.nfr* des *Ḫnm-jb-Rʿ-z3-Ptḥ*

Nk3w-mn
38 (63.51, Z.9)

Nk3w-mrjj-Ptḥ
56 (63.104, Z.6)

Nk3w-mrjj-nṯrw
106 (69.18, Z.2)

R-ḥ3t
700 (82.141); V.d. *Mnṯw-m-ḥ3t*
701-2 (82.142); S.d. *Mnṯw-m-ḥ3t* (oder Vater?)

Rʿ-ḥtp
76 (63.163, Z.28)

Rnpt-nfrt (fem.)
– 37 (63.50, Z.5); T.d. *Jnj-Ptḥ-n3j<.f>-nbw*
– 106 (69.18, Z.2-3)
– 555 (80.16, liS,20)
– 609 (82.31, Z.3)
– 657-62 (82.96)
– 691 (82.131, f)

R(*w*)*r*(*w*)
– 676 (82.112); Vater (*Rwrw*)
– 676 (82.112); Sohn (*Rr*)

Hn-3t(*.j*)
– 54 (63.101, Z.2)
– 54 (63.101, Z.7)
– 60 (63.119, Z.5-6)
– 113 (69.42); S.d. *Psmṯk-z3-Njtt*

Hrw(*-jb*)*-Njtt* (fem.)
– 600-2 (82.17, RS; 82.18)
– 627 (82.59)

Hrjj-jb-dj-s (fem.)
63 (63.125, Z.7)

Hr.s-n.f
– 670 (82.103)
– 707-8 (82.151-152); S.d. *Ns-p3wtj-t3wj*

Hgrt (fem.)
– 607-8 (82.28)
– 608 (82.28)

Ḥ3(*t*)*ḥ3t*
– 691 (82.131, a,6); *rn nfr* des *P3-ḥ3rw-Ḫnzw*
– 706 (82.147, c,1; d); Beiname eines *Wsjr-wr*
– 707 (82.149, VS,4); Beiname eines *Ns-b3-nb-Ḏdt*

Ḥwt-Ḥr-m-3ḫt (fem.)
626 (82.57); 669 (82.102)

Ḥwn-m-3ḫt
100 (69.7); S.d. *Nfr-sḫt-ḥtp*

Ḥp-jwjw
53 (63.98, Z.4-5); *rn.f nfr P3-šrj-Ptḥ*

Ḥp-jrj-dj-s
62 (63.123, Z.4); S.d. *P3-dj-Wsjr-Wn-nfr*

Ḥp-mn
– 43 (63.72, Z.6)
– 55 (63.102, Z.8)
– 59 (63.114, Z.2); S.d. *Ns-b3-nb-ḏdt*
– 63 (63.125, Z.6)
– 122 (71.21)
– 636-43 (82.77); *rn.f nfr Ḫnzw-t3j.f-nḫt*

Ḥp-r-jwj(?)
59 (63.116, Z.2)

Ḥp-ḫwj.f
52 (63.97, Z.6); S.d. *Ḥr-wḏꜣ*

Ḥpt (fem.)
57 (63.106, Z.5)

Ḥr
– 41-2 (63.63, Z.6; 16; 63.64, Z.8); Senti; S.d. *Wḏꜣ-Ḥr-rsnt*
– 43 (63.72, Z.9)
– 60 (63.120, Z.2)
– 60 (63.120, Z.3); S.d. *Pꜣ-šrj-n-Ptḥ*
– 62 (63.124, Z.2); S.d. *Zmꜣ-tꜣwj-tꜣj.f-nḫt*
– 62 (63.124, Z.3); S.d. *Mjmj*
– 62 (63.124, Z.5)
– 62 (63.124, Z.8)
– 62 (63.125, Z.2)
– 62 (63.125, Z.3); S.d. *Zmꜣ-tꜣwj-tꜣj.f-nḫt*
– 100 (69.6); Beiname eines *Nj-kꜣ-Sbk(?)*
– 107 (69.21)
– 121 (71.19); S.d. *Pꜣ-wn*
– 122 (71.23)
– 151-2 (72.63, Z.10; 13); (72.64, So); S.d. *Ns-pꜣ-mꜣj*
– 448 (77.140, Z.1); S.d. *Psmṯk*
– 460-1 (77.162); S.d. *Pꜣ-di-Jmn-nswt-tꜣwj*
– 547 (80.14, Z.49); 556 (80.16, reS,7); S.d. *Ḏd-ḥr-pꜣ-šdj*
– 627-8 (82.60)
– 671-2 (82.106); S.d. *Jrt-Ḥr-r.w*
– 673 (82.108, Z.6)
– 690 (82.130, a,2); 3. AP
– 691 (82.131, VS,6); S.d. *Wꜣḥ-jb-Rꜥ*
– 697 (82.137)
– 708 (82.151); S.d. *Ḥr.s-n.f*
– 718 (82.169); S.d. *Mnṯw-m-ḥꜣt*
– 732-3 (82.186-187); S.d. *Nḫt-Ḥr-ḥbyt*

Ḥr-ꜣḫbjt
– 38 (63.51, Z.10); S.d. *Pꜣj.f-ṯꜣw-m-ꜥ-Bꜣstt*
– 39 (63.52, Z.5)
– 41 (63.63, Z.7); Senti
– 43 (63.72, Z.7)
– 45 (63.78, Z.8)
– 46 (63.80, Z.3); S.d. *Pꜣ-šrj-n-Ptḥ*
– 50 (63.87)
– 51 (63.93, Z.9)
– 113 (69.39, Z.6)
– 327 (75.158)
– 629 (82.64)
– 677-9 (82.113); S.d. *Ḥr-Wn-nfr*
– 733 (82.186); V.d. *Tꜣ-šrjt-Mnw*

Ḥr(.j)-r-Njtt(?)
46 (63.81, Z.3); S.d. *Pꜣ-dj-Bꜣstt*

Ḥr(.j)-ḥr(?)
44 (63.75, Z.5)

Ḥr-jrj-ꜥꜣ
– 37 (63.50, Z.7)
– 43 (63.72, Z.1); S.d. *ꜥnḫ-Psmṯk*
– 43 (63.72, Z.5)
– 43 (63.72, Z.8)
– 44 (63.75, Z.6); S.d. *Ḫnmw-nḫt*
– 44 (63.76, Z.2); *rn.f* [*nfr …-Ḥp*]
– 320-1 (75.131); V.d. *Pꜣ-dj-Njtt*
– 322 (75.133); Bruder d. *Pꜣ-dj-Njtt*
– 634-5 (82.75); S.d. *Pꜣ-šrj-(n-)tꜣ-jḥt*
– 636 (82.76)

Ḥr-jrj-r-sw (?) (*Jrj-Ḥr-r.s*[*n*] ?)
110 (69.31)

Ḥr-ꜥwj(?)
38 (63.51, Z.10)

Ḥr-ꜥn-wšbt
674 (82.109, Z.2)

Ḥr-Wn-nfr
– 678-9 (82.113, Z.3; 19); V.d. *Tꜣ-nt-Jmn*
– 679 (82.113, Z.19); V.d. *Ḥr-ꜣḫbjt* (derselbe?)

Ḥr-wḏꜣ
– 5 (62.7)
– 38 (63.51, Z.6)
– 40 (63.59-60); 65-66 (63.134-135); Senti
– 52 (63.97, Z.3); S.d. *Psmṯk*
– 52 (63.97, Z.5); S.d. *Psmṯk-m-m-P*
– 61 (63.122, Z2)
– 61 (63.122, Z.4); S.d. *Pꜣ-dj-ꜣst*
– 612-6 (82.39); Beiname eines *Jrj-Ḥr-wḏꜣ-n-nfw*
– 615 (82.39, Z.22); S.d. *Ḥr-nb-ꜥnḫ*
– 626 (82.56); *rn nfr* eines *Pꜣ-šrj-n-tꜣ-jḥt*
– 666-7 (82.99); S.d. *Šdt*

Ḥr-pꜣ-bjk
548 (80.14, Z.53); 556 (80.16, reS,9); S.d. *Ḏd-ḥr-pꜣ-šdj*

Ḥr.f-<r->Njtt (?)
627 (82.59)

Ḥr-m-ꜣḫt
– 43 (63.72, Z.6)

– 46 (63.80, Z.1): S.d. *Ns-Ptḥ*
– 46 (63.80, Z.2); S.d. *P3-šrj-n-Ptḥ*

Ḥr-m-m3ʿ-ḫrw
– 5 (62.5); S.d. *P3-šrj-jʿḥ*
– 50 (63.93, Z.2)
– 51 (63.93, Z.8[?])
– 111 (69.35)
– 619 (82.44, b; c)

Ḥr-m-[ḥb?]-ḥtp
59 (63.113, Z.2)

Ḥr-m-z3.f
– 76 (63.163, Z.16)
– 76 (63.163, Z.17)

Ḥr-n-P-t3j.s-nḫt (fem.)
64-5 (63.132, Z.1; 5; 133, Z.1; 3)

Ḥr-nb-ʿnḫ
– 608 (82.28)
– 614-5 (82.39, Z.29; Z.12; Z.22)

Ḥr-nfr
462-3 (77.163); S.d. *P3-hbj*

Ḥr-nḫt
– 53 (63.98, Z.2); S.d. *Ḥr-n-Ḥp*
– 113 (69.39, Z.11)
– 619 (82.43)

Ḥr-n-Ḥp
53 (63.98, Z.2); S.d. *Wsr-Ḥp*

Ḥr-n-t3-b3t
697-8 (82.137)

Ḥr-r.j (?)
598 (82.14, RS,1)

Ḥr-rsnt
673 (82.108, Z.6); S.d. *Ḥr*

Ḥr-ḥtp
608 (82.28)

Ḥr-z3-3st
– 46 (63.80, Z.2)
– 47 (63.82, Z.1); S.d. *ʿnḫ-Ššnq*
– 47 (63.82, Z.2); S.d. *Ḥrjj*
– 47 (63.82, Z.5; 9); S.d. *Psmṯk-m-3ḫt*
– 50 (63.88)
– 311 (75.116, RS,3); (75.117); 313 (75.120); 329 (75.169); Wezir, S.d. *Wn-nfr*
– 683 (82.119); S.d. *Ns-Mnw*

Ḥr-š3š3
104 (69.13)

Ḥr-[...]
106 (69.17, Z.6)

Ḥrjj
– 47 (63.82, Z.2); S.d. *ʿnḫ-Ššnq* (Wezir)
– 47 (63.82, Z.2); S.d. *ʿnḫ-Ššnq*
– 47 (63.82, Z.12)
– 51 (63.95, Z.3); 55-6 (63.103, VS,6; reS,6-7)
– 104 (69.13)
– 622 (82.50); S.d. *Jʿḥ-msjw-mn-m-ḥwt-ʿ3t*
– 626 (82.56)

Ḥrj-š.f-jrj-dj-s
107 (69.20); S.d. *P3-dj-štjt*

Ḥk3-jrj-ʿ3
– 51 (63.95, Z.4); *rn nfr* eines *Jʿḥ-msjw-mn-m-Jnb-ḥḏ*
– 56 (63.104, Z.8)
– 102 (69.10)

Ḥk3-jtj.f
60 (63.117, Z.4)

Ḥk3-m-z3.f
– 37 (63.50, Z.3); S.d. *Jrj.f-ʿ3-n-Ptḥ*
– 48 (63.84, oben; Z.2); S.d. *Jrj.f-ʿ3-n-Ptḥ*

Ḥtp-Jmn
– 319 (75.124, Z.14); V.d. *Nʿ.s*
– 718; 720 (82.170, a,1; d,7)

Ḥtp-Jmn-jtj.s (fem.)
636-41; 643 (82.77)

Ḥtp-B3stt (fem.)
62 (63.123, Z.3)

Ḫ3ʿ(.w)-sj-(n-)-B3stt (fem.)
552 (80.14, Z.172; 159)

Ḫ3ʿ.w-s(w)-n-3st (fem.)
619 (82.45)

Ḫ3ḫ (?)
68 (63.142, Z.1)

Ḫwjt (fem.)
550 (80.14, 107); 555 (80.16, liS,11); T.d. *Ḏd-ḥr-p3-šdj*

Ḫnzw-jrj-dj-s
– 48 (63.83, Z.10)

(*Ḫnzw-jrj-dj-s*)
– 104 (69.13, oben)
– 104 (69.13, unten, Kol.3)
– 104 (69.13, unten. Kol.5)
– 111 (69.34, Z.5)
– 725 (82.174); V.d. *ꜥnḫ-pꜣ-ḫrd*
– 725 (82.174); S.d. *ꜥnḫ-pꜣ-ḫrd*

Ḫnzw-jrj-dj-s (fem.)
684-6 (82.121-126)

Ḫnzw-(m-)wjꜣ(?)
722 (82.170, e,24)

Ḫnzw-tꜣj.f-nḫt
636-40 (82.77); *rn nfr* eines *Ḥpj-mn*

Ḫntj-Ḫtj-ḥtp
675 (82.110)

Ḫnm-jb-Rꜥ
710 -1 (82.154, b,5; 82.155, VS,9)

Ḫnm-jb-Rꜥ
– 54 (63.101, Z.2); S.d. *Psmṯk-zꜣ-Njtt*
– 70-1 (63.151-152); 75-9 (63.162-171)

Ḫnm-jb-Rꜥ-zꜣ-Ptḥ
– 53 (63.99, Z.3-4); *rn.f.nfr Nkꜣw*
– 56 (63.103, liS,6)

Ḫnmw-nḫt
– 44 (63.75, Z.5)
– 44 (63.75, Z.6)
– 57 (63.105, Z.3)

Ḥdb-Ḫnzw-r.w (> Šdb-Ḫnzw-r.w)
– 104 (69.12, Bildfeld, Z.2-3); V.d. *Pꜣ-n-Ḫmnw*
– 104 (69.12, Z.4); S.d. *Pꜣ-n-Ḫmnw*

Zꜣ-ꜣst
604 (82.22, So,RS,1)

Zꜣ-nfr
45 (63.78, Z.8)

Zꜣ-Sbk
644 (82.79); Beiname eines *Jrt-Ḥr-r.w*

Zꜣt-ꜣst (fem.)
61 (63.121, Z.9)

Zꜣt-Nbw (fem.)
102 (69.10)

Zꜣt-Nfrtm (fem.)
76-8 (63.163, Z.32; 164, Z.5; 165, Z.6; 166, Z.7; 167, Z.8; 170, Z.3)

Sbk-[…] (?)
598 (82.14, RS,1)

Zmꜣ-tꜣwj-jrj-dj-s (fem.)
43 (63.72, Z.9)

Zmꜣ-tꜣwj-tꜣj.f-nḫt
– 38 (63.51, Z.8 [<*nḫt*>])
– 50 (63.89)
– 51 (63.95, Z.6); 55 (63.103, VS,5-6)
– 55 (63.102, Z.2)
– 55 (63.102, Z.4); S.d. *Pꜣj.f-ṯꜣw-m-ꜥ-Ḫnzw*
– 55 (63.103, VS,2)
– 62 (63.124, Z.2); S.d. *Ḥr*
– 62 (63.124, Z.5); S.d. *Ḥr*
– 62 (63.124, Z.6); *rn ꜥꜣ* eines *Jꜥḥ-msjw*
– 62 (63.125, Z.1-2); S.d. *Ḥr*
– 63 (63.126, Z.1); S.d. *Ḏd-ḥr*
– 63 (63.126, Z.3-4); V.d. *ꜥnḫ-jrt-r.w*
– 63 (63.126, Z.4); V.d. *Ḏd-Ḥr-jw.f-ꜥnḫ*
– 667-8 (82.100); S.d. *Ḏd-Zmꜣ-tꜣwj-jw.f-ꜥnḫ*
– 668-9 (82.101); S.d. *ꜥnḫ-Zmꜣ-tꜣwj*

Sms (fem.)
465 (78.7, Z.2)

Smst (fem.)
604-5 (82.23); T.d. *Wꜣḥ-jb-Rꜥ-m-ꜣḫt*

Snb.f
– 61 (63.121, Z.7)
– 63 (63.127, Z.1); S.d. *Pꜣ-dj-s*(*w*)

Sr(?)
76 (63.163, Z.21)

Sr-jjw (?)
112 (69.38, Z.1)

Sr-Ḏḥwtj
717 (82.168); S.d. *Ns-Mnw*

Sḫmt-nfrt (fem.)
51 (63.95, Z.5); 55 (63.103, VS,4; 7)

Sṯꜣ-jrt-bjnt (fem.)
– 47 (63.82, Z.5; 10); T.d. *Ḏd-ḥr*
– 51 (63.95, Z.9); T.d. *Ḥrjj*
– 53 (63.98, Z.3-4); T.d. *Ḥp-jwjw*
– 54 (63.101, Z.3)
– 54 (63.101, Z.7)

– 56 (63.103, reS,4-5); T.d. *P3-ḥm-nṯr*
– 57 (63.107, Z.1; Z.3[?])
– 57 (63.108, Z.5); M.d. *ʿnḫ.f-n-Sḫmt*
– 104 (69.12, Z.5) (?)
– 106 (69.17, Z.9)
– 121 (71.19)
– 454 (77.148, Z.3)
– 610; 740 (82.33; 82.33a)
– 617 (82.40, Z.1)
– 675 (82.111)
– 731 (82.185)

Stjt (fem.)
– 103 (69.11)
– 607 (82.27)

Šbnw(?) (fem.)
670 (82.104)

Šb-Mnw
602-3 (82.20)

Šb-n-Spdt (fem.)
– 41-2 (63.63, Z.7; 63.64, Z.4); Fr.d. *Wḏ3-Ḥr-rsnt*
– 41 (63.63, Z.14)

Šp-n-B3stt (fem.)
111 (69.34, Z.5)

Šps-jrj-dj-s
326 (75.155); 449-51 (77.141)

Šnt3yt (fem.)
605 (82.24); s. *T3(-nt)-Šnt3yt*

Ššnq
– 692-4 (82.132)
– 739 (77.149a); V.d. *Psmṯk*

Šdt (fem.)
– 324-6 (75.149-150; 152); M.d. *Wn.nfr*
– 666-7 (82.99)

Šdj-Nfrtm
– 38 (63.51, Z.5); S.d. *Ns-m3ʿt*
– 38 (63.51, Z.7)
– 46 (63.80, Z.3); S.d. *P3-šrj-n-Ptḥ*
– 66 (63.137, Z.3)

Šdj-sw-Nfrtm
636 (82.76); S.d. *Ḥr-jrj-ʿ3*

Qnḏw (fem.)
79 (63.173); 90 (66.22); 91 (66.24)

K3-nfrw
– 59 (63.116, Z.5)
– 76 (63.163, Z.31)

K3p.f-(n-)ḥ3-Mnṯw
– 109 (69.30, Z.4)
– 571 (81.24, Z.25-6)
– 702 (82.143); 704 (82.145); S.d. *Jmn-m-jpt*
– 705 (82.146, a,5; b,2)

K3p.f-(n)-ḥ3-Ḫnzw
– 696 (82.135); S.d. *Ḏd-ḥr*
– 710-2 (82.154-156); S.d. *Ḫnm-jb-Rʿ*
– 712 (82.156); S.d. *ʿnḫ-p3-ḫrd*

Krwṯ (fem.)
– 461 (77.162); Fr.d. *Ḥr*
– 728 (82.180) [= *Ns-Ḫnzw*]

Kr-hbj (fem.)
462 (77.163, Z.5)

Gmj-n.f-Ḥr-b3k
– 107 (69.20); S.d. *Ḥrj-š.f-jrj-dj-s*
– 599 (82.16); S.d. *P3-dj-3st*

Gmj-n-[…]
618 (82.42, Z.1)

Gmj-Ḥp
– 654 (82.91); S.d. *Ṯ3j-Jnj-ḥrt-jm.w*
– 736 (82.194)

T3 (fem.)
608 (82.28)

T3-j[…] (fem.)
59 (63.112, Z.3)

T3-jrt-r.w (fem.)
– 62 (63.124, Z.4); Fr.d.*Ptḥ-m-m3ʿ-ḫrw*
– 62 (63.124, Z.6)
– 62 (63.124, Z.8)
– 66 (63.137, Z.4)
– 122 (71.20, Z.4)

T3-jrj.tw-r.w (fem.)
60 (63.119, Z.3-4)

T3-ʿ3(t)-n-p3… (?) (fem.)
60 (63.117, Z.4)

T3-w3ḥ-Wsjr (fem.)
68 (63.142, Z.3)

T3-wnšt (fem.)
439 (77.122)

T3-wh3 (fem.)
632 (82.70, RS,3); T.d. *Nfr-jb-Rˁ*

T3-whr(t) (fem.)
– 696 (82.136)
– 734-5 (82.189)

T3-wkš (fem.)
463 (77.163); Fr.d. *Ḥr-nfr*

T3-(w)d3(t) (?) (fem.)
116 (70.4)

T3-pnw(t)(?) (fem.)
104 (69.12, Z.3)

T3-nfr(t) (fem.)
672 (82.106, Z.16)

T3-(nt-)J3t (fem.)
686-7 (82.127-128); T.d. *Wsjr-wr*

T3-(nt-)Jmn (fem.)
– 446 (77.134, Z.22)
– 452 (77.145, Z.2)
– 629 (82.64)
– 654 (82.91)
– 677-9 (82.113)
– 721 (82.170, e,16-7); Ehefrau des *P3-šrj-(n-)t3-jswt*

T3-(nt-)Jmn-nb-nswt-t3wj (fem.)
– 680 (82.114, liS,3-4; 115, VS,7)
– 701 (82.142)
– 715 (82.163, Z.4)

T3-(nt-)Jḥt (?) (fem.)
627 (82.59)

T3-(nt-)b3-ˁnpt (fem.)
653 (82.90)

T3-(nt-)n3-hbw (fem.)
– 703 (82.144, e)
– 705 (82.146, a,6)

T3-(nt-)nfr-ḥr (fem.)
– 61 (63.122, Z.5[?])
– 105 (69.14)
– 548; 550 (80.14, Z.71; 119-20); 555 (80.16, liS,16)

T3-nt-Nfrtm (fem.)
54 (63.100, Z.4-5); T.d. *ˁnḫ.f-n-Sḫmt*

T3-nt-ḥwt-nbw (fem.)
381 (77.42, Z.87)

T3-nt-Ḥp (fem.)
439 (77.122); Beiname einer *T3-wnšt*

T3-(nt-)Ḥr (fem.)
– 555 (80.16, liS,18; 19)
– 608 (82.28)

T3-(nt-)ḥr-nt(?) (fem.)
45 (63.78, Z.9)

T3-(nt-)Šnt3yt(?) (fem.)
605 (82.24)

T3-(nt-)Km(t?) (fem.)
656 (82.94)

T3-(nt-)ktm (fem.)
455 (77.150)

T3-rmṯ(t)-B3stt (fem.)
– 52 (63.97, Z.4)
– 691 (82.131, VS,6)

T3-r… (?) (fem.)
46 (63.80, Z.3)

T3-hntt (?) (fem.)
61 (63.122, Z.3)

T3-ḥnwt (fem.)
57 (63.105, Z.4)

T3-ḫ3ˁ.w (fem.)
– 628 (82.60, Z.3)
– 736 (82.194)

T3-ḫ3bs (fem.)
709 (82.153, Z.3)

T3-ḫy-bj3t (fem.)
– 556 (80.18, Z.3); 558 (80.19, RS,2); M.d. *ˁnḫ-p3-ḫrd*
– 723 (82.172, liS); Fr. des *P3-ḫ3rw-Ḫnzw*

T3-ḫwtj (fem.)
458 (77.159)

T3-ḫm-bs (fem.)
702 (82.143, c)

Tꜣ-st (=*Tꜣ-dj-Wsjr*) (fem.)
675 (82.111, oben; Z.6)

Tꜣ-zꜣ-n-ꜥnḫ (fem.)
651 (82.88)

Tꜣ-šjdd (*Tꜣ-šꜣdyd?*) (fem.)
628 (82.61)

Tꜣ-šmst (fem.)
440-4 (77.123-124)

Tꜣ-šrjt-n-ꜣst (fem.)
– 99 (69.3)
– 107 (69.21)
– 679-80 (82.114)

<Tꜣ->šrjt-n-ꜥnḫ (fem.)
59 (63.114, Z.4)

Tꜣ-šrjt-(n-)pꜣ-šꜣwꜣ (fem.)
45-6 (63.79, Z.3; 5; 7)

Tꜣ-šrjt-(n-)Ptḥ (fem.)
674 (82.109, Z.2)

Tꜣ-šrjt(-n-)Mnw (fem.)
– 109 (69.30)
– 702 (82.143, Z.3); Fr.d. *Jmn-m-jpt*
– 703-4 (82.144-145); Fr.d. *Kꜣp.f-ḥꜣ-Mnṯw*
– 712 (82.157, RS,2)
– 732-3 (82.186-187); Fr.d. *Ḥr*

Tꜣ-šrjt-(n-)Mḥjt (fem.)
673 (82.108)

Tꜣ-šrjt-(n-)Ḫnzw (fem.)
– 713 (82.158-159)
– 732 (82.186); Fr.d. *Nḫt-Ḥr-ḥbyt*
– 733 (82.186); M.d. *Ḥr*
– 733 (82.186); T.d. *Ḥr*

Tꜣ-šrjt-n-tꜣ-jḥt (fem.)
– 39 (63.57, Z.3) (*Tꜣ-šrjt-jḥt*)
– 48 (63.84, Z.7)
– 51 (63.93, Z.7)
– 311 (75.117, Z.x+10); 329 (75.169, RS,2); M.d. *Ḥr-zꜣ-ꜣst*
– 545; 547-9; 551 (80.14, Z.9; 48; 73; 75; 91; 122; 154; 143-4); 553 (80.15, Z.3); 553-4; 556 (80.16,oben [2x]; VS,10; liS,8; reS,6); M.d. *Ḏd-ḥr-pꜣ-šdj*
– 550 (80.14, Z.102); 555 (80.16, liS,9); T.d. *Ḏd-ḥr-pꜣ-šdj*
– 572 (81.25, Z.23); *ḏd.tw n.s Jrj.tw-r.w*; M.d. *Ns-Mnw*
– 634 (82.74)
– 644 (82.79)
– 645-6 (82.85)
– 690 (82.130, b,rechts)

Tꜣ-šrjt-n-tꜣ-jswt (fem.)
550 (80.14, Z.112); 555 (80.16, liS,13)

Tꜣ-šrjt-(n-tꜣ-)qrjt (alias *Njtt-jjtj*) (fem.)
320 (75.131, Z.4; 5); 322 (75.133); M.d. *Pꜣ-dj-Njtt*

Tꜣ-šrjt-[...] (fem.)
– 39 (63.52, Z.8)
– 59 (63.116, Z.2)
– 100 (69.7)
– 696 (82.135)

Tꜣ-kꜣp(t) (fem.)
– 47 (63.82, Z.3)
– 55 (63.102, Z.2)
– 58 (63.111, Z.4)

Tꜣ-kꜣp(t)n-ꜣḫbjt (fem.)
– 40 (63.58, Z.1)
– 50 (63.92); T.d. *Pꜣj.f-ṯꜣw-<m-ꜥ->Ḫnzw*

Tꜣ-kr-hbw (fem.)
705 (82.146, d,2)

Tꜣ-krs (fem.)
46 (63.80, Z.2)

Tꜣ-gmt (fem.)
611 (82.34, Z.3)

Tꜣ-gmj-i.ir-ꜣst (fem.)
633 (82.72)

Tꜣ-gmj.s (fem.)
104 (69.12)

Tꜣ-tj… (fem.)
599 (82.15)

Tꜣ-dj-ꜣst (fem.)
682-3 (82.117-119)

Tꜣ-dj-ꜣst-ꜥnḫ (fem.)
111 (69.34)

Tꜣ-dj-Jj-m-ḥtp (fem.)
627 (82.59)

T3-dj-Wsjr (fem.)
675 (82.111, Z.4); M.d. *Jrt-Ḥr-r.w* (vgl. *T3-st*)

T3-dj-Nwt(?)(fem.)
725 (82.174)

T3-dj-nbt-hn (fem.)
612-3 (82.39)

T3-dj-Nfr-ḥtp (fem.)
463 (77.163); T.d. *Ḥr-nfr*

T3-dj-rjj/wjj (fem.)
700-701 (82.141, VS,8; So,liS)

T3-ḏwtjrw (??) (fem.)
43 (63.72, Z.8)

T3-[...]*bt* (fem.)
59 (63.115, Z.3)

T3j-ḥzjt (fem.)
547-50 (80.14, Z.52; 56; 60; 64; 68; 69; 96; 101; 105-6; 110-1; 116; 117); 555-6 (80.16, liS,10; 12; 14; 15; reS,8; 10; 12; 14; 16; 18; 20); Fr.d. *Ḏd-ḥr-p3-šdj*

T3j.f-nḫt
597 (82.13)

T3j.s-3(*t*) (??) (fem.)
107 (69.20)

T3j.s-nḫt (fem.)
– 66 (63.134, RS,2)
– 607-8 (82.28)

T3j.s-[...] (fem.)
61 (63.121, Z.7-8)

Tf3 (fem.)
41 (63.63, Z.13)

Tfnt (fem.)
437-9 (77.120-122)

Ṯ3-nfr
– 38 (63.51, Z.5)
– 623 (82.51)
– 623 (82.52)
– 684 (82.121-122); S.d. *Ns-p3-mdw*
– 687; 689 (82.129, VS,2; RS,2)

Ṯ3-n-hbw
– 76 (63.163, Z.11)
– 76 (63.163, Z.13)
– 76 (63.163, Z.14)
– 76 (63.163, Z.15)

Ṯ3-nḫt
– 677-9 (82.113); S.d. *Ḥr-3ḫbjt*

Ṯ3j-3st-n-jm.w
316-7 (75.123)

Ṯ3j-Jnj-ḥrt-jm.w
– 647-8 (82.86)
– 654 (82.91)

Ṯ3j-ʿn-m-ḥr-jm.w
– 312 (75.119, Z.1)
– 609 (82.30, Z.1)
– 609 (82.31, Z.3); S.d. *ʿnḫ-Ḥpj*
– 610 (82.33); *rn nfr* eines *P3j.f-ṯ3w-(m-ʿ-)Jmn*
– 612-3; 615 (82.39); V.d. *Jrj-Ḥr-wḏ3-n-nfw*

Ṯ3j-Ḥp-jm.w
– 62 (63.124, Z.7); *rn ʿ3* eines *P3-wn*
– 644; 740 (82.81-82)
– 736 (82.194); S.d. *Gmj-Ḥp*

Ṯ3j-Ḥr-p3-t3
– [436 (77.119)]; 437-9 (77.120-122); 451 (77.143); 458 (77.158); Senti; S.d. *ʿnḫ-Ḥpj*
– 634 (82.74)

Ṯḥn(*t*) (fem.)
647-50 (82.86-87)

Ṯz-3st... (fem.)
59 (63.113, Z.3)

Ṯz-Pp-prt (fem.)
624 (82.53)

Ṯz-Mḥjt-prt (fem.)
632 (82.70, RS,3)

Dj-Jmn-ṯ3w (fem.)
627 (82.58)

Dj-Ptḥ-j3w
– 38 (63.51, Z.7)
– 56 (63.103, reS,2)
– 58 (63.110; Bildfeld, 1; Z.1); S.d. *P3-dj-3st*
– 58 (63.110, Z.2)
– 58 (63.111, Z.2-3); S.d. *ʿnḫ-Wn-nfr*

Dj-Ḥr-ḥ3w (fem.)
444 (77.126)

Dj-sj-ȝst (fem.)
687; 689 (82.129, VS,2; RS,2)

Dj-sj-Jmnt (fem.)
708 (82.151-152)

Dwn-sw-pȝ-nfr
552 (80.14, Z.172; 159)

Ḏḥwtj-jrj-dj-s
449-51 (77.141-142); 452 (77.144); Senti, S.d. *Šps-jrj-dj-s*

Ḏd-Bȝstt-jw.f-ꜥnḫ
– 322-3 (75.135-136); 324-5 (75.149-150); V.d. *Wn nfr*
– 63 (63.128); S.d. *Pȝ-dj-ȝst*

Ḏd-Bȝstt-jw.s-ꜥnḫ (fem.)
– 61 (63.120, Z.5)
– 670 (82.105)

Ḏd-Bȝstt-m-jrj-thj.f
57 (63.106, Z.2)

Ḏd-Ptḥ
62 (63.124, Bildfeld)

Ḏd-Ptḥ-jw.f-ꜥnḫ
– 37 (63.50, Z.4); S.d. *Jrj.f-ꜥȝ-n-Ptḥ*
– 37 (63.50, Z.5)
– 37 (63.50, Z.6); S.d. *Ḥkȝ-m-zȝ.f*
– 43 (63.72, Z.3[?])
– 44 63.75, Z.1-2); S.d. *Jmn-m-zȝ.f*
– 44 (63.75, Z.2-3); S.d. *Jmn-m-zȝ.f*
– 44 (63.75, Z.3); S.d. *Ḥr(.j)-ḥr*(?)
– 46 (63.79, Z.6); S.d. *Nfr-jb-Rꜥ-mrjj-Ptḥ*
– 48 (63.84, Bildfeld, 1; Z.2); S.d. *Ḥkȝ-m-zȝ.f*
– 48 (63.84, Z.6); S.d. *Jrj.f-ꜥȝ-n-Ptḥ*
– 59 (63.116, Z.3-4)
– 108 (69.24); S.d. *Nfr-rnpt*
– 633 (82.72-73)

Ḏd-Ḥr-jw.f-ꜥnḫ
– 63 (63.126, Z.4); S.d. *Zmȝ-tȝwj-tȝj.f-nḫt*
– 112 (69.38)
– 607 (82.28); S.d. *Mrj-Ḥr-jtj.f*

Ḏd-ḥr
– 43 (63.72, Z.7)
– 47 (63.82, Z.5); S.d. *Psmṯk-m-ȝḫt*
– 47 (63.82, Z.6; 10)
– 47 (63.82, Z.11)
– 47 (63.82, Z.15)
– 63 (63.126, Z.1); S.d. *Ḏd-ḥr-jw.f-ꜥnḫ*
– 91 (66.24); Beiname des *ȝrywrtȝ* (Ariyawrata)
– 123 (71.26)
– 315 (75.122); S.d. *Pȝ-šrj-ȝst*
– 326 (75.155); V.d. *Šps-jrj-dj-s*
– 439 (77.122); *rn nfr* eines *Pȝ-wn-ḥȝt.f*
– 547; 549; 551 (80.14, Z.48; 90; 154); 553 (80.15, Z.3); 553-4 (80.16,oben [2x]; VS,9); V.d. *Ḏd-ḥr-pȝ-šdj*
– 555 (80.16, liS,20)
– 598 (82.14, RS,3); S.d. ***Ḥr-r.j*** *Ḥr-rꜥ ??*
– 598-9 (82.15)
– 608 (82.28); V.d. *Psmṯk*
– 608 (82.28); Beiname *Jj-m-[ḥtp]*
– 627 (82.58); S.d.*Wn-nfr*
– 636 (82.76); S.d. *Ḥr-jrj-ꜥȝ*
– 644-5 (82.83-84); S.d. *ꜥnḫ.f-n-Sḫmt*
– 645-6 (82.85); S.d. *Pȝ-dj-Ḥkȝ*
– 654-5 (82.92-93); S.d. *Jꜥḥ-msjw*
– 657-63 (82.96); S.d. *Pȝ-dj-(pȝ-)mnḫ(-jb)*
– 670 (82.105)
– 672-3 (82.108); S.d. *Ns-Mnw*
– 674-5 (82.110); S.d. *Ḫntj-Ḫtj-ḥtp*
– 684-5 (82.123-124); S.d. *Ns-pȝ-mdw*
– 687-9 (82.129); S.d. *Ṯȝ-nfr*
– 690 (82.130, b,rechts); S.d. *Pȝ-di-Jmn-nswt-tȝwj*
– 696 (82.135)
– 724 (82.173)
– 730 (82.185); S.d. *Pȝ-dj-Jmn-nb-nswt-tȝwj*

Ḏd-ḥr-jw.f-ꜥnḫ
63 (63.126, Z.2)

Ḏd-ḥr(-pȝ-šdj)
545; 547-51 (80.14, Z.9; 47; 73; 52; 60; 64; 68; 75; 90; 122; 95; 100; 105; 110; 115-6; 126-7; 154; 143); 553 (80.15, Z.3); 553-6 (80.16,oben [2x]; VS,9; liS,8; 10; 12; 14; 18; reS,6; 7; 10; 12; 14; 16; 18; 20);

Ḏd-ḥr-pȝ-jsw
548 (80.14, Z.57); 556 (80.16, reS,11); S.d. *Ḏd-ḥr-pȝ-šdj*

Ḏd-ḥr-pȝ-jšr
549 (80.14, Z.97); 556 (80.16, reS,19); S.d. *Ḏd-ḥr-pȝ-šdj*

Ḏd-ḥr-pȝ-bjk
548 (80.14, Z.65); 556 (80.16, reS,15) S.d. *Ḏd-ḥr-pȝ-šdj*

Ḏd-ḥr-pȝ-nb-jḫt
549 (80.14, Z.92); 556 (80.16, reS,17); S.d. *Ḏd-ḥr-pȝ-šdj*

Ḏd-Ḥr-Bs
104-5 (69.14); S.d. *ꜣrtm*

Ḏd-Ḫnzw (fem.)
713 (82.160)

Ḏd-Ḫnzw-jw.f-ꜥnḫ
– 664 (82.97)
– 681 (82.116); S.d. *Jw.f-ꜥꜣ*
– 731 (82.184)

Ḏd-Zmꜣ-tꜣwj-jw.f-ꜥnḫ
667 (82.100)

[…]*b-Njtt*
100 (69.4)

[…]*-m-ꜣḫt*
122 (71.20, Z.9)

[…]*-Ḥp*
44 (63.76, Z.3)

[…]*-ḥr*
45 (63.77, Z.1-2); S.d. *Pꜣ-šrj(-n)-Ptḥ*

[…]*-ḥtp*
50 (63.93, Z.2)

[…]*-m-ḥtp*
43 (63.72, Z.7)

4. Regierungsjahre chronologisch

26.5 Amasis

27 [544]	2 (61.2, Z.8)
28 [543]	3 (61.8, Anm.)
37 [534] (2. *3ḫt*, 14)	67 (63.138)

27.1 Kambyses

2 [528] (2. *3ḫt*)	3 (61.7, Z.8)
5 [525] (1. *prt*; 29)	17 (63.11, Z.9)
5 (2. *prt*, 16; 20; 22; 24; 25; 27; 28)	2 (61.6)
5 (3. *prt*, 1; 11; 17; 29)	2 (61.6)
5 (4. *prt*, 24; 26-29)	2 (61.6)
5. (1. *šmw*, 1-2; 12-14; 16-17)	2 (61.6)
6 [524]	3 (61.9); 85 (65.15)
6 (3. *prt*, 13; 21; 27)	3 (61.9)
6 (4. *prt*, 1; 3; 5; 7-9)	3 (61.9)
6 (3. *šmw*)	1 (61.2, Z.1)
7 [523] (2. *prt*)	3 (61.9)
7 (4. *prt*)	3 (61.7, Z.6-7)
8 [522]	3 (61.7-8)
8 (4. *3ḫt*) [522]	3 (61.7)

27.2 Petubastis Seheribre (III./IV.)

1 (4. *3ḫt*, 6; 17)	5 (62.6)

27.3 Darius I.

3 [519]	74 (63.159)
4 [518]	39 (63.53-54)
4 (1. *šmw*, 3)	37-8 (63.50-51)
4 (1.[?] *šmw*, 4)	39 (63.55)
4 (1. *šmw*, [4])	17 (63.11, Z.8)
4 (3. *šmw*, 13)	17 (63.11, Z.1)
4 (<3.>(?) *šmw*, 13)	38 (63.52)
5 [517] (3. *3ḫt*)	71 (63.153, Nr.4-6)
5 (3. *šmw*)	71 (63.153, Nr.3)
5 (4. *šmw*)	71 (63.153, Nr.7)
6 [516] (1. *3ḫt*)	71-2 (63.153, Nr.8)
9 [513] (1. *3ḫt*, 5[?])	67 (63.141)
9 (3. *prt*)	68 (63.144)
9 (3. *šmw*)	72 (63.154 [3076])
10 [512] (1. *3ḫt*)	67 (63.139)
10 (2. *3ḫt*)	72 (63.153, Nr.9)
10 (3. *prt*)	75 (63.161 [23594])
11 [511]	68 (63.146)
11 (4. *prt*)	67 (63.139)
12 [510] (2. *3ḫt*)	72 (63.153, Nr.10)
12 (1. *šmw*)	67 (63.139)
12 (4. *šmw*)	75 (63.161 [10150])
15 [507]	64 (63.130)
15 (2. *3ḫt*, 11[?])	37 (63.48)
15 (4. *prt*)	72 (63.153, Nr.11)
15 (4. *prt*, 6)	68 (63.145)
16 [506] (2. *prt*)	72 (63.153, Nr.12)
17 [505]	68 (63.146)
17 (2. *3ḫt*)	67 (63.140)
18 [504] (4. *prt*, 14)	79 (63.175)
18 (2. *šmw*, 5)	73 (63.157)
19 [503] (3. *3ḫt*)	75 (63.161 [23698])
20 [502] (1. *3ḫt*)	73 (63.155 [Loeb 68])
20 (1. *prt*, 28-29)	67 (63.140)
20 (3. *prt*)	68 (63.146)
20 (2. […]	74 (63.158 [3523])
20 (3. *šmw*)	74 (63.158 [3525a])
21 [501] oder 22 [500]	67 (63.140)
22 [500] (4. *šmw*)	37 (63.49)
23 [499] (4. *prt*[?])	74 (63.158 [3525b/c])
24 [498]	72 (63.153, Nr.13)

(Darius I.)

24 (4. *ꜣḫt*)	73 (63.155 [9293])
24 (3. *prt*, 6)	74 (63.160 [13536])
24 (3. *šmw*, 22)	69 (63.147)
24(??)	13 (63.6, Z.22)
25 [497] (3. *ꜣḫt*, 1)	69 (63.149)
25 (1. *šmw*, 29)	73 (63.156)
25 (2. *šmw*, 10)	73 (63.156)
25 (2. *šmw*)	72 (63.153, Nr.14)
25 (3. *šmw*)	69 (63.150)
26 [496]	79 (63.172)
26 (3. *prt*)	68 (63.143)
26 (2. *šmw*, 10)	75 (63.162)
26 (4. *šmw*)	77 (63.164)
27 [495] (3. *ꜣḫt*)	71 (63.152); 77 (63.165)
27 (4. *prt*, 13)	77 (63.166)
28 [494] (4. *ꜣḫt*)	72 (63.153, Nr.15)
28 (1. *šmw*, 11)	78 (63.167)
28 (4. *šmw*)	79 (63.176)
29 [493] (2. *prt*)	79 (63.176)
30 [492] (1. *ꜣḫt*)	73 (63.154 [3078])
30 (3. *ꜣḫt*, 27)	74 (63.160 [23593])
30 (4. *ꜣḫt*, 29)	74 (63.160 [13540])
30 (1. *prt*, 14)	74 (63.160 [23584])
30 (2. *prt*, 16)	75 (63.161 [13572])
30 (4. *prt*)	78 (63.170)
30 (4. *prt*, 15)	78 (63.169)
31 [491]	42-3 (63.66-69);
31 (1. *ꜣḫt*)	73 (63.154 [10449])
31 (1. *ꜣḫt*, 2)	74 (63.160 [13539])
31(?) (2. *ꜣḫt*, 30)	67 (63.140)
31 (3. *ꜣḫt*)	43 (63.70)
31 (2. *šmw*)	72 (63.153, Nr.16); 73 (63.155)
31 (3. *šmw*, 18)	43 (63.71)
33 [489]	26 (63.26-27)
33 (2. *ꜣḫt*, 28)	67 (63.138)
[33] (4. *ꜣḫt*, 21)	67 (63.138)
33 (2. *prt*, 6)	66 (63.137)
33 (4. *prt*)	73 (63.154 [3079])
[33] (4. *prt*, 25)	67 (63.138)
33 (3. *šmw*)	69 (63.150)
[33] (3. *šmw*, 10)	67 (63.138)
34 [488]	16 (63.10); 26 (63.28); 45 (63.77); 46 (63.79-81); 48 (63.84); 50 (63.87-89); (63.91 [3x]); 57 (63.106); 67 (63.139)
34 (1. *prt*)	48 (63.83); 50 (63.91)
34 (2. *prt*; 11)	17 (63.12, Z.1); 44 (63.76); 49 (63.85); 50 (63.90)
34 (2. *šmw*)	73 (63.154 [3077])
34 (3. *šmw*)	69 (63.150)
31 oder 34	44 (64.73-75)
31 oder 34 (1. *prt*)	44 (63.72)
35 [487] (2. *ꜣḫt*)	73 (63.155 [3110])
35 (2./3. *ꜣḫt*)	69 (63.148)
35 (3. *prt*)	69 (63.150); 72 (63.153, Nr.17)
35 (4. *prt*)	69-70 (63.150[2x]); 75 (63.161 [13582])
35 (2. *šmw*)	70 (63.150)
36 [486]	27 (63.32); 79 (63.173); 85 (65.15); 85 (65.17)
36 (2. *šmw*, 17)	75 (63.160 [Loeb 1])
Reste	26 (63.29); 44 (63.75), 47 (63.82); 49 (63.86); 51 (63.93; 95)

27.4 Psametik IV.

[2] (3. *ꜣḫt*)	80 (64.3)
2 (4. *ꜣḫt*)	80 (64.2)
2 (1. *prt*)	80 (64.1)

27.5 Xerxes I.

2 [484]	81 (65.1 [2x])
2 (1. *ꜣḫt*, 19)	84 (65.12)
3 [483] (1. *prt*)	85 (65.18)
4 [482] (2. *prt*)	84 (65.11)
5 [481]	81 (65.1)
6 [480]	84 (65.13)
6 (3. *prt*)	85 (65.18)
10 [476]	84 (65.14)
12 [474]	85 (65.15-16)
13 [473]	85 (65.17)

27.6 Artaxerxes I.

2(?) […), 24	89 (66.16)
5 [460]	90 (66.22)
5 (2. *ꜣḫt*)	90 (66.21)
16 [449]	91 (66.23-24)
17 [448]	91 (66.24)
21 [444] (3. *prt*)	92 (66.26)
21 (2. *šmw*)	92 (66.26)
22 [443] (4. *šmw*)	92 (66.26)
24 [441] (4. *ꜣḫt*, 18)	92 (66.26)
24 (4. *šmw*, 2)	92 (66.26)
25 [440] (3. *šmw*)	92 (66.26)
25 4. [...]	92 (66.26)
26 [439] (3. *ꜣḫt*, 9)	92 (66.26)
26 (4. *ꜣḫt*)	92 (66.26)
26 (2. *šmw*)	92 (66.26)
27 [438] (4. *ꜣḫt*, 20[+])	92 (66.26)
27 (1. *prt*)	92 (66.26)
27 (2. *šmw*)	92 (66.26)
28 [437]	92 (66.26)
28 (3. *šmw*)	92 (66.26)
29 [437/6] (1. *ꜣḫt*)	92 (66.26)
29 [436] (3. *ꜣḫt*)	92 (66.26)
29 (4. *prt*, 30)	92 (66.26)
30 [435] (2. *ꜣḫt*, 16)	89 (66.17)
30 (3. *prt*)	92 (66.26)
30 (4. *šmw*)	92 (66.26)
30	92 (66.26)
31 [435/434] (1. *ꜣḫt*)	92 (66.26 [2x])
33 [432] (2. *prt*)	92 (66.26)
[3]3 (2. *prt*)	92 (66.26)
34 [431]	89 (66.17)
34 [...]	93 (66.26)
34 (3. *prt*, 30)	92 (66.26)
35 [430] (1. *prt*)	93 (66.26)
35 (4. *prt*)	93 (66.26)
35 (4. *šmw*)	89 (66.17)
36 [429]	93 (66.28)
36 (2. *ꜣḫt*, 20)	89 (66.17)
36 (1. *šmw*)	93 (66.26)
36 (4. *šmw*)	93 (66.26)
37 [428] (1. *prt*)	93 (66.26)
38 [427] (1. *prt*)	93 (66.26)
39 [426] (3. *prt*)	93 (66.26 [2x])
40 [425] (4. *prt*)	93 (66.26)
40 (3. [...])	93 (66.26)
41 [424] (4. *prt*)	93 (66.26)
41 (2. *šmw*)	93 (66.26)
20 [+x] (4. *šmw*)	93 (66.26)
20 [+x]	93 (66.26)

27.6a Inaros

2 (1. *prt*)	93 (66.27)

27.7 Darius II.

2 [422]	94 (67.1)
2 (1. *prt*)	94 (67.2)
2 (2. *prt*)	94 (67.2)
3 [421] (2. *prt*, 8)	94 (67.2)
3 (4. *prt*)	94 (67.2)

(Darius II.)

4 [420] (2. *prt*)	94 (67.2)
4 (4. *prt*)	95 (67.2)
5 [419] (2. *ꜣḫt*)	95 (67.2)
6 [418] (2. *prt*)	95 (67.2)
7 [417] (4. *prt*)	95 (67.2)
7 (4. *šmw*)	95 (67.2)
8 [416]	94 (67.1)
8 (3. *ꜣḫt*)	95 (67.2)
9 [415] (3. *prt*, 5)	95 (67.2)
10 [414] (3. *ꜣḫt*)	95 (67.2)
10 (4. *prt*)	95 (67.2 [2x])
10 (3. *šmw*)	95 (67.2)
11 [413]	94 (67.1, Anm.)
11 (3. *ꜣḫt*)	95 (67.2)
12 [412]	94 [Elephantine]
12 (1. *prt*)	95 (67.2)
12 (1. *šmw*)	95 (67.2)
12 (4. *šmw*)	95 (67.2)
13 [412/411] (1. *ꜣḫt*)	95 (67.2)
13 [411] (3. *prt*)	95 (67.2)
13 (3. *šmw*)	95 (67.2 [2x])
14 [410] (4. *ꜣḫt*)	95 (67.2)
14 (2. *prt*)	95 (67.2)
14 (4. *šmw*)	95 (67.2 [2x])
15 [409] (4. *šmw*)	95 (67.2)
15 (4. *šmw*, 3)	95 (67.2)
16 [408] (2. *ꜣḫt*)	95 (67.2)
16 (4. *prt*)	95 (67.2)
16 (3. *šmw*)	95 (67.2)
16 (4. *šmw*)	95 (67.2)
16 (4. [...])	95 (67.2)
17 [407] (2. *ꜣḫt*)	95 (67.2)
17 (1. *prt*)	95-6 (67.2 [3x])
17 (1. *šmw*)	96 (67.2 [2x])
18 [406] (4. *prt*)	96 (67.2 [5x])
18 (4. *šmw*)	96 (67.2)
18 (3./4. [...])	96 (67.2)
19 [406/405]	94 [Edfu]
19 [405] (4. *ꜣḫt*)	96 (67.2)
10[+x] (2. *prt*)	96 (67.2)

27.8 Artaxerxes II.

3 [402] (1. *šmw*)	97 (68.1)
4 [401] (4. *ꜣḫt*)	97 (68.1)
4 (1. *prt*)	97 (68.1)
4 (2. *prt*)	97 (68.1)
5 [400] (1. *prt*)	97 (68.1)

27.0 nicht identifizierte Könige

17 (3. *prt*, 13)	105 (69.15)
20	109 (69.28)
21	109 (69.28)
33 (4. *prt*, 8)	108 (69.28)
36	108 (69.28)

28.1 Amyrtaios / Psametik

5	115 (70.3)
5 (2. *ꜣḫt*)	115 (70.1)
5 (4. *prt*)	116 (70.3)
6 (3. *prt*)	116 (70.3)

29.1 Nepherites I.

2	122-3 (71.23-25)
2 (4. *šmw*, 20)	122 (71.21-22)
3 (4. *ꜣḫt*)	123 (71.26)
4 (4. *prt*)	123 (71.27)
4 (4. *šmw*)	123 (71.28)
5 (4. *prt*)	123 (71.27)
5 (4. *šmw*, 20)	123 (71.27)
6 (3. *ꜣḫt*)	123 (71.27)
6 (1. *prt*)	123 (71.27 [2x])

6 (4. *prt*)	123 (71.27 [3x])
7 (2. *prt*)	123 (71.27)
7 (1. *šmw*)	123 (71.27)

29.2 Hakoris

A (ohne Zusatz *wḥm-ḫꜥw*)

1	150 (72.54)
1 (2. *šmw*)	153 (72.67)
2	150 (72.54)
2 (1. *prt*)	150 (72.55-56); 153 (72.67 [2x])
2 (2. *prt*)	153 (72.67)
2 (2. *šmw*, 21)	154 (72.67)
3 (1. *ꜣḫt*)	154 (72.67)
3 (3. *šmw*)	151 (72.61)
4	150 (72.53)
4 (2. *prt*)	154 (72.67)
4 (4. *prt*)	154 (72.67)
5 (2. *ꜣḫt*)	154 (72.67)
5 (4. *ꜣḫt*)	150 (72.54)
5 (2. *prt*)	150 (72.54)
5 (4. *prt*)	150 (72.54); (72.67 [2x])
--- (3. *šmw*, 9)	150 (72.54)

B (mit Zusatz *wḥm-ḫꜥw*)

2	151 (72.60)
2 (1. *ꜣḫt*)	154 (72.67)
2 (2. *šmw*)	154 (72.67)
2 (4. *šmw*)	154 (72.67)
3 (1. *prt*)	151 (72.59)
3 (3. *prt*)	153 (72.65)
3 (1. *šmw*)	154 (72.67)
3 (3. *šmw*, 30)	150 (72.54)
4 (1. *ꜣḫt*)	150 (72.54)
4 (3. […]	150 (72.54)
5 (3.[?] *šmw*, 25)	151 (72.60)
5 (1. *prt*)	154 (72.67)
5 (2. *prt*)	154 (72.67)
5 (1. *šmw*)	154 (72.67)
6	154 (72.67)
6 (2. *prt*)	154 (72.67)
6 (2. *šmw*, 2)	154 (72.67)
6 (4. *prt*)	150 (72.54)
6 (4. *prt*, 6)	151 (72.58)
6 (3. *šmw*)	150 (72.54)
7 (2. *ꜣḫt*, 7)	154 (72.67)
7 (3. *prt*)	154 (72.67 [2x])
[…] (3./4. *prt*, 10)	154 (72.67)
[…]	151 (72.59 [2x]); 153 (72..65-66)

C (unsicher, Zusatz zerstört u.ä.)

2 (4. *šmw*)	154 (72.67)
3 (1. *prt* [?])	151 (72.59)
4 (2. *ꜣḫt*, 21)	150 (72.54)
4 (1. *prt*)	151 (72.59)
5 (1. *šmw*)	154 (72.67)
5 (3. […])	153 (72.66)
6	151 (72.59)
[…] (2. *prt*, 10)	151 (72.66)
[…] (3. *prt*, 6[?])	151 (72.66)

29.3 Psammuthis

1 (4. *prt*)	164 (73.9-10)
1 (4. *šmw*)	164 (73.10)

29.4 Nepherites II.

30.1 Nektanebos I.

1	272 [Edfu]
1 (3. *prt*; 30)	327 (75.159)
1 (3. *šmw*, 6)	172 (75.11)
1 (4. *šmw*, 13)	167 (75.2, Z.1); 169 (75.4, Z.1)

2 (1. *ꜣḫt*)	328 (75.165)
2 (3. *ꜣḫt*)	319 (75.125)
3 (4. *ꜣḫt*)	328 (75.164)
3 (2. *prt*; 1)	319 (75.126-128)
3 (1. *šmw*)	328 (75.165)
4 (1. *ꜣḫt*)	324 (75.148)
4 (2. *ꜣḫt*)	210 (75.50, Z.1)
4 (2. *prt*)	328 (75.165)
4 (3. *šmw*)	328 (75.165)
5 (1. *ꜣḫt*)	319 (75.130)
5 (3. *ꜣḫt*)	328 (75.165)
6. (3. *prt*; 1)	326 (75.156)
6 (1. *šmw*)	324 (75.148)
6 (4. *šmw*)	328 (75.166)
6 (4. […]	326 (75.156)
7 (4. *ꜣḫt*)	323 (75.139)
7 (3. *prt*)	323 (75.140)
7 (4. *prt*)	323 (75.141)
7 (2. […])	323 (75.142)
8	319 (75.129)
8 (2. *ꜣḫt*)	213 (75.50, Z.26)
8 (2. *prt*, 7[?])	327 (75.160)
8 (3. *prt*)	326 (75.154)
8 (3. *prt*, 8)	323 (75.137-138)
9 (3. *ꜣḫt*)	323 (75.143)
9 (3. *ꜣḫt*, 6)	323 (75.146)
9 (3. *prt*; 30)	324 (75.147)
9 (4. *prt*; 30)	327 (75.156)
10	257 (75.77)
10 (3. *ꜣḫt*, 11/12)	327 (75.156)
12 (4. *prt*)	328 (75.165)
13	327 (75.158)
13 (2. *ꜣḫt*)	327 (75.161)
14 (3. *šmw*)	327 (75.162)
15	327 (75.157)
15 (2. *ꜣḫt*)	327 (75.163)
15 (3. *ꜣḫt*, 9/10)	321 (75.131)
16	229 (75.60, Z.1)
16 (1. *šmw*, 1)	327 (75.157)
17 (2. *ꜣḫt*)	326 (75.153)
17 (4. *ꜣḫt*, 25)	327 (75.158); 571 (81.24, Z.26-29)
o.J. (2. *prt*)	328 (75.165)
o.J. (1. *šmw*[?], 1)	326 (75.156)
o.J. (1. *šmw*[?], 15)	327 (75.156)

30.2 Tachos

1 oder 2 (3. *šmw*)	338 (76.17)

30.3 Nektanebos II.

1	451 (77.143)
2	385 (77.51, Z.1)
2 (1. *ꜣḫt*)	444 (77.126)
2 (2. *ꜣḫt*, 28[?])	444 (77.127)
2 (3.[?] *prt*[?])	445 (77.130)
2(?) (2. *šmw*, 2)	457 (77.151)
3	458 (77.157)
3 (1. *ꜣḫt*)	458 (77.157)
3 (1. *ꜣḫt*, 16)	406 (77.88, Z.4)
3 (1. *prt*)	444 (77.128)
3 (2. *prt*, 13)	406 /77.88, Z.5)
3 (4. *šmw*)	444 (77.129); 445 (77.131-132)
4	458 (77.157-158)
5 (2. *prt*)	447 (77.135-136)
5 (2. *prt*, 26)	446 (77.134, Z.25)
5 (4. *šmw*)	394 (77.70, Z.1)
8 (4. *šmw*)	445 (77.133)
12	458 (77.153[?]); (77.157)
12 (3.[?] *prt*)	458 (77.155)
14	463 (77.166)
14 (4. *ꜣḫt*, 30)	406 (77.88, Z.1)

16 (4. *3ḫt*)	458 (77.154)
16 (3. *prt*, 20)	447 (77.137)
18 (2. *prt*, 26)	458 (77.156)
18 (2. *prt*)	463 (77.165)

31.1 Artaxerxes III.

1	575 (81.47)

31.2 Chababasch

1 (3. *3ḫt*)	465 (78.8)
2 (3. *3ḫt*)	464 (78.2)

31.3: Darius III.

2 [335] (3. *3ḫt*)	465 (78.9)

Arg.1 Alexander der Große (332 - 323)

1 [332] (1. *3ḫt*, 1)	557 (80.18, Z.5)
1 (2. *3ḫt*, 9)	557 (80.18, Z.7)
1 [331] (4. *šmw*)	514 (79.32)
2 [330] (1. *prt*, 9)	484 (79.14)
3 [330/329] (2. *3ḫt*)	515 (79.33)
3 [329] (4. *prt*)	513 (79.21-22)
3 (4. *prt*, 29)	513 (79.23)
4 [329/328] (2. *3ḫt*)	511 (79.16)
4 [328] (4. *3ḫt*, 16)	513 (79.22)
4 (4. *prt*, 28)	513 (79.22)
4 (4. *šmw*)	468 (79.3); 514 (79.31)
5 [328/327]	575 (81.47)
5 (2. […]	514 (79.28)
5 [327] (2. *prt*)	514 (79.26)
5 (2. *prt*, 25)	514 (79.24)
5 (2. *prt*, 29)	514 (79.25)
5 (3. *prt*, 1)	514 (79.27)
6 [327/326] (2. *3ḫt*)	515 (79.34)
9 [324] (1. *3ḫt*)	515 (79.35)

Arg.2 Philipp Arrhidaios

3 [321] (3. *3ḫt*, 1)	557 (80.18, Z.7)
3 (1. *prt*, 7)	557 (80.18, Z.8)
3 (4. *šmw*, 1[6])	557 (80.18, Z.10)
4 [320] (2. *prt*)	556 (80.18, Z.1)
7 [317] (1. *prt*)	559 (80.21)
8 [317/316]	556 (80.17)
8 [316] (3. *3ḫt*)	559 (80.22)

Arg.3 Alexander IV.

1 [317/316]	571 (81.23, Nr.27)
2 [316/315]	571 (81.23, Nr.15-16; 19; 57-58)
2 [315] (3. *3ḫt*)	573 (81.26)
2 (3. *3ḫt*, 2)	573 (81.27)
2 (2. *prt*)	575 (81.49)
2 (1. *šmw*, 22)	573 (81.28)
3 [314] (1. *šmw*)	574 (81.29)
3 (3. *šmw*, 20)	575 (81.46)
4 [314/313]	571 (81.23, Nr.17)
4 [313] (4. *prt*)	574 (81.30)
5 [312] (3. *3ḫt*, 10)	574 (81.31)
5 (3. *prt*, 1)	574 (81.32)
6 [312/311]	571 (81.23, Nr.20)
6 [311] (2. *prt*)	574 (81.33)
6 (3. *šmw*)	574 (81.34)
6 (3. *šmw*, 20)	574 (81.35)
6 (3. *šmw*, 30)	574 (81.36)
7 [311/310]	571 (81.23, Nr.23)
7 [311] (1. *3ḫt*)	569 (81.15, Z.1)
7 [311/310] (2. *3ḫt*)	571 (81.21)
7(?) (4. *prt*, 6)	574 (81.37)
7 [310] (4. *prt*, 20)	574 (81.38)
8 [310/309]	571 (81.23, Nr.7-9; 21; 31)
9 [309/308]	570 (81.16); 571 (81.23, Nr.5; 12-14; 18; 26)

(Alexander IV.)

9 [308] (3. *3ḫt*)	571 (81.19)
9 (2. *prt*)	571 (81.18)
10 [308/307]	571 (81.23, Nr.4; 6; 11; 22; 35)
10 [307] (1. *prt*)	574-5 (81.39-40)
11 [307/306]	572 (81.24, Z.31-32)
11 [306] (2. *prt*)	575 (81.48)
11 (3. *prt*, 2)	575 (81.41)
11 (1. *šmw*, 25)	575 (81.42)
12 [305] (4. *3ḫt*)	572 (81.25, Z.1-2)
12 (1. *prt*)	571 (81.22)
12 (3. *prt*, 3)	575 (81.43)
13 [305/304]	571 (81.20)
13 [304] (3. *3ḫt*)	575 (81.44-45)

unbestimmt:

10 (Nektanebos I. oder II.)	732 (82.188)